역사의 길, 현실의 길

역사의 길, 현실의 길

이만열 교수의 세상 읽기

한반도 평화와 통일 단상

통일, '헛꿈' 꾸기…그래도 통일의 길은 평화와 화해에 있다…북미정상회담을 보고…
한반도의 평화체제와 비핵화를 위한 공동선언…미국은 진정 '한반도의 평화와 비핵화'를 원하는가…
한반도 평화를 위한 단상…북한 핵개발과 퍼주기 논란…주 군민들의 사드를 보는 눈…
〈한일군사정보보호협정〉이 가서명되던 날…대북 퍼주기의 실체와 핵개발…

정치개혁과 세상 읽기

탄핵정국과 이후의 개혁 단상…거짓말을 해도 표를 많이 얻기만 하니…우리 속에 있는 아베 깨우기…
촛불 민심에 순응하는 것이 승리의 길이다…탄핵 위기를 전화위복의 기회로…탄핵사건 와중에서…민주주의 정착을 위한 단상…
대법원은 언제까지 국민의 인내만 요구할 것인가…일본군 '위안부' 문제 타결을 보고 느낀 단상…
징벌장은행…가정의 달, 품격 있는 교육을 생각한다…베트남에 용서를 구하는 운동…
가짜뉴스, 역사를 멍들게 하는데도 참회가 없다…

역사와 인물, 그리고 기록

역사와 인물 읽기…역사의 길과 현실의 길…누리는 자가 져야 할 의무, 노블레스 오블리주…이승만 국부론…
역사에 살아있는 사람들…다산 선생 182주기 묘제…아직도 편히 쉬지 못하는 순국 영령들…잊혀진 독립운동가들을 생각한다…
역사학도와 기록…기록의 중요성: 기록문화의 전통을 회복하자…이이화 형을 추도함…
독립운동사연구 1세대 선구자 두 분이 가시다

한 그리스도인의 주변 읽기

기독교인의 역사인식, 현실인식…크리스천이 왜 역사에 눈떠야 할까……
애가를 불러야 했던 예레미야를 생각한다…때를 아는 지혜…보스턴-포츠머스-거버너스 아카데미 방문…
마르틴 루터, 종교개혁 500년…기독교인의 삶과 신앙…〈성서조선〉 영인본 간행…
기억을 남기기 위하여…부활절 전야, 손아들과 함께 드린 예배…
서울중앙고등공민학교 제자들…할아버지 묘소 이장

푸른역사

책머리에

이 책에 수록된 글은 신문이나 잡지 혹은 SNS를 통해 발표한 것들이다. 국사교과서를 국정화하려는 정부의 시도가 노골화되었을 때는 강연을 통해 반박하기도 했다. 2018년부터는 《한겨레신문》에 정기적으로 글을 쓸 기회가 있어서 별로 눈여겨보지 않은 역사적 사실을 조명하는 데에 초점을 두었다. 《기독교사상》 등의 잡지에도 기고한 적이 있지만 대부분은 페이스북을 활용하여 시사적인 점을 다루었다. 페이스북은 사회적 쟁점으로 부각되는 이슈를 즉각적으로 다룰 수 있는 장점을 갖고 있어서 당시 필자에게는 의사 표현의 좋은 매체였으며 활용하는 데도 어렵지 않았다.

책을 펴내면서 동시대의 여러 선후배 동료들의 교우기를 실어왔다. 21세기로 넘나드는 시기, 내가 어떤 교제권을 형성했으며 어떤 고민들을 하고 있었는지, 이런 내용들은 자서전이나 회고록이 아니면 밝히기 쉽지 않은 내용이다. 교우기를 통해 그런 인간관계와 시대적 상황을 엿볼 수도 있다. 내가 이런 시도를 하자, 어떤 분들은 책 뒤에 수록된 교우기부터 읽는다는 말을 하곤 했다. 내가 언급할 뻔한 내용보다는 이 교우기가 훨씬 재미있다는 말조차 서슴지 않았다. 이 책에는 기독교적 영성과 신학, 사회참여라는 큰 테두리에서 만난 숭실대 김회권 교수의 글을 실었다. 그는 서울대에서 영문학을 공부하고 장로회신학대학을 거쳐 미국 프린스턴신학교에서 구약학으로 학위를 받았으며, 학문에서뿐만 아니고 우리 사회의 제반 문제에 대해 구약의 예언자들처럼 광야의 소리로서 역할을 하는 분이다. 연령상 후배지만 그의 학문과 영성은 나를 깨우고 선도해왔다.

최근 한국 역사학의 성과를 중점적으로 출판하여 학자들을 격려하고 우리 사회의 역사의식을 한층 고양시키는 데 힘쓰는 푸른역사의 박혜숙 대표는 1970년대 말 격동기에 대학에 입학하여 그 암울한 시대와 치열하게 대결했던 지사형 학인이다. 나의 4년간의 외출로 대학에서 맺은 인연은 길지 않았으나 푸른역사 설립 전후부터 각별히 사제의 인연을 맺어왔다. 박 대표는 나의 《한국근현대 역사학의 흐름》(2007)을 출판, 독립기념관학술상을 받도록 도움을 주었다. 이번에 출판사의 경향과는 다소 거리가 있는 이 책을 출간하는 것도 그동안 맺은 이런 인연 때문일 것이다. 편집을 맡은 고경대 선생은 이 책의 출판을 위해 박혜숙 대표가 특별히 교섭하여 모신 분으로 과거 한울출판사에서 오래 근무한 고향선배라고 들었다. 두 분께 특별히 감사한다.

2021년 6월 6일
우면산 자락 방배동에서

역사와 인물, 그리고 기록

한 그리스도인의 주변 읽기

1장

한반도 평화와 통일 단상

통일, '헛꿈' 꾸기

어느 자리에서 이런 말을 했다. 철들고 난 뒤부터 통일을 위해 늘 기도 해왔는데, 이제는 내 생전에 통일을 보게 될 것이라는 생각을 접었다 는 것이다. 그렇다고 그 이유를 딱히 밝힐 수는 없었다. 한반도에서 외 세의 관여가 더욱 심화되는 현상이라든가, 남북의 적대관계가 쉽게 풀 리지 않고 반복되면서 점차 심화·확대되는 것을 생각하면 통일을 기 대하는 것이 더 어려워지지 않겠는가 하는 생각이 들었기 때문이다. 전작권문제는 외세와의 관계에서 자존심을 송두리째 빼앗긴 것이다. 이런 폭거를 감행한 정권이 존재할 수 있다니! 그것도 외국에 애걸하 면서 맡아달라는 모습까지 보였으니 이런 상황에서 어찌 자주를 언급 할 수 있으며, 어찌 통일지향의 모습이라고 할 수 있을까. 을사늑약으 로 강제로 외교권이 빼앗긴 것을 두고도 '을사오적'이니 '매국노'니 하는 딱지를 붙였는데, 국방권을 다른 나라에 '자진헌납한' 것이나 다 름없는 짓을 한 정권에 대해서는 한마디 말이 없다.

그동안 통일에 접근할 수 있는 몇 번의 모멘텀이 없지 않았지만 그 걸 살려내지 못한 옹졸한 우리 세대를 생각하면, 우리가 과연 통일을 감당할 수 있겠는가 하는 생각이 절로 난다. 그 때문에 내 생전에 통일 보기가 힘들겠다고 했지만, 그렇다고 통일과 북한 동포를 위한 기도 를 중단할 수는 없다. 그런 중에 문익환의 〈꿈을 비는 마음〉이 생각나

서 "통일의 헛꿈"이라도 꾸어보면 어떨까 생각했다. 그 시의 첫 연에
는 "개똥 같은 내일이야 / 꿈 아닌들 안 오리오마는 / 조개 속 보드라
운 살 바늘에 찔린 듯한 / 상처에서 저도 몰래 남도 몰래 자라는 / 진주
같은 꿈으로 잉태된 내일이야 / 꿈 아니곤 오는 법이 없다네"라는 시
구가 있다. 통일의 희망을 포기한 나지만, 이 시 때문에 생각을 바꾸어
'헛꿈'이나마 꿔보기로 했다. 우선 그 헛꿈을 위해서는 통일을 동일한
정치이념과 정부 아래서 일사불란한 체제를 갖추는 것만으로 생각하
는 데서 벗어나야겠다고 생각했다. 그런 통일에 대한 기대는 내 생전
에 기대할 수 없는 것이라고 하더라도, 그런 통일 말고 다른 대안적 통
일이 없을까 하는 것이 헛꿈을 꾸게 된 계기다.

통일 헛꿈은 남북이 적대관계를 청산하고, 이산가족이 소식을 자유
롭게 주고받도록 하며, 남북이 자유롭게 왕래할 수만 있다면 그것이
바로 통일이라는, '개념의 재정립'에서 시작된다. 이런 것들은 아직은
모두 헛꿈이다. 적대관계를 청산하는 것 자체가 통일이라고는 할 수
없지만, 긴장관계 때문에 서로에게 부담지우고 있는 낭비를 줄이고 그
재원을 자신의 성장을 위해 투자하게 된다면 헛꿈치고는 괜찮은 것이
다. 이것은 당장은 통일사업이라고 할 수 없지만 통일 후에 소요될 막
대한 자본을 미리 줄인다는 점에서 그 또한 훌륭한 통일사업이라고 할
수 있다.

이산가족이 자유롭게 소식을 주고받고 물자를 주고받도록 하는 것,
이 또한 지금의 단계에서는 물론 헛꿈이다. 그러나 통일을 인도주의
방법으로 시행하자면 여기에서부터 시작되지 않을 수 없다. 1,000만

이산가족의 고통을 외면하는 것 자체가 적대관계이면서 전쟁의 연장선상이나 다를 바가 없다. 분단된 지 70년, 이제 웬만한 이산가족은 한을 풀지 못하고 세상을 떠났다. 정치가 얼마나 모질면 그런 것도 풀어주지 못한단 말인가. 이런 것도 서로 들어주지 못하는 깜냥들이 정권을 잡았네 하는 꼴이란 민족사에서 어떻게 평가될까. 이런 단계를 무시한 그 뒤의 정치적·국토적 통일을 과연 통일이라고 할 수 있을까. 이산가족의 상봉이나 소식 나눔은 마음의 통일을 의미하는 것이다. 이 마음의 통일이 성숙되지 않는다면 체제적 통일이 이뤄진들 통일이라고 할 수 있을까.

또 다른 헛꿈은 남북의 지형적 정치적인 경계를 그대로 둔 채, 남북의 백성들이 자기 여권 가지고 외국에 드나들 듯 상대방의 남북을 방문할 수 있도록 하는 것이다. 서울과 평양을 방문하고 백두산과 한라산을 방문하며, 금강산 유람을 할 수 있도록 하는 것, 그게 왜 안 되는지 도무지 이해할 수 없다. 그렇게 하면 실질적으로 통일이나 마찬가지 아니겠느냐는 것이다. 정주영이 소 1,001마리를 몰고 휴전선을 넘을 때 우리는 그런 꿈이 쉽게 올 수 있을 것으로 기대했다. 그러나 그 뒤 남북의 집권자는 정주영만한 배포와 경륜을 갖지 못해 아직도 그 꿈을 현실로 만들어내지 못했다. 그러나 이 꿈은 실현시켜야 한다. 그렇게 생각하니 어쩌면 내 생전에 이런 헛꿈 통일은 볼 수 있지 않을까 하는 희망을 갖게 된다.

자유 내왕의 문제는 남북이 한참 체제경쟁을 할 때에는 쉽게 해결될 수 있었다. 그때는 헛꿈이 아니라 진짜 꿀 수 있는 꿈이었다. 당시 양측은 모두 자기 체제가 우위며, 자기들이 더 잘 산다고 떠들어댔으며, 심지어는 지상천국이라고까지 선전도 했다. 그들의 선전대로라면 잘 사는 자기 영토를 자기보다 못산다는 상대방에게 개방 못할 이유가 없었다. 자신이 있다면 남이든 북이든 자기 모습을 상대방 동포들에게 개방하지 못할 이유가 없었다. 지금에 와서 생각하면 쌍방이 그렇게 선전하고 있을 때 "그래, 그 말이 진짜인지 서로 보여주기로 하자"고 하는 합의가 왜 없었는지 궁금하다. 자기의 약점을 감추기 위해 떠벌 렸던 허풍이었기 때문이다. 그러나 그 허풍을 이용하여 상대방을 열어 보는 그런 지혜와 경륜을 당시 통일론자들은 왜 갖지 못했을까.

자유롭게 내왕할 수 있는 상황, 순진한 소리라고 하겠지만, 나는 그 것을 통일이 상당히 진전된 단계라고 생각한다. 헛꿈치고는 정말 실현 시키고 싶은 꿈이다. 상대방의 체제 속에 들어가 살도록 강제하지는 못하지만, 분단체제에 살면서도 남이든 북이든 가고 싶은 곳에 가보도 록 한다면 그건 통일이나 마찬가지라고 생각한다. 그래서 흩어졌던 가 족도 자유롭게 만나고, 남이든 북이든 자기 고향도 찾아가 조상님 무 덤에 술 한잔 올리고 고향집에 새로이 나무 한 그루라도 심을 수 있다 면 그게 소박한 의미에서 통일이 아니고 무엇이겠는가. 그러나 지금은 그런 소박한 통일 꿈은 거의 불가능해졌다. 자기의 것이 너무 노출되 어 이제는 선전이 먹히지 않게 되었고, 상대방을 너무 알아버렸기 때 문이다. 그렇다고 꿈이 꿈으로 끝날 수는 없다.

헛꿈 통일이 지금은 전혀 불가능한가. 아니다. 남북이 합의만 하면 길은 얼마든지 있다. 여기서부터 헛꿈은 현실로 바뀔 수 있다. 꿈의 출발은 김대중·노무현 정권 때에 이룩했던 북한 방문 정도라도 우선 회복하는 데서 시작한다. 그러기 위해서 이 단계에서 해야 할 것이 있다. 〈5·24조치〉를 먼저 풀고, 상대를 향해 퍼붓는 악담도 그쳐야 한다. 천안함사건, 이명박의 회고록을 통해 서서히 들통 나고 있지만 그건 이미 남북이 서로 그 속을 훤히 들여다보고 있는 것 아닌가, 그것 가지고 밀고 당기는 것을 잠시 덮어두어야 한다. 남쪽을 향해 사사건건 걸고 넘어지는 모습도 사라져야 한다. 차제에 그 꿈에 명분을 조금 더 붙이자면 남쪽 분들만 북을 방문할 것이 아니라 북측도 남쪽을 방문, 견문하도록 해야 한다는 것이다. 서로를 알아가고 서로를 배워가는 자세가 헛꿈을 이루는 첩경이다.

통일 헛꿈을 연장해보자. 통일이라는 단어에 온갖 정치적 이론과 논리적 수식어를 갖다 붙일 것이 아니라 간명직절하게 '남북이 이해관계를 공유하는 것'이라는 말로 발상의 전환을 가져보면 어떨까. 나는 그 가능성을 개성공단에서 발견한다. 박 정권 초기에 삐꺼덕거리면서 개성공단을 몇 달 닫은 적이 있었지만 그 뒤 열었다. 닫고보니 남북이 각각 이익보다는 손해가 난다고 판단했기 때문이다. 여기서 나는 통일을 인간의 고상한 이상으로서가 아니라 인간의 이기심을 격동하고 서로 나누는 방향으로 유도할 수도 있다고 생각했다. 서로 이익을 공유하는 데서는 이미 합의가 이뤄졌다. 그렇다면 개성공단을 더 많이 만드는 식의 접근방법은 어떨까. 그 또한 헛꿈일지 모르지만, 나는 개성공단을 많이 만들어갈수록 통일은 가까워질 것이라는 기대를 갖게 된다. 휴전선에 개성공단 10개를 더 만들 수 있다면 남북의 적대의식은 걱정할 필요가 없게 될 것이다. 남북 적당한 곳에 개성공단 100개를 만들 수 있다면 그것은 통일한 것이나 다름 없을 것이다. 이런 것이 과연 '꿈'으로만 머물러야 할 것인가. 문익환의 그 시의 끝 연이 자꾸 되살아난다(2015년 1월 26일).

그래도 통일의 길은 평화와 화해에 있다

새해(2016), 통일의 길을 새롭게 모색해야 할 시점에 북한은 다시 핵모험을 감행했다. 이번에는 수소탄이란다. 김정은이 이를 시사한 지 한달여 만, 세계는 이번 조치가 지난번과는 달리 미리 통보가 없었음에 주목한다. 북한은 이를 감행함으로써 핵보유국임을 시위했지만, 유엔은 강도 높은 추가제재를 주문하고 있다. 북한 핵에 고차방정식을 적용해 보아도, 제재를 강화하겠다는 빛바랜 셈법 외에는 뾰족한 대안이 없다는 것이 고민이다. 북한의 이번 핵실험도 세계를 향해 자신이 핵보유국이라는 것을 인정하고 거기에 상응하는 대우와 협상을 요구한다. 그러나 세계는 이번에도 북한의 정치적 의도에는 귀를 기울이지 않고 핵의 성능과 위력의 규모 등 하드웨어적인 데만 신경을 쓰고 있다.

이번 핵실험에 깜깜이로 있던 정부는 국방문제를 미국에 더 의존하게 되었다. 이를 계기로 한반도의 불안은 효과적으로 부추겨질 것이고 고고도미사일방어체계(사드THAAD) 설치는 더 강요받을 것이다. 국방당국자의 무능은, 3년간 미국 무기 8조 원 어치를 포함해 약 9조 원이 넘는 규모의 무기 수입에도 불구하고, 다시 신무기 타령으로 연결될 것이다. 남북이 수소탄 개발과 무기 구입으로 서로를 죽이려고 덤비며 막대한 자원을 낭비하는 동안, 적대관계를 부추기는 세력들은 배를 불리게 될 것이고, 상생 통일의 길은 더 멀어지고 있다. 그뿐인가, 자신들의 무능을 애국으로 포장한 정치인들은 핵개발을 서두르자고 소리친다. 그들의 애국심에 조그마한 합리성이라도 있었으면 좋겠다. 전시작전권마저 '헌상'한 상태에서 더 진전시킬 수 있는 한미동맹은 무엇일까. 결국 한일 군사협력 강화와 일본군의 한반도 상륙으로 이어지지 않을까, 두렵다.

이번 핵실험은 적대적 공생관계를 유지해 온 남한 당국에 내심 쾌재를 부르게 했다. 지난해 조건부로 중지된 휴전선의 대북확성기 사용을 풀어버리는 빌미도 제공했다. 핵실험은 대북확성기와 긴장관계, 증오의식만 재가동시킨 것이 아니다. 작년에 우리 사회를 달궜던 교과서 국정화문제와 위안부문제 등 골치 아픈 현안들을 블랙홀로 빠져들게 했다. 더구나 한일 외교 당국의 야합으로 곤경에 처했던 당국은 겉으로 대북제재를 다짐하고 있지만, 속으로는 쾌재를 부를지도 모른다. 그런 의미에서 북한 핵실험은 그들의 의도와는 관계없이 적대적 공생관계에 있는 남한 당국에 큰 선물을 안겨주었다. 거기에다 북핵문제를 총선과 관련시킬 수만 있다면 수소탄 실험은 망외의 안성맞춤이요 굴러온 떡이나 마찬가지다.

북한의 핵실험은 통일문제를 더 꼬이게 한다. [또 걸핏하면 자주적으로, 민족대단결로 통일하자는 그들의 구호가 얼마나 위선적인지도 새삼 보여준다.] 북핵문제를 조기에 해결하지 않은 데는 1990년대 초부터 널리 유포되었던 북한붕괴론과 무관하지 않다. 북한붕괴론이 핵문제 해결을 위한 현실적 접근을 막았다. "핵을 가진 자와는 하늘을 같이할 수 없다"는 강경론은 그 뒤 정권 교체에 따라 햇볕정책과 남북화해정책으로 변화되었다. 극우세력의 퍼주기 논란에도 불구하고 남북은 신뢰를 쌓아갔다. 바로 그때 북한은 1차 핵실험을 감행, 자폐적 선택을 했으며, 대북강경론자들에게 힘을 실어주어 북한 퍼주기가 핵개발의 물적 기초라고 선언했다. 그러나 극우정권 하에서도 세 차례의 핵실험이 이뤄졌고 마지막이 수소탄이라고 주장되는 상황에서 이마저도 햇볕정책과 '퍼주기'의 결과라고 우길 수 있을 것인가.

이제 통일문제는 핵을 제거해야 한다는 조건 위에서가 아니라 핵을 무력화하는 방안을 통해서 접근하지 않을 수 없게 되었다. 대북확성기를 재가동하는 것은 핵을 무력화시키는 것이 아니라 핵사용의 모험을 충동할 수 있다. 핵이 사용될 때 한반도는 더 이상 사람 사는 땅일 수 없다. 핵을 무력화할 수 있는 방안이 무엇일까. 그것은 평화와 화해다. 북한 핵은 아무리 부정해도 현실적으로 존재한다. 그것을 기정사실로 인정하고 그것을 무력화할 수 있는 대안을 남북관계와 통일을 내다보며 모색해야 한다. 그게 이 시대 지혜자와 경륜가가 마땅히 해야 할 일이다(2016년 1월 11일).

한반도평화올레

오늘 열일곱 번째로 시행한 '한반도평화올레'에 참석했다. 이 올레는 한반도평화포럼이 2013년 6월부터 시작한 휴전선 순례행사다. 이는 "사람들의 마음과 의지를 모아 분단의 벽 휴전선을 무너뜨리고, 평화와 통일의 날을 앞당겨보려는 생각"에서 "휴전선 서쪽 끝 임진강에서 동쪽 끝 금강산까지 이어서 걸으려고" 한 것이다. 주최 측의 박진원 처장은 중국 고사에 등장하는 우공이산愚公移山을 인용, "우공과 같은 우직함으로 걷고 또 걷다보면 마침내 하느님도 마음을 움직여 저 흉측한 휴전선을 걷어내 가시지 않을까 하는 순박한 생각에서 이 일의 별칭을 우공이산이라고 지었다"고 했다. 그는 또 이스라엘 민족이 난공불락의 여리고성을 무너뜨리기 위해 이레 동안 성 주위를 걸었다는 구약성서를 인용하기도 했다. 비록 지금 그 가능성이 보이지 않는다 해도, 꾸준히 걷다 보면 휴전선도 내 집같이 넘나드는 때가 올 것이라는 확신이 그의 설명 속에 배어 있다.

두 달에 한 번, 총 스물네 번을 계획하고 있는 이 올레는 오늘 열일곱 번째로 강원도 화천군 한묵령에서 평화의 댐까지 11km 코스를 걷는 것이었다. 오전 8시 미니버스에 몸담은 열다섯 분이 2호선 지하철 잠실나루역에서 출발했다. 평소보다 적은 수였지만, 통일운동에 남녀노소가 따로 없듯이, 초등학교 2학년 소년에서부터 80세 노인이 함께했다. 출발에 앞서 박 처장은 앞으로 남은 순례 예정지 〈피의 능선 전적비〉·〈제4땅굴〉·〈을지전망대〉·〈DMZ박물관〉·〈통일전망대〉·〈금강산전망대〉를 빠뜨리지 않는 분에게는 마지막 24번째 고성에서 휴전선을 넘어 금강산으로 들어가는 희망의 코스를 배려하겠다고 했다. 우공이산을 믿는 통일꾼들에게는 이 소망이 이뤄질 것으로 확신한다.

오늘 답사는 화천호(댐)부터 시작하여 '평화의 댐'까지였다. 화천호는 대붕호大鵬湖로도 알려져 있는데 호수 모양이 큰 새(대붕) 형상이어서 그렇단다. 한국전쟁 중 철원·화천·양구 일대에서 치열한 전투가 벌어졌고, 중공군 2~3만여 명이 이곳에서 전사했기 때문에 이승만은 이곳을 파로호破虜湖라고 명명했단다. '파로'란 말은 '오랑캐를 격파했다'는 뜻이다. 그 설명을 들으면서 갑자기 어릴 때 불렀던 군가에 '중공 오랑캐'란 말이 있었음을 연상했다. 오래전부터 냉전시대의 산물인 파로호란 이름이 평화와 협력시대에 걸맞게 바뀌어야 한다는 주장이 있어왔단다. 가장 치열한 전투가 벌어진 이곳은 국민적 가곡인 〈비목碑木〉이 탄생한 곳이기도 하다. 화천 백암산 근처, 무명용사 돌무덤가의 십자 비목을 통해 조국을 위해 산화한 젊은이들은 그 노래 속에서 우리 곁에 다가선 것이다.

11km 중 민통선 초소에서 평화의 댐까지의 올레는 7km였다. 앞서 한묵령에서 민통선 초소까지의 4km와는 달리 오르내리는 길을 반복하여 평화의 댐에 이르렀다. 이 댐은 1987년 북한 금강산댐의 방류에 대비한다는 명분으로 건설되었다. 당시 북한이 금강산댐을 이용, 수공水攻할 것이라고 그 위협을 과장하여 이 거대한 댐을 조성한 것이다. 그때 여의도가 물에 잠길 수도 있다는 과대 위협은 지금도 잊지 못한다. 높이 125m, 길이 601m의 이 댐은 댐 조성 때의 적대의식과는 달리 평

화를 위한 교육장으로 변신하기 위해 노력 중이다. 부조된 벽면에 노벨평화상 수상자들의 메시지를 소개해놓았는가 하면, 세계 각국의 분쟁 지역에서 보낸 탄피와 탄알로 37.5톤의 세계 최대의 '평화의 종'을 만들어 각종 평화의 소리를 담아낸다. 그 종이 울릴 때마다 칼을 쳐서 보습을, 창을 쳐서 낫을 만들며 다시는 칼을 들고 전쟁을 연습하지 않는 메시지(이사야 2:4)를 전할 것으로 기대하면서 평화의 댐을 떠났다.

이날 우리는 이전과는 달리 서둘러 귀경길에 올랐다. 저녁에 또 다른 '한반도평화올레'에 참석하기 위해서다. 종일 동행한 손자와 함께 나는 6시가 지나 시청역에 도착, 정의와 민주화를 통해 새로운 평화를 갈구하는 촛불 시민들과 합류했다. 평화는 무기를 감축하고 전쟁을 방지하는 것으로만 이뤄지지 않는다. 자기 사회를 정의롭게 하고 민주화시키는 노력이야말로 평화를 담보하는 길이다. 그래서 정의와 민주화를 위한 운동은 더 적극적인 평화운동이라고 믿는다. 이날 저녁 다른 날들 저녁보다도 더 많은 촛불이 광화문 광장 일대를 메웠는데, 이들과 함께할 수 있었던 것은 절망 속에 있는 우리 모두에게 새로운 희망을 북돋게 했고 평화통일에 대한 신념을 더욱 심화·확산시켜주었다(2016년 12월 3일).

통일부를 민족화해협력부로

(2017년) 7월 6일 저녁 7시부터 망원동의 창비서교빌딩에서 한반도평

화포럼이 주최하는 〈새 정부 통일 관련 기구 어떻게 혁신할 것인가〉라는 정책좌담회가 있었다. 초대의 글에서 주최 측은 "통일분야에서 적폐청산의 방향에 대한 공감대를 형성하고, 전임 정부의 잘못된 대북정책으로 인해 왜곡되고 기형화된 통일 관련 기구들을 대화와 평화의 정책방향에 맞고, 소통과 협치라는 시대정신에 부합하는 방향으로 어떻게 혁신할 것인가에 대한 의견을 모으는 전문가 좌담회를 마련하였습니다. 좌담회를 통해 정리된 내용은 새 정부에 정책 제안서로 발표할 예정입니다"고 했다.

정세현 전 통일부장관 사회로 시작된 좌담회는 인제대학교 통일학부의 김연철 교수가 발제하고 참가자들이 의견을 개진하는 토론 방식으로 진행되었다. 발제를 맡은 김 교수는 통일문제에 관련된 정부기구와 민간기구에 대한 그동안의 활동 등을 정리하고 새 정부에서는 어떻게 활동을 재개해야 할 것인가에 대해 간략하게 설명했다. 김 교수는 통일준비위원회와 남북관계발전위원회, 민주평통과 통일교육 관련 기구 등 정부 산하의 기구들과 민화협과 북민협 등 민간기구들, 그리고 사회문화 등의 남북교류 등에 대해 먼저 언급했다. 마무리는 사회 바톤을 이어받은 김창수 통일맞이 정책실장이 잘 정리해주었다.

토론과정에서 발제자 김 교수와 참석자들은 여러 가지 의견들을 제시했다. 그중 내가 주목한 것은 한반도평화포럼 이오영 감사가 제시한, 현재 남북문제를 전담하는 정부조직인 '통일부'의 명칭을 바꾸는 것이 좋겠다는 의견이었다. 이 문제 제기가, 통일부라는 이름이 갖는 지금까지의 이미지가 정말 한반도의 통일을 전진시키는 방향으로 역할했는가 하는 의문과 함께 제기되어 공감을 얻었다. 나도 평소 현재의 통일부가 그 역할을 제대로 못할 뿐 아니라, 현재의 그 명칭이 한반도문제를 한 단계 새롭게 승화시키려는 문재인 정부에 적합한 부서명일까를 회의해왔다. 통일부라는 이름은 나름대로 역사성과 통일의지를 드러냈다고 본다. 그러나 한반도문제를 새롭게 승화시키려는 지금의 단계에서 통일부라는 고식적인 명칭이 적합할까 하는 의문을 가지게 되었고, 다른 이름으로 변경하는 것이 새 정부에 더 어울리지 않을까 고민해왔다. 그러던 차에 오늘 저녁 명칭 변경 주장이 나오자 적극 찬성하면서 '민족화해협력부'라는 명칭이 어떻겠느냐고 의견을 제시했던 것이다.

현재의 통일부는 1969년 3월에 창설된 국토통일원에서부터 시작된다. 그 뒤 1990년 통일원으로 개칭하고 그 장관을 부총리격으로 격상시켰다. 이렇게 격상시킨 것은 노태우 정권이 중국·러시아에 대한 북방정책을 적극화하면서 통일문제에도 남다른 관심을 쏟은 결과라고 본다. 그 뒤 통일부로 개칭하여 오늘에 이르게 되었다. 그러나 이명박 정권이 출범하면서 통일부를 없애려는 계획까지 드러냈던 적이 있다. 박근혜 정권에 이르러서는 한때 '통일대박'이라는 말을 입질에 올린 적이 있고, 대통령 직속으로 통일준비위원회까지 설치했지만, '질문을 막아버린' 그 위원회는 결국 유명무실화되고 말았다. 이명박·박근혜 정부의 통일정책이 북한의 급변사태를 전제로 한 흡수통일의 범주를 벗어나지 못했기 때문에, 통일부 또한 한반도 평화정착을 기반으로 한 통일정책과는 무관한 부처로 정체되었던 것이다.

문재인 정부는 대통령선거 때부터 과거 김대중·노무현 정부의 통일 정책을 토대로 하여 진전된 새로운 정책을 제시해왔다. 문 대통령은 미국 대통령과의 회담에 앞서 6월 30일 미국국제문제연구소CSIS '전문가초청만찬 연설'에서 〈대북 4노No정책〉이라고 불리는, "북한에 대한 적대시 정책을 추진하지 않는다. 북한을 공격할 의도가 없다. 북한 정권의 교체나 정권의 붕괴를 원하지 않는다. 인위적으로 한반도 통일을 가속화하지 않는다"를 발표했다. 여기에다 오늘(7월 6일) 〈베를린 평화구상〉을 발표, '한반도의 냉전구조 해체와 항구적 평화 정착을 위한 5대 정책방향'을 제시했다. 문 대통령은 한민족의 주체적인 역량과 주변국의 협력을 바탕으로 '6·15공동선언과 10·4정상선언 이행', '북한체제를 보장하는 비핵화 추구', '남북간 합의들의 법제화', '한반도 신경제지도 본격화', '비정치적 분야 교류협력 확대' 등 5대 정책방향도 천명했다. '4No선언'에 이어 '5Yes정책'까지 천명하여 이 새 정책을 구체화했다.

　문재인 정부의 한반도 평화정착을 통한 비핵화 구상은 종래 50여 년간 반목과 대결, 무력통일과 흡수통일을 전제로 했던 기존의 통일정책의 일대 전환을 의미한다고 본다. 문 대통령의 4No선언 및 5yes정책은 기존의 통일부가 갖고 있던 이념이나 그릇으로서는 감당하기가 어렵다고 본다. "새 술은 새 부대에"라고 했듯이, 민족문제를 다룰 새 이념과 정책, 추진동력까지 담으려면 새 그릇이 필요하다. 민족화해협력부라는 이름은 이래서 고안된 것이다. 굳이 이런 이름을 제시한 것은 화해와 협력이 남북 서로를 향한 문제만이 아니고, 남북이 각각 그 스스로의 속에 내포하고 있는 갈등과 반목까지도 화해와 협력으로 치유해야 한다는 의미를 포함하기 때문이다(2017년 7월 6일).

새해 평화의 길, 언어의 순화로

철들고 나서 빠지지 않은 기도 제목이 있다. '통일'이다. 6·25 때 공산군의 침략이 고향 마을에까지 미쳐, 가옥이 불타고 가까운 친지들이 죽거나 행방불명 혹은 납북되는 참상을 겪는 등 분단의 고통을 실감하면서 갖게 된 기도 제목이다. 체험을 통해 우러나왔던 기도였던 만큼 거기에 특별한 사상적 배경이 있을 수 없었다. 그 기도를 통해 염원하는 통일은 남북이 총부리를 거두고 손을 잡을 수 있으면 가능하다고 생각하여 복잡하게 생각지 않았다. 그러다가 차차 자라면서 통일이 남북은 물론 주변국의 이해관계까지 감안해야 한다는 것을 생각하면서 내 통일기도는 그 복잡함을 담아내지 못하는 '단순한' 기도가 되어버렸다. 70을 넘기면서 지인들에게 "내 생전에 통일을 보기 힘들겠다"는 말을 하게 되면서 내 통일기도에는 '평화'가 덧붙여지게 되었다. 그렇게도 염원하는 '통일'은 더 멀어져가고 핵문제가 심각해지면서 전쟁의 위협이 엄습, 절박한 마음으로 '평화'를 기도하게 된 것이다.

2018년 새해의 화두도 '평화'로 시작되었으면 한다. 마침 올 2월에는 세계평화의 제전인 세계동계올림픽이 평창에서 열리고 거기에 화답하듯 몇 년간 중단되었던 남북회담이 열리게 된 것은 평화를 염원하는 사람들에게 봄소식만큼이나 기쁘다. 평화를 염원하는 곳은 한국만이 아니다. 눈을 돌려 세계를 봐도 곳곳에서 평화를 갈구하고 있다. 중동 지역으로 가면 더하다. 팔레스타인과 이스라엘 사이, 시리아·이라크·예멘 등에서, 아프리카의 소말리아 등지에서 평화를 염원하는 소리는 높다. 평화는 관계를 통해서 자라고 화해와 용서를 주고받음으로써 성장해간다.

한반도의 평화를 어지럽힌 블랙홀은 북한 핵이었다. 그 북핵을 실감케 한 것은 핵 자체가 아니라 한반도 상공을 오고간 말 폭탄이었다. 트윗을 통해 날리는 트럼프의 막말은 동해 상에서 연습 중인 미 함대의 기동훈련만큼이나 폭발력이 있는 듯했고, 거기에 질세라 평양 발 공갈은 세계 최강국이라 하는 미국에 대해 안하무인적인 자세를 보였다. 그걸 보면서 '이는 이로, 눈은 눈으로' 식의 주고받는 막말들이 21세기 문명의 수준임을 엿보았다. 급기야는 막말의 정점이 누르기만 하면 세계를 불바다로 만드는 '핵단추론'에까지 이르게 되었다. 북한을 상대로 한 트럼프의 난타는 워싱턴의 품격이 평양의 수준과 뭐가 다른가 하는 관전자들의 품평을 내놓게 했다. 미국과 북한의 막상막하 호형호제의 수준을 보면서 언어의 품격이 한 국가의 수준을 어떻게 규정하는가를 엿볼 수 있었다.

평화를 해치는 막말이 한국이라고 해서 예외는 아니었다. 한국사회에서 가장 깊은 상처를 주는 요소의 하나는 시도 때도 없이 터지는 정치인들의 막말이다. 그러지 않아도 분단사회가 아니면 도무지 입에 올릴 수 없는 종북, 주사파, 빨갱이라는 용어는 조자룡의 헌칼처럼 사용

역사의 길, 현실의 길

되어 이제는 그 효용성이 현저히 떨어져 있지만, 기회만 있으면 이를 활용, 파괴력을 높이려고 시도한다. 자기 당과 정치에 환멸을 느끼도록 할 의도가 아니라면 이 땅의 보수는 막말 수준의 이런 언어는 신중히 선택하여 말하는 자신의 품위를 지켜야 한다. 팩트에 근거하지 않은 이런 막말들이 아직도 효과를 보는 것은 그 색깔들이 진실과는 관계없이 진영논리에 이용되기 때문이다. 파스칼의 이른바 '강 이편과 강 저편'은 진실이 개입할 여지를 봉쇄해버리고, 교언영색에 현혹된 말이면 그만이다. 그 결과 인간 이성과 사회적 지성은 마비되고, 진영논리에 따른 혈투만 진행되어 평화는 기대할 수 없게 된다. 정명正名이 필요한 것은 이 대목에서다.

얼마 전 페이스북에 우리 사회에 횡행하는 무차별적 막말을 자성하자는 뜻에서 우리 군이 창설했다는 '참수부대'의 예를 든 적이 있다. 언제 창설되었는지 모르지만, 새 정부에서도 참수부대를 둔다는 것이었다. '참수斬首' 대상이 누구인지 밝혀지지는 않았지만, 참수라는 단어가 21세기 문명국에서 사용될 말은 아니었다. 중세의 길로틴을 연상시키는 이 '참수'는 2004년 이라크에서 한국 청년의 참수로 이어졌고 그 뒤 탈레반이나 IS가 이 처단 방식을 자주 써서 세계인의 공분을 일으킨 것이다. 참수는 점잖게 말하면 '목을 벤다'는 뜻이지만 거칠게 말하면 '목을 딴다'는 말이어서 너무 섬뜩하고 야만적이라고 느꼈다. 그걸 들으면서, 1968년 청와대를 습격한 1·21사태에서 당시 유일하게 포로가 되었던 김신조의 말이 생각났다. 그는 침투 이유를 묻는 질문에 "박정희 목 따러 왔수다"라고 거침없이 내뱉었다. '참수'라는 말이 '적대적 공생관계' 하에서 극단적 대결언어를 구사하여 자신의 존재감을 드러내려는 보수정권이 그런 말을 했다면 이해 못할 일도 아니다. 그러나 북한에 대화·협력을 추구하며 〈베를린선언〉 등으로 북한의 문을 두드리고 있는 새 정권이 '참수'라는 말을 그대로 습용襲用했기 때문에 대단히 불편했다. 더구나 북측을 향해 대화를 촉구하면서 대화의 상대 수뇌부를 '참수'하겠다는 것은 이율배반적이면서 대화 제의의 순수성을 의심케 하는 것이었다. 거기에다 21세기 자유와 정의를 말하는 시대에 아직도 '참수'라는 야만적 용어가 거침없이 국가의 이름으로 용납되는 것이 더 부끄러웠다. 촛불혁명에 의해 '나라다움'을 표방하면서 태어난 정권이 '참수'라는 말을 통해 '민주 정의의 품격'마저 떨어뜨린다고 보았다.

다행히 그 글을 발표하고 난 2일 후에 국방부가 '참수부대'란 말을 사용하지 않기로 하고 언론에도 당부했다고 어떤 지인이 귀띔해주어서 다행스럽게 생각했다. 문제는 정작 내 글을 본 어떤 분의 댓글이었다. "적이 우리를 능욕하는 것에는 침묵하면서 우리가 국가보호를 위하여 하는 행위를 가지고 딴지를 거는 것은 학자로서 비양심적인 행동이며 북한 친위부대 대변인 같은 인상을 지을 수 없다. …… 참수부대가 되었든 목따부대가 되었든 124군부대가 되었든 하는 임무가 그 부대를 규정하는 것이 아니겠습니까. …… 국격 운운으로 허물어버린 그 어떤 부대로도 적을 제압할 수 없음을 부디 유념해주시기를 바랍니다. 학자양반."

이 댓글을 쓴 사람은 다름 아닌 국내의 저명한 선교단체 소속의 아프리카 선교사였다. 이 댓글을 보고, 메신저를 통해 그 선교사에게 "그런 생각을 가지고 선교를 하고 계시느냐"고 한마디 했다. 그 뒤 SNS상에 떠도는 이 선교사의 다른 글을 보니, 그가 지목한 우리나라 좌파 인사들과 그 저술들이 나열되어 있다. 거기에 김구의 《백범일지》도 들어있어서 놀라움을 금치 못했다. 이 선교사의 댓글은 한때 십자가를 끌고 거리로 나오기도 하고 지금도 기회만 되면 태극기와 성조기·이스라엘기를 들고 나와 시위를 벌이는 '기독교인 부대'를 연상시키는 것이기도 해서 씁쓸함을 금치 못했다(2018년 1월 10일).

남북협상 70주년 기념학술회의 축사

(2018년) 4월 17일 오후 1시부터 5시까지 프레스센터 국제회의장에서 대한민국 임시정부기념사업회와 우사김규식연구회 주최로 〈남북협상 70주년 기념학술회의—1948년 남북협상과 한반도의 미래〉라는 학술회의가 개최되었다. 다음은 내가 행한 축사인데 그중 남북협상이 진행된 긴 과정은 여기서 생략한다.

남북협상 70주년을 맞아, 그 역사적 의미를 되새기고 오늘날의 남북 관계를 반성하면서 다가오는 남북정상회담을 새롭게 전망하려는 뜻을 가지고, 시의적절하게 이번 학술회의를 개최하게 된 데 대해서 먼저 축하를 드린다. 70년 전 1948년 4월 말부터 5월 초에 걸쳐 이뤄진 남북협상은 해방 후 남북조선의 정당사회단체 대표자와 지도자들이 단독정부 수립노선을 극복하고 통일정부를 세우려는 정치회담으로서 대단히 중요한 의미를 갖고 있다. 이 회담은 38도선을 경계로 미소 양군이 한반도를 분점한 상태에서 남북의 지도자들이, 그전에는 통일정부 수립을 위해 한 번도 모이거나 숙의하지 않은 상태에서 마련한, 최초의 그리고 최후의 정치회담이었다. 물론 그전에 남북을 오가며 통일정부 수립을 위해 활동한 분으로 여운형 선생이 있었다. 여운형 선생은 해방 후 민족통일전선 형성을 위해 진력하면서 미소공동위원회가 열리고 있던 1946년 4월에 "우리의 자율통일이 없는 곳에 조선제 정부도 없을 것을 잊지 말자"면서 북한을 방문하여 통일정부 수립을 협의하려 했으나 만족할 만한 성과는 거두지 못한 것으로 알려졌다.

남북협상은 1948년 4월 19일부터 26일까지 회집된 전조선제정당사회단체대표자연석회의와, 4월 27일부터 시작된 전조선정당사회단체지도자협의회로 구분된다. 전조선정당사회단체지도자협의회 도중에 김구·김규식·김두봉·김일성의 4김회담이 있었다. 4김회담에서 연백평야 수리조합 개방문제, 남한으로의 송전문제가 약속되었고, 조만식의 월남 허용문제와 만주 여순 소재 안중근의 유골 국내 반장문제 등이 논의되었으나 아무것도 실행된 것은 없었다. 김구·김규식이 서울로 돌아와 공동성명을 발표한 것은 5월 5일이다.

1948년 4월의 남북협상은 바람직한 성과를 거두지는 못했지만 그 뒤 한국 통일운동의 역사에서 그 명암이 자주 회자되고 있다. 남북이 각각 분단정부를 수립하는 것이 확실해지자 남측의 김구와 김규식은 1948년 2월 16일 남북지도자 협상을 북측에 제의했다. 그러나 북측은 협상 제의에 대해 답을 하지 않다가 3월 25일 평양방송을 통해 일방적으로 그 시기와 참가단체 등을 특정하여 협상에 응해왔다. 따라서 이 협상은 남북에서 각각 헌법 제정과 정부조직 등의 스케줄이 이미 정해진 상태에서 이뤄졌기 때문에 처음부터 그 성과를 낙관할 수 없었다. 북측은 1947년 11월 유엔이 한국임시위원단 조직을 결의한 직후인 11월 18~19일에 인민회의를 열어 조선임시헌법 제정위원회의 조직과 임시헌법 초안을 마련하여서 1948년 2월 10일 공식 발표하였고, 그 이틀 전인 2월 8일에는 인민군이 창설되었다. 남측도 1948년 2월 26일 유엔 소총회에서 가능한 지역(남한)에서만 선거를 하도록 한 결의에 따라 3월 1일 미군정이 남한의 총선을 5월 10일에 실시한다는 것을 발표한 상황에서 남북협상이 시도되었다. 따라서 북측의 제안은 다분히 남측의 총선을 겨냥하여 시기를 정했을 가능성이 크다.

5월 10일, 남측의 총선일자가 정해진 상황에서 진행된 이 협상은 김구와 한독당 세력, 김규식과 중도파 인사 등 통일정부수립노선을 지향했던 인사들이 대한민국 정부 수립과정에서 배제되는 결과를 가져왔다. 1948년, 남북협상은 북측의 무력증강과 그로 인한 군사충돌문제 가능성 등에 대한 언급이 있었음에도 불구하고 그 2년 후의 6·25전쟁을 예방하지 못했다. 그런 점에서 본다면 남북협상을 계략과 기만으로 활용한 세력이 있었음을 인정하지 않을 수 없다. 그러나 김구·김규식 일행의 남북협상 참가는 "대의명분과 현실정치" 사이에서 통일정부 수립이라는 민족적 대의명분을 선택함으로써 그 뒤 한국 민족사에서 통일이야말로 자신들의 명예와 기회를 희생하고서도 취해야 할 길임을 보여주었다.

이제 열흘 후면, 분단 73년 만에 남북정상이 만나게 된다. 6·15, 10·4 두 차례에 걸친 정상회담은 평양에서 열렸지만, 이번에는 판문점 남측에서 만난다. 70년 전 평양의 남북협상이 남겼던 단독정부 불가, 통일정부 수립의 대의명분은 계승하고, 당시 실질적인 성과를 가지지 못한 정치·군사·경제 부분에 대해서는 새삼 반성하면서 당시 민족공동체 앞에 제대로 제시하지 못했던 민족의 완전자주독립통일의 새로운 초석을 놓았으면 하는 기대 간절하다. 오늘 이 학술회의가 단순히 70년 전의 역사를 회고하는 데에 그치지 않고 금후 민족사의 새로운 통일노정을 제시하는 귀한 학술회의가 되기를 기대한다(2018년 4월 17일).

북미정상회담을 보고

오늘 북미정상회담 합의문을 보니, 양국은 서로 양보하고 체면을 세워주면서 비핵화와 체제보장을 약속하고 있다. 실무회담으로 아홉 차례나 만났고, 만날 때마다 CVID(완전하고 검증 가능하며 돌이킬 수 없는 비핵화) 문제 등으로 피를 말리는 협상을 거쳤을 것이지만, 정상들은 결국 회담 테이블에 앉게 되었다. 오늘 공동선언을 보는 순간, 북한 외교가 정말 진검승부에 결연하구나 하는 느낌을 받았다. 마치 지난세기 말(1994) 외무성 제1부상 강석주가 제네바회담에서 미국의 로버트 갈루치

대표를 상대로 거둔 외교적 담판을 다시 보게 되는 것 같은 느낌이다.

벌써 몇 주 전에 북한이 풍계리 핵실험장을 파기해버리는 등 협상용으로 써먹을 수 있는 중요한 카드(레버리지)를 스스로 없애버린 상태에서 미국을 상대로 외교전을 벌이는 것이 쉽지 않겠다는 생각을 했는데, 오늘 선언문을 보니 양측 대표의 의연함이 엿보인다. 비핵화를 요구하면서 미국은 언론까지 동원하여 CVID가 아니면 회담장을 박차고 나올 것처럼 위하威嚇했고, 회담 전날에도 국무장관 폼페이오가 이번 회담의 마지노선으로 요구한 것도 CVID였는데, 그럼에도 불구하고 합의문에는 CVID의 V와 I에 해당하는 문구를 넣지 않았다. 미국의 요구대로 넣는다면 그것은 주권국가로서 너무 굴욕적이라고 생각했던 것이 아닐까. 이것을 역지사지하여 만약 우리에게 그런 굴욕적인 요구를 했다면 주권국가로서 그대로 받아들이겠는가 하는 질문으로 바꿔볼 수 있다. 우리가 그런 굴욕적인 요구를 받아들이는 것이 용납되지 않는다면 북한도 받아들이지 않아야 하는 것이 당연하다고 봐야 하지 않을까.

그러나 미국 측의 동의 하에 나온 북미합의문은 CVID의 V와 I를 굳이 합의문에 넣지 않더라도 다른 형태로 V의 I의 효과를 낼 수 있다고 보았던 것 같다. 그것이 바로 〈판문점선언〉에도 명시된, '완전한 complete 비핵화'라고 본다. Verifiable라고 표현했지만 그 구체적인 방법에 들어가서는 또 여러 가지 난관이 나올 수 있다. 'verifiable'이라는 단어에 의거, 상대방이 의심할 만한 곳은 어느 곳이든 이곳저곳을 조사해야겠다고 뒤지고 다닌다면 그게 쉽게 용납될 수 있을까. V와 I 같은 단어가 빠졌다고 자유한국당의 홍준표는 어제 북미 사이의 비핵화와 관련, 그 성과가 전혀 없다고 말했다지만, 그가 대한민국과 북한의 처지를 바꿔놓고 사고할 수 있다면, 그의 말이 균형을 잃고 매우 무책임하며 이기적인 발언이라고 할 것이다. 그의 말이 균형과 책임을 가지려면, 합의문 속에 CVID만 빠졌다고 말해서는 안 된다. 북한체제를 보장하는 'CVIG(완전하고 검증 가능하며 돌이킬 수 없는 안전보장Complete, Verifiable, Irreversible Guarantee)'는 왜 빠졌느냐고 따질 수 있어야 한다. 그럴 때 균형성을 갖는다고 할 수 있다.

오늘 합의문을 보면서, 실무회담 초기만 하더라도 이제 북한도 별수 없이 미국 앞에 무조건 무릎을 꿇는구나 하는 내 생각이 짧았다는 것을 깨닫는다. 이번 회담과 공동선언은 북한이 자기의 주체성을 고수하면서 북한 나름대로의 로드맵 위에서 완전한 비핵화로 가겠다는 것을 보여준 것이 아닐까. 남의 강제에 의해서가 아니라 스스로 핵을 포기하고 경제건설의 길로 가겠다는 것이다. 오늘 공동선언 4개항 앞의 전문前文에 비핵화와 체제보장을 언급해놓고 있다. 바로 이 구절이다. "트럼프 대통령과 김정은 위원장은 미국과 조선민주주의인민공화국의 새로운 관계 수립과 한반도의 지속적이고 견고한 평화체제 구축과 관련한 사안들을 주제로 포괄적이고 심층적이며 진지한 방식으로 의견을 교환했다. 트럼프 대통령은 조선민주주의인민공화국의 안전보장을 제공하기로 약속했고, 김정은 위원장은 한반도의 완전한 비핵화를 향한 흔들리지 않는 확고한 약속을 재확인했다." 때문에 군이 미국의 CVID식의 표현이 아니더라도 북한이 구상하는 완전한 비핵화의 방법으로도 비핵화의 목표에 이를 수 있다고 타협점을 제시한 것이다.

과거 서로의 불신 속에서 실패했던 비핵화의 전철을 되풀이하지 않겠다는 결의는 김정은이 어렵게 고백한 모두발언에서도 감지된다. "여기까지 오는 길이 그리 쉬운 길은 아니었습니다. 우리 발목을 잡는 과거가 있고, 또 그릇된 편견과 관행들이 때로는 우리 눈과 귀를 가리우기도 했는데 모든 것을 이겨내고 이 자리까지 왔습니다." "우리 발목을 지루하게 붙잡던 과거"란 어떤 것일까. 불화와 불신, 그리고 상대를 악마화시켰던 선전·선동도 여기에 포함될 것이다. 회담 후 트럼프가 그렇게도 김정은을 치켜세우는 것은, 그가 거래의 달인으로서 김정은과 북한의 진정성을 어느 정도 간파했기 때문이 아닐까. 따라서 북한의 외교팀이 한 국가의 자존심을 무시하는 표현을 협정문 속에서 빼고 그 대신 실질적인 비핵화를 수행하면서도 자주국가의 체면을 구기지 않는 외교적 수사를 넣는 데 성공했다면 거기에 박수를 보낼 수 있을 것이다. 한편 체면을 중시하는 북한의 입장을 살려가면서 자신이 원하는 CVID를, CVID라는 용어를 굳이 쓰지 않고 관철할 수 있다고 보고 한발 물러선 미국의 협상력 또한 박수를 받아야 하지 않을까 (2018년 6월 12일).

평양회담에 대한 단상

미 국무장관 폼페이오 일행이 1박 2일 동안 평양을 방문, 협의한 결과가 별로 탐탁지 않은 것으로 알려졌다. 폼페이오는 진전이 있었다고 했지만, 북한은 유감 표시에 도둑이란 말까지 썼다. 어느 쪽이 솔직하게 언급했는지는 알 수 없으나, 양측의 상이한 기대치가 이런 논평으로 나왔을 것이다. 싱가포르회담 이후 미국 조야와 한국 언론들까지 비핵화문제에만 초점을 두는 데 대해서 정상회담의 본질을 다시 점검해 보는 것이 문제 해결에 도움이 될 것이라 생각하면서 감히 몇 마디 용훼한다.

먼저 이번 평양회담의 근거가 될 수 있는 〈싱가포르 수뇌회담 공동성명〉을 보자. "……김정은 위원장과 트럼프 대통령은 새로운 조미관계 수립과 조선반도에서의 항구적이며 공고한 평화체제 구축에 관한 문제들에 대하여 포괄적이며 심도 있고 솔직한 의견교환을 진행하였다. 트럼프 대통령은 조선민주주의인민공화국에 안전담보를 제공할 것을 확언하였으며 김정은 위원장은 조선반도의 완전한 비핵화에 대한 확고부동한 의지를 재확인하였다. 김정은 위원장과 트럼프 대통령은 새로운 조미관계 수립이 조선반도와 세계의 평화와 번영에 이바지할 것이라는 것을 확신하면서, 호상 신뢰구축이 조선반도의 비핵화를 추동할 수 있다는 것을 인정하면서……" '조미관계' 수립과 한반도에서의 평화체제 구축, 〈판문점선언〉의 재확인과 한반도의 완전한 비핵화 그리고 미군 유해 송환을 약속한다고 했다.

이 선언은 새로운 '조미관계' 수립과 한반도의 평화체제를 구축하여 북한의 체제담보와 상호 신뢰구축이라는 전제 위에서 비핵화를 추진하자고 약속했다. 이 선언의 핵심이 한반도의 비핵화였다는 것을 간과하지 않지만, 그것은 어디까지나 조미국교 수립과 한반도의 평화체

역사의 길, 현실의 길

제 구축이 선행되어 있다. 이 점은 〈싱가포르 성명〉에 언급된 〈판문점 선언〉(4월 27일)에서도 강조한 것이다. 그 선언도 먼저 한반도에서 분단과 대결을 종식시키고 "민족적 화해와 평화번영의 새로운 시대를 과감하게 열어나"갈 것을 다짐했다. 다시 말하면 한반도의 화해와 평화를 전제로 '완전비핵화'를 진행하겠다는 것이다. 김정은 위원장도 남북정상회담에서 북한체제가 담보되고 평화체제가 이뤄지면 핵을 가질 필요가 없다고 누차 강조했다.

〈판문점선언〉이나 〈싱가포르 공동성명〉에서 북한이 약속·강조하는 것은 평화체제와 비핵화를 맞바꾸겠다는 것으로 풀이될 수 있다. 두 선언은 마치 '선평화체제구축' '후완전비핵화'의 순으로 보이지만 동시에 이뤄져야 한다고 본다. 세계에서 가장 위험한 화약고라고 할 정도로 휴전선 남북에 병력과 무기를 쌓아둔, 여차직하면 전쟁이 발발할 수 있는 상황에서는 핵을 포기할 수 없다는 의지를 보여준 것이다. 또 한미 군사훈련과 전략자산을 그냥 두고서는 완전비핵화가 어렵다는 의지도 읽을 수 있다. 두 선언에서 언급한 비핵화방안은 그들로서는 최선의 방안을 내놓은 셈이다. 혹자는 이 대목에서, 그동안 얼마나 속아 왔는데 그걸 믿으라고 하는가, 그것은 그들의 상투적인 주장에 불과하다고 말할 것이다. 그러나 핵문제가 이 지경까지 온 데에는 관련 당사국들의 책임도 없지 않다.

그런데 〈싱가포르 성명〉 이후의 과정을 보면, 성명에서 언급된 '조미국교'나 한반도 평화체제에 관한 이야기는 빠져버리고, 비핵화문제만 강조하고 있다. 마치 두 '선언'이 비핵화문제만 다룬 것 같은 느낌이다. 백악관의 볼턴 보좌관이나 미 국무부의 입장, 트럼프 정책에 비판적인 미국 민주당과 언론기관, 심지어 한국의 언론까지도 '비핵화'에만 초점을 맞추고 있다. '성명'에서 전제조건처럼 다뤄진 국교수립이나 평화체제문제는 점차 배제되고 있다. 처음에 CVID를 말할 때에는 CVIG도 같이 언급하면서 이 둘을 6개월 안에 맞교환하자는 말까지 나오더니, 최근에는 CVIG는 언급조차 하지 않은 채 CVID 대신 FFVD[최종적이고 완전히 검증된 비핵화final, fully verified denuclearization]라는 신조어까지 만들어, 마치 그것이 비핵화로 가는 지름길처럼 언어의 유희를 일삼고 있다. 거듭 말하지만 두 선언은 체제보장과 완전비핵화를 같이 다루고 있다.

모처럼 북한이 비핵화의 의지를 보이고 있다. 그들은 체제보장을 위해서 핵을 가지려고 했다. 그것이 국제사회의 제재에 의해서건, 인민복지와 양립할 수 없다는 판단 때문인지, 이제 국교수립과 평화체제를 통해 체제보장만 이뤄지면 핵을 포기하겠다고 한다. 진정성도 보인다. 그렇다면 그들이 원하는 체제보장의 수순을 밟아 신뢰를 쌓아가면서, 세계가 원하는 비핵화를 동시에 이뤄가야 한다. 이런 점은 거래의 달인이라는 트럼프가 더 잘 알 것이다. 두 선언에 체제보장과 비핵화문제가 맞물려 있다는 것을 누구보다 잘 아는 언론은 이 문제를 슬기롭게 풀어가도록 계도·지원할 막중한 책임이 있음을 강조하고 싶다(2018년 7월 8일).

한반도의 평화체제와 비핵화를 위한 공동선언

"새로운 조미관계 수립과 조선반도에서의 항구적이며 공고한 평화체제구축"을 위한 미북간의 〈싱가포르 수뇌회담 공동성명〉(2018년 6월 12일)이, 남북간의 〈한반도의 평화와 번영, 통일을 위한 판문점선언〉(2018년 4월 27일)에 이어, 발표된 지 거의 두 달로 접어들고 있다. 그동안 대소 몇 차례에 걸친 미북간의 회담에도 불구하고, 싱가포르회담에서 교환한 '미북관계 수립'과 한반도의 평화체제 구축을 위한 결정적인 진전은 보이지 않고 있다.

공동성명 내용 중 비핵화만 강조되는 분위기

전문가가 아닌 사람이 이런 주제를 다루는 것이 조심스럽다. 싱가포르회담 뒤 미북 사이에 어떤 대화가 오갔는지, 어떤 문건을 수교했는지 그 자세한 내용을 알지 못한다. 그런데도 〈싱가포르 공동성명〉 이후 지금까지 표면화된 것만 가지고 따진다면, 그 공동성명이 제대로 속도를 내지 못하고 있음은 분명하다. 공동성명의 여러 내용 중 어느 항목에 강조점을 두느냐에 따라 양국의 접근이 달라질 수밖에 없겠지만, '한반도의 평화'라는 관점에서는 더디게만 느껴진다. 그런 상황에서 언론은 북한이 비핵화의 로드맵을 제대로 보여주지 않기 때문에 공동성명의 실천이 정체되는 것처럼 일방적으로 전하고 있다. 미국의 여야 정치인과 여론은 북한이 마치 완전비핵화에 의지가 없고, 시간 끌기 지연전술을 되풀이하고 있으며, 미국이 거기에 끌려가서는 안 된다는 식의 경고를 하고 있다. 한국 언론들도 미국의 그런 입장을 베껴 쓰는데에 여념이 없다. 싱가포르회담 후 북미가 여러 번 만났지만, 그 내용이 제대로 밝혀진 바는 없다. 때문에 참고할 수 있는 것은 바로 〈싱가포르 공동성명〉밖에 없다. 그 공동성명에 양 정상은 "새로운 미북관계 수립 및 한반도에서의 지속적이고 견고한 평화체제 구축과 관련된 이슈에 대해 포괄적이고 심도 있고 진지한 의견을 교환"했으며, "트럼프 대통령은 북한에 대해 안전보장을 제공하기로 약속했고, 김 위원장은 한반도의 완전한 비핵화라는 확고한 약속을 재확인"했다고 언급했다. 그런 전제 위에서 네 가지 실천사항을 언급했다. 첫째 평화와 번영을 위한 새로운 양국관계의 수립, 둘째 한반도의 지속적·안정적 평화체제 구축, 셋째 〈판문점선언〉의 재확인과 완전한 비핵화, 넷째 전쟁포로 송환과 전쟁실종자 송환이다. 미북관계의 진행과정은 새로운 미북관계 수립과 평화체제 구축, 그리고 완전한 비핵화라는 틀 위에서 점검될 수밖에 없다. 이 항목들은 한반도의 평화를 실천하려는 일종의 로드맵이다. 그런데 지금 북미 사이에 전개되고 있는 논의는 공동성명에서 약속한 그 내용의 우선순위를 뒤섞어버렸다. 미국 여야나 언론이 미북관계의 진전 상황에 훈수를 두려면, 먼저 미국 정부가 공동성명에서 어떤 약속을 했는가를 복기하는 것이 필요하다. 그런데도 그들은 공동성명에서 약속한 것이 '비핵화'뿐인 것처럼 CVID와 FFVD만을 강조하고, 그들이 언젠가 언급한 적이 있는 CVIG는 언급조차 하지 않는다. 그러나 거듭 말하지만 양국의 성명은 '새로운 미북관계 수립'과 '평화체제 구축' 그리고 '완전한 비핵화'의 순서로 명시되어 있다.

이게 양국 협상의 가이드라인이 되어야 한다면, 완전한 비핵화 요구는 그 순서로 보아 북미수교와 평화체제 수립의 뒤에 위치하거나, 그럴 수 없다면 다른 두 개와 동시에 강조되어야 할 것이다. 그래서일까, 지난번 폼페이오가 평양에 갔을 때, 평양 측이 강도 운운하면서 거칠게 나왔던 것은, 내놓아야 할 보따리의 순서가 바뀌었다고 생각한 데서 나온 거친 반응이 아니었을까.

비핵화를 넘어, 평화체제 수립해야

미북 협상이 마치 비핵화문제에만 집중되어 있는 듯이 왜곡되면서 거기에 다시 북에 대한 '제재와 검증'이라는 곁가지가 붙어 그것들이 강조되고 있다. 그 하나는 완전비핵화가 이뤄지기 전에는 북에 대한 제재가 더욱 강화되어야 한다는 것이다. 트럼프의 선창에 한국 정부도 동조하는 듯하다. 이러다 보니 "대화하자면서 제재를 강화하는 것이 말이 되느냐"는 평양의 볼멘소리가 나온다. 또 하나는 풍계리 핵실험장 폭파와 동창리 미사일발사장 해체를 두고 박수는커녕 왜 검증절차를 밟지 않느냐고 한미가 목소리를 돋워 북을 압박하고 있다는 점이다. 풍계리 핵실험장 폭파나 동창리 미사일기지 해체가 북미간의 사전협의 사항이었는지 잘 모른다. 만약 그 폭파와 해체가 비핵화 의지에 신뢰도를 높이기 위한 북한의 자발적이고 선제적인 조치였다면, 한미 언론이 거기에 검증 운운하는 사족을 다는 것은 신뢰에 흠집을 내려는 의도로밖에는 볼 수 없다. 거기에다 최근 언론은 북한이 계속 핵물질을 생산하고 장거리 미사일을 조립하고 있다는 미확인 정보를 흘리고 있다. 〈싱가포르 공동성명〉 이행에 제동을 걸고 싶어 하는, 마치 통킹만사건과 이라크 침략에 이용했던, 바로 그 거짓정보 세력이 아닌가 두렵다. 이런 걸 보면서 6자회담 때 두 번에 걸친 비핵화 합의가 왜 무산되었는가를 다시 생각하지 않을 수 없다. 〈4·27판문점선언〉과 〈6·12싱가포르 공동성명〉을 통해 북한은 '완전한 비핵화'를 약속했다. 어느 정도 신뢰성이 있는지 그것은 양국관계의 진전에 달려 있지만, 체제보장이 이뤄지면 핵이 불필요하다고 공언은 했다. 그동안 한반도의 평화를 가로막아 온 것은 북핵만이 아니고, 미북 미수교와 평화조약이 체결되지 않은 데에도 있다. 한반도의 평화는 완전한 비핵화를 넘어 평화체제 수립을 통해 가능하다. 비핵화는 한반도 평화를 위한 필요조건이지 충분조건일 수는 없다. '비핵화와 평화체제 수립', 이 두 가지가 필요·충분 조건이다. 이에 대한 남북미의 입장이 서로 다르다. 미국은 비핵화에만 골몰하고, 남북은 비핵화와 평화체제를 함께 이뤄야 한다고 본다. 남북은 여기서도 우선순위가 다르다. 남측은 비핵화를 통해 평화체제로 가야 한다고 보고, 북측은 평화체제를 통해 비핵화에 이르기를 원한다. 우선순위가 각각 다르지만, 〈판문점선언〉과 〈싱가포르 공동성명〉은 비핵화와 평화체제를 동시에 약속했고, 그걸 포괄하는 기틀을 마련한 셈이다. 미국의 군산복합체와 한반도의 극우세력, 그 밖에 한반도의 분단과 불안을 이익의 근거로 삼는 세력들은 한반도의 평화를 원치 않는다. 그러기에 한국 정부와 언론의 주체적인 노력이 어느 때보다 필요한 것은 이 때문이다(2018년 8월 2일).

미국은 진정 '한반도의 평화와 비핵화'를 원하는가

어느 모임에서 국회의 대미對美활동과 관련, 미국 의회와의 소통과 전시작전권의 환수 및 한미행정협정SOFA 개정에 국회가 노력해야 한다고 말한 바가 있다. 남북·북미 관계가 급박하게 돌아가는데도 국회는 손을 놓은 채 정쟁에만 열을 올리고 있다. 트럼프는 잊을 만하면 한국의 방위비 부담을 높여야 한다고 윽박지르는데, 이 문제도 주한미군의 광대한 토지 무상점유부터 평택기지, 전기·수도·고속도로 이용료 등까지 따져서 셈법을 정리해야 할 것이다.

최근 미국 유력인사들의 한국관에 실망스러운 적이 한두 번이 아니다. 해리 해리스 주한미국대사는 "남북관계와 대화는 북한 비핵화와 연계되고, 한국과 미국의 목소리가 일치해야 한다"며 남북의 철도-도로 연결 연내 착공 합의 등에 제동을 걸고 나섰다. 주권국가를 존중하는 발언은 아니다. 주한미군사령관 내정자 에이브럼즈는 미 의회청문회에서 "남북간의 종전 선언은 그들 사이의 합의에 불과하다"고 했는데, 이 또한 미국 의회에서 용훼할 내용은 아니다. 이런 문무관의 발언에 이어 트럼프도 세 번씩이나 "미국의 '승인approval' 없이는 한국이 대북제재를 해제하지 않을 것"이라고 언급, 주권국가를 매우 불편케했다.

이런 경우는 우리 주변에서도 보인다. 문 대통령이 유럽 순방에서 한반도의 비핵화와 평화를 국제사회에서 견인하는 한편 북한에 대한 제재도 완화시켜야 한다고 역설했다. 교황청을 방문하여 내년(2019)

봄 교황의 북한 방문을 요청하고 교황으로부터 "멈추지 말고 앞으로 나아가시라. 두려워하지 마시라"고 격려도 받았다. 그 시각 일본 총리 아베는 ASEM정상회의 의장 성명에 '북한 핵에 CVID[Complete, Verifiable, Irreversible Dismantlement]를 요구한다'는 문구를 삽입시켰다고 자랑했다. 국내 정치인과 언론인 중에도 아베에 화답하면서 '비핵화와 평화'를 동시에 이루려는 문 대통령에 찬물을 끼얹었다. 트럼프의 '승인'론과 아베의 행동에 한국의 정치인과 언론·지식인, 그 누구도 한마디 말이 없다. 그래도 되는 걸까.

미국이 정말 한반도의 비핵화와 평화를 원하는가 하는 질문은 〈6·12싱가포르 북미 정상회담〉 성명의 진행과정을 관찰하면서 나온다. 싱가포르회담에서 양국은 "새로운 관계 수립과 한반도의 지속적이고 견고한 평화체제 구축과 관련된 사안들을 주제로 포괄적이고 심층적이며 진지한 방식으로 의견을 교환"했고, 트럼프는 북한의 안전보장을 내밀었고, 김정은은 한반도의 완전한 비핵화를 확고하게 약속했다. 이 성명에 따라 새로운 조미관계 수립, 평화체제 구축, 완전한 비핵화, 유골의 발굴과 송환 등의 4개항이 도출되었다.

북미간의 이 합의는 일방적이 아니고 쌍방적이다. 그러나 진행과정은 북한에 대해 거의 일방적으로 CVID만 요구하고 있다. 싱가포르회담에서 트럼프는 분명히 평화체제 구축을 통한 안전보장을 약속했는데도 이건 무시한 채 회담의 결론이 마치 '완전한 비핵화'뿐인 양, 미국 조야와 언론들은 일방적인 CVID만 되풀이하고 있다. 한국의 언론들 또한 미국이 쏟아놓는 완전한 비핵화 주장만 쓸어 담고 있다. 그래서 이 합의가 제대로 이뤄질 것인지 기대가 점차 사라지고 있다. 풍계리 핵실험장과 동창리 미사일기지의 영구폐쇄 조치를 자발적·선제적으로 보였지만, 한미 군사훈련 중단 조치 외에, 미국은 종전선언이나 제재완화에서 조금도 여유를 보여주지 않는다. 약속 이행을 머뭇거리는 쪽은 오히려 미국이다. 그래서 "미국은 정말 한반도의 비핵화와 평화를 원하고 있는가" 하는 질문이 다시 나온다.

핵확산을 예방하려는 미국의 노력을 높이 평가한다. 그러나 미국의 이런 노력이 북한에 대해서 일관성과 신뢰성을 주었는가. 1990년대 북한이 NPT를 탈퇴하고 핵개발에 나섰을 때 미국은 제네바협상을 성사시켰다. 중수로 대신 경수로발전소를 함남 신포에 건설키로 했다. 그러나 북한의 고농축우라늄HEU 핵프로그램 개발 의혹을 빌미삼아 2002년 11월 부시 정권이 제네바합의를 뒤집고 중유 공급을 중단하자, 한국도 11억 3,000만 달러를 고스란히 날린 채 신포 경수로 공사에서 손을 뗐으며, 북한 또한 그 이듬해 1월 NPT를 탈퇴, 핵개발에 나섰다. 그 뒤 북핵문제 해결을 위해 2003년 8월, 6자회담(남·북·미·중·소·일)이 시작되었다. 6자회담에서 2005년 〈9·19공동성명〉을 도출, 북한은 모든 핵무기를 파기하고 NPT, IAEA로 복귀한다고 약속했다. 그러나 무슨 심사인지 미국은 곧 방코델타아시아BDA 문제를 걸어 북한의 자금동결에 나섰고, 북한은 〈9·19공동성명〉 이행을 거부한 채 그 이듬해 제1차 핵실험으로 내달았다. 제네바합의의 파기와 BDA 문제에서, 북한의 책임이 없다고는 할 수 없겠지만, 미국은 북한의 핵을 예방할 수 있는 절호의 기회를 스스로 내던져버린 셈이다. 싱가포르회담의 이행과정을 보면서 이 두 사건을 연상하는 것은 나만이 아닐 것이다. 아마도 북한은 더 할 것이다.

〈6·12 싱가포르 북미 정상회담〉은 한반도의 비핵화와 평화를 동시에 약속하고 있다. 북미 사이에 이면약속이 있는지 알 수 없으나, 북한의 완전비핵화 과정만을 몰아치는 저간의 행태는 싱가포르회담에서 발표한 약속과는 일치하지 않는다. CVID는 CVIG와 함께 풀어야 한다는 것이 그 약속 아닌가. 김정은이 싱가포르회담에 나오면서, "여기까지 오는 길이 그리 쉬운 길은 아니었습니다. 우리 발목을 잡는 과거가 있고, 또 그릇된 편견과 관행들이 때로는 우리 눈과 귀를 가리우기도 했는데 모든 것을 이겨내고 이 자리까지 왔습니다"라고 했는데 이 말에는 나름대로의 고뇌와 진정성이 엿보인다. 이를 이해하면서, 이참에 '한반도의 완전한 비핵화와 평화'를 동시에 이뤄내야 한다. 그러나 미국과 북한이 동시에 행동하지 않아 더 진행되지 않고 있다. 책임은 행동하지 않는 쪽에 있지만 강자에게는 관용이라는 책임도 있다. 그래서 또 묻는다. "미국은 정말 한반도의 비핵화와 평화를 원하고 있는가?"

(2018년 10월 24일)

전시작전통제권

이명박·박근혜 정권에 들어 자주국방에 관련된 가장 두드러진 사건은 전시작전권 환수를 미뤄버렸다는 것이다. 2012년에 환수키로 된 것을 이명박 정권은 2015년 말로 미루었고, 선거공약에서 전 정권이 약속했던 그 기간에 전작권을 환수키로 하겠다고 약속하면서 등장한 박근혜 정권은 자신의 공약을 깨고 전시작전통제권 환수문제를 사실상 2020년대로 미뤄버렸다. 2012년과 2015년에 환수하겠다는 약속은 2020년대의 더 까다로운 조건으로 이제 그 가능성마저 희미하게 보이니 이것이 자주국가를 운영하겠다는 사람들의 국가 경륜인지 정말 안타깝다고 하지 않을 수 없다.

전시작전통제권[전작권Wartime Operational Control OPCON]은 전시에 군대의 작전을 지휘하는 권리를 말한다. 헌법상 국군통수권은 대통령에게 귀속되어 있으나 군대를 통솔하는 실제적 상황에서는 합동참모부가 이를 위임받아 행사한다는 것이다. 군대를 통솔함에는 평시의 군대를 지휘하는 것과 전시의 것으로 나눌 수 있는데 전시작전통제권이란 전쟁 시에 군대를 지휘할 권한을 말하는 것이다. 따라서 이것은 자주국방의 중요한 요소라고 할 것이다.

노무현 정권 때에 본격적으로 대두된 전시작전통제권의 환수문제가 국민적 관심사로 확대된 것은 이명박·박근혜 정권 때다. 그러나 정작

전작권을 외국에 이양한 것은 이승만 정권 때다. 이승만은 6·25전쟁 중인 1952년 7월 14일에 대한민국 국군의 평시작전권과 전시작전권을 유엔군(미군)에 이양했다. 그러다가 베트남전쟁에 지친 미국이 1969년 닉슨 대통령에 의해, 약소국들은 스스로 자신의 국방을 책임져야 한다는 닉슨 독트린을 발표했다. 이어서 카터 대통령도 한국에 투입된 미군을 철수하려고 하자 한국은 핵무기 개발과 전시작전권 이양문제로 대응했다. 그러나 박정희가 죽자 핵무기 개발은 중지되고 말았다.

전작권 반환 논의는 1991년 노태우 대통령이 "1995년까지 평시작전통제권"을, "2000년까지는 전시작전통제권"도 한국이 이양 받는다는 틀을 제시함으로써 급부상되었다. 이를 계기로 김영삼 정권 때인 1994년 12월 1일 0시를 기해 평시작전통제권을 44년 만에 이양 받게 되었다. 전작권 이양문제가 본격화되는 것은 노무현 정권 때다. 이때 국방부가 미군의 증원 없이도 한국군이 단독으로 북한과의 전면전에서 승리할 수 있다는 보고서를 제출했다. 이에 자신감을 얻은 노 대통령은 2005년 10월 1일, 국군의날 기념식에서 자주국가 수립을 위해 "자주국방을 강조"하고 "전시작전통제권 행사를 통해 스스로 한반도 안보를 책임지는 명실상부한 자주군대로 거듭"나야 한다고 강조했다.

전작권 반환문제가 가시화되자, 지금도 그렇듯이, 여기에 반대하는 세력이 만만치 않았다. 이 무렵에 나돈 '똥별' 이야기는 한동안 가십거리였다. 그럼에도 불구하고 2005년 10월 21일, 제37차 한미연례안보협의회의SCM에서 전작권 전환문제를 논의하게 되었고, 10월 28일 전시작전권 전환 관련 일정을 비로소 공식화해 2015년 이전에 전시작전통제권을 한국군에 전환하겠다는 계획을 세워 미국과의 협의에 들어갔고, 2012년에 전시작전권을 한국에 넘기는 것에 합의하게 되었다. 그러나 2010년 6월 27일 이명박 정권은 전시작전권 전환을 2015년 12월로 연기하되 재연기는 없는 것으로 했지만, 2014년 10월 제46회 한미안보협의회에서 "북한의 핵·미사일 위협" 등 안보환경을 이유로 전작권 전환은 2020년대까지로 연기하게 되었다. 110년 전 외교권을 빼앗길 때 방관하고 협조했던 다섯 대신을 을사오적으로 역사에 규정하고 있는 역사적 상황에서, 전시작전통제권으로 상징되는 국방주권을 기약 없이 워싱턴에 자진 상납한 우리 세대를 두고는 어떤 평가가 주어질 것인지 두렵다.

전작권은 국방주권이다. 스스로의 힘으로 국가를 지킨다는 것은 전작권 행사를 통한 국방주권의 실현을 통해서다. 지구상의 여러 나라 중에서 전작권을 갖지 못한 나라는 둘뿐이라고 하는데 거기에 우리가 끼였다는 것은 '역사와 전통에 빛나는 대한민국'으로서는 못할 일이다. 전작권 없이 안보를 튼튼히 하는 것이 과연 가능하며, 전작권 없이 통일대업을 달성할 수 있을까. 연평도 포격이 있었을 때 청와대 벙커에서 고래고래 '복수'를 다짐하는 결기가 있었지만, 전작권이 없는 상황에서 과연 결정적인 대응이 가능할까. 안보환경이 어렵다 하더라도 전작권 행사를 통한 국방의 책임이 국군에게 주어질 때 안보는 더 튼튼해질 수 있다. 연간 방위비를 이렇게 숱하게 쓰면서도 국방에 대한 자신감을 갖지 못하는 것은 그 원인이 어디 있을까. 전작권이 남의 손에 주어져 있다면, 정말 위급할 때 스스로의 판단 하에 국가수호의 사명을 다할 수 있을까(2015년 10월 2일).

북한 핵개발과 퍼주기 논란

며칠 전 평소 가까이 지내는 후배와 대화하는 가운데, 남북관계에 대한 그의 견해를 들을 수 있었다. 평소 그는 진보적이지 않았고 특별히 보수적 입장을 취하지도 않았는데, 그날은 평소 그답지 않은 이야기를 했다. 김대중·노무현 정권 때에 북한에 '퍼주기'를 했기 때문에 북한에서 핵을 개발하게 되었다는 것이다. 평소 그는 나와의 대화에서 그런 입장을 취하고 있는 일부 목회자들에 대해서 오히려 비판적인 입장을 취해왔는데, 그날은 무의식적인지는 몰라도 그런 말을 내 앞에서 내뱉은 것이다. 그 말을 듣고 면전에서 바로 비판하지는 않았으나, 이 친구가 이런 말을 할 정도면 '퍼주기'의 결과가 북한의 핵개발로 이어졌다는 인식이 상당히 유포되어 있겠구나 하는 생각을 갖게 되었다.

북한 핵이 어떤 과정을 거쳐 개발되었는지 나 같은 사람으로서는 그 자세한 내용을 알 수 없다. 거기에 들어간 재원이 얼마나 되었는지, 그 것을 어디에서 조달했는지, '퍼주기'라고 떠드는 남북협력기금에 의한 것인지 잘 알 수 없다. 내가 아는 한, 정부는 그런 문제에 대해 공식적으로 언급한 적이 없다. 그러나 그들이 핵에 관심을 갖게 된 데는 재래식 무기로 군비경쟁을 한다는 것이 승산이 없다고 판단한 데서 나온 결론인 것만은 틀림없다. 대칭적 관계의 재래식 무기로서는 앞으로 자본주의 사회에 대항하는 것이 불가능하다는 판단 하에 김일성 때부터 핵에 대한 준비를 쌓아왔던 것이다. 핵과 재래식 무기는 비대칭적 관계이기 때문에 아무리 성능이 놓은 재래식 무기를 쌓아놓는다 하더라도 핵 한 방이면 그 모든 것을 상쇄하고도 남는다. 인류의 장래를 위해서는 핵을 개발해서도 안 되고 개발된 핵은 폐기하지 않으면 안 된다고 확고한 신념을 갖지 않는 한 이런 유혹에 넘어가지 않을 나라가 어디에 있겠는가.

1953년 7월 27일에 발효되기 시작한 정전협정 규정에도 불구하고 한반도에 각종 무기가 도입되었다. 한국과 미국은 1948년 8월 분단정권 수립 직후 〈과도기의 잠정적 군사 및 안보에 관한 행정협정〉을 체결한 바 있다. 또 정전협정 발표 후 10여 일 만인 1953년 8월 8일 가조인한 후 그해 10월 1일에 체결한 한미상호방위조약은 그 이듬해 11월 발효되었다. 1953년 7월 27일에 발효한 정전협정에는 한반도에 무기 반입을 금하는 다음 조항이 있다. 즉 제13항에 "조선 국경으로부터 증원하는 군사인원을 들여오는 것을 정지한다"와 "조선 국경 외로부터 증원하는 작전비행기, 장갑차량, 무기 및 탄약의 반입을 정지한다"라고 규정한 것이었다. 그러나 한미상호방위조약을 근거로 비행기, 각종 대포, 기관총, 탄약 등의 군사장비가 남쪽에 들어왔다. 북한의 핵개발이 휴전협정 이후인 1955년경부터 시작되었다는 주장은 이런 군비증강과 무관한 것일까.

북한의 핵개발은 1980년대부터 본격화되었다. 박정희가 1970년대에 핵개발을 의도하고 있었다는 것을 고려한다면 이게 예사롭게 들리지 않는다. 정전협정 금지규정에도 불구하고 최첨단무기를 반입하던 미군은 1958년 초, 공개적으로 "남한 지역 내 원자무기 반입배치를 밝혔고, 1975년 5월에는 미 국회에서 '미국이 남한에 1,000개의 핵무기를 반입했다'고 공개했다." 그 후 1991년 12월 남북간에 한반도 비핵화를 선언하면서 노태우 대통령은 남한에는 핵이 존재하지 않는다고 선언했다. 그 이듬해 7월 미국 대통령 부시도 아시아에 배치된 모든 전술핵무기를 완전히 철수했다고 선언했다. 그러나 "핵무기의 존재를 인정도 부정도 하지 않는다는 NCND정책에 따라 그 누구도, 어떤 기관도 남한 지역의 핵무기 반입 및 철수 여부를 확인하지는 못했다." 이게 사실이라면 한반도에서 핵무기 제작의 빌미를 제공한 것은 어느 쪽일까.

북한은 1962년 영변에 소련으로부터 지원받은 2MW 소형원자로를 건설했다. 그 뒤 1979년 5MW급 실험용 원자로를 착공, 1986년에 본격 가동했다. 북한은 "1985년 12월 4기의 440MW급 소련형 VVER경수로 원전 도입을 추진"했고 "이 과정에서 소련의 요구조건인 핵확산금지조약NPT에 가입"했다. 그러나 1992년 국제원자력기구IAEA가 회원국 북한에 대한 핵사찰에서 '플루토늄 양의 불일치' 때문에 특별사찰을 요구했지만, 북한은 거부하고 NPT를 일방적으로 탈퇴했다. 이런 상황에서 미국이 북한 폭격까지 고려했지만 카터 전 대통령의 북한 방문을 계기로 김영삼 대통령과 남북정상회담이 계획되었고 김일성의 사망으로 불발되었다. 김정일 정권 등장 이후 제네바협정을 통해 1995년 클린턴 행정부는 경수로 지원을 약속하며 핵폭탄 제조의 길을 막게 되는데, 당시 경수로 건설을 위해 한국 정부는 약 1조 원을 부담하게 되었다. 그러나 이것도 부시의 등장으로 일방적으로 파기되었다. 북한 핵을 막을 수 있는 절호의 기회를 놓친 것이다. 2003년 북한 핵을 막기 위한 6자회담이 열리게 되지만, 2006년 10월 9일 북한은 0.5kt급의 핵실험을 시작, 지난 1월 4차 핵실험에 이르게 되었다.

북한 핵을 막을 수 있는 기회는 몇 번 있었다. 그러나 북한의 생존전략과 강대국(미국·일본)의 북한무시전략의 상극으로 오늘에까지 이르게 되었다. 거기에다 한반도가 핵이든 뭐든 불안한 상태에 있어야만 이득을 취하는 국내외의 세력이 있는데 이들은 한반도의 핵문제 해결을 원치 않는다. 그런 장단에 춤을 춘 것이 어쩌면 북한이고, 한반도에서 이득을 취하려는 세력은 그간 몇 번이나 주어진 핵문제 해결의 기회를 방해했다. 1990년대 대한민국이 북방정책으로 중국·소련과 국교를 틀 때, 북한은 미국·일본과 국교를 터서 상호 교차승인토록 해야 했고, 정전협정을 평화조약으로 전진시켜야 했다. 그러나 한반도가 분단과 갈등 속에 있어야만 이득을 얻는 세력들은 평화조약 체결은 물론 한반도의 비핵화와 평화통일을 원치 않는다. 북한의 고립정책은 사실상 자기생존을 위협했고, 생존전략으로 선택한 핵은 아직도 북한 인민의 희생을 강요하고 있다. 북한의 핵개발은 몇 차례 유엔의 제재까지 당했지만, 더 고집스러운 태도를 보였다. 일인체제 하에서는 북한 인민의 생존을 담보하는 개방정책이 고려되지 않은 법, '백두혈통'의 존엄만 고집하는 정책이 주체성 확보라는 명분으로 핵개발을 진전시켰다. 이런 상황에서 대한민국은 '평화와 통일'이라는 민족사 최대의 과제를 얼마나 진지하게 고민했는가를 묻지 않을 수 없다.

다시 처음 이야기로 돌아가보자. 이명박·박근혜 정권 및 한국 보수 교회는 그동안 '북한 퍼주기'가 핵개발을 도왔다고 비난해왔고, 대북 관계의 전면 중단을 당연시했다. 핵실험이 참여정부 때에 이뤄졌기 때문에 그전의 문민정부·국민의정부 때부터 본격화된 북한 지원이 핵개발에 전혀 도움이 되지 않았다고 말하는 것은 쉽지 않다. 그러나 이 주장이 적실성을 갖기 위해서는 2~4차 핵실험, 그중 하나는 스스로 수소폭탄이라고 주장하는 핵실험이 '퍼주기'를 해주지 않은 보수정권 때에 이뤄진 데 대해서 합리적인 설명이 필요하다. 이 말은 북한의 1차 핵실험이 '퍼주기'의 산물이라고 한다면, '퍼주기'를 하지 않은 시기에 2~4차 핵실험이 이뤄진 것은 어떻게 설명할 것인가 하는 문제다. 김영삼, 김대중, 노무현 정부 15년간 남북교류협력으로 지불된 돈이 5조 원 정도라고 한다. 그러나 그 '퍼주기'를 비난하는 사람들일수록 한국이 한 해 미군에게 퍼주는 금액이 얼마인지는 계산하지 않는다. "천안함, 연평도 포격 등에 대해 우리의 흥분의 대가는 글로벌 호크, 스텔스 전투기, 공중조기경보기, 각종 미사일 등 우리에게 별로 필요 없는 과잉전력을 들여놓는 결론으로 귀착되었다." "우리가 한번 흥분할 때, 대개 수천억 원에서 수조 원에 이르는 대가가 치러"지는데 이로써 "누군가 우리들의 분노를 조장하여 그 대가로 우리의 주머니가 무섭게 털려나가고 있다면" 우리는 이를 어떻게 생각해야 할까.

인정하든 않든 북한은 핵을 개발했다. 그런 상황에서 남북이 공존하는 최선의 방안은 무엇일까. 이 땅에서 핵이 사용되지 않도록 하는 것이다. 이 방안은 결국 한반도를 안정화시켜 화해와 평화를 이룩하는 길이다. 화해와 평화를 위해서는 필요하다면 비용을 써야 한다. 그것이 다시 '북한 퍼주기'로 이해될 수도 있다. 여기서 화해와 평화를 위한 '북한 퍼주기'와 분단 고착화를 위한 병력강화를 대비시킬 수 있다. 한국이 부담하는 미군 주둔비를 '북한 퍼주기'와 대비하면서 그것이 한반도의 평화와 통일을 이룩하는 데에 얼마나 도움이 되는지 회의하는 견해도 있다. 이런 견해를 '반미주의'로 특정해보지 않았으면 한다. 매년 현금으로 미군에게 지급하는 비용이 1조 원에 가까운데, 미군은 이 돈이 남아서 수천 억 이상을 저축해놓고 이자놀이까지 하고 있다. 미군에 무상으로 제공하는 기지 사용료, 유류, 통신, 전기 등 면세 특혜가 해마다 3조 원에 이른단다. 거기에 미군기지 건설비, 정기적이고 부정기적으로 사건마다 증액되는 무기 구입비는 매년 수조 원에 이른다. 이 방면에 정통한 어느 목사님의 설교는 이를 잘 지적한다. "이리저리 따지면 해마다 10조 원 가까이에 이릅니다. 15년간 5조 원 퍼주었다는 남북교류협력기금은 언젠가는 우리가 지불해야 할 통일비용이지만 해마다 미군에게 지불되는 비용은 분단상태를 유지하는 소모성 비용에 불과합니다. 북에 대한 퍼주기를 말하는 사람들이 왜 그에 대해 수십 배가 넘는 미군에 대한 퍼주기는 아무도 말하지 않는가?" 이런 상황에서 문제를 제기하고 새로운 이해의 바탕 위에서 공감대를 이뤄가야 할 부분이 있지 않을까. 미군에 퍼주기를 하는 것이 안보를 위해 불가피하다고 하더라도 그것이 '분단과 대결'을 고수하는 길은 아닌지, 비록 지금은 '퍼주기' 같이 보이는 그 길이 민족사적으로 '용서와 화해, 평화와 통일'의 길로 가는 것은 될 수 없는지(2016년 5월 2일).

성주 군민들의 사드를 보는 눈

사드 배치문제로 성주 군민들이 들고 일어났다. 그전에는 성주가 어디 있는지, 그 존재감이 크지 않았다. 사드 배치를 계기로 총리와 국방장관이 방문했고 거기에 항의하는 군민들의 시위가 성주를 단연 드러냈다. 성주의 시위를 두고 일부 언론들은 "외부 불순세력이 끼어들었다"고 하지만, 성주 군민들은 그때 외부세력은 총리와 국방장관 그리고 경찰들뿐이었다고 주장한다.

나는 성주를 잘 알지 못한다. 다만 성주에 처가가 있기 때문에 이번 시위에 관심을 갖고 살펴보고 있다. 내가 아는 성주는 조선조 후기 유학자 한주寒州 이진상李震相과 독립운동가 심산心山 김창숙金昌淑이 이곳 출신이라는 것, 〈파리장서巴里長書〉 때에 이 지역의 유림들이 많이 참여했다는 정도다. 그런 성주가 이번 사드 설치를 계기로 전국적인 주목을 받게 되었다.

시위의 계기는, 한 번도 그 적지適地로서 거론된 바가 없는 성주가 하루아침에 사드 배치의 적지로 점지된 데 있다. 사드 배치지인 성산포대에서 1.5km밖에 되지 않는 곳에 위치한 성주가 시위에 나선 것은 아마도 전자파문제를 의식했기 때문이 아니었을까 생각된다. 전문가들은 사드와 관련, 레이더 전자파문제를 따지는 것은 국지적이라고 보고 있지만 정치권이나 언론은 이를 본질적인 문제처럼 다루면서 호도하고 있단다. 한국의 사드 배치문제는 동북아의 국제정치적·군사적인 문제와 관련되어 있다. 사드 설치가 동북아시아의 세력균형에 지각변동을 일으킨다는 것이다. 사드와 함께 설치하는 레이더가 2,000km의 탐지기능을 갖고 있다는 것이 한국의 대중국·대러시아 관계를 어렵게 만드는 것이다. 더구나 사드문제가 MD체계와 연동되면 한반도는 한미일 대 북중러의, 해양세력과 대륙세력의 쟁투장으로 변화될 수밖에 없다. 사드 설치문제는 그동안 동북아의 가장 큰 현안문제였던 북핵문제를 한국의 사드로 변화시켜버렸다. 이는 사드문제의 가장 큰 수혜자가 김정은이라는 것을 말하는 것이다.

내가 성주 군민의 사드 배치 반대를 주목하는 것은 영남의 다른 지역과는 상이한 점이 보이기 때문이다. 대부분의 새누리당 영남 국회의원들과 주민들은 사드 배치에 찬성한다. 그들의 안보의식은 타의 추종을 불허할 정도로 투철하다. 그러나 그들이 찬성한 사드를 어디에 배치할 것인가 하는 장소문제가 나왔을 때, 자기 고장에는 안 된다고 했다. 평택·대구·칠곡·김천 등 적지로 손꼽히는 곳은 모두 반대했다. 그들은 한국에 사드를 배치해야 한다고 꾸준히 주장했지만 자기 고장에는 안 된다고 했다. 자기 고장에 사드를 설치, 미사일을 막는 것이야말로 가장 확실한 향토애였는데도 그랬다. 전자파의 폐해라는 지엽적인 이해관계 앞에서 안보라는 거대 담론은 설 자리가 없었다. 그들의 애국심과 안보의식은 이 수준이었다. 사드는 설치해야 하지만 우리 지역에는 안 된다는 것, 이게 그들의 이기적 안보관이었다. 성주는 바로 이런 담론을 극복했던 것이다.

나는 성주 군민들이 외치는 구호에 비교적 세심하게 귀를 기울였다. 그들도 처음에 1.5km 운운했을 때에는 전자파를 의식했을 것이고 그래서 성주는 안 된다고 했을 것이다. 그러나 그들은 곧 성주라는 지역적 이해관계를 넘어서는 주장을 폈다. 그래서 처음의 "사드 성주 배치를 반대한다"는 구호는 심한 비판을 받게 되었고, "사드 배치를 반대한다"는 구호로 변화되었다. 결국 성주 군민은 사드의 성주 배치는 물론이고 한반도 안의 배치를 반대한다는 것으로 그들의 주장을 승화시켜갔던 것이다. 이것은 사드 배치는 괜찮지만 우리 고장에는 안 된다는 차원을 넘어서는 것이었다. 이는 사드 배치가 갖는 국제적·군사적 관점을 더 넓고 높은 차원에서 문제점을 터득해간 결과라고 본다. 박 정권은 오늘 사드를 반대하려면 그 대안을 내놓으라고 윽박질렀다. 성주 군민들은 거기에 답했다. "한반도에 사드를 배치하지 말라", 이것이 그들의 답이었다(2016년 7월 21일).

북한의 수재, 기회로 삼을 수는 없을까

북한은 지난 (2016년) 8월 29일부터 9월 2일 사이에 함경북도와 양강도 지역을 휩쓴 태풍 라이언록의 영향으로 회령시, 무산군, 연사군, 온성군, 경원군, 경흥군, 은덕군과 나선시의 일부 지역이 혹심한 피해를 입었다. 두만강 유역의 관측 이래 가장 많은 비가 내렸고, 해방 후 처음으로 맞는 대재앙이었다고 한다. 온성군의 경우 아파트 3층이 물에 잠길 정도로 10m 이상 물이 불어났다. 이는 서두수발전소 물을 무단 방류하면서 생긴 인재라는 주장도 있다. 9월 14일 자 북한중앙통신은 인명피해가 수백 명에 이르고 6만 8,900명이 한지에 나앉았다고 했다. 이재민이 무려 14만 명이 되고 주택 4만여 채가 파괴되었다는 보도도 있다.

영상매체에 소개된 피해상황은 처참했다. 북한 주민들은 홍수 범람으로 유실된 도로와 농경지를 복구하기 위해 기계보다는 대부분 인력으로 안간힘을 쓰고 있다. 이런 안타까운 상황에도 불구하고 남쪽 동포들을 더욱 분노케 한 것은 폭우가 쏟아진 지 일주일 후인 9월 9일 제5차 핵실험을 단행했다는 것이다. 북한 정권은 수해 복구에는 신경을 끈 채, '공화국 창건'을 축하하는 축포를 핵실험으로 대신한 뒤에야 인민의 참상을 대대적으로 보도하기 시작했다. 홍수로 삶의 터전을 날려버린 인민들은 그들 정부로부터 철저히 외면당했던 것이다. 그렇다면 그들은 누구로부터 위로와 보호를 받아야 할까.

북한이 느지막하게 수재 참상을 보도하고 국제사회에 지원을 요청하고 있지만, 많은 국가들이 대북 지원을 꺼리고 있단다. 이유는 간단하다. 국제사회의 경고를 무시하고 많은 재원을 투입해 핵실험을 강행해놓고 도움을 요청하는 것이 온당치 않다는 것이다. 그들은 평양주재 외교관들에게 "핵무장은 절대로 놓지 않겠다"고 호언하면서 "홍수 피해사업에 적극 협조해달라"고 요청한다는데 이 또한 이중적인 태도로 비치고 있다. 이런 상황에서 유엔 산하의 세계식량기구WFP가 14만 명에게 식량을 지원하고 세계보건기구WHO가 수재민들에게 17만 5,000달러의 비상예산을 투입했다는 것은 우리의 측은지심을 자극한다.

우리 정부는 북한의 수재에 대해 "같은 동족으로서 가슴 아픈" 일이지만, "북한이 홍수 피해를 즉각 복구할 기회를 미루고 5차 핵실험에 치중했다"고 비판하면서, 수재를 도울 뜻이 없음을 분명히 했다. 나아가 민족화해협력범국민협의회(민화협)가 북한 수해 지역에 인도적 지원을 위한 모금운동에 나선 것에 대해서도 부적절하다는 입장을 밝힌 것으로 알려졌다. 정부의 이 같은 태도는 지난 8월 광복절 경축사를 통해 "우리는 북한 당국의 잘못된 선택으로 고통 속에 있는 북한 주민들의 참상을 외면하지 않을 것"이라고 언명한 약속을 어떻게 받아들여야 할 것인지 곤혹스럽게 하고 있다.

우리는 인도적 지원까지도 북한에 잘못된 신호를 줄 수 있다는 정부의 인식이나 대북 지원이 그들의 핵무기 제조를 돕고 군량미로도 전용될 수도 있다는 우려를 이해한다. 그러면서 과거 남북 사이에 있었던 인도적 지원에 대한 비슷한 예를 떠올리게 된다. 1983년 아웅산사건으로 수많은 유능한 관료들이 희생되고 남북관계가 최악의 상태에 이르렀지만, 그 이듬해 9월 전두환 정권은 북의 수해물자 제의를 덥석 받았다. 북의 인도적 제안을 받아들인 이런 예상밖의 조치는 '인도적' 왕래를 통해 그 뒤 '86 아시안게임과 '88 서울올림픽을 성공적으로 치르게 되었다고 지적된다. 남북관계는 이렇게 심모원려深謀遠慮가 필요하다.

4차 핵실험 이후 정부는 안보리 2270호를 등에 업고 북을 조이고 있다. 북은 북대로 이제 자기들은 핵무장으로 생존권이 보장되었으니 인민의 복지에 주력하겠다고 선전전에 임하고 있다. 그만큼 여유를 가졌다는 뜻일까. 말 폭탄이 오가는 속에서도, 핫라인은 있어야 하는 법, 이번에 정부든 민간이든 인도적 지원이 이뤄져서 천재지변을 서로의 기회로 삼을 수 있다면, 꽉 막힌 남북간에 새로운 통로를 여는 전화위복의 계기가 만들어질 수 있을 것이다(2016년 9월 26일).

〈한일군사정보보호협정〉이 가서명되던 날

〈한일군사정보보호협정GSOMIA, General Security of Military Information Agreement〉이 한일간 세 차례의 실무협의를 열고 협정문에 가서명했다고 한다. 이 가서명이 1905년 을사늑약 때에 장지연이 쓴 〈시일야방성대곡是日也放聲大哭〉의 상황을 다시 가져오는 것은 아닌지 걱정스럽다. 이번에 가서명된 협정은 2012년 MB가 비밀리에 추진하다가 들통이 나자 국민들의 반발에 부딪혀 중단된 것이다. 그때 박근혜는 새누리당 비상대책위원장 자격으로 "임기 말에 이런 잡음이 있는 것을 처리하는 것은 졸속으로 가니까 다음으로 미뤄야 한다"고 말했단다. 그러나 4년 후에는 자신이 한 말을 까마득히 잊은 듯 이 협정에 가서명하도록 했다. 아래 설명은 2016년 11년 14일 자 "평화시민단체들이 〈한일군사정보보호협정〉 가서명 강행 중단을 촉구하는 기자회견문"에서 발췌

한 것이다.

박근혜 정권이 미국과 일본의 강요에 따라 한미일 군사정보공유약정이 체결된 지 2년 만에 한미일 MD와 일본의 한반도 재침탈의 길을 여는 한일군사정보보호협정 체결을 마치 군사작전을 감행하듯이 일방적이고 졸속적으로 밀어붙이는 것은 …… 한일이 미국을 경유하여 간접적으로 정보를 교환하도록 되어 있는 방식을 실시간 교환방식으로 전환하고, '북한의 핵과 미사일에 관한 정보'로 제한되어 있는 정보 교환의 범위를 '방위 관련 모든 정보'로 확장하며, 법적 구속력이 없는 기관간 약정을 법적 구속력을 갖는 국가간 조약으로 바꿔 한일 관계를 동맹으로 발전시키면서 정보의 유출도 제도적으로 방지하겠다는 것이다.

……한일군사정보보호협정이 체결되면 한국의 '탄도탄작전통제소 AMD-cel'와 일본의 '자동화된 항공미사일방어통제소JADGE' 간의 직접적이고 자동적인 연동이 가능하게 되고, 또 한일 사이에 개별적인 무기체계(이지스 체계)의 연동도 가능하게 되며, 이를 통해 중국이나 북한의 미사일 발사 초기 정보를 가장 빠르고 정확히 탐지할 수 있는 지리적 조건을 갖고 있는 한국과 실시간 공유체계를 마련함으로써 미국과 일본이 이를 조기경보로 활용하여 요격의 기회와 가능성을 높이려는 것이다. 이는 한미일 공동MD 구축을 제도적으로 뒷받침하는 것이며, 한미일 삼각MD가 구축되면 이지스함 등 한국의 MD 자산들은 미국과 일본 방어를 위해 동원되게 된다. …… 사드 한국 배치와

함께 한일군사정보보호협정이 체결되면 한국은 미일MD의 하위 파트너로 확고히 편입되고 한미일 삼각동맹에 속박되어 중국을 적대하게 된다. 이것은 미국과 일본을 지키는 데는 도움이 되겠지만 우리에게는 재앙적 결과를 가져올 뿐이다.

…… 한일군사정보보호협정 체결은 일본의 한반도 재침탈의 길을 트는 것이자 한국이 미일의 대중국 전선에 가담하는 일이다. 이것은 한일군사동맹의 문턱을 넘는 일이자 한미일 삼각동맹을 여는 길이다. 이는 나라의 자주독립과 통일의 미래를 미일에 팔아먹는 매국행위인 것이다. 이 협정은 '안전보장에 관한 조약'이다. 뿐만 아니라 이 협정은 한국군의 대일 군사적 종속을 초래할 수 있다는 점에서 '주권의 제약에 관한 조약'이다. 또한 일본이 제공하는 정보 보호를 위해 군사기밀보호법을 개정하거나 새로운 법을 제정할 가능성이 있다는 점에서 '입법사항에 관한 조약'이다. 따라서 정부 주장과는 달리 이 협정은 헌법 제60조 1항에 따라 반드시 국회의 비준동의를 받아야 한다.

한말 일본의 한국 강점은 일거에 이뤄진 것이 아니다. 1876년 강화도(조약)에서 시작, 1882년에는 제물포(조약)로, 1885년에는 한성(조약)으로 변방에서 중심부로 야금야금 들어왔다. 한일군사정보보호협정도 그런 성격을 갖는 것은 아닐까. 이 협정으로 '시일야방성대곡'이 울려 나올까 두려운 이유가 여기에 있다. 박 정권은 협정 논의를 재개한 지한 달도 안 되어 가서명 절차를 서둘렀다. 자신의 현재 상황이 식물정권이나 다름없는데, 국가안위에 관한 이런 중대한 국사를 졸속으로 처리했으니 역사 앞에 용서받을 수 있을까. 국민은 이 협정이 정식 서명 단계에는 이르지 못하도록 궐기해야 한다. 한심스러운 것은 이 가서명 실무를 맡은 국방장관 한민구다. 그는 박근혜와는 달리 한말 의병장의 후예라고 스스로 밝힌 바 있다. 이런 짓을 하고도 뒷날 무슨 낯으로 그 선조 항일의병장을 뵐 수 있을까(2016년 11월 14일).

국회는 조약의 체결·비준에 대한 동의권을 강화하라

박근혜 퇴진의 함성이 울려 퍼지는 동안, 지지율 5%에 머문 이 정권은 야당과 여론의 반대를 무릅쓰고 〈한일군사정보보호협정〉에 가서명했다. 이 협정은 양국 간의 군사정보 공유를 국가간 협약으로 의무화하려는 것으로 MB 정권 때에 비밀리에 진행하다가 중단된 바 있다. 국방부가 〈한일군사정보보호협정〉을 재추진하겠다고 밝힌 지 채 한 달이 되지 않았는데, 무엇이 급했던지 국민적 공감대도 얻지 못한 채 '졸속' 처리하고 있다.

이번에도 국회의 비준·동의가 필요하다는 주장이 있었다. 이 협정이 헌법에 규정한 국가의 안전보장 및 주권의 제약에 관한 사항이라고 판단했기 때문이다. 헌법 제60조 1항은 "국회는 상호원조 또는 안전보장에 관한 조약, 중요한 국제조직에 관한 조약, 우호통상항해조약, 주권의 제약에 관한 조약, 강화조약, 국가나 국민에게 중대한 재정적 부담을 지우는 조약 또는 입법사항에 관한 조약의 체결·비준에 대한

동의권을 가진다"로 규정하고 있다.

대외협정이 문제시된 것은 〈한일군사정보보호협정〉에서 비롯된 것은 아니다. MB 정권 이후 보수정권은 '국가안보'를 유난히 강조했지만, 국가의 대외적 자주성이 그만큼 고양된 것은 아니다. 국가의 안보와 국가의 자주가 따로 놀고 있었던 셈이다. 표면적으로는 국가안보를 주장하면서 실제로는 국가의 주체성을 훼손하고 있는 경우도 없지 않았다. 국가안보가 북으로부터의 것이라면, 그 안보 때문에 동맹국과의 관계에서 국가주체성에 훼손이 가해지고 있었던 셈이다. 국회가 '조약의 체결·비준에 대한 동의권'을 강화해야 한다고 주장하는 것은 이 때문이다.

그동안 박근혜 정권이 미국·일본에 대해 석연치 않은 협약이나 자세를 취해왔지만, 그럼에도 국회는 '조약 체결·비준 동의'의 권한을 좀처럼 내세우지 않았다. 정부의 독단성을 용납했다면, 국회는 직무 유기한 것이나 다름없다. 국민을 대표한 국회가 행정부의 대외굴욕적인 협약에 제동을 걸지 않은 것이나 다름없기 때문이다. 최근에 나타난 것만 하더라도 미국에 전시작전권을 무기한 이양한 것이나, 일본에 일본군'위안부'문제를 국민의 뜻대로 해결하지 못한 것, 사드 배치문제와 개성공단 폐쇄문제, 그 밖에 주한미군지휘협정이 있다. 이것들은 국민의 동의가 필요한 사안인데도 행정부는 자의적으로 처리했다.

전시작전통제권 문제만 해도 그렇다. 1950년 7월, 불리한 전황 속에서 이승만은 국군의 평·전시작전통제권을 유엔군에 이양했다. 노태우 때에 제기된 작전통제권 환수문제는 1994년 말 평시작전통제권을 이양 받는 데에 그쳤다. 노무현은 국가안보를 스스로 책임지는 자주국방을 실현하기 위해 전시작전통제권 환수에 진력했다. 한미는 2012년 4월 전시작전권의 한국군 이양에 합의했다. 그러나 이명박은 이를 2015년 12월로 연기했고, 박근혜는 그마저 2020년대 후반으로 연기해버렸다. 이게 안보를 입에 달고 다니는 보수정권의 민낯이다. 국회는 전시작전통제권 문제에 아예 오불관언의 자세를 취했다.

그동안 외국과의 협약에서 국가자주성 문제와 관련, 국회의 태도는 모호했다. 사안의 심각성을 인지하지 못했거나 행정부에 위임된 사항으로 과신했거나 보안상의 문제 등이 이유로 꼽혔다. 여기에는 또 헌법 제60조의 해석과 제60조에 따른 법률이 국회의 동의권을 지나치게 제약했을 수도 있다. 만약 하위법에 문제가 있다면 지금이라도 국회는 조약의 체결·비준에 대한 동의권을 개정·강화해야 한다.

이런 문제를 제기하는 이유가 있다. 〈한일군사정보보호협정〉의 예에서 보이듯이, 정부가 대외협정 체결에서 국회의 비준·동의를 꺼려하는 것으로 보이기 때문이다. 한말 대일관계에서 공론화과정이 생략되었기 때문에 주권사항이 손쉽게 탈취당했다. 공론화과정이 생략되었을 때, 혼군昏君이나 소수 각료를 위협하여 외교권도 국방권도 빼앗아갔다. 그런 전철을 밟지 않으려면 사소한 듯이 보이는 국제협약이라도 국회와 공론화를 거치는 제도적 장치가 마련되어야 할 것이다(2016년 11월 21일).

역사의 길, 현실의 길

대북 퍼주기의 실체와 핵개발

선거 때만 되면 '대북 퍼주기' 거짓선전은 단골메뉴로 등장한다. 이번 대선 때도 예외가 아니다. 자유한국당의 홍준표 후보는 대선후보 토론에서 두 차례나 걸고 넘어졌고, 새누리당의 조원진 후보도 극우 보수답게 이 문제로 악을 썼다. 아무리 북한이 없으면 그 존재가치를 인정받을 수 없는 보수라고 하지만, 선거 때만 되면 과장된 선동을 통해 민심을 고혹하는 것은 대선 후보로 나온 정치인이 할 짓거리는 아니다.

정부의 현금 직접 지불은 화상 상봉 비용 40만 달러뿐

대북 퍼주기의 골자는 과거 김대중·노무현 대통령이 북한에 현금 등을 퍼주었기 때문에 북한이 핵무기를 개발하고 지금의 북핵 위기를 조성하게 되었다는 것으로 요약된다. 북한의 김정일은 남한으로부터 받은 돈을 비축하여 핵무기를 개발했고, 2006년 10월 9일에 제1차 핵실험에까지 이르게 되었다는 것이다. 대북 퍼주기를 주장하는 사람들에게는 보수정권(이명박·박근혜) 때에 네 번이나 핵실험을 하여 핵을 고도화·경량화·일상화한 것에는 별로 관심이 없다. 그것들은 첫 핵실험의 연속선상에서 이뤄진 것이기 때문에 그런 비용은 별로 문제를 삼지 않으려는 자세다. 때문에 북한이 핵무기를 개발하게 된 것이 김대중·노무현 정부 때에 퍼주기를 했기 때문에 이뤄진 것인지 그 여부를 따져보는 것은 중요하다. 그 정확한 것을 제대로 인식하지 못하면, 이 선동이 그럴듯하게 들릴 수도 있기 때문이다.

먼저 김영삼 정부로부터 박근혜 정부 때까지 북한과의 거래비용이 얼마나 들었는가를 살펴보자. 2017년 통일부에서 발표한 '각 정부별 대북 송금 및 현물 제공 내역'은 다음과 같다.

○ 총괄(현금+현물)

(단위 : 만 달러)

구분	정부차원		민간차원		총계
	현금	현물	현금	현물	
김영삼 정부	-	26,172	93,619	2,236	122,027
김대중 정부	-	52,476	170,455	24,134	247,065
노무현 정부	40	171,621	220,898	43,073	435,632
이명박 정부	-	16,864	167,942	12,839	197,645
박근혜 정부	-	5,985	25,494	2,248	33,727

출처: 통일부, '정부별 대북 송금 및 현물제공 내역('17년 2월 기준); 언론배포자료

이 표에 의하면, 김대중·노무현 정부 때에 북한에 들어간 금액은 현금과 현물을 합쳐 68억 2,697만 달러이고, 이명박·박근혜 정부 때에는 23억 1,372만 달러다. 김·노 정부에 비해 이·박 정부의 지원액은 거의 5배가 넘는 것 같지만, 이명박 정부의 5·24조치 이후 민간 지원이 중단되었고 개성공단 폐쇄로 대북 지원이 중지된 것을 감안하면 큰 차이라고 할 수 없다. 유의해 볼 것은 이 통계가 정부와 민간의 것, 또 현금과 현물이 합쳐져 있다는 것이다. 그러나 역대 정권에서 정부가 직접 현금을 지불한 것은 노무현 정부 때의 40만 달러밖에 없다. 그것도 이산가족 화상 상봉을 위해 그 센터를 건립하는 데 필요한 물품을

구매하기 위해 사용된 것으로 확인됐다.

홍준표 후보의 사실 왜곡

앞의 통계에서 보았듯이 정부와 민간의 현금 및 현물 지원 중 정부의 현금 지원은 40만 달러밖에 되지 않았다. 그런데도 홍 후보는 4월 23일 토론에서 "DJ·노무현 정부 시절에 70억 달러를 북한에 돈을 줬기 때문에 그 돈이 핵이 되어서 돌아온 겁니다"라고 주장했다. 홍준표 후보가 4월 19일 토론 때에 노무현 정부에서 현금과 현물 합쳐서 도합 44억 달러정도가 넘어갔다고 지적한 것은 틀린 것 같지는 않지만, 현금 70억 달러를 북한에 주었다는 발언은 전혀 사실이 아니다. 그동안 보수우익들이 DJ·노무현 정권이 북한에 퍼주기 한 것이 핵이 되어 돌아왔다고 주장한 것은, 홍 후보에게서 보이는 바와 같은, 이런 잘못된 팩트 인식에 근거한 것이다.

현금 지불과 관련, 민간 차원에서 이뤄진 것은 어떤 것인가. 그것은 "금강산·개성 관광, 교역·위탁·가공, 개성공단 등으로 이는 정부가 전달한 것이 아니라 민간 차원에서 이뤄진 일종의 '거래'였다." 거래는 서로간의 소통과 이익을 전제로 한 것이다. 노무현 정부가 개성공단을 조성할 때 민간 차원에서 임금 및 통신비 등의 명목으로 4,131만 달러가 전달된 적이 있지만, "조업이 한창이던 이명박 정부 때는 이 금액이 2억 7,629억 달러로 늘어났다." 선동가들이 김대중·노무현 때에 민간 차원에서 대북 거래액을 대북 퍼주기에 넣어서 계산했다면, 이는 전혀 사실을 직시하지 못한 것이다.

통일부의 일관성 없는 통계 발표

여기서 최근 SBS 뉴스의 박세용 기자가 발표한 기사에 주목한다. 박 기자는 최근 〈MB 정부 대북송금이 더 많았다? 7년 만에 뒤바뀐 진위〉(2017년 4월 25일)라는 글을 쓴 적이 있다. 그 글에서 그는 2010년 10월 5일 자 KBS와 《조선일보》 및 2013년 1월 7일 자 《서울신문》에 보도되었으며 "한나라당 윤상현 의원이 발표"한 〈역대 정권 대북 송금액〉(자료: 통일부)을 소개했다. 그 통계는 노무현 정부 때의 대북 송금액보다 이명박 정부 때의 대북 송금액이 많았다고 적었다. 박 기자는 그 당시(2010, 2013년)에는 그런 "데이터가 있었던 게 사실"이라고 하면서, "이건 앞서 말씀 드린 현물과 현금의 총액이 아니라, 현금 즉 대북 송금액을 말하는 것"이라고 언명했다.

박 기자가 〈2010년, 2013년 데이터로 제작된 그래프〉에 제시한 내용을 옮기면 이렇다. 역대 정권에서 북한을 지원한 것은 김영삼 정부 4조 원(36억 달러), 김대중 정부 1조 5,500억 원(13억 4,500만 달러), 노무현 정부 1조 6,200억 원(14억 1,000만 달러) 그리고 이명박 정부 1조 9,200억 원(16억 8,000만 달러)이다. 그런데 그 뒤 2017년 자료에는 달라졌다는 것이다. 그는 김대중 정부의 경우를 들어 2010년 자료와 2017년 자료에 나타난 송금액을 비교하여 이렇게 명시했다.

  * 2010년 통일부 자료 13억 4,500만 달러 [세부 항목: 금강산 관광 대금 4억 2천만 + 교역 대금 4억 7,600만 + 현대의 사업 대가 4억 5천만 = 13억 4,500만 달러]

* 2017년 통일부 자료 17억 달러 [세부 항목: 관광 4억 2천만 + 교역, 위탁가공 등 8억 3천만 + 기타 사업권, 이용료 등 4억 5천만 = 17억 달러]

　이 자료는 2017년 집계가 2010년 때보다 4억 달러가 늘어났다는 것을 확인시켜주었다. 박 기자는 "작년까지만 해도 '이명박 정부의 대북 송금액이 김대중 정부 때보다 많았다'는 주장이 사실인 줄 알았는데, 올해는 갑자기 거짓이 되어버린 겁니다"라고 했다. 그런데도 통일부로부터는 그 액수가 왜 달라졌는가를 명확하게 설명받지 못했다고 한다.

　김대중 정부 때만 4억 달러가 늘어난 것이 아니다. 노무현 정부의 송금액도 2017년 통계는 2010년 통계보다 6억 달러 정도가 늘어났다는 것이다. 그 결과 "얼마 전까지만 해도 '이명박 정부의 대북 송금액이 노무현 정부 때보다 많았다'고 주장하는 게 사실"이었고 그래서 후보 토론에서도 문재인 후보가 그런 점을 지적했지만, 결과적으로는 "사실과 다른 발언"을 한 셈이 되고 말았다는 것이다. 이렇게 바뀐 것을 두고 박 기자는 "7년 만에 사실과 거짓이 바뀌었습니다"고 폭로했다. 2010년 통계에는 김영삼 정부 때 36억 달러가 지원되었다고 했는데 2017년도 자료에 9,300만 달러로 집계되었다는 것도 납득할 만한 설명이 없다는 것이다. 나의 생각에는 당시 제네바협약에 의하여 함경남도 신포에 건설하던 경수로발전소 비용을 부담했기 때문이 아닌가 생각되지만, 그렇다고 통계에서 그걸 삭감하는 것은 속임수로 보인다. 정부의 통계가 납득할 만한 설명이 없이 바뀌고 들쭉날쭉해지면 국가의 공신력이 어떻게 된다는 것을 우리 정부는 모를 리가 없을 것이다.

평화비용을 폄훼하기 위한 대북 송금의 과대망상

지금까지 김영삼 정부 때부터 박근혜 정부에 이르기까지 대북 송금과
지원을 통일부 자료를 중심으로 살폈다. 이를 통해 보수우익들이 주장
하는, "김대중·노무현 정부 때에 대북 퍼주기가 [현금으로] 70억 달러
에 달했다"는 주장이 사실과 다르다는 것을 보았다. 꼭 그렇게 말하고
싶으면, 김대중·노무현 정부 때에 정부와 민간이 합하여 현금과 현물
68억 2,698만 달러를 북으로 보냈다고 말하는 것이 정확할 것이다. 그
리고 김영삼·이명박 정부 때도 그 못지않게 대북 지원을 했다는 것을
밝혀야 할 것이다. 보수우익들은 인정하지 않으려 하겠지만, 그렇게
들어간 현금과 현물은 남북관계를 안정시켰고 평화통일의 가능성도
확인시켜주었다. 북한에 들어간 만큼 우리도 이득을 보았다. 개성공단
을 통해 남북이 윈윈 하는 시범을 보여주었고, 우리 중소기업에 큰 혜
택을 주었던 것도 부정할 수 없다. 이렇게 보는 데에 동의한다면, 보수
우익들이 주장하는 대북 퍼주기라는 말 자체가 허구이며, 나아가 그
지원이 핵개발 자금으로 전용되었다는 주장 또한 증명하기 어려운 것
이다. 이렇게 정리하면 의문이 남는다. 그러면 북한은 무슨 돈으로 핵
을 개발했을까.

　나는 최근에 북한이 무기 수출을 통해 매년 10억 달러씩 벌어 쓰고
있다는 〈2005년도 미국 의회조사국의 보고서〉를 소개한 정세현 전 통
일부 장관의 글을 본 적이 있다. 2006년, 7월에 미사일을 발사하고 10

월에 핵실험을 한 북한을 상대로 미국은 북미간에 핵실험 중지 협상을 벌였다. 그때 미사일을 쏘지 말라는 미국을 향해 북한은 "그걸로 장사한다"고 하면서 미사일 발사는 "미사일을 팔기 위한 일종의 '판촉활동'이라는 식으로" 설명했단다. 그 협상을 통해 미국은 미사일 발사 유예를 조건으로 3년간 10억 달러의 식량 지원을 하겠다면서 2007년의 '2·13합의'를 끌어냈다. 이때 미국은 북한의 군수공업위원회가 매년 10억 달러씩 벌고 있다는 것을 확인했던 것이다. 북한의 핵개발 비용과 관련, 정 전 장관은 북한의 군수공업위원회가 벌어들이는 바로 이런 돈에 주목했던 것이다(2017년 5월 4일).

한미동맹에 대해

한미동맹관계에 대해 우려를 표하는 목소리가 높아지고 있다. 한국의 안보는 현재 세계 최강 미국과의 한미동맹을 빼놓고는 말할 수 없다. 한미동맹은 군사적 동맹을 기본으로 하고 있지만, 요즘 와서는 경제적인 영역에 더 신경을 쓰게 하고 있다. 이 점은 트럼프가 우리나라 철강 수출품에 고율의 관세를 부과하는 방안을 추진하는 등의 조치로 한층 심화되고 있다.

통상문제가 부각되면서 한미동맹을 대하는 우리 정치권의 시각이 어지럽게 흔들린다. 최근 이슈화된 철강 등의 통상문제에서, 미국의 규제 대상에서 캐나다와 일본, 독일, 타이완 등 다른 우방국들은 빠지고 유독 한국만 포함된 점이 논란의 핵심이다. 야당은 기본적으로 미국의 통상압력이 한미동맹 균열에서 파생된 것이라고 주장한다. 홍준표는 20일 "세계가 북핵 제재를 위해 대북 압박을 하고 있는데 유일하게 당사국인 대한민국만 친북정책을 취하고 있다"며 "세계 G2라는 중국도 미국에 대해서는 외교적으로 문제를 풀려고 하는데 문재인 대통령은 대미 강경자세를 취하고 있다"고 비판한다. 그러나 이것은 비판을 위한 비판이지 실제와는 다르다. 홍 대표는 문 대통령이 의연히 대처하자는 호소를 강경자세로 이해했고, 중국도 외교뿐만 아니라 통상마찰 카드를 꺼낼 것을 고려하면서 대응하고 있다고 했다. 유승민도 "정부의 북핵 대응에 대해 미국 의회와 행정부를 중심으로 불신이 확산하고 있다"고 말하면서 외교안보라인의 전면 교체를 요구했다. 이렇게 한국 정부에 비판적인 홍준표와 유승민이 트럼프의 미국 우선주의에 대해서 비판했다는 것은 그 기사에 보이지 않았다.

미국이 '자유무역'이라는 세계경제질서를 거스르고 보호무역주의로 회귀하고 있는데도 이 같은 우려에 대해서는 야당이 침묵하면서 정부의 대미對美 정면대응만 공격하고 있다. 트럼프는 집권 이래 한미 FTA에 대해서도 불공정하다며 재협상카드를 꺼내 동맹국을 압박하고 뒤이어 한국산 세탁기에 대해 세이프가드를 적용했으며, 앞으로 반도체와 자동차 등 대미 수출품도 제재 대상에 올릴 가능성도 배제할 수 없다. 철강제품에 대한 고율의 관세부과 검토는 이미 언급했다. 트럼프에 이르러 강화되고 있는 미국의 대한對韓 통상압력은 문 대통령이 취임하기 전부터 시작된 일이다. 때문에 문재인 정부 이후 대북문제에 대한 의견차이가 미국의 통상압력을 불러왔다는 야당과 일부 언론의 주장은 설득력이 약하다. 이것은 그들 스스로 팩트를 체크해보면 금방 알 수 있다.

미국은 동맹국의 처지를 고려하지 않고 자신들의 로드맵대로 움직이고 있다. 따라서 동맹에 대한 태도가 신뢰를 바탕으로 한 안보 관점보다는, 이해득실을 따지는 비즈니스 차원으로 옮겨지고 있다는 전문가의 말은 틀린 말이 아니다. 동맹관계가 안보적 관점과 경제적 관점을 다 포괄하고 있겠지만, 동맹국의 안보문제 취약점을 경제적 이해 추구의 수단으로 전락시키고 있는 트럼프식 접근은 동맹관계를 대등한 관계가 아닌 '상하·주종관계'로 전락시킬 위험성이 없지 않다. 주종관계 하의 동맹을 진정한 동맹이라 할 수 있을까. 따라서 한미관계를 안보상의 약점을 미끼로 통상마찰로 유도하여 미국의 경제적 이익을 극대화하려는 트럼프의 속셈은 동맹이라는 이름으로 용납될 수 없다. 트럼프의 이 같은 전략은 우리에게 기존의 한미동맹에 대한 발상의 전환이 필요하다는 것을 암시한다. 따라서 현재의 한미동맹은 공정한 것인가 하는 데서 그 발상의 전환은 시작되어야 한다고 본다.

이런 관점에 서서 우선 2016년 기준 방위사업청 개청(2006년) 이래 한국이 도입한 미국산 무기가 36조 원어치를 넘어서고 있다는 점에 주목한다. 미국 무기의 수입은 세계 최대의 규모로서 한국의 1년 국방비와 맞먹는단다. 차세대 전투기FX 사업 등 다른 무기를 도입하기 위해서도 10조 원 이상의 돈이 소요된단다. 또 평택 미군기지 조성에도 한국은 8조 9,000억 원을 부담해야 한다. 거기에다 미군의 한국 주둔 조건도 다른 나라와 비교 검토할 필요가 있다. SOFA 규정이 다른 나라의 그것과 비교하여 균형이 잡혀 있는지도 따져봐야 한다. 미군 주둔을 위한 방위비 분담도 매년 어떻게 변화되고 있는지 국민들은 알아야 한다. 세계 어느 곳에 한국처럼 동맹국 군대의 주둔을 편하게 해주는 나라가 있으며 동맹국의 무기를 이렇게 다량 구매하는 곳이 있으며, 그럼에도 불구하고 무역마찰의 가장 심한 대상국이 되고 있는 나라가 또 있는지도 따져봐야 하지 않을까.

국익을 우선한다고 입버릇처럼 말하는 여·야당은 물론 언론도, 정부를 비판하든 이해하든 협조하든, 위와 같은 현실을 직시하면서 적절한 파트너로 역할하면서 국민과 소통해야 한다. 한국의 지성계도, 현재 뭔가 이상한 낌새를 보이고 있는 '한미관계'에 대해서 마냥 침묵만 지킬 때가 아니다(2018년 2월 21일).

방위비 분담금 '협박', 우린 진정 당당할 수 없는가

평소 같으면 나같이 소심한 사람은 이런 글을 쓸 엄두도 못 낸다. 미국의 눈치 때문이 아니라 미국을 언급하기만 해도 이런저런 딱지를 붙이는 세력들 때문이다. 미국은 그들의 성역, 언급하기만 해도 눈을 부라리고 비판에는 욕설이 낭자하다. 그러나 '방위비 분담금' 인상문제는 한국인의 대미의식을 놀랄 정도로 변화시키고 있다. 트럼프는 한국의 식자나 언론이 도저히 할 수 없는, 미국의 실체를 한국인에게 확실하게 교육해 미국에 대한 환상을 깨트려주고 있다. 역설적이지만, 트럼프 대통령에게 고마운 뜻을 전하고 싶다.

지난해부터 올해(2020)까지 계속되고 있는 제11차 방위비 분담에 대한 협상은 14일 여섯 번째로 회합했다지만 결과를 듣지 못한 채 이 글을 쓰고 있다. 11차 협상에서 미국 측이 제시한 금액은 10차 분담금액(9억 달러 규모)의 5배가 넘는 50억 달러(6조 원), 미국의 이런 청구서는 아무리 미국에 호감을 가진 한국인이라 해도 의아해한다. 대미 찰떡 공조를 강조하는 극우세력도 평소와는 달리 아직 언급이 없다. 내심 반대하기 때문일 것이다. 거기에다 트럼프는 지난해 2월 각료회의에서 "전화 두어 통으로 한국이 5억 달러를 더 내기로 했다"고 말했고, 최근에도 되풀이했다. 지난해 8월에는 한국이 방위비 분담금을 더 내야 한다면서, "브루클린 임대아파트에서 월세 114달러 13센트를 받는 것보다 한국에서 10억 달러 받기가 더 쉬웠다"고 기고만장한 적이 있다. 이것은 비아냥거림이고 멸시다. 거래꾼에게나 통할 이런 모멸적 언사는 아무리 미국에 호의적인 한국인이라 하더라도 날을 세우지 않을 수 없다. 여기에 주한미국대사의 이해 못할 언행도 한몫했다.

올해 6·25전쟁 70주년을 맞는 한국인은, '자발적 대미노예주의자'가 아니더라도, 미국에 대해서 마음의 빚을 지고 있다. 나도 어려서 한국전쟁을 경험한 탓인지 특히 미국 병사들의 희생에 유념했고, 여행 중에는 하와이와 알링턴의 국립묘지를 돌아보면서 강한 부채의식을 느꼈다. 한국전을 회상하는 이라면, 미국이 천문학적인 전쟁비용을 쏟아붓고 3만 6,000여 명의 미국 젊은이가 전사했던 것을 기억하며 감사하고 있다. 휴전 후에도 군수 지원은 계속되어 내가 입대했을 때만 해도 우리 군은 미국이 조달한 군수물자로 유지되는 것 같았다. 휴전 후 미국의 원조가 한국의 민주주의 발전과 세계 10위권의 경제성장을 이룩하는 데에 큰 도움이 되었다. 이게 나를 포함하여 나이든 한국인들이 가진 거의 공통된 생각이다. 그러나 트럼프의 방위비 분담금 대폭 증액 요구는 미국에 대한 이런 감사를 흔들어놓는다. 나 같은 겁쟁이에게도 미국의 환상에서 깨어나라고 부채질한다.

전문가들은 1991년부터 시작된 방위비분담금협정 자체가 주둔군의 모든 경비를 미국이 부담한다는 주한미군지위협정(소파협정)을 위반한 것이라고 지적한다. 2019년 방위비 분담금 1조 389억 원(약 9억 달러)은 주한미군 고용 한국인노동자 인건비, 군사건설비, 군수지원비 등 세 항목으로 구성되어 있었는데, 미국이 50억 달러를 요구하면서 이 기본 틀이 완전히 무너졌다. 트럼프가 제시한 50억 달러에 맞추기 위해 미국이 새로운 항목 신설을 요구하고 있다는 것은 양측이 확인하고 있다. 미국의 요구대로 한다면 2020년 기준 주한미군의 1인당 인건비는 약 8,800만 원이고, 군무원 인건비는 1억 3,000만 원이 넘는데 사실상 이 인건비를 한국민 혈세로 주게 된다는 것이다. 트럼프는 한국을 부자나라라고 치켜세우지만, 한국은 아직 연 2,000만 원 남짓한 최저임금 일자리도 제대로 못 만드는 형편이다.

미국의 요구에는 '준비태세readiness' 비용이 포함되어 있는데, "군의 거의 모든 측면을 포괄"한다는 준비태세 항목이 신설되면 미국에 백지수표를 쥐어 주는 것과 다름없게 된다는 게 전문가의 우려다. 그들은 미국의 "인도·태평양전략이 한반도를 방어하기 위한 큰 틀의 노력"이기 때문에 그런 '신설항목'을 만들자고 요구한다는 것이다. 그래서 중국을 겨냥한 미국의 인도·태평양전략에 한국이 본격적으로 끌려가는 결과를 가져오게 된다는 것이다(유영재). 10차 협상 때 한국인 52%가 미군이 감축되더라도 방위비 분담금 증액에 반대했고, 11차 협상 때는 국민의 96%가 방위비 분담금을 증액해서는 안 된다고 했다. 촛불민중혁명에 의해 세워진 정부가 취할 태도는 분명하다.

방위비 분담금문제는 한미·북미 관계의 현재를 점검하는 계기를 만들어준다. 미국은 한반도의 핵문제를 해결하려는 의지를 '진정' 갖고 있는가. 나는 의심한다. 싱가포르합의를 여러 조건을 걸어 뒤집는 대신 단계적 상호 이행을 서로 확인해가는 것이 비핵화의 현실적 대안 아닌가. 소파협정은 한국의 품위를 유지해주고 있으며 불평등한 조항은 없는가. 금강산 관광과 개성공단 재개, 그리고 남북 철도·도로 연결 사업을 유엔사가 가로막았지만, 한국 정부는 이를 관철했어야 했다. 전시작전통제권을 넘겨준다지만 유엔사를 통해 한국군을 계속 작전통제하려는 것은 아닌가. 한미동맹과 주한미군의 존재 이유를 진지하게 생각해보자는 한 전문가는 "한미동맹 약화나 해체 또는 주한미군 감축이나 철수로 한국의 안보가 불안해질 것을 우려한다면 미국과 중국이 포함되는 동북아시아나 동아시아 공동체를 형성할 수 있다"는 대안을 제시한다. 미국 하원 군사위원장 애덤 스미스는 방위비 협상 중이던 지난달 4일 주한미군의 주둔 이유를 "남한을 지키는 것만이 아니고 사실상 가장 중요한 목적은 미국의 국가안보 증진이다"라고 행정부에 편지를 보냈는데, 이 내용이 그만의 주장일까. 또 방위비 분담을 50억 달러로 올리지 않으면 미군을 철수하겠다고 위협한 트럼프의 뒤통수에 대고 미국 하원은 주한미군을 2만 8,500명으로 유지한다는 국방수권법NDAA을 통과시켰다(최필수). 따라서 '미치광이 협상술'을 구사하며 500% 증액을 요구하는 트럼프를 향해 "주한미군은 북한의 남침을 막기보다 중국을 견제하고 봉쇄하는 역할과 임무를 맡고 있으니, 미국이 기지 사용료까지 내며 머물든지 아니면 철수하라"(이재봉)는 식의 한국 측 협상 결기가 필요하지 않을까.

방위비 분담금문제의 본질은 국방을 스스로 해결하지 못하고 전시 작전권까지 외국에 '헌납한' 외세 의존성에 있다. 이제는 바뀌어야 한다. 방위비 분담금 압박을 전화위복의 기회로 삼자. 트럼프가 미국 군대를 빼겠다고 협박해도, 거기에 굴하지 않고 자주성과 국방의 관점에서 판단하면 된다. 이제 더 이상 방위비 분담금문제로 외국에 매달리거나 국가의 체면을 구기지 말자. 화해, 평화의 목표를 향해 뚜벅뚜벅 걸어가며 선진들이 염원했던 자주독립 통일의 꿈을 다시 회복하자 (2020년 1월 17일).

역사의 길, 현실의 길

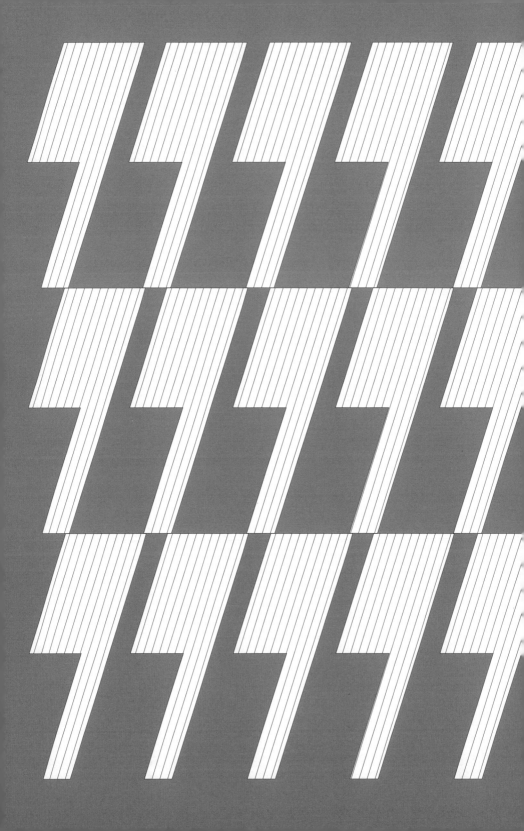

2장

정치개혁과 세상 읽기

거짓말을 해도 표를 많이 얻기만 하니

《논어》안연顔淵편에 무신불립無信不立이란 말이 있다. 말 그대로는 '신뢰가 없으면 서지 못 한다'는 뜻이다. 이런 말이 나오게 된 것은 제자 자공子貢과 스승 공자와의 대화에서다. 자공이 정치를 물었다. 말하자면 국가를 어떻게 경영해야 하느냐를 질문한 것이다. 스승은 자공에게 먹는 것이 안정되고足食, 군대가 강하며足兵, 백성이 정치를 신뢰하는 것民信之이라고 했다. 제자는 짓궂게도, "이 셋 중에 부득이 한 가지를 제거해야 한다면 무엇을 먼저 해야겠습니까?"라고 물었다. 스승은 군대去兵라고 답했다. 이런! 다시 물었다. 그러면 나머지 둘 중에서 부득이하다면 무엇을 먼저 빼야 하겠습니까. 먹는 것去食이란 대답이다. 그 다음 공자의 말을 내 나름대로 새겨보면 이렇다. "자고로 모두가 죽었다. 그러나 백성에게는 신뢰가 없으면 서지 못한다自古皆有死民無信不立."

마구 거짓말을 하고선 사과도 없다

공자의 그 교훈이 지금에도 통하는 것일까. 군대, 경제, 신뢰 중에서 부득이하여 먼저 빼야 하는 것이 군대라는 공자의 말을 이 시대에 그대로 적용하면 이건 안보불안을 선동하는 '종북좌빨'이라고 매도당할 것이다. 거기에다 경제와 신뢰 중에서 경제를 먼저 빼야 한다면 이 또

한 세상 물정을 모르는 공상적 이상주의자로 낙인찍힐 것이다. 그러면 공자시대에는 안보불안과 경제불안이 없었던가. 아니다. 그러나 그런 불안 속에서도 공자가 강조한 것은 국가경영에는 무엇보다도 국민의 신뢰가 제일이라는 것이다. 그래서 신뢰가 없으면 어떤 조직이든 제대로 서지 못한다. 정치는 물론 국방도 경제도 교육도 마찬가지다.

새누리 정권이 교과서 국정화를 밀어붙이고 있다. 그들은 언필칭 종래의 검정교과서가 민족사의 자긍심과 신뢰를 키워주지 못하고 자학사관에 빠져있다고 일방적으로 주장했다. 심지어는 김일성의 주체사상을 가르치고 있다면서 이념적인 편향성마저 선전해댔다. 이를 곧이곧대로 믿은 국민은 우리 아이들이 배우고 있는 국사교과서가 참 '나쁜 교과서'라고 생각하게 되었다. 새누리 공당이 그렇게 선전하고 정부 책임자가 앞장서서 선동하고 있으니 그걸 믿지 않는다는 것이 오히려 이상할 정도다.

그러나 공당과 정부의 그 선전은 거짓이다. 주체사상을 가르치고 있다고 선전한 새누리당의 펼침막은, 그것이 사실이라면 그만큼 좋은 호재가 없었는데도 왜 그 이튿날 아침에 걷어내고 말았는가. 하룻밤 새에 거짓말이 들통 났기 때문이다. 한마디 사과의 말도 없었다. 공당이 사과도 하지 않는 몰염치를 보였다. 그들이 거짓을 말하고 있다는 것은 이 '주체사상 사례'에서와 같이, 다른 곳에서도 치고 달아나는 식이다. 이게 수법처럼 되었다. 황교안의 브리핑에도 7가지 거짓말이 있었다고 언론은 전한다.

현행 교과서가 '김일성의 주체사상을 가르치고 있다'고 선전한 것은 제 얼굴에 침 뱉는 격이다. 왜 그런가. 검인정교과서를 쓰기 전에 당국에서 먼저 저자들에게 교과서 편찬지침을 준다. 교과서 저자나 출판사들은 그 지침에 준용하여 집필하고 출판한다. 그 지침에 합당하지 않으면 아무리 막대한 경비를 들여 출판해도 불합격이다. 때문에 일단 출판된 교과서는 정부가 제시한 기준에 맞춘 것이다. 정부의 승인을 받은 거나 마찬가지다. 때문에 현행 검정교과서들은 이명박·박근혜 정권이 자신의 명예를 걸고 출판을 허락한 것이다. 그럼에도 불구하고 마치 정부의 지침이나 검열을 무시하고 출판한 것처럼, 그 교과서가 주체사상을 가르치고 있다느니, 수정을 요구해도 말을 듣지 않는다느니 말하는 것은 새빨간 거짓말이요, 제 얼굴에 침 뱉는 격이다. 일이 잘못되었다면 먼저 담당 공직자에게 책임을 물어라.

책임자는 놔두고, 불신만 불온시한다

책임문제가 나왔으니, 한마디 더 거들자. 정부가 주장하는 '그런 못된 교과서'가 나왔다면, '좌편향'된 저자에게 그 책임을 묻기 전에 교과서가 출판되기까지 지침을 만들고 검열을 책임진 공직자들의 책임부터 따졌어야 한다. 몇 년 전에 나온 그 교과서를 지금까지 쓰도록 해놓았다가 지금에 와서 담당 공직자에게는 책임을 묻지 않고 교과서 관계자에게만 비난을 퍼붓고 있으니 이게 제대로 된 나라의 정부요 여당인가.

한때 북한에서 보냈다는 드론이 청와대 앞까지 내려와 헤집고 다녔다는, 섬뜩한 발표를 했다. 그런데 이상한 것은 북한에서 띄웠다는 드론이 서울까지 올 정도면 우리의 방공망이 뚫렸다는 말이요, 그렇다면 수도권 방공망 책임자에게 먼저 책임을 물어야 하는 것 아닌가. 5·18 때 북한군이 광주에 내려왔다고 그 후에 떠들어댔다. 그 경우도 마찬가지다. 그런 혐의가 사실이라면 북한군이 그곳까지 내려오도록 방위를 소홀히 한 책임자를 먼저 문책했어야 했다. 그런 사실이 없다면 그런 주장을 퍼뜨리는 자를 엄중히 조사하여 '유언비어'를 가려주어야 했다. 아직도 떠들고 있는 그 말에 대해 책임 있는 조치를 취하지 않고 있다.

그런 점에서 천안함사건도 마찬가지다. 아직도 불신하고 있는 국민이 있다면, 북한의 소형잠수함의 공격을 받아 40여 명의 이 나라 젊은 이를 전사시킨 천안함 함장에게 응분의 책임을 묻든지, 서해안 방위를 맡은 사령관에게 그 책임을 물었어야 하는 것 아닌가. 그러나 과문인지는 몰라도 그런 조치는 없었고 당사자는 승진했다. 책임은 묻지 않고 이명박 정권은 정부의 조치를 믿으라고만 강요했으니 이게 신뢰를 얻을 수 있는 조치일까.

무신불립, 옛날 공자의 춘추시대에만 해당되는 말이 아니다. 지금 교과서 국정화정책도 그랬다. 거짓을 바탕으로 진행시켜왔다. 무신無信에서 출발한 국정화, 불립不立으로 끝나야 하는데 …… 공자의 말씀이 만고의 진리라면 여기서도 입증되지 않을 리 없다. 눈여겨봐야 할 것은 이렇게 거짓말을 해도 이 거짓말세력은 부끄러운 줄을 모르고 더 기고만장해지고 있다는 것이다. 표를 주고 있기 때문이다. 이 정권은 표를 믿고 거짓을 더 자행한다. 이렇게 된 데는 그 거짓말세력과 한통

속이 된 족벌언론이 있어서다. 그들은 사실을 입각하여 사회에 신뢰를 조성하는 것이 아니라, 병兵과 식食, 국가안보와 경제문제를 들어 백성을 겁박하면서 거짓을 믿도록 유도한다. 아! 무신불립이라 했는데, 불립不立이 민족적 재앙으로 될 수도 있는데, 무신無信을 이렇게 방치해 두어도 되는 것인가(2015년 11월 12일).

우리 속에 있는 아베 깨우기

굳이 아베가 아니라도 좋다. '핵무기다', '생화학무기다' 거짓정보로 이라크 침략을 선동했던 조지 부시라도 좋고, 시리아를 내전상태로 몰고간 아사드라도 상관없다. 국익을 뒤로 감추고 제 잘못 사과하기를 거부한다면, 거짓 속에 숨긴 '미제'의 진면목이 드러나도 후안무치하다면, 자신의 영구집권을 위해 자기 민족이 분열 이산되는 것도 수수방관하는 낯짝이라면, 이들은 모두 '아베'류로 간주한다.

아베는 일본 유권자의 신임으로 장기집권의 권좌를 누리고 있다. 거침없는 행보로 일본 우익의 쌍수환영을 받으며 평화헌법까지 손대려 한다. 2차 세계대전 전, 외조부가 누렸던 '영광'의 시대를 곧 회복할 것만 같다. 그는 20세기 초반에 한국과 동남아에 저질렀던 일제의 포악한 만행을 인정하지 않는다. 제국주의 침략을 정당화하는 강대국 논리에 서서, 일제가 동남아를 구미제국의 침략으로부터 해방, 보호, 근대화시켰다고 궤변을 떤다. 이런 자폐적 병리에 갇혀 있다 보니 세계가 공분하는 '위안부' 문제 등 반인륜적 행위도 눈감아버린다.

아베와 부시를 비난하기 위해 이 글을 쓰는 건 아니다. 그들을 비난하는 우리 속에는 아베적 속성이 없는지를 성찰하기 위해서다. 우리는 그런 사고를 선망하며 행동하지는 않는가. 아베는 국익 뒤에 숨어서 저지른 조상의 침략행위를 반성은커녕 정당화한다. 부시는 세계평화로 포장한 제나라 국익을 위해 이라크를 저 지경으로 만들어놓고도 참회가 없다. 그들이 내세운 정의니 인도니 하는 것은, 단재의 말을 빌리면, 야차夜叉의 소리와 다를 바가 없다. 침략행위가 국익과 결부되면 진출이 되고, 학살도 평화로 포장된다. 국익에 갇힌 정의, 그것은 공의公義일 수가 없다. 그런 의미에서 아베나 부시는 우리의 반면교사다. 그들 반면교사 앞에서 우리는 자유로운지를 묻는다.

20여 년 전부터 외국인근로자를 섬기면서, 우리 속에 있는 제국주의적 갑질 행태를 자주 보았다. 일제가 조선민중을 차별·억압했던 것은 민족이 다르기 때문이었다. 민족이 다르다는 이유로 억압받았던 한국인은 동남아 지역에서 온 엘리트 젊은이들에게 과거 일본으로부터 받았던 차별을 고스란히 되갚아주었다. 민족이 달랐기 때문이다. 민족이 다르다는 이유로 억압받았던 조선민족이 역시 민족이 다르다는 이유로 다른 민족을 억압하다니, 이것은 우리 속에 일제가 부활한 것이나 다름없다. 이러고서야 보편적 가치에 입각한 정의와 인도를 입에 올릴 수 있을까. 부끄럽다.

과거 우리는 평화민족으로서 외국을 침략한 적이 없다고 자부해왔다. 그러나 베트남전 참전으로 그런 신화는 깨졌다. 베트남전 참전은 자유세계를 수호한다는 명분 뒤에 국익을 감추고 이뤄졌다. 그런 차원에서 보면 참회가 필요 없을지도 모른다. 그러나 제국주의를 비판하는 보편적 가치에서 본다면, 자의로 참전한 것이 아니라는 이유로 우리의 전범戰犯이 모면되는 것은 아니다. 일본에게 반성·사과를 촉구하면서 베트남에 대해 침묵한다면 표리부동이요 이중적이다. 아베에게 진정한 사과를 요구하는 것 이상의 엄격한 자기반성이 먼저 필요한 이유다. 어쩌면 일본의 진정한 사과를 받아내기 위해서라도 우리가 먼저 베트남 국민을 향해 진솔한 사과를 해야 한다. 민간 차원의 것 못지 않게 국가적 차원의 사과와 피해보상이 뒤따라야 한다. 이게 일본의 사과와 배상을 촉구하는 건강성이요, 도덕적 우위를 확보하는 길이다.

백범 선생은 〈내가 원하는 우리나라〉에서 이렇게 읊었다. "나는 우리나라가 세계에서 가장 아름다운 나라가 되기를 원한다. 가장 부강한 나라가 되기를 원하는 것은 아니다. 내가 남의 침략에 가슴이 아팠으니 내 나라가 남을 침략하는 것을 원하지 아니한다. 우리의 부력은 우리의 생활을 풍족히 할 만하고 우리의 강력은 남의 침략을 막을 만하면 족하다. 오직 한없이 가지고 싶은 것은 높은 문화의 힘이다." 얼마나 한이 맺혔으면 백범이 "내가 남의 침략에 가슴이 아팠"다는 구절을 반면교사로 후손에게 전했을까(2016년 2월 15일).

테러방지를 약속하는데, 왜 망명객이 속출하나

2014년 10월, 검찰이 카카오톡을 사찰하겠다면서 SNS상에 일대 충격을 가했을 때, 한 지인이 텔레그램을 소개했다. 카카오톡도 텔레그램도 몰랐던 때다. 관심을 가지고 보니 그때 2백만 명 정도가 텔레그램으로 망명exodus했다는 기사를 읽게 되었다. 그 무렵 한 군사전문가는 자신도 '망명'했는데, 벌써 그곳에 고위 공직자와 군 장성들, 외교관들도 먼저 '망명'해 있더라는 것이다. 평소의 식견과 인품으로 보아 그의 말이 과장되었거나 왜곡되었다고는 생각지 않는다.

최근에도 같은 현상이 일어났다. 테러방지법 통과 전후에 감청으로부터 비교적 안전하다는 텔레그램으로 망명하는 현상이 늘고 있다. 놀라운 것은 정부 여당의 인사 중에 망명자들이 있다는 것이다. 친박 핵심의원의 어느 보좌관, 테러방지법 입법에 핵심 역할을 했던 의원실 직원, 청와대의 전·현직 행정관이다. 또 여야 국회의원의 보좌진, 총선 예비후보 캠프 실무자, 기업 홍보담당자 등이 대거 텔레그램에 가입했다. 이런 현상에 새누리당 어느 당직자는 "코미디 같은 일"이라고 꼬집었다지만, 꼬집기 전에 그들 보좌진의 코미디 같은 망명에 그 이유라도 들어봤어야 했다.

텔레그램으로 망명하는 이유는 간단하다. 텔레그램은 비밀대화가 가능하고 대화가 끝나면 그 내용을 삭제할 수도 있고, 서버가 독일에 있어 국내 수사기관의 검열과 압수수색으로부터 안전할 수 있다. 핵심은 비밀보장이다. 그래서일까. 국내 순위가 2월 초만 해도 51위에 머물렀던 텔레그램이 테러방지법 덕분에 순위가 급상승했다. 그 법이 국회를 통과하던 3월 2일경부터는 아예 1위로 뛰어올랐다. 여기에 경제성까지 포함시키면 테러방지법의 손익계산은 단순하지 않다.

법의 내용이 제대로 알려진 것은 국회의 필리버스터 덕분이다. '국민사찰법', '정적감시법'으로도 혹평 받는 이 법은, 어느 변호사의 지적에 따르면, 시민의 위치 정보, 정당원 여부, 건강, 성생활, 금융거래, 통신이용 파악이 가능하고, 감시, 미행, 사찰도 가능하며, 인터넷 이용도 파악하게 될 것이란다. 말하자면 테러방지라는 명분으로 시민에게 전방위적 '심적 테러'를 가할 수 있다. 이 법은 개인에게 사찰·감시를 받고 있다는 자의식을 심어주고 지식인의 자기검열을 강요한다. 자유와 창의성을 기반으로 한 문명화와 산업화는 위축될 수밖에 없다. 언론·표현·비판의 자유가 위축되면 연성軟性파시즘체제와 전체주의사회화가 급속히 진전될 것이다. 테러방지법은 곳곳에 지뢰를 매설해두고 대한민국의 행군을 가로막을 것이다.

시민들의 불안을 감안했음인지 국정원은 이런 우려에 대해 '무차별 개인정보 수집'이나 민간인 사찰이 불가능하며 국민은 사생활 침해를 전혀 걱정할 필요가 없다고 한다. 또 "그간 제기된 국민들의 우려를 깊이 유념하고 법 시행과정에서 입법 취지에 맞추어 제반 규정과 절차를 철저히 엄수"하겠다고 한다. 그러나 테러 의심인물 판단권이 국정원장에게 있고, 직권남용에 대한 제동장치가 어수룩한데도 믿어달라는 말을 신뢰할 수 있을까. 더구나 국정원은 대선개입에 간첩조작까지 한 과거사에 철저한 자기고백과 참회가 없었다.

테러방지법이 테러를 방지하여 안전사회를 약속하고 있는데, 시민들은 왜 보장된 안전을 버리고 망명길에 오르는가. 더구나 친박진영과 친정부적 인사들까지 왜 그럴까. 테러를 방지하겠다는 그 법이 감시와 사찰이라는 테러로부터 시민을 보호해줄 것이라는 확신을 못주어서다. 이는 그 법이 의도한 바는 분명 아니다. 범죄 예방을 위한 CC-TV가 거꾸로 시민을 감시하는 경우도 있다. 그러나 철저한 안전장치가 시민들을 안심시킨다. 여기서 테러방지법이 시민을 사찰·감시로부터 보호하고 인권을 담보하는 안전장치를 제대로 해놓았는가를 질문하게 된다. 테러방지법에 따른 난민 양산, 막아야 한다. 폐지나 개정이 그 답이다. 이번 선거가 그 답을 제시할 수 있을까(2016년 3월 14일).

투표 없이 변화와 개혁은 없다

오늘 4월 8일과 내일, 사전투표가 실시된다. 13일 투표일까지 합치면 사흘간이나 투표할 수 있는 시간이 있다. 이제 시간 때문에 투표를 못했다고 변명하는 것은 거의 불가능하다. 이 사람 저 사람, 이 당 저당 모두 마음에 들지 않아 못가겠다고 할 것이 아니라, 그래도 가서 한 표를 행사해야 한다. 어느 사람, 어느 당을 선택했는가는 유권자의 권리다. 그 선택에 관계없이, 투표율이 오르면 정부가 유권자를 대우하게 되고, 겁을 내게 되며, 나중에는 존경하게 되며 국민이 원하는 정치 행정이 이뤄지게 된다.

새누리당이 엄살작전에 들어갔다. 언론에서는 석고대죄·멍석사죄로 표현했고 점잖게 읍소작전이라고도 했다. 그들은 한나라당 시절 천막당사를 통해 회개하는 모습을 보여준 이래 세월호 참사 후의 지방선거에서도 그 소위 읍소작전을 써서 톡톡히 재미를 봤다. 선거에 불리하다 싶으면 버릇처럼 써먹은 수법이요 구태다. 선거를 마치고 나면 언제 그랬느냐는 듯이 표변했다. 매몰찼던 유권자들조차 '미워도 다시 한번'의 심정으로 다시 꾹 눌러 지지해주었다. 속으로는 '이것 봐라 읍소작전이 먹혀들어가네' 하면서 늑대소년의 버릇을 거두지 않았다. 그래서일까, 올해도 예외 없이 이제는 한걸음 더 나아가 집단적으로 석고대죄에 멍석사죄의 시늉을 보였다. 올해도 그 효과는 드러날 것이다. 그 지역이 어디인데.

그런데 이번에는 그 읍소가 진심이 아님을 너무 성급히 드러내고 말았다. 어느 양반이 만약 이번 선거에서 새누리당이 과반수를 못 얻으면 경제가 더 어려워질 것이라고 하면서 주가폭락, 금융혼란이 온다고 큰소리쳤다. 이것은 말하자면, "과반수 안 줄래? 그러면 더 어려워지는 것 알지!" 하고 국민을 겁박한 것이다. 이 말은, 이미 망가지고 있는 경제를 걱정하는 체하면서, 자기들만이 이 정도로라도 경제를 유지할 수 있지 다른 세력은 불가능하다는 오만한 생각을 드러낸 것이다. 변화와 개혁, 인적 쇄신이 필요한 시점인데, 그들은 지금까지의 정책과 사람을 국회로 보내주지 않으면 경제가 더 망가지게 될 것이라고 망발한 것이나 다름없다. 이건 석고대죄나 삭발읍소가 아니라 국민을 향한 협박이요 공갈이다. 투표가 답이 되려면 이런 거짓된 읍소작전에 또 속아서는 안 된다. 그들은 구체적으로 반성한 적이 없었고, 선거 때 남발한 공약도 거의 공수표로 날려버린 전력이 많지 않은가.

여기서 새누리당 정권의 실정을 일일이 매거해서 무엇하겠는가. 다만 '잃어버린 10년'이라고 매도한 김대중·노무현 정권의 2001년부터 8년간의 경제성장이 4.9%인데 비해, 이명박·박근혜 정권 8년간의 경제성장 평균은 3·1%에 불과했다는 것은 지적하는 것으로 그쳐야겠다. 그나마 올해는 3% 성장도 어려울 것이라고 전망하고 있다. 보수는 성장을 목표로 하고 진보는 분배를 정책의 주지로 한다지만, 한국의 보수는 진보 탓만 할 줄 알았지, 경제에도 전혀 능력이 없었음을 보여주었다. 자신들의 무능을 감추려고 세계경제 탓으로 돌리는 것은 국민을 기만하는 어리석음이다. 그들은 자주적인 국방문제와 사드문제, 남북관계, 외교상의 난맥상 등은 말할 것도 없고 세월호사건과 국사교과서 국정화문제에 이르게 되면 그들이 국민적 지지를 의식하고 있는지를 의심케 한다.

이런 상황에서 4·13선거를 맞고 있다. SNS상의 말처럼 "시위보다는 투표가 답"이 되기 위해서는 현상을 유지하는 선거가 아니라, 변혁과 개혁의 기틀을 마련하는 선거이어야 한다. '투표가 답'이 되려면 이제는 속지 않아야 한다. 그들의 읍소작전이나 석고대죄의 제스처에 매몰찬 자세를 가져야 한다. 석고대죄 명석대죄 하려는 그들에게 무엇이 잘못되었는지를 따져야 한다. 그들은 진박·비박의 문제로 석고대죄 하겠다고 하지만, 그것이 어떻게 석고대죄감이겠는가. 자기 당 안의 그런 정치적 갈등이 석고대죄감이라면 새누리당은 1년 내내 석고대죄로 세월을 보내야 할 것이다. "그래 당신네들이 석고대죄 하는 이유가 정말 뭐요?"라는 질문이 필요하다. 그동안 '오만했다'는 말도 했는데, 그 또한 제스처가 아니라면 멍석대죄감이라고는 할 수 없다. 차제에 석고대죄 멍석대죄를 하려고 한다면, 정말 무엇이 잘못되었는가에 대한 답부터 정확하게 가져와야 할 것이다. 우선 무엇이 잘못되었는지부터 정직하게 이실직고하는 자세가 필요하지 않을까.

유권자들은 후보단일화를 하지 않는 야당에 대해서도 매를 들어야 한다. 비례대표는 원래 직역職域이나 전문가를 의회에 보내기 위해 설치된 제도다. 이번에 그걸 고려하지 않은 거대정당의 비례대표는 정말 한심하다. 따라서 거대정당보다는 오히려 전문가를 비례대표로 배치한 작은 정당에 눈을 돌리는 것이 어떨까. 비례대표에 대한 지지를, 그들 직역이나 전문가를 포진시킨 정당으로 돌린다면, 그리하여 47석의 절반 정도라도 전문가그룹의 의원들을 확보될 수 있다면, 20대 국회는 그것만으로도 변화가 올 것이라고 본다. 유권자들은 공명선거에 나서는 시민단체들이 작성한, 후보를 가리는 기준이라 할 체크리스트를 가지고 그 기준에 따라 꼼꼼하게 후보를 점검하여 한 표를 눌렀으면 한다.

젊은이들이 투표소를 찾아야 한다. 주어진 권리를 행사하지 않으면서 국가에 무엇을 더 요구하겠는가. 프랑스의 대학등록금이 싼 것은 우연이 아니다. 학생 투표율이 87%라는 사실과 직결된다. 반값등록금은 결코! 결코! 결코! 시위로 이뤄지지 않는다. 오히려 투표소를 찾는 학생들의 발걸음으로 확실하게 이뤄진다.

이 나라에는 선거가 시작된 이래 그동안 부정선거전문가도 양산되었다. 지금도 공명선거 대신 부정선거를 음모하는 세력들이 어디엔가 포진하고 있을지도 모른다. 지난 여러 번의 선거에서 우리는 여실히 보았다. 독재자 스탈린은 이런 말을 했다. "투표는 인민이 하지만, 개표는 권력자가 한다. 투표하는 사람은 아무것도 결정하지 못한다. 오직 개표하는 사람이 모든 것을 결정한다." 독재자 스탈린만이 그런 말을 한 것이 아니다. 미국 나사, 엑손모빌, 교통부 등의 컴퓨터 프로그래머 출신 클린턴 유진 커티스라는 사람의 이야기다. 그는 2004년 미국 대선 때 플로리다에서 공화당을 위해 전자개표기를 조작했던 인물로 미국 의회에서 이렇게 증언했다. "언제나 51% : 49% 비율로 선거 결과를 조작할 수 있고, 누구와 붙어도 이길 수 있다. 그리고 수작업 개표 외에는 발각되지 않을 자신이 있고, 개표집계기 제조업체는 소스코드를 누구에게도 보여주지 않는다." 이런 현실이 한국에서는 벌어지지 않는다고 장담할 수 있을까. 대법원은 6개월 이내에 처리해야 하는 선거무효소송을 6개월이 여섯 번이나 지난 지금에도 시작하지 않고 있다. 검찰은 대법관의 직무유기를 고발한 유권자들의 권리에 1년 내내 응답하지 않고 있다. 그렇게 함으로 한국에서는 대법원과 검찰의 공조 속에서 선거부정을 척결할 기회를 잃어가고 있다. 시민단체가 컴퓨터형 계표기를 반대하고 시민단체들이 수개표를 감시하겠다는 것이 바로 개표부정을 막기 위한 고육지책이다. 이 일에 뜻있는 시민들의 참여를 기다리고 있다(2016년 4월 8일).

4·13총선 단상

4·13총선이 끝났다. 일여다야一與多野 구도 하에서 치러지는 선거라면 의당 야당 필패로 귀결될 줄 알았다. 이런 예상과는 달리 여소야대의 현실을 만들어냈으니, 누구도 예상 못한 결과다. 여당인 새누리당이 122석, 야당인 더불어민주당 123석, 국민의당 38석, 정의당 6석 그리고 무소속이 11석이다. 투표 전, 새누리당이 자체평가로 최고 145석을 바라본다는 예상을 내놓았을 때, 모두들 엄살이라고 했다. 실제로는 과반을 넘기는 것은 말할 것도 없고, 180석을 넘겨 국회선진화법을 무력화시킬 수도, 200석을 넘겨 장기집권을 위한 개헌까지 꿈꿀 수도 있다고들 했다.

이런 구도에서 치러지는 선거인만큼 시민들은 야권연대를 통해 대응하려 했고, 여당은 어떻게든 야권연대를 막으려 했다. 여권은 국민의당이 어떻게든 야권연대에 호응하지 않도록 극진히 배려했고, 새누리당 대표는 자기 당 후보를 지원하기 위해 갔던 유세장에서 상대방 후보를 당선시켜달라는 당부까지 오발했다. 실수라지만 묘한 여운을 남겼다. 공천파동으로 추태를 보이고 이에 대한 유권자들의 비판여론이 일자, 그들은 집단적으로 석고대죄와 읍소작전을 마치 시위하듯이 보였다. 밖으로 드러난 이런 제스처와는 달리 그들은 유권자를 협박하고 야당을 운동권 정당이라고 조롱했다. 식물정부가 되지 않도록 표를 달라고 강요하기까지 했다. 이렇게 그들은 유권자들의 마음을 전혀 읽지 않으려 했다.

이런 상황에서 치러진 총선이고 보니 여야 시민사회를 막론하고 그 결과에 어안이 벙벙하다. 그러나 그런 속에서도 몇 개 느껴지는 것이 있다. 그 몇 가지를 적어본다.

이번 선거는 정부 여당의 기대와는 달리 현 정부와 집권당을 심판한 것이다. 국민의 입맛에 맞는 여러 공약을 내세워 집권한 정권이 그 약속을 지키지 않아 국민의 기대를 저버렸다. 정치·외교·국방의 난맥상에다 남북관계를 제대로 관리하지 못해 국민은 전쟁의 위협을 느끼게끔 되었다. 경제민주화를 내세운 정권 하에서 빈부격차가 심화되어 어려움을 호소하는 서민층이 늘어나고 있다. 그뿐인가, 세월호문제, 국정교과서 문제, 일본군'위안부'문제 등 여러 문제들이 쌓여가고 있지만 어느 것 하나 국민의 뜻을 헤아려 풀려고 하는 의지가 없다. 이런 정권을 심판했다는 것이다. 김무성, 최경환, 서청원의 표현을 빌리면, 과반의석을 주지 않으면 식물정권, 식물대통령으로 된다고 했으니 이 심판은 바로 그런 성격을 가진 것일까.

더불어민주당이 원내 제1당으로 된 것은 그들이 내세운 경제민주화 정책 때문이라고 주장한다. 그러나 경제가 매우 어렵다고 하더라도 유권자가 그 정책을 숙지하고 동조했는지는 의문이다. 오히려 그들의 득표는 새누리 정권의 실정이 가져다준 반사이익의 결과라고 본다. 한편 과거 더불어민주당의 텃밭이라 할 호남이 그 지지를 철회함으로 큰 난관에 봉착하게 되었다. 이것은 큰 숙제다. 문재인이 호남지지를 호소하면서 배수의 진을 치고, 지역구는 더불어민주당에, 비례대표는 국민의당에 투표하자고 호소했다. 이 호소는 수도권 유권자들에게 주효하

역사의 길, 현실의 길

여, 지역구 지지는 더불어민주당에, 비례대표는 국민의당에 던지도록 하여 더불어민주당은 지역구를 통해 제1당으로, 국민의당은 비례대표 투표를 통해 전국적인 정당으로 발돋음하는 데에 크게 기여하였다.

이번 선거를 통해 대구, 부산, 경남과 전남, 전북에서는 다른 정당들에 대해 빗장을 풀었다. 지역구도를 깨고 있다는 뜻이다. 그러나 경북은 아직도 풀지 않고 새누리당 일색을 고수했다. 철옹성을 허물지 않고 순혈주의를 고수하는 데 대해 자부심을 느끼는 걸까. 지역구도를 고수하겠다는 그런 고집이 한국 민주주의 발전에 무슨 도움이 될까. 안타까운 것은 광주가 이번 선거에서 새 철옹성을 쌓으며 마치 지역주의를 시작하겠다는 것처럼 보였다는 것이다. 다른 정당에 1석도 내주지 않았다. 광주분들은 이를 자랑스럽게 생각하는 것 같지만, 경북을 제외한 다른 지역이 빗장을 풀고 지역구도를 극복하자고 하는 판에 광주가 스스로 철옹성을 쌓는 것이 과거 광주민주화운동 전통에 비춰볼 때 '광주'다운 것인지 묻고 싶다.

이번 총선에서 주목할 것이 있다. 개표감시의 문제다. 나는 이번 여소야대의 결과가 이룩된 데는 개표감시가 전보다 철저했기 때문이라는 가설을 갖고 있다. 언론들은 어제 개표와 관련, 오후 6시부터 시작하여 10시경이면 끝날 것이라고 했다. 나는 새벽 4시까지 TV 앞에 있다가 잠자리에 들어갔지만, 새벽 6시가 지나 개표가 끝난 곳도 있었다. 왜 그렇게 늦어졌을까. 그것은 개표가 꼼꼼하게 이뤄졌기 때문이다. 바꿔 말하면 그만큼 개표감시가 철저했다는 뜻이다. 이전과는 달리 이번 선거의 개표참관인에는 자원해서 감시에 임한 분들이 있었다.

이들 중 새벽 6시까지 종사한 사람도 있었다. 놀라운 것은 정당에서 파견한 참관인 중 밤 12시를 넘기는 이들이 거의 없더라는 것이다. 이러고도 표를 제대로 지킨다고 할 수 있을까. 관행화된 이런 점들에 대해서는 그동안 야당에서도 신경 쓰지 않았던 부분이다. 그러나 자원봉사자로 왔던 참관인들은 개표가 끝날 때까지 이상하게 보이면 카메라로 찍고 진행과정을 체크했다. 어제 저녁에 봉사한 어느 지인은 정당 투표용지 100매 묶음이 이상하게 처리될 뻔한 것이 시정되는 것을 보았단다. 그는 하루저녁의 개표참관 경험을 통해 이렇게 말했다. "단언컨대, 감시가 없는 한 실수든 악의든 선거부정은 막을 수 없습니다 (2016년 4월 14일).

검찰권력의 사유화·무력화

남북관계와 사드, 세월호와 노사관계, 고위 검사들의 부정, 미르·K스포츠재단 문제 등에서 난무하는 거짓과 불법적 행태를 보며 나라 '꼴'이 말이 아니라고 속상해하는 이들이 많다. 거기에다 4·13총선 선거법위반 기소문제와 관련, 잊을 만하면 되풀이되는 검찰권 행사의 부끄러운 모습도 본다. 민주주의 국가에서 국민과 정부는 법을 매개로 신뢰관계가 형성되는데, 그 신뢰관계가 무너지고 있다. 수사와 기소를 독점하고 있는 검찰이 윗선을 의식하여 국가공권력을 제대로 행사하지 못한다면, 이는 공권력이 사유화·무력화되는 증좌다.

지난(2016년 4월) 13일 4·13총선의 공직선거법 위반 공소시효가 끝나면서 검찰은 선거법 위반 혐의자 33명을 기소했다. 그 기소를 두고 편파성 논란이 일고 있다. 검찰이야 '법과 원칙'을 외치며 공권력을 제대로 집행했다고 당당해 하겠지만, 그 조치를 바라보는 국민은 아직도 저 수준밖에 이르지 못한 검찰에 분개한다. 검찰이 같은 잣대로써 기소 여부를 결정했을 터인데, 저들이 사용한 잣대는 고무줄과 같았다. 들쭉날쭉한 결과는 법 탓이 아니라 검찰도 굴복할 수밖에 없었던 어떤 압력 때문이겠지. 검찰의 공권력 행사를 우려하는 것은, 검찰이 바로 서지 못하면 나라 기강도 나라 자체도 무너진다는 위기의식 때문이다.

언론에 난 대로라면, 9만 명에 모종의 문자를 보낸 검찰 출신의 김진태 의원은 선관위가 "허위 사실 공표"를 이유로 검찰에 고발까지 했는데도 무혐의 처분됐다. 이는 유권자 50여 명 앞에서 자신의 업적을 '과대홍보'했다는 이유로 기소된 박영선 의원과 묘한 대조를 이룬다. 보다 못한 선관위가 재정신청으로 검찰에 수치를 안겨주었다. 이러고도 검찰은 잘못했다는 말 한마디 없다. 이 대목에서 검찰이 어떤 외적 의지에 굴복, 무력화되었다고 보는 견해가 틀린 것인지 묻고 싶다. 더구나 박 의원이 검찰 개혁을 앞장서 외쳐왔다는 점에서 그 기소가 보복적 성격마저 띠고 있다는 지적이 있는데, 그렇다면 이는 검찰권력의 반개혁성을 스스로 자인하는 꼴이다. 공수처 담론은 이런 검찰의 행태와 무관하지 않다.

정치적 고려 때문인지 법치가 능멸을 당한 경우는 또 있다. 최경환·

윤상현 의원과 현기환 청와대 전 정무수석 등 세 측근의 경우다. 이들은 소위 '김성회 녹취록' 사건과 관련하여 고발됐다. 새누리당 전 의원 이재오는 그들의 행위를 공갈 협박에 명백한 선거법 위반이라고 지적했다. 그런데도 검찰은 이들마저 불기소처분하고 말았다. 이게 될 말인가. 이들에 대한 불기소처분을 내린 자들이 윗분의 심기를 살피기 전에 국가권력의 사유화를 두고 정말 속상해하는, 그대들의 봉급을 담당하는 납세자들의 자존심을 조금이라도 고려해보았는지 궁금하다.

법치권력이 압력을 의식, 법을 좌우한다면 법은 사유화의 흉기로 현장화 된다. 법치가 무너지고 있다면, 무혐의처분을 희희낙락할 게 아니다. 윗선에 감지덕지 하는 동안 국가권력의 사유화는 심화되고 나라의 골간은 더 허물어진다. 검찰(출신)이라면 더욱 심각하게 받아들여야 한다. 김진태 의원이 국가안위를 생각하는 진짜 보수라면, 자신의 면소를 통해 재래될 법치의 붕괴를 먼저 걱정해야 한다. 《조선일보》와 맞섰던 그 결기로 자신에게 무혐의처분을 내린 검찰에 맞서야 하는 것 아닌가. 그게 지난날 자신의 '극우애국적' 행위를 정당화하는 길이자, 김 의원 같은 보수가 설 자리를 확보하는 순리이다. 국가기강이 자신들 때문에 허물어지고 있음을 조금이라도 의식한다면, 세 측근도 검찰의 '편파적인' 온정에 기댈 것이 아니라 오히려 스스로를 내던져 법치적 정의를 자청해야 한다. 그게 용기다. 자신을 객관화하는 길은 공권력의 사유화에 속상해하는 민초들을 위무하는 길이다.

법치권력의 사유화와 무력화가 우리 사회를 허물고 있다. 이때 맹자가 상기시켜준다. "사람이 반드시 자신을 업신여긴 후에야 남들도 그를 업신여기며, 집안도 반드시 스스로 허문 뒤에야 남들이 허물며, 나라도 반드시 스스로 쳐부순 뒤에야 남들이 쳐부수게 된다"(2016년 10월 24일).

국민과의 소통도 대면보고도 없는 정부

최근 박근혜-최순실 게이트사건이 전개되는 과정을 보면서 다시 소통의 절실함을 느끼게 된다. 그런 절실함은, 민주정부라면 국민과 제대로 소통해야 하고, 업무를 수행함에 그 지향하는 목표와 진행과정 등을 국민에게 당연히 설명해야 한다는 요구로 나타난다. 또 예기치 않은 위기에 처했을 때 정부는 그 위기의 본질이 무엇이며 이를 극복하기 위해서는 국민의 협조가 어떻게 필요한지도 설명하고 협조를 구해야 한다는 것이다.

민주정부는 국민과 소통하는 것을 무엇보다 중요하게 여긴다. 자신이 하고 있는 일을 국민에게 소상히 알리고 국민의 협조와 질책을 감수해야 한다. 미국 대통령 루스벨트가 2차 세계대전의 그 어려움 속에서도 정기적인 노변담화를 통해 국민의 협조를 얻어 그 난국을 풀어갔다는 것은 널리 알려진 사실이다. 대통령을 꿈꾸는 웬만한 지도자라면 이런 사례쯤은 모르지 않을 터, 그러기에 MB는 우쭐하는 기분에 준비 없이 루스벨트의 흉내를 내다가 소통은커녕 불통으로 끝나고 말았다.

노변담화처럼 자상하지는 않더라도 국정책임자가 일 년에 몇 번씩 언론 앞에 나서서 국민과 대화하는 것쯤은 기대할 수 있는 것이 아닌가. 그런데 이 나라 대통령은 그런 모습을 좀처럼 보여주지 않는다. 대통령이 기자회견이나 대국민 담화를 통해 자신의 구상과 당면한 애로가 무엇인지를 알려주는 것은 국정 수행에도 큰 도움이 될 터인데도 말이다. 국민 앞에 나서기를 꺼리는 것은 국민을 두려워해서 그런 것은 아닐 것이고 국민을 무시해서 그러는 것이 아닌가 하는 의구심을 갖는다. 그것은 또한 국민의 협조를 구한다기보다는 국민을 도외시하는 오만방자한 모습으로 비친다.

가뭄에 콩 나듯, 정초에 한 번씩 갖는 기자회견 모습도 그렇다. 일방통행식으로 발표하고 질문이라는 것이 거의 없다. 국민이 정작 알고 싶은 것은 질의응답을 통해 해소되는데도 기자회견에서는 질문응답을 봉쇄해버린다. 정부가 이렇게 할 터이니 국민은 듣기만 하고 언론은 그것을 보도하기만 하면 된다는 식이다. 이런 일방적인 발표를 통해서는 소통될 수 없다. 간혹 질문하는 경우에도 미리 조율된 질문만이 가능하다. 그것은 시험문제를 미리 알고 시험장으로 가는 수험생과 다를 바가 없다. 아무리 어려운 답이라도 미리 알고 나온다. 일종의 기만이다. 공명共鳴할 수 있는 쌍방통행의 대화는 사라지고, 일방적 홍보만이 기자회견을 장식한다. 이게 국민과의 소통을 목적으로 마련된 기자회견이라면, 이러고도 언론을 매개로 국민과 소통하는 것이 진정 가능하겠는가. 이런 현상을 볼 때마다 청와대의 홍보수석이나 대변인은 기자나 국민이 알고 싶어 하는 궁금증을 해소하기 위해 중재하는 존재가 아니라 오히려 국민의 궁금증이나 국민과의 소통을 가로막기 위해 존

역사의 길, 현실의 길

재하는 전문가처럼 보인다. 이런 관리들에게 고액의 연봉을 주기 위해 국민이 세금을 내는 것은 아니다.

　청와대가 왜 그런 식으로 기자회견을 하게 되는지, 최근에야 어렴풋이 알게 되었다. 한마디로 국정책임자가 자기 책임 하에 수행되는 국정현황을 제대로 숙지하지 못하기 때문이라는 것이 내 판단이자 관심 갖는 이들이 공감하는 바다. 산적한 국정 현안이나 그 진행상황을 제대로 모르기 때문에 질문을 두려워하는 것이다. 기자회견에서 기자들은 국민을 대신하여 국민이 알고 싶어 하는 질문을 하게 마련이다. 그런 질문에는 대통령이나 관료들이 예상하지 못한 것도 돌출할 수 있다. 거기에 답하려면 국정책임자는 국정 전반을 포괄적으로 이해하지 않으면 안 된다. 미리 질문을 받아두겠다고 하는 것은, 선의로는 국민이 관심 갖고 있는 일에 대해 성실하게 대답하겠다는 의도로 해석되지만, 그보다는 예상하지 못한 질문을 두려워하기 때문이라고 본다.

　국정책임자가 어떻게 그 수많은 국정을 모두 파악하겠느냐고 하겠지만, 청와대와 정부 안에 제대로 소통이 되고 있다면 중요한 현안은 파악하고 있는 것이 정상이다. 현재 돌아가고 있는 중요한 국정 현안들은 국정책임자가 수석비서관 및 총리를 비롯한 장관, 실무 책임자들과의 소통을 통해서 파악하고 있어야 하는 것이 정상이다. 미처 파악하지 못했거나 자세한 수치를 요하는 사항일 경우, 기자회견에 배석하고 있는 국무위원들로 하여금 대답하게 할 수 있다. 그런데도 기자들의 질문이 왜 봉쇄되고 있는가. 국민과의 소통에 앞서 먼저 정부 안의 소통이 제대로 되어 있지 않기 때문이다.

최근에 박근혜-최순실 게이트가 터지면서, 대통령이 수석들 및 장관들로부터 대면對面보고를 제대로 받지 않았음이 드러나게 되었다. 당연히 왜 그랬을까 하는 의문이 제기된다. 서면書面보고와는 달리 대면보고는 즉석에서 듣고 질문하고 토론하여 내용을 숙지해야 하고 때로는 그 실행을 명령해야 하는 식견과 경륜이 필요하다. 그것이 때로는 전문가적인 고도의 것일 수도 있고, 촌각을 다퉈 시행해야 할 화급한 것도 있다. 대면보고가 서면보고보다 중요한 이유가 여기에 있다. 그러나 즉석에서 판단할 정도의 식견과 경륜을 갖지 못한다면 어떻게 될까. 대면보고는 기피 대상이 될 수밖에 없을 것이다. 더구나 몇 번이고 '순실이'에게 물어봐야만 판단할 정도라면 대면보고는 불가능하다. 대면보고를 기피한 상황이 대통령의 판단 능력의 부족에서 온 것인지, 이상한 관계로 외국에까지 알려진, '영매靈媒'에 대한 의존도 때문인지 알지 못한다. 그러나 대면보고가 줄어든 그만큼, 정부 안이든 국민을 향해서든, 소통은 줄어들 것이고, 국정 동력은 떨어질 것이며, 국정 수행의 속도와 회전율은 느려질 수밖에 없다. 이 정부가 출발하면서 공약한 수많은 정책이 제 궤도를 찾지 못하는 것이나, 조율되지 않은 정책들이 따로 노는 것은 국가의 컨트롤타워가 제대로 작동하지 않거나, 국민에게 국가정책이 숙지되지 않아 감시기능을 제대로 발휘할 수 없었기 때문이라고 본다. 이 모두가 정부 안에서나 국민과의 관계에서나 소통의 부재에서 초래된 현상이다(2016년 11월 9일).

촛불 민심에 순응하는 것이 승리의 길이다

오늘은 이래저래 짜증나고 고통스러운 날이다. 며칠 전에 페이스북을 통해, 정식 서명단계에는 이르지 않도록 궐기하자고 요청한 바로 그 〈한일군사정보보호협정〉이 박원순 서울시장의 유일한 반대토론에도 불구하고 국무회의를 통과했단다. 며칠 전에 나는 이 협약이 장지연의 표현처럼 '시일야방성대곡'이 되지 않도록 하자고 호소했지만 전혀 보람이 없었다. 그 협정이 통과되자 어느 분은 '시일야방성대곡'이라는 제목으로 다시 그 우려를 표명했다. 1905년 11월 17일 심야에 통과된 을사늑약으로 한국의 외교권은 빼앗겼고 그 뒤 국권상실의 결정적 분수령이 되었다. 그날 저녁 이 늑약에 찬성한, 이완용을 비롯한 다섯 대신은 을사오적으로 국치의 역사와 함께 기억되고 있다. 더구나 오늘 이 협정을 밀어붙이는 데 실무를 맡은 국방장관이 한말 의병장 한봉수의 손자라고 하니, 참으로 서글프다.

오후에는 중구 정동 프란치스코회관 2층에서 〈국정교과서 '사용중지'를 요구하는 대한민국 학부모 및 국민일동〉 주최의 '국정교과서 사용반대 긴급포럼─왜 학부모들은 국정교과서 사용을 반대하는가?'라는 모임에 참석, 국정교과서와 건국절문제를 설명했다. 이 모임에는 학부모 김준용(한성여고 학부모 회장)과 심용환 소장이 참석하여 발표했고, 안식년을 맞아 제주도에 가 있던 주진오 교수도 참석, 격려하는 순서를 가졌다. 정부는 이달 28일에 국정 국사교과서를 선보이겠다고 하면서, 역사학계와 교육계, 일선교사와 학부형들의 완강한 반대를 무릅쓰고 국정교과서 편찬을 강행하겠다고 한다. 정부가 민심을 외면하는 정도가 이제는 물불을 가리지 않는 독선과 오기만을 내뿜는 듯하다. 오늘 발표한 학부모 선언은 국정교과서가 "이승만-박정희 전 대통령들에 대해 편향적이고 작위적인 우상화를 시도할" 것이며, "박정희 시기의 경제발전에 대해 환상에 가까운 강조가 예상"되며, "고귀한 민주화운동을 폄훼"할 것이라고 우려했다. 이 우려의 소리를 우리 정부만 듣지 못하고 있는가.

오늘은 멀리 워싱턴 D.C.에서 귀를 의심케 할 소리가 들려왔다. 대한민국 방위사업청장 장명진이 한미 국방 관련 회의에서 "트럼프가 한국에 대해서 방위비 분담 인상을 요구하면 수용해야 한다"는 요지로 발언했다. 언론에서도 "그 사람, 한국 관리 맞나" 하는 반응이었다. 아직 취임하지도 않은 트럼프 행정부를 두고, 과공過恭은 비례非禮라는 말도 잊은 듯, 저두굴신低頭屈身 하며 미리 아부를 한 셈이다. 덧붙여서 그는 국방예산을 더 많이 투입하기 위해서는 한국의 복지 등 다른 예산을 축소해야 한다고까지 주장했단다. 이런 관리를 위해 세금을 내야 하는가 한숨이 절로 나왔다. 그가 정말 방사청장답게 자주국방을 생각한다면 요한 갈퉁이 언급한 바, "트럼프가 만약 대통령이 돼서 한반도에서 미군을 철수한다면 미국이 대한민국에 준 최대의 선물이 되지 않을까 생각된다"는 말의 의미를 한 번쯤은 되새겨봤어야 한다. 갈퉁은 트럼프가 그렇게 큰소리를 쳐도 미군이 전략적으로 한반도에서 결코 물러날 수 없다는 것을 간파했을지도 모른다. 자주국방을 고민하는 군사전문가라면 방위비 분담문제로 미군을 철수시키겠다는 트럼프의 위

역사의 길, 현실의 길

협에 지레 겁을 먹고 '과천에서부터 길 것'이 아니라, 그 엄포를 무력화시키는 지혜를 강구했어야 한다.

박근혜 정권이 임기를 다 채울 수 있을지 알 수 없지만, 요즘같이 나라를 거덜낼 것만 같은 상황에서 국민에게 인내를 요구하는 것은 예의가 아니다. 이 정권 들어서서 국격이 현저히 떨어졌고 각종 지표 또한 하강국면을 면치 못하고 있다. 정말 지도자라면 이 점을 심각하게 여기고 이 같은 난국에서 어떤 결단을 해야 할 것인가를 고민해야 한다. 대통합을 이루지는 못할망정 극단적인 분열을 부채질한다면 이는 지도자의 길이 결코 아니다. 난마와 같이 엉킨 실타래를 더 엉키게 한다면 그 또한 지도자의 길이 아니다. 지도자는 인내로써 난마를 풀어내야 한다. 복잡다단한 상황을 단순화시켜 공동상생의 목표를 선명하게 제시해야 한다. 촛불 민심을 어리석은 군중쯤으로 취급하면서 청와대까지 들리는 그 함성을 외면하는 것은 지도자의 금도가 아니다. 새누리당이 얼마 전 쇄신하겠다면서 국민에게 약속한 사즉생死卽生이란 말, 결코 빈말이 되어서는 안 된다. 그 말만큼 추락한 명예를 회복시켜준 방안도 없었고, 실패한 인간을 승리로 이끈 명언도 없다. 인간 박근혜가 이 시점에서 그래도 승리할 수 있는 길은 손해보는 듯하면서도 민심에 순응하는 것이다. 그것이 승리하는 길이요, 역사에 살아남는 길이다(2016년 11월 22일).

세상이 바뀔 것 같으니까……

어제(2016년 12월 9일) 오후 《한겨레신문》의 어느 기자가 국회에서 탄핵안에 찬성한 의원이 234명이라는 소식을 전해주었다. 서둘러 귀가, TV를 켜니 JTBC에서 탄핵안 가결에 대한 좌담이 있었다. 그런데 패널 중 정치평론가로 알려진 어느 분은 그분의 평소 지론과는 다른 이야기를 하는 듯했다. 그 평론가에 대해서는 자세히 모르지만, 어제의 이야기는 평소 그의 평론과는 결이 달랐다.

　나만 그렇게 느꼈는가 하고 주저했는데, 아니나 다를까 언론인 김용민이 오늘 페이스북에 그 평론가에 대해 간단한 글을 올렸다. "박근혜 정권 창출 1등 공신 고○○ 박사께서 탄핵 국면에 JTBC에 나와서 사태가 이 지경이 되도록 정치권은 뭐했냐는 식의 질타를 아끼지 않으셨군요. 제 눈을 의심했습니다. 지난 4년 박근혜 지지의 확실한 사후 보상을 이 방송 MC, 저 프로그램 고정출연에서 확실하게 각인시킨 분께서 말입니다. 이제 갈아타실 때가 왔다고 생각하는 모양입니다. …… 춘원 이광수도 광복이 왔을 때 사태가 이 지경이 되도록 이른바 조선의 지도층들은 뭐했냐는 낯뜨거운 주장은 펼치지는 않았습니다."

　김용민의 글에 신랄한 댓글도 이어졌다. "어제 방송 보면서 몹시 불편하더구만요. …… 정치권 싸잡아 무능하다 질타하는 양비론이 아직도 먹힌다 생각하는 고○○ 박사님, 박사학위 아깝네요"(송○○). "저도 어제 그 방송을 보고 기막혀서 …… 제 귀를 의심했네여. 어디서 뻔뻔하게 그 얼굴을 들이대는지 …… 제이티비씨는 왜 그런 패널을 ……

박그네 대통령 만들기에 앞장서던 그 양반이 TV에 나와서 하는 소리가 참 기가 차다 못해 화가 나더라구요"(김OO). "그러게요, 박끄네 찬양하던 저놈이 어제 JTBC 나와 발언하는 걸 눈을 씻고 다시 보고 입에서 나오는 욕을 막을 수 없었다는 ……"(낮OOO).

그 평론가의 변화는 어디에서 왔을까. 어제 탄핵이 이런 변화를 가져오게 되었다고 믿는다. 이게 어찌 고OO 박사에게만 해당되랴. 오늘 오전에 어느 정기모임에 가서도 그런 변화를 감지했다. 나이든 이들의 학술모임이어서 평소 정치권 이야기는 별로 없는 편이었고 대부분 박 정권에 대해 우호적인 분위기였다. 대선 전에 박근혜만은 막아야 한다는 소리가 있었지만 반응은 싸늘했다. 몇 달 전에는 박 정권에 대해서 깊은 우려도 나왔지만, 아주 노골적인 핀잔과 추달이 있었다. 그런 분위기가 오늘 아침에는 싹 가시고 누구랄 것도 없이 박근혜에 대한 비판을 쏟아냈다. 왜 그럴까, 세상이 바뀔 것 같으니까 그럴까.

앞으로 '내 그럴 줄 알았다'는 예언자들이 많이 나올 것이다. 그런 이들 일수록 평소에는 권력을 향해 침묵으로 일관했던 이들이다. 그게 '한 입으로 두 말하는ㅡㅁ르' 것이 아닐까. 평소 비겁했거나 아부했던 종교지도자들 가운데 그런 이들이 많이 나오지 않을까 싶다. 세상이 바뀔 것 같으니까 거기에 따라 처신하는 군상들이다. 벌써 그동안 구수한 입담으로 늙은이들의 귀를 호리던 김OO 교수도 박근혜에 대한 입장을 바꾸었단다. 그런 속에서 박근혜의 위기를 자신의 치부 만회의 기회로 활용하려는 자도 있다. 호위무사로 자처한 전 청와대 대변인이다. 또 이런 변화에도 불구하고 촛불집회에 맞서 꾸준히 친박촛불을 계속하는 서OO, 이OO 목사 등의 '일관성 있는' 만용도 있다. 이 변화의 시기는 다시 우리에게 어떤 처신이 올바르며 어떤 선택이 가치 있는가를 묻고 있다.

위에 올린 페이스북 글(20161210 세상이 바뀔 것 같으니까……)에 대한 댓글의 하나.

장영욱님이 회원님의 게시물을 공유했습니다.[14시간]
* 기회주의자: 일관된 입장을 지니지 못하고 그때그때의 정세에 따라 이로운 쪽으로 행동하는 사람(국립국어원 국어사전)

나는 기회주의자를 "자신의 이익을 극대화하기 위해 신념과 가치관을 버리고 시류에 영합하는 사람"이라고 정의 내리고 싶다. 구한말 대한제국의 대신大臣으로 일제에 나라를 팔아넘긴 이완용 등 을사오적과, 독립운동가에서 변절하여 일제에 부역한 이광수, 최남선, 윤치호 등이 기회주의자의 전형이 아닐까 생각한다(2016년 12월 10일).

탄핵 위기를 전화위복의 기회로

박근혜-최순실 게이트로 추락된 국격을 국민의 촛불이 지탱하고 있다. 덕분에 검찰과 특검이 눈을 뜨게 되었고, 국회가 청문회와 탄핵으로 국민에게 응답했다. 대통령직이 농단당하자 '콘크리트' 지지층은 균열을 일으켰고 신뢰는 맹목적이었음이 드러났다. 청와대의 침묵과 부인 일변도의 발표가 '양치기 소년' 정도의 믿음이라도 주고 있을까. 무신불립無信不立! 그래도 앞으로 대한민국의 미래는 오늘의 위기를 어떻게 기회로 만드느냐에 달렸다.

탄핵으로 국가의 정상적인 흐름이 정지되었는데도 정작 게이트의 당사자는 자신 때문에 국민들이 받는 참담함을 느끼지 못한다. 청와대는 근처에서 외치고 있는 촛불의 함성을 듣고는 있는가. 왜 저토록 하야를 외칠까. 그러나 세 차례의 담화와 간담회 발언, 그 뒤 인사조치는 촛불 민심에 맞서겠다는 심보만 비친다. 국민들은 조기 퇴진하면 한 가닥의 연민의 동정이라도 표할 것으로 보지만, 그조차 걷어차버리는 아집에 아연해한다.

청문회를 보면서 위기의 본질은 다른 곳에도 있음을 느낀다. 바로 수치심이나 죄의식의 결여다. 비서실장을 역임한 이라도 확실한 증거를 들이대지 않으면 '모른다'로 뭉개고, '아니요'로 뻗댄다. 입을 맞추지 못해 증언이 상치되어 한쪽은 분명 위증인데도 곧 드러날 진실은 두려워하지 않는다. 거짓은 부끄러움과 죄의식을 없애버린다. 권력의 사유화는 여기에 기식하고, 사유화된 권력은 부패의 한계를 모른다. 마치 양파를 벗기듯, 한 꺼풀씩 벗길수록 드러나는 권력의 탐욕성은 서민에게 수치와 절망을 안겨준다. 그런 속에서도 한두 사람의 용기 있는 증언은 진실의 불씨가 되고 사회개혁의 동력으로 활성화된다.

게이트 와중에 벌어진 한 재판은 위기의 한 축을 각인시켰다. 세간을 떠들썩하게 했던 전 검사장의 공짜 주식 무죄판결은 법관이 국민을 능멸한 사례가 아닐까. 김영란법까지 제정, 부패근절을 다짐하는데도, 법조인은 예외인 듯 청렴성에 대한 국민적 기대를 뭉개버렸다. 그 판결이 아무리 '법과 원칙'으로 포장된 소신이라 하더라도 국민의 법의식과는 너무 멀다. 그가 의지한 법의 정신이 과연 그랬을까. 그건 과거 친일잔재를 청산해야 한다는 대의에 반해 친일파 재산을 지켜준 일부 법간法奸의 행태와 다르지 않다. 선거무효소송을 마냥 미루는 대법원의 처사나 선거소송에서 중요 증거를 제척한 사례도 한통속이 아닐까. 그뿐인가. 법망을 요리조리 피하며 법을 조롱하는 자들 또한 법간의 무리다. 우리 시대 위기의 큰 책임이 법조계에 있음은 분명하다. 탄핵심판의 무거운 책임을 맡은 헌재는 이 위기 해소와 법조계 신뢰 회복에 결정적인 열쇠를 쥐고 있다.

아무래도 위기의 큰 책임은 집권당과 정부에 있다. 그럼에도 당정은 책임도 다짐도 진술하게 고백한 적이 없다. "봉건시대의 주군에 대한 충성과 신의"로 얽힌 친박계는 "대통령의 정치적 노예"라고 비판받았다. 진정한 봉건적 관계라면 "주군이 근심하면 신하는 욕을 당하고 주군이 욕을 당하면 신하는 죽는다主憂臣辱 主辱臣死"는 말처럼, 죽음으로 실정의 책임을 대신 져야 했다. 그러나 주군이 탄핵당한 지금 각기 도생圖生만 시도한다. 이제 당정은 봉건적 군신관계를 청산하고 국민을 나라의 주인으로 받드는 진정한 환골탈태가 필요하다. 함께 탄핵받은 정부도 전면개각을 단행하든지 국민의 지탄을 받는 각료를 교체하는 영단이라도 보여야 한다. 그렇지 않고서는 위기 극복에 국민적 동의를 구할 수 없다.

역사의 길, 현실의 길

지금의 위기는 단순히 탄핵문제에 그치지 않는다. 게이트로 훼손된 국가시스템을 정상화하고, 국가안보·경제위기·국제관계 등도 다잡아야 한다. 어느 한 정권의 문제일 수 없다. 촛불 민심은 위기의식을 바탕으로 강렬한 개혁을 요구하고 있다. 거기에 부응하여 갈등과 상처를 화해와 치유로, 분노와 분열을 평화와 통일로 승화시켜야 한다. 건전한 보수적 가치는 진보적 지향과 조화를 이뤄 실현, 발전시켜야 한다. 그럴 때 탄핵 위기는 나라를 더욱 성숙시키는 전화위복의 기회가 될 것이다(2016년 12월 19일).

탄핵사건 외중에서

(2017년) 3월 10일 오전 11시, 헌재의 탄핵심판이 있었다. 이정미 헌재소장대행은 탄핵소추안의 가결절차와 관련, 국회의 탄핵소추 가결절차에는 어떠한 흠결도 없다고 결론지었다. 탄핵사유에 대해서도 하나하나 따졌다. 공무원 임면권 부분과 언론의 자유 침해, 세월호사건을 언급할 때에는 '탄핵은 불가능하겠구나!' 하는 생각까지 들었다. 그러나 마지막에 가서 최서원에 대한 국정개입 허용과 권한남용이 헌법과 법률에 위배된다는 판단을 내렸다. 11시 21분 "주문, 피청구인 대통령 박근혜를 파면한다"는 말이 들렸을 때 눈물이 핑 돌았다. 작년 10월 말 이래 촛불집회에 계속 참여, 성원했는데 보람을 느꼈다. 감격적이었다. 이날 나는 아내와 함께 임진각을 찾았다. 기쁘거나 울적할 때

강화도 아니면 임진각으로 갔던 적이 있다. 민주화와 평화통일은 서로 연결되어 있는 우리 민족의 과제다. 북의 동포들에게 남쪽은 민주와 평등자유의 새로운 장정을 시작했음을 마음으로나마 알리고 싶었다. 그쪽의 민주화 없이는 평화통일 또한 난망하다는 메시지도 전하고 싶었다.

박근혜의 탄핵은 2013년 초부터 대법원에 계류된 대선 무효소송을 떠올렸다. 대선 무효소송은 박근혜의 대통령 당선에 문제가 있다고 보고 대선 직후에 소송을 제기한 것이며, 공직선거법상 제소된 지 180일 이내에 처리하도록 규정되어 있다. 그동안 여러 번의 지적에도 불구하고 대법원은 재판을 시작조차 하지 않았다. 아예 깔아뭉갤 작정이 아니면 그럴 수가 없다. 그동안 여러 번 대법원에 재판을 촉구하기도 하고, 대법관의 직무유기를 검찰청에 고발하기도 했으며, 심지어는 SNS 상으로는 대법관 탄핵을 위한 서명운동까지 벌였던 적도 있다. 그런데도 대법원은 지금까지 대선 무효소송에 대해 이렇다 할 방침을 내놓은 바 없다. 박근혜가 탄핵되었다 하더라도 대법원의 직무유기는 반드시 짚고 넘어가야 한다. 지난 4년간 보여준 대법원의 이 같은 법 무시, 국민 무시의 행태는 최근 대법원의 권위주의적 태도와 함께 반드시 따져야 한다. 또 검찰이 대법관의 직무유기를 고발 받고서도 이리저리 폭탄 돌리듯 떠맡기면서 실제로는 아무런 조치도 취하지 않은 이유도 엄하게 다뤄야 한다.

그동안 법조계 원로 중에는 탄핵심판 자체에 부정적 자세를 취했던 이들이 있었다. 지난 2월 9일 《조선일보》 1면 하단에는 9인의 법조계

　　　　　　　　　　　　　역사의 길, 현실의 길

원로(정기승, 이시윤, 김두현, 이세중, 함정호, 김평우, 이종순, 김종표, 김문희)들이 '탄핵심판에 관한 법조인의 의견'이라는 제목으로 광고를 냈다. 2월 14일 광고에는 한 분(박만호)이 추가되었다. 이 중 두 분은 대통령대리인단에 이름을 올렸다. 이들이 내세운 6개 항목의 주장은 우리 같은 문외한이 범접할 수 없는 전문성을 갖고 있다. 김평우 변호사는 헌재에서 이 광고문안의 내용을 중심으로 절차상의 문제를 따졌다. 헌재가 탄핵선고에서 탄핵소추안의 가결절차를 그렇게 꼼꼼히 따진 이유가 이 성명과 무관하지 않았다고 본다. 광고에는 또 "박 대통령은 대한민국 헌법의 원리나 원칙을 부정하거나 반대한 사실이 없다"고도 했는데, 헌재 판결이 난 지금도 원로들은 이런 견해를 유지하고 있는지 묻고 싶다. 나는 법조계 원로들이 이런 엄중한 시기에 그런 의견을 개진할 수 있다고 본다. 탄핵 전에 이런 광고를 냈다는 것은 판결이 난 이 시점에 원로다운 반응을 기대하도록 하는 것이 아닌가.

여기에 한마디 덧붙이겠다. 그렇게도 법치를 강조했던 원로들이기 때문에 앞서 언급한 대선 무효소송과 관련하여 원로다운 조언이 필요하지 않았나 싶다. 2012년 12월 대선 직후 2천여 명이 넘는 유권자가 신상의 위험을 무릅쓰고 선거무효소송을 냈고 거기에 따라 대법원은 6개월 안에 처결해야 했다. 그러나 4년이 넘도록 재판 개시 자체를 뭉개고 있다. 그런데도 그 원로들께서는 왜 한마디 말도 하지 않는지 묻고 싶다. 대법관, 헌법재판관, 변협회장을 역임한 법조계 원로들이라면 대법원과 대검찰청의 저 같은 뭉개기식 법 무시행태에 대해 따끔하게 한마디 해야 하는 것 아닌가. 그런 것은 무시하고 '탄핵심판에 관한 법조인의 의견'을 내어 피청구인을 두둔하는 듯한 모습을 보였으니 그게 원로다운 자세일까.

탄핵은 대선을 60일 이내에 치러야 한다는 큰 숙제를 남겼다. '박근혜-최순실 게이트'가 터질 때만 해도 '이제 죽었구나' 하고 움츠리던 소위 친박 부패세력이 요 며칠 사이에 노골적으로 탄핵불복종에 나서고 있다. 거리에서 선동정치를 일삼고, 삼성동 사저로 집결, 호위무사를 자처하고 나선다. 탄핵정국에 불복하는 모습을 보면서, 과거의 반역사적 사건을 떠올리지 않을 수 없다. 해방공간에서 친일파가 살아나고, 4·19 후에 군부쿠데타가 등장하며, 5·18 후에 신군부가 집권했고, 6월 민주화운동 이후에 군부 잔존세력이 정권을 잡았듯이, 이 시기에도 그런 역사퇴행이 오지 않을까 염려된다. 그러지 않아도 아스팔트 극우세력들은, 그들이 입버릇처럼 부르짖는 '자유민주주의'와도 맞지 않는 소리들을 무책임하게 입에 올리는 상황이고 보니, 탄핵 이후의 이 엄중한 상황이 지혜롭게 관리되지 않는다면 다시 퇴행을 맞을지도 모른다. 어떻게 할 것인가. 지금은 '촛불' 정신이 긴장을 놓을 때가 아니다(2017년 3월 12일).

다시 검찰개혁시민축제에 참여하고

오늘(2019년 10월 5일)은 정확하게 오후 5시에 집을 나섰다. 아현역에서 지하철 2호선을 이용, 서초역에 내리니 5시 50분. 군중들을 헤집고 출구로 나오니 서초동 네거리의 시민축제가 전개되는 곳이다. 네거리에서 교대역을 향해 자동차 위에 세워진 대형 스크린에 스피커와 함께 화면이 뜨자 모두들 손에 든 팸플릿을 피켓 삼아 흔들며 "우와~ 우와~" 소리를 연호했다. 그 소리를 들으면서 다시 목젖이 울먹이고 눈시울이 뜨거워졌다. 눈물이 메마른 때에 감격의 눈물을 흘릴 수 있다는 것 하나만으로도 나는 이곳에 온 보람을 느낀다. 그동안 국회의원 등 정치인들에게서 받은 마음의 상처를 이곳에서 듣는 함성으로 치유를 받는다면 이곳에 온 보람이 충분한 것 아닌가.

이곳에 모인 노장老壯 청유靑幼 층들이 10월 첫 휴일을 반납하고, 이웃·친구·가족·정인情人과 약속하고 원근 각처에서 이곳에 모이게 된 것을 어떻게 봐야 할까. 거의 두 달간 계속된 '조국사태'를 보면서 그동안 대한민국 검찰이 어련히 이 문제를 잘 해결하겠는가 하고 믿었던 그 믿음이, 최근에 드러나고 있는 검찰에 대한 불신과 그 독단성 때문에 단단히 화가 났기 때문일까. '한 사람'에 관련된 '사건'인데도, 어느 한 사람 걸리기만 하면 그 '한 사람' 모양으로 이렇게 특수부 지휘하의 수십 명의 검사가 달라붙어 '70여 회'나 압색押索을 벌일 수도 있다고 예감한 것은 아닐까. 그리하여 이를 지켜보면서 이런 게 어느 한 특정한 사람에게 해당되는 일이 아니고 검찰이 지목하기만 하면 그 누구도 피하지 못하고 당할 수밖에 없겠다는 그런 위기감이 전이된 것은 아닐까. 거기에다 그들의 직속상관인 장관을 이렇게 할 수 있다면 우리 같은 조무래기 서민들이야 말해서 무엇하랴 하는 비감한 심경이 이심전심 전이된 것은 또 아닐까. 거기에다 국회의원들이 방송 내용에 대해서는 무엇이라도 건드리지 않고 그 방송의 법적 지위를 두고 이러 쿵저러쿵 말들을 하는 동안, 정작 JTBC에서 방송된 조민 양의 대담이 란 것이 역설적 효과를 낸 것은 아닌가. 그동안 강남의 캐슬 속에서 오로지 스펙만 제대로 쌓으면 SKY에 갈 수 있었던 이런 세대들에게도 부모세대와는 달리 진솔한 인간미가 발견되는구나 하는 것을 느끼고 동정했기 때문일까. 물론 더 큰 이유도 있을 것이라고 생각되지만 오늘은 이 정도만 거론하겠다.

　대형 스크린은 교대 방향으로만 향해 설치된 것이 아니고 대법원과 대검찰청 사이의 반포대로의 고갯길 도로를 향해서도 설치되었다. 이 것은 운반차량 위에 설치된 것이 아니고 아예 가설무대 형태로 설치해 놓았다. 이 가설무대를 향해서는 저 멀리 고갯길에 앉아 있는 이들의 촛불들이 마치 율동에 맞추듯 좌우로 흔들어주고 있다. 이 가설무대 주변에는 경찰들이 만일의 사태에 대비하기 위해 경계하고 있었으나 많은 시민들은 스크린을 보면서 "우와~"를 되풀이하고 있었다. 서초 역 주변에 있는 이런 대형 스크린 외에 오늘 저녁 축제를 위해 몇 개의 대형 스크린이 더 설치되어 있는지 서초 네거리에서는 알 수 없었다. 지하철 입구와 대형 스크린 가설무대 주변에서는 촛불을 파는 사람이 이곳저곳에 많았다. 한편에서는 관악 지역 평화의소녀상건립추진위원 회에서 나와 후원회원 가입 및 약정서를 받고 있었고, 또 한편에서는 이재명 경기도지사의 무죄를 탄원하기 위한 서명운동도 전개하고 있었다. 그런가 하면 지난주에 보였던, 태극기와 미국기를 흔드는 또 다른 애국시민들은 서초역 지하 1층에서 도열하여 '조국 구속' '법치 수

　　　　　　　　　　　　　　　역사의 길, 현실의 길

호'의 피켓을 들고 몇 사람이 고성을 지르며 시위하고 있었다. 이들은 오늘 저녁에 출입하는 이들과 어울리지는 않았으나 그들로 하여 민주주의는 다양성을 존중한다는 사실을 여실히 보여줄 수 있어서 오히려 다행스럽게 생각되었다.

나는 서초 네거리에서 더 움직일 수가 없었다. 때문에 오늘 저녁 함께 참석하기로 한 지인과는 문자메시지로밖에는 소통할 수 없었다. 대형 스크린을 보면서 감동적인 연설에 갈채를 보내기도 하고 모인 이들의 '우와~' 함성에 내 소리를 얹어 기쁘게 편승하기도 하면서 오늘도 한국 민주주의가 이름 없는 민중들에 의해서 한 단계 업그레이드되고 있다는 확신을 가질 수 있었다. 역사를 공부하면서 "민중이 역사를 이끈다"는, 형해만 남은 한두 마디의 언설보다는 이 현장에 나온 것이 얼마나 효과적인 현장학습이 되었는가를 새삼 깨닫게 되었다. 역사학도로서 이 서초동 집회에서 동학농민혁명, 3·1혁명, 4·19혁명의 절제된 열기를 느꼈다면 지나친 것일까. 세계 어느 역사에도 보이지 않았던 직접민주주의의 이 현장을 목도하면서 이 역사에 참여했다는 뿌듯한 심정을 가지고 이곳에 도착한 지 30분 후에 귀갓길에 올랐다.

한 시간 후, 귀가하여 뉴스와 SNS를 통해 전해지는 오늘 저녁의 광경은 현장에서 볼 수도, 느낄 수도 없었던 감동을 더해주었다. 드론을 통해 촬영한 것 같은, 서초동 네거리에서 사방으로 뻗은 길 따라 인파로 꽉 덮인 거리를 보면서, 이 광경이 뒷날 '3·1혁명 100주년'을 새롭게 기념하는 사건으로 떠오르지 않을까 하는 생각이 얼핏 스쳤다. 이런 축제라면 정치권에서 시비하는 몇 십만 몇 백만의 그 숫자가 무슨 의미가 있을까. 의미를 굳이 부여한다면 시대적 소명과 자발성, 그리고 문화축제적 성격이 얼마나 있었는가 하는 점에 두어야 할 것이다. 늙은 것이 그래도 이 시대의 촛불 시민들과 같이 검찰개혁을 외치는 현장에서 민권증진과 국민 승리를 예감할 수 있었다는 그것만으로도 오늘 저녁의 서초동의 축제는 기쁨과 감사의 시간이었다(2019년 10월 5일).

제21대 국회, 특권 내려놓기부터

코로나19 광풍 속에서 지난달 300명의 의원이 선출됐다. 한두 당선인의 대북발언이 유감스러웠지만, 유권자들은 조용히 격려하며 21대 의원들을 국회로 보낸다. 높은 투표율은 20대 국회가 보여준 무능과 갈등을 넘어서라는 격려일 것이다. 20대 국회는 동물국회와 식물국회로 표현되는 싸움판과 나태함을 겸했으나 자신들 기득권 수호에는 강고했다. 새로 시작되는 국회는 20대 국회와 차별화하면서 시작해야 한다. 그렇다면 자신을 부각시킬 '한방'이 필요하지 않을까. 그것이 바로 "특권을 내려놓겠다"는 한마디였으면 한다. 이는 백 마디 미사여구보다 호소력과 창조력이 있을 것이다. 지금까지 의원들은 밖에서 들으면 깜짝 놀랄 특권들을 스스로 만들고 누려왔다. 국회의원이 국민과 동고동락하는 존재가 아니라 특권층으로 치부된 것은 이 때문이다. 그런데도 그 사실이 제대로 알려지지 않은 것은 그 특권이 합리적으로 차마 설명할 수 없었기 때문이다.

국회 스스로도 특권문제가 심각하다는 것을 인지했음인지, 그 폐기를 고심한 적이 있다. 20대 국회가 출범했던 2016년, 의장(정세균)실 주도로 국회의원특권내려놓기추진위원회가 출범, 가동되었으나 성과를 도출하지는 못했다. 2018년에도 국회운영제도개선소위에서 의장이 제시한 안건을 상정까지 했으나, '보좌진 특혜채용 제한' 등 한두 가지를 제외하고는 성사시키지 못했다. 특권에 기생하려는 '선량들'의 의식이 강고했기 때문이라는 것밖에는 설명할 길이 없다. 나의 이 글은 당시 특권내려놓기추진위원회의 보고서를 참고로 했다.

국회의원들이 누리는 특권은 없애야 한다. 추진위원회의 보고서는 고액의 보수 외에 50여 가지의 물질적·사회적 편의가 제공되고 있음을 지적한다. 나도 그 구체적인 세목을 헤아리면서 특혜의 가짓수가 많고 세밀한 부분에 미치고 있음에 놀랐다. 그런 세심한 배려가 이 땅의 환과고독鰥寡孤獨을 향한 정책으로 나타났다면 얼마나 좋았을까. 국민을 대표하여 입법·예산·국정감사 등을 수행하는 분들에게 최대의 지원을 해야 한다는 것에 누가 반대하겠는가. 그러나 의원이 자기 특권을 고집하는 한 우리 사회의 불필요한 특권을 제어하지 못할 것은 뻔하다. 지금 논란 중인 의원 특권을 온존시킨다는 것은 국민의 기대를 외면한 채 의정활동을 하겠다는 것이나 다름없다. 국민이 특권 포기를 요청하는데 이를 계속하겠다면 국민의 의사를 대변하는 존재일 수가 없다. 국회의원의 특권 포기는 국민의 신뢰를 얻는 첩경이다. 유권자는 그런 의원을 통해 긍지를 갖게 되고, 의원들은 그런 국민적 지지를 바탕으로 더 적극적인 의정활동을 펼 수 있다.

국회의원의 특권 중 면책특권과 불체포특권이 가장 잘 알려져 있다. 이 특권은 오·남용되는 사례로도 자주 회자되었고, 국회의 회기를 이용하기도 했다. 그 본래의 취지를 살리면서 이 특권의 오·남용을 방지하는 것은 꼭 필요하다. 1인당 국민소득의 5.27배에 해당하는 의원 보수는 OECD국가 중 3위로 높지만, 국민적 합의를 통해 이뤄진 것이 아니란다. 의원 보수는 유신시대 때 수당의 개념으로 전환되어 감사나 증빙이 필요 없게 되었고, 거기에 "많게는 매월 기천만 원을 생활비로 가져가도 세금이 없는 입법활동비, 특별활동비 등이 추가"되면서 기형적 구조로 변했다. 따라서 일본식 용어인 세비歲費 개념을 고쳐 국회의원의 전문직에 해당하는 보수로 명명하고, 세금을 명확히 하며 입법활동비, 특별활동비 등 조세 회피성 항목도 삭제해야 한다는 것이다. 국회의 생산성이 저 모양인데도 국민 눈높이에 맞지 않는 과다한 급부는 의원직을 타락시키는 요인이라 지적된다. 특권 내리기 작업은 임기가 남아 있는 20대에서 시작, 21대에서 완성한다면 이는 새 국회를 탄생시킨 국민의 염원에도 부응, 박수를 받게 될 것이다.

매사에 때가 있다. 국회가 새로 시작되는 이 시점에 의원들의 특권 포기가 나타났으면 좋겠다. 삯군이 아니라 주권자인 국민을 대변한다는 의식으로 의원직에 임한다면 주인이 원치 않는 특권은 내려놓아야 한다. 그대로 둔 채 의원직을 수행한다는 것은 특권에 연연하는 삯군에 불과할 것이다. 특권을 내려놓으면 주인인 국민에게 다가가 더 충실한 공복이 될 수 있다. 선거 때 섬기는 자가 되겠다는 약속이 수많은 특권을 누리면서 가능할까. 국회 상임위 등에서 공직자들을 향해 고압적 태도를 보이는 의원들, 자기들이 움켜쥐고 있는 특권이 어른거린다. 특권을 포기할 때 더욱 낮아지고 섬기며 감동을 주는 의원의 모습이 더 드러난다. 의원이 누리는 특권을 내려놓아야만, 공무원을 포함한 공직사회의 특권들을 제대로 광정匡正할 수 있을 것이다.

국회의원이 특권을 내려놓는 것은 쉽지 않다. 그러나 내려놓으면 국민을 감동시킨다. 특권을 내려놓을 때, 국회의원이라는 공적 권력이 사익추구의 수단이 아니고 공공재임을 명징해준다. 이를 지실知悉한 듯, 20대 국회에서 지난 3월 한 법사위원(박주민)이 국회의원윤리조사위원회, 체포동의안 표결 의무, 이해충돌 입법 제한, 국회 불출석일수 비율에 따라 수당 또는 입법활동비를 환수하는 취지의 법률개정안을 대표발의한 적이 있다. 그런가 하면 9명의 보좌진을 거느리고도 제대로 된 법안 한 건 제출하지 않는 의원도 있다. 마침 21대 의원당선자 중 연락이 닿는 261명을 상대로 한 전화질문에서 과반수가 회의 출석률이 낮은 의원의 세비를 깎도록 하자는 데 동의했다는 뉴스도 있었다. 고무적이다.

입법활동비의 적정 환수가 식물국회를 방지하는 방법이 될 수 있다면, 동물국회를 방지할 수 있는 방안도 필요하지 않을까. '선량'다운 품위는 정적을 향한 독설에서도 격조 높은 해학諧謔으로 나타난다. 디즈레일리와 글래드스턴 두 정치인이 번갈아가며 국정을 맡아 빅토리아시대를 창출한 것은 그들의 품위 있는 언설도 한몫했다. 의장석 주변에 종종 나타나는 동물국회 모습은, 발언대 앞에 출입금지선을 명시하고 위반 시에 엄벌하는 국회법이 제정된다면 시정될 수 있을까. 21

대 국회는 다수를 점한 여당이 국회운영의 주도권을 확보한 데서 출발한다. 국회운영 책임을 진 여당은 수십 년간 지적돼 온 '불필요하고 과도한 특권'을 내려놓을 수 있는 절호의 기회를 맞았다. 새 술은 새 부대에 넣으라고 했다. 21대의 출발에 즈음하여 국회의원이 특권을 내린다면, 국회의 품격은 올라갈 것이고, 국민은 존경과 찬사의 박수를 보낼 것이다(2020년 5월 8일).

대법원은 언제까지 국민의 인내만 요구할 것인가

지난해(2014년) 12월 19일, '개표부정'을 포함한 수많은 부정선거의 증거들이 드러났다고 주장되는 가운데, 18대 대선 2주년을 맞았다. 이어서 금년 1월 4일은 그러한 선거부정에 항거하여 '제18대 대통령선거무효소송'을 제기한 지 2주년이 되는 날이었다. 그때는 2,000여 명이 소송을 제기했지만 지금은 거의 1만 명에 가까운 이들이 가담하여 이 선거무효소송에 힘을 실어주고 있다. 공직선거법(제225조)에 소송이 제기된 지 6개월 안에 이를 처리해야 한다는 규정이 있음에도 불구하고 대법원은 아직 재판 개시 기일조차 정하지 못하고 있단다. 소송을 제기한 이들이 몇 차례 항의, 독촉했지만 묵묵부답이다. 보다 못해 유권자들이 국회의원을 통해 국회에서 질의토록 했으나 곧 시작할 것이라는 답변만 겨우 끌어냈다고 한다. 들리는 소리로는, 이런 저런 법적인 문제가 얽혀있는 의원들로서는 더 이상 대법원을 추궁할 수 없을 것이라고 한다.

18대 대선 개표부정에 대해서는 남아있는 전산자료들과, 선거 이후에 간행된 몇 권의 《부정선거백서》 책자를 통해 밝혀지고 있다. 그러나 책자를 통해 선거부정을 폭로한 한영수·김필원 두 분은 구속되어 재판을 받고 있다. 선거종사자들의 명예를 훼손했다는 것이 죄목이다. 두 분의 책자에서 주장한 내용이 옳은지 그른지 그 부정선거 여부를 조사하여 밝히면 명예훼손이 될 것인지 아닌지 명백해질 것 같은데도, 그들을 기소한 검찰이나 재판을 맡은 법원도 부정선거 여부를 밝히는 데에는 별로 관심이 없다. 그러다보니 이들을 가둬놓는 것은 어떻게든 그들의 입을 틀어막으려는 데에 초점이 있는 것이 아닌가 하는 의구심을 면할 수 없다. 더구나 처음 명예훼손문제가 제기되었을 때 경찰에서는 '해당없음'이라고 정리했는데도 검찰이 오히려 그들을 구속기소까지 했으니 이를 어떻게 봐야 할 것인가. 그 뒤 목회자들 중에서 개표 때에 수개표를 하지 않은 여러 지역선관위원회를 고발하고《부정선거백서》를 통해 선거부정을 폭로했지만, 검찰은 대부분 무혐의 처분하거나 그 책자의 주장을 외면하고 있다. 무엇을 말하는가. 선거부정의 철저한 조사를 통해 이 나라 검찰권을 확립하겠다는 데에는 별로 관심이 없다는 것이 아니겠는가.

공직선거법에서 6개월 안에 제기된 소송내용을 처리해야 한다고 명시한 것은 분명히 이유가 있다. 선거 진행과정에 불법·탈법이 있었거나, 혹은 부정으로 당선된 이들이 있다면, 그 불법당선자가 자리를 잡기 전에 조치하도록 하기 위함일 것이다. 그렇게 함으로써 정권의 정통성과 정치적 안정을 확보할 수 있을 것이다. 18대 대선에 대한 선거무효소송은 어떤 정당이나 정치단체에 의해서 제기된 것이 아니고, 그 부정을 인지한 민주시민에 의해 자발적으로 제기된 것이다. 그만큼 정치적 의도나 정쟁의 소지가 적다고 할 것이다. 그런 이유로도 그 소송은 신속히 처리해야 할 근거를 상대적으로 높게 갖고 있다. 민주시민의 자발적인 소송은, 후보를 낸 정당의 정권 쟁취 의도와는 달리, 선거 진행과정에서 나타난, 도저히 묵과할 수 없는 부정들을 간파하고 이렇게 되어서는 앞으로의 선거결과가 유권자의 투표행위와는 무관하게 진행될 수도 있겠다는 우려 때문에 제기된 것이었다. 다시 말하면 이렇게 소송이라도 내어서 바로잡지 않으면 앞으로 선거를 통해 유권자의 의사를 정직하게 반영하는 것이 어렵다고 판단했기 때문이다. 그러나 대법원은 그런 국민의 뜻을 아는지 모르는지, 아직까지 미적거리고 있다. 한심하다 못해 분노가 치민다.

18대 대선을 치른 지 약 1년 동안 새누리당은 걸핏하면 야당을 향해 '대선불복'이냐고 겁박했다. 지금 와서 생각하면 그게 이유가 있었다. 새누리당의 그런 '겁박'에 대해 야당은 지레 손사래를 치면서 "전혀 그렇지 않다"라고 했을 뿐만 아니라 보기에 따라서는 제발 살려달라는 식으로 비칠 정도로 비겁하게 응수했다. 야당의 그 가련스런 모습이란! 그런데 민주시민들은 야당이 기대하지도 않았던 선거무효소송이라는 밥상을 차려주었다. 그러나 야당은 이걸 정치적인 이슈로 만들 생각이 없었고 오히려 그걸 부담스러워하고 그것으로 피해를 받지 않을까 두려워하는 듯했다. 왜 새누리당은 야당을 향해 걸핏하면 대선불복이냐고 으름장을 놓고 겁박했을까. 그럴만한 이유가 있었을 것이다. 그것은 여당도 알고 야당도 알고 있을 것이다. 속사정을 알고 있는 여당은 덮어버리고 싶었을 것이고, 계파 분열로 대선에 혼연일체가 되지 못했던 야당은 더 나가서는 곤란한 일이 있을지도 모른다고 판단했음인지 그 선에서 주저앉고 말았다. 대선불복이라는 소리만 들어도 지레 질겁했던 야당을 향해 거의 1년 이상 새누리당은 이 겁박을 계속했다. 백기투항한 야당을 향한 집요한 그 엄포는 사실은 국민을 향한 것이었고, 그 효과는 다른 엉뚱한 곳에서 나타났다. 대법원이 지금까지 선거소송을 결행하지 못하는 이유도 정치권의 이런 겁박과 무관하다고 할 수 있을까.

얼마 전에 발표된 〈18대 대선부정 2주년 대법원선거무효소송 이행 촉구와 국헌을 문란케 한 부정선거사범들에 대한 대검찰청고발 성명서〉는 구소련 독재자 스탈린의 선거부정 관련 명언이라 할, "투표는 인민이 하지만 개표는 권력자가 한다. 투표하는 자는 아무것도 결정하지 못하고 개표하는 자가 모든 것을 결정한다"를 인용한 후, 지난 18대 대선이 그런 꼴이 되었다고 주장했다. 이 성명서가 주장한 의혹과 부정은, 선거 당일 선관위 발표 투표인 수가 한 시간 만에 200만 명이 줄었다는 것을 비롯하여, 투표함을 열기도 전에 또 위원장이 공표하기도 전에 개표방송을 하여 부정을 감행했고, 중앙선관위가 후보자별 투표결과를 검증할 수 없게 했으며, 공직선거법을 완전히 무시함으로 수작업개표를 완전히 누락한 것이나 미인식未認識 투표지가 112만 표가 발생한 것, 개표기를 개표소마다 6대 이상 비치함으로 개표참관 불능 상태를 조장했다는 것 등을 들었다. 이 주장이 근거 없는 것이라면 바로 재판을 통해 밝혀주면 될 일이다. 그렇게 해야만 정권의 정통성이, 겁박에 의해서가 아니라 선거를 통해, 확립될 수 있음을 보여줄 것이다.

"소訴가 제기된 지 6개월 이내에 처리하도록 한" 공직선거법에 따르면, 소송을 제기한 지 2년이 되는 2015년 1월 4일은, 시간만으로 따지면 처리기간을 4번이나 넘긴 날이다. 소송을 제기한 유권자들이 몇 번이나 독촉했지만 묵묵부답이다. 민주사회에서 정권의 정통성은 선거를 통해 이뤄지는 법, 유권자들의 소송은 대법원이 이 정권의 정통성 문제를 법적 근거에 따라 가려달라는 것이다. 공직선거법에 따라 제기한 유권자들의 요구가 부당하다면 재판을 통해 기각시키면 될 것이고, 그렇게 하면 더 이상 정권의 정통성에 대한 시비도 일어날 수 없을 것이다. 깨끗하게 해소시킬 수 있는 문제를 이도 저도 아닌 상태로 대법원이 질질 끌고 나가는 것은 이 정권을 위해서도 바람직하지 않다. 야당과 국민을 향해 겁박할 정도로 그렇게 자신이 있다면 여당도 대법원을 향해 재판 개시를 촉구해야 하는 것 아닌가. 대법원의 이런 태도에 대해 정치권이나 언론에서 계속 문제를 제기하지 않는다면 이제 민주시민 전체가 항변해야 할 단계에 이른 것이 아닌가. 법을 가장 성실히 지켜야 할 대법원이 '정권의 정통성' 문제가 달린 이 문제를 미적거리는 것은 변명할 여지가 없이 직무유기에 해당되는 것이라고 본다. 여야를 불문하고 정치권과 방송·신문 등 언론은 왜 이 같은 문제에 대해서 아직도 제대로 문제제기를 하지 않는가.

대법원이 아직도 재판을 열지 않는 것이 법리상의 문제인지, 용기의 문제인지, 아니면 밝히지 못할 다른 사정이 있는 것인지 알 수 없다. 이렇게 꾸물대다가 임기가 끝날 즈음에 판단을 내린다고 하자, 그렇다면 과연 재판 결과의 실효성을 기대할 수 있겠는가. 어떤 이는 "지금에 와서 어쩌자는 것인가"라고 말할는지 모르지만, 지금 이 문제를 제대로 바로 잡아놓지 않으면 앞으로 선거부정이 더 교묘해져서 스탈린의 말대로 "인민의 투표와는 관계없이 개표하는 자가 모든 것을 결정"해버리는 시대가 오지 않으리라는 보장이 없다. 그래서 지금 계류되어 있는 대법원의 재판이 중요하다. 이제 대법원은 국민의 입으로부터 '탄핵' 소리가 나오기 전에 서둘러야 한다. 특히 재판을 담당한 법관이나 이 문제를 시대적 과제로 안은 대법원에 무엇보다 용기와 지혜와 결단이 기대된다. 이 문제를 법대로 처리하지 않으면 그 대법관과 대법원이 자신의 영예를 지키지 못한 것은 물론이고 이 시대가 권력에 타협·굴종한 비겁자들의 역사로 평가될까 두렵다(2015년 1월 8일).

화랑정신으로 오늘의 병역미필 고위 공직 후보자를 본다

청문회가 열리고 장관·총리의 병역문제가 도마에 오를 때마다 그들의 염치없음을 생각한다. 무슨 이유로든 국민의 4대 의무에 속하는 병역을 미필했으면, 거기에 따른 책임도 져야 하는 것이 도리라고 보기 때문이다. 그들에게 똑바로 정신이 박혔다면, 병역미필에 미안해하면서 근신하며 사회생활에 임하는 것이 도리일 것이다. 그러나 청문회에 나온 분들일수록, 우리도 알고 자신은 더 잘 아는, 이런 저런 그럴듯한 변명이 많다. 이번 황교안 총리후보자의 경우, 그의 병역미필의 이유가 너무 석연치 않다. 그 병으로 병역에 임하지 못할 정도였다면, 자기 치료는 어려웠을 듯. 그러나 그것을 확인시켜줄 병원 기록이라도 있을 법한데, 그런 자료조차 제출하지 않았다.

헌법에 명시된 이런 병역의무는 돈을 가진 자, 지위를 누리는 자들에 의해서 사문화되어갔다. 전시에는 도피성 유학까지 곁들여서 서민들의 빈축을 사고 국민화합도 깨트렸다. 전쟁 후에도 **빽**이 있거나 고시에 합격하여 양양한 전도가 보였거나 기피 요령을 남다르게 터득한 이들에게는 병역기피가 손쉬웠다. 주변을 돌아보라, 병역미필자 중 멀쩡한 사람이 신체상의 이유로 병역을 모면한 사람이 얼마나 많은지. 대한민국의 법치를 두고 '유전무죄 무전무죄'라고 내뱉은 어느 살인 죄수의 독백같이 병역미필 또한 이와 별반 다르지 않았다. 그런 미필자에게 요청되는 것은, 선거직 공직은 몰라도 임명직 공직에 가서는 안 된다는, 최소한의 염치다.

대한민국 고위직의 병역미필을 불쾌하게 되씹으면서, 우리가 젊었던 시절 배웠던 화랑도를 떠올려보았다. 신라 진흥왕은 민간의 향촌적인 조직으로 존재했던 청소년 조직을 국가적인 차원으로 끌어올려 반관반민의 조직으로 개편했다. 이렇게 개편된 화랑도는 전사단적인 성격도 가졌다. 《화랑세기》에서 이른바 "어진 재상賢佐과 충성스런 신하忠臣가 이로부터 빼어나고, 어진 장수良將와 용감한 군졸勇卒들이 이로 말미암아 생겨났다"고 상찬할 정도로 위대한 인물을 많이 배출했는데, 신라는 이들을 통해 삼국통일의 대업을 이뤘다.

우리는 흔히 화랑도의 정신으로 원광법사가 가르쳤다는 세속오계를 꼽는다. 귀산과 췌항 두 청년이 수나라에서 유학하고 돌아와 가실사에 머물던 원광법사를 찾아가 받았다는 교훈이다. 충성으로써 임금을 섬기고事君以忠, 효도로써 부모를 섬기며事親以孝, 신의로써 친구를 사귀고交友以信, 싸움에 임하여 물러서지 말며臨戰無退, 산生 것을 죽일 때에는 가려서 죽이라殺生有擇는 다섯 가지 교훈이다. 그러나 이 오계가 화랑도 훈련에서 실천윤리의 중요 덕목으로 강조되긴 했지만, 전쟁과 관련된 것에는 "싸움에 임하여 물러서지 말라"는 것뿐이었다.

통일전쟁에서 실제 목숨을 내건 화랑들은 임전무퇴의 덕목을 두 가지로 해석하여 실천했다. 솔선수범과 살신성인(자기희생)이다. 백제 정벌군 총사령관 김유신이 거느린 5만 군대가 탄현을 넘어 황산벌로 나아가, 결사대 5천을 거느리고 나온 계백을 맞아 싸웠다. 그러나 이 전투에서 신라군은 중과부적(10대 1)의 유리한 전세에도 불구하고 4전4패했다. 이때 부사령관이요 김유신의 동생인 김흠춘(흠순)이 자기 아들 화랑 반굴을 내보내 싸워 전사했다. 이때 부사령관의 한 분인 김품일 역시 열여섯 살 난 아들 화랑 관창을 내보내 목숨을 바쳤다. 처음 관창이 사로잡히자 계백은 그를 살려주었다. 그러나 관창은 다시 홀로 적진으로 나가 싸우다가 사로잡혀 죽었다. 반굴과 관창의 죽음을 본 신라군은 그제야 앞 다퉈 목숨을 내놓고 싸워 이 전선을 돌파하고 부여성으로 들어갔다. 관창의 경우, 굳이 전장에 나가지 않아도 되었지만, 그는 화랑도식의 노블레스 오블리주를 잘 보여주었다.

화랑 출신의 김유신은 어땠나? 고구려 중심의 역사인식을 지녔던 단재는 다른 역사가들과는 달리 김유신을 탐탁치않게 평가했다. 그러나 그 또한 화랑 출신으로 뛰어난 전략가요 용기가 특출한 군인으로 태종 문무왕을 도와 백제·고구려를 쳤다. 신라를 도왔던 당唐이 한반도에 대한 야심을 노골화하자 신라는 당시 대패권국인 당나라를 상대로 6년간 싸웠다. 지금의 한국이 중국을 상대로 싸운 것이나 다름없다. 이때 화랑 출신의 김유신이 그의 아들 원술을 어떻게 교육했는가, 그걸 말해주는 일화가 있다. 이 역시 화랑의 교육정신을 보여준다.

672년 8월, 지금의 임진강 지역의 석문 전투에서 원술이 거느린 부대가 참패했다. 원술은 부하들의 권고로 후퇴해서 생명을 보전하고, 부모의 집을 찾았다. 그러나 김유신은 사지에서 돌아온 아들 원술을 맞이하지 않았다. 673년 7월 김유신이 죽자 원술이 그의 어머니를 찾았다. 그러나 어머니 지소부인 또한 그 남편의 유지를 받들어 아들 원술을 집에 들이지 않았다. 이것이 삼국통일에 임했던 신라 지배층의 자세였다. 부모로부터 인정받지 못한 원술이었지만 역사에서는 살아남는다. 675년 당나라 이근행이 거느린 20만과 싸운 매소(초)성 전투에서 김원술은 대승하여 전날의 치욕을 씻었다. 이게 삼국통일에 임했던 신라 지도층의 자세요 젊은이들의 기개였다. 통일을 앞둔 우리에게도 이런 정신이 필요하지 않을까.

우리는 병역을 미필한 과거 장관 후보자와 현재 국무총리 후보자가 얼마나 유능하고 애국심이 충일한지 잘 모른다. 그들의 마음속에는 직책만 맡겨준다면, 병역미필의 과오를 속죄하는 뜻에서라도 신명을 바쳐 살신성인하겠다는 각오가 없지 않을 것이다. 그러나 그들의 병역미필 사유를 듣는 국민은 늘 들어온 한결같은 변명조의 그 언설이 역겹기만 하다. 그들이야말로 병역미필의 변명에서 묻어나는 그 처세술로 지금의 직위에까지 이르렀다고 판단되기 때문이다. 이명박 정권이나 이(박근혜) 정권은 국가에 대한 충성과 국방의 중요성을 유난히 외쳐댔다. 가상하다. 그런 헛소리 같은 충성맹세를 요구하기 전에 병역미필자는 고위 공직에 임용될 수 없다는 그 단순한 메시지 하나만 실천해도 백 마디 말보다 더 효과가 있을 것이다. 그것은 또한 국민화합에도 더 크게 도움이 되고 효과도 나타날 것이다(2015년 6월 11일).

7월, 분노와 희망

2015년 7월 4일은 1972년 〈7·4남북공동성명〉이 있던 날이었다. 나는 그날의 감격을 잊지 못한다. 광복과 더불어 분단된 남북이 분단 27년 만에 자리를 같이하여 통일문제를 두고 공동성명을 냈던 것이다. 공동성명이 발표되던 날, 서울 하늘은 구름이 짙게 끼었었다. 그러나 공동성명 소식이 호외로 알려지자, 서울거리는 잠깐이지만 환희와 설렘이 있었다. 나는 그날 둘째 아이의 출산을 기다리며 신촌 어느 병원 앞에서 서성거리고 있었다. 호외로 뿌려진 그 신문의 활자는, 과장된 표현이지만 대문짝 만하게 보였다. 그만큼 민족의 통일을 기다렸기 때문이었을까. '자주, 평화, 민족대단결'이라는, 그 후 남북 사이에 통일의 대원칙으로 수용된 세 단어는 이때 천명된 것이다. 비록 그 결말이 "짜고 치는 고스톱"처럼 유신정권과 사회주의헌법으로 결말나고 말았지만, 이 선언은 남북문제와 관련 정부 간의 공식적인 채널을 통해 이룩한 첫 성과였던 것이다. 그러나 올해 〈6·15공동선언〉을 헛되게 보내버린 남북은 〈7·4공동성명〉 43주년도 의미 없이 보내버렸다. 〈6·15공동선언〉이나 〈10·4선언〉과는 달리, 〈7·4공동성명〉은 남북 현 집권자의 아버지와 할아버지가 의논해서 만든 것임에도 불구하고 이렇게 폐기처분에만 골몰했다. 이런 때면 역사공부를 왜 했는지, 자조 섞인 회한이 눈언저리를 적신다.

7월 16일, 분노와 희망이 교차한 날이다. 대법원의 판결과 '(가칭)반헌법행위자열전' 편찬 소식이 동시에 들렸다. 분노는 고등법원이 판결한 원세훈 전 국정원장의 공직선거법 위반 및 국가정보원법 위반을 대법원이 원점으로 되돌렸기 때문이다. 주변 식자들의 분노와 탄식은 이루 말할 수 없었다. 그들은 언필칭 법과 원칙에 따라서 판결했다고 하겠지만, 국민의 상식과 조화를 이루지 못했고, 국민의 법 감정과는 동떨어져 있었다. 대법관이 전원합의한 결정이라고 하니, 그게 사실이라면, 대법원에는 국민적 상식과 통하는 대법관이 한 사람도 없다는 말일까. 판단의 핵심이 된 트위터 계정이 담긴 파일 2개에 대해서 항소심은 '업무상 문서'로 판단하면서 44쪽에 걸쳐 논증했으나, 대법원은 그것이 '업무상 문서가 아니'라는 것을 '달랑 한 장'으로 부인했다고 하니 이게 말이 되는가. '달랑 한 장 분량'으로 결론을 내렸다면, 대법원이 진실을 파헤칠 노력조차 기울였는지 의심된다. 민변이 이 판결을 두고 "대법원은 항소심의 사실 확정에 대해 아무런 오류도 지적하지 않은 채 막연히 그 증거능력을 부정했다"고 했고 "상식에 반하는 판결"이라고 한 것은 결코 지나치지 않다고 본다.

대법원의 선거 관련 재판과 관련, 또 주목해야 할 것이 있다. 2012년 12월 19일에 치러진 대선이 선거법을 위반했다 하여 그 이듬해 1월 4

일에 유권자 수천 명이 제기한 선거무효소송이다. 이 소송은 아직도 그 재판기일이 잡혔다는 말을 듣지 못했다. 선거소송은 6개월 안에 처리해야 한다는 공직선거법의 명문 규정에도 불구하고 그 6개월이 벌써 다섯 번을 되풀이했는데도 재판할 생각을 하지 않으니 국민으로서는 울분을 토하지 않을 수 없다. 같은 선거법 쟁송을 두고 대법원이 선거무효소송과 원세훈의 재판에 대해 갖는 자세가 다르다는 것은 무엇을 의미할까. 한편은 아예 까뭉개버리고 다른 한편은 '무죄취지'에 가깝게 그것도 신속하게 하급심으로 되돌려보냈다면 거기에 어떤 뜻이 담겨져 있는 것은 아닐까. 선거무효소송 재판을 빨리 서두르라고 그 앞에서 시위도 하고 대법관들을 직무유기죄로 검찰에 고발도 했지만, 눈썹 하나 까딱하지 않는 것이 현실이다. 이게 제67회 제헌절을 하루 앞두고 국민을 능멸하듯, 대법원이 내린 '선물'이다. 이럴 때 양승태 대법원을 향해 민초들이 해야 할 일이 무엇일까, 탄핵청원이라도 해야 하는 것이 아닐까. 이런 대법관들을 위해서 오늘도 세금을 내야 하나.

7월 16일, 분노만 치솟은 날이 아니다. 희망도 함께 보였다. 이날 오전 10시에 프레스센터 19층에서는 '(가칭)반헌법행위자열전' 편찬을 제안하는 민간의 기자회견이 있었다. 제안문에서는 한국의 헌정사가 첫발을 대딛는 순간부터 국회프락치사건, 반민특위 무력화, 백범 김구의 암살, 6·25 때 서울 시민들에게 "가만 있으라"고 방송한 뒤 다리 끊고 도망간 이승만이 서울 수복 후에 피란 못 간 수십 만을 부역자로 몰았던 사건들을 열거했고, 이어서 친일반공으로 가려진 일제 고등경찰과 헌병 출신자 등 공안마피아들이 고문과 조작으로 대한민국의 헌법과 민주적 기본질서를 파괴한 장본인들이며 관피아의 중추세력이라는 것도 지적했다. 이들 중에는 정치인·경찰·공무원·경제인·언론인 외에 법비法匪들도 상당한 비중을 차지하고 있다. 바로 이들 헌법 파괴 세력에 대한 열전을 만들겠다는 것이다. 《친일인명사전》의 수록 대상이 대부분 죽은 사람들이었던 것과는 달리 이 열전은 살아있는 반헌법 행위자들을 수록하겠다는 것이다. 그리하여 생존해 있는 동안에 역사의 심판을 받게 하겠다는 것이다. 과거 지나간 인물에 대한 역사적 평가와는 달리, 이제 살아있는 자들에 대해 역사의 칼날을 겨루겠다는 것이다. 나는 이날 기자회견장에서, 맹자의 한 구절을 인용하여 그들을 격려했다. "공자가 《춘추春秋》를 지으니 난신적자亂臣賊子들이 두려워했다"(2015년 7월 19일).

선거법 개정과 선거의 공정성을 다시 촉구한다

선거법 개정 협상이 몇 달째 질질 끌고 있다. 헌법재판소가 연말까지 선거구 조정을 요구했고 선거법으로 선거구를 획정해야만 내년 선거를 치를 수 있어서 선거법 개정은 촌각을 다투게 되었다. 그럼에도 개정 협상은, 조정 대상 지역구 의원들의 무리한 요구와 집권여당의 협량으로 난항을 겪고 있다. 야당 내부의 분열상이 여당의 소탐대실과 지연전술을 부추기고 있다는 뜻이다. 선거구 조정은 표의 등가성 원칙을 훼손하지 않는 원칙에 서서 권역성이 고려되는 방법이어야 할 것이다.

이 시점에서 선거법을 거론하는 것은 지난 대선 이후 급부상한 징조로, 제대로 된 선거 룰이 마련되지 않으면 앞으로 선거민주주의가 큰 위기에 봉착할 것이라는 예감 때문이다. 수단방법을 가리지 않고 표몰이를 하겠다는 유혹이 법의 미비점을 교묘히 이용하고 있다. 그러기에 선거 룰을 제대로 정비하지 않으면 안 된다. 선거법 개정이 이미 도마 위에 올랐고, 그 선거법은 예상되는 선거시비를 잠재워야 하고 선거의 공정성도 담보하는 것이어야 하겠기에 그동안 제기된 몇 가지 문제를 중심으로 언급하고자 한다.

먼저 여야가 함께 고민해야 할 것은 점차 저하되고 있는 투표율이다. 투표율의 저하는 선거제도 자체에 대한 불신으로 이어지게 마련이다. 이게 유권자를 투표소로 이끌 수 있는 유인책이 마련되어야 할 이유다. 투표율을 높이지 않으면 대의제는 위기에 처할 수밖에 없다. 최근 정략적으로 투표율을 떨어뜨리려는 시도가 있는 바, 이는 당리당략에 근거한 것으로 자기함정이 될 수도 있다. 유권자의 20%도 얻지 못한 당선자가 어떻게 신뢰와 권위를 가질 수 있겠는가. 이를 해소하는 방안을 선거법이 강구해보자는 뜻이다.

선거법 관련 소송이 지연되는 작금의 행태가 매우 우려스럽다. 지난 대선 직후 제기한 선거무효소송은 법정시한의 6배가 되었는데도 아직도 재판 시작의 기미조차 보이지 않는다. 대법원의 이 같은 자세를 그냥 보고만 있어야 하는가. 탄핵제도를 두어서라도 시정해야 하는 것 아닌가. 백중한 선거판에서 한 표라도 더 얻으려는 불법적 유혹은 누구나 느낄 것이다. 그런 충동을 막고 정의를 세우는 것이 법이요, 법원이다. 그렇지 않으면 선거민주주의는 사멸된다. 그 꼴을 대법원은 보고 싶은가. 지난 대선 때 국정원과 국방부 등이 선거에 개입했고 개표 또한 공정하지 않았다는 많은 증거들이 쏟아졌으며 그 결과 부당이득을 챙긴 집단도 생겨났다. 부정을 배격하고 법질서를 지키는 보루가 법원 아닌가. 뜻있는 국민들이 신상의 불이익을 무릅쓰고 제기한 소송을 이같이 내팽개쳐도 되는가. 법원이 손을 놓고 있으면 선거부정은 더욱 기승을 부릴 수밖에 없을 터. 선거법도, 선거재판도 이를 제재할 수 없다면, 비관적이지만 선거는 형해만 남게 되겠지.

선거법이 유념해야 할 또 다른 형태의 개표부정 가능성은 투표지의 일련번호를 절지截紙에만 기입하는 것이다. 일련번호를 투표지에도 병기해야 한다. 오래전부터 논의되어 온 이 방안이 비밀투표의 원칙을 훼손할 우려가 있다는 이유로 시행이 미뤄져왔다. 그러나 불법과 술수는 비밀투표라는 그런 명분 뒤에서 기회를 노리고 있다. 투표 본지와 절지에 일련번호를 병기하는 원칙 위에서 비밀투표의 원칙을 보강하는 방안이 강구되어야 할 것이다.

대선 이후 끊임없이 제기된 개표부정 의혹은 선관위의 개표 완료 전에 그 결과가 방송으로 발표되었다는 것이다. 전산개표를 교묘하게 악용한 결과일 수도 있다. 상식을 뛰어넘는 이런 부정은 보조수단인 전산개표를 과신하고 주수단인 수개표를 등한히 했기 때문이다. 최근 전문가들과 국회에서 논의되고 있는 '투표지에서 개표'하는 방안은 이런 부정을 예방할 수 있다. 선진국에서 이미 시행하고 있는 이 제도는 투표함 운반의 번잡성을 피하고 개표감시와 개표시간을 능률화하는 효과도 있다. 이 제도를 적극 도입하여 선거를 지역유권자들의 축제로 승화시키고 투표율도 제고시켜야 한다. 선거의 공정성 없이는 통치권의 정당성과 안전성은 결코 보장될 수 없다(2015년 12월 12일).

일본군 '위안부' 문제 타결을 보고 느낀 단상

지난해(2015년) 12월 말 대한민국임시정부기념사업회가 시행한 독립정신답사에서 마지막 23일, 남경의 이제항일군위안소利濟巷日軍慰安所와 남경대학살기념관을 급히 들렀다. 남경대학살기념관을 관람하면서, '전사불망前事不忘 후사지사後事之師, 명기역사銘記歷史 진애화평珍愛和平'이라는 글귀가 유난히 눈에 띄었다. "전의 일을 잊지 않는 것은 뒷일의 스승이며, 역사를 명기하는 것이야말로 정말 평화를 사랑하는 것"이라는 뜻이다. 관람을 마치고 나오는데, 멀리 보이는 탑에는 '평화'라는 글자를 뚜렷이 새겨놓았다. 그렇게 함으로 중국은 국제사회를 향해 이 기념관의 목적이 평화의 실현에 있다는 메시지를 뚜렷이 각인시켰다. 남경학살을 부정하는 이들도 평화라는 이 두 글자 앞에서는 고개를 숙이지 않을 수 없을 것이다.

이제항일군위안소는 중일전쟁 때에 일본군이 남경을 점령하고 설치한 위안소로 역사의 현장으로 보존하고 있다. 중국에는 흑룡강성에서 해남성까지 20여 개의 위안소가 있었단다. 위안소는 중국·홍콩·싱가포르·미얀마·태국·인도네시아·필립핀·말레이시아·베트남 그리고 태평양 제도에 이르렀고, 강징強徵된 여성은 중국·조선 외에 동남아 각국의 현지 여성과 그곳에 있던 서방 여성이었다. 관람을 서둘렀지만, 한국여성의 이름들이 전시장 곳곳에서 유난히 눈에 띄는 것을 외면할 수 없었다. 박영심, 이옥선, 한도순, 이용녀, 박옥련, 강덕경, 배봉기 그리고 김학순 등은 한국에서도 낯설지 않은 이름들이다. 길림성 당안관이 제공한 자료에는 영문으로 "위안소는 일본군을 위한 환락추구 장소fun-seeking place이며 그곳에 있는 20명의 위안부가 모두 한반도로부터 왔다"고 했다. 이제항일군위안소에는 한국에서 연구된 자료가 상당히 활용되고 있는 듯이 보였다.

쫓기듯이 합의하여 발표한 한일 외교장관의 합의문은 엇갈린 반응을 불러일으켰다. 여당의 대표와 의원들은, 진심에서 우러나왔을까 의심되지만, 한국 외교가 거둔 큰 성과라고 극찬하고 있다. 정부도 그동안 역대 어느 정부가 해결하지 못한 난제를 해결했다고 자부했다. 그러나 국민들의 반응은, 어머니부대 등 일부 보수단체를 제외하고는, 냉담하다. 냉담한 정도가 아니고 분노를 일으키고 있다. 외국의 경우도, 미국 정부의 공식적인 반응 외에는, 한국이 그런 식으로 합의해준 데 대해 의아해 한다. 박 정권이 몇 년 동안 일본군'위안부' 문제의 해결 없이는 한일관계를 정상화시킬 수 없다고 공언해왔는데, 과연 이런 결과를 도출하기 위해 그렇게 오랫동안 일본 수뇌부와 불편한 관계를 유지해왔던 것인지 의심이 든다. 한국 정부의 이 같은 합의는 그동안 일본군'위안부' 문제를 두고 연대해왔던 동남아 각국과의 유대관계를 허물어뜨렸다. 이번 조치가 한미일 관계개선에 초점을 맞춰 서두른 것이라면, '위안부'문제를 매개로 해서 형성된 동남아 각국과의 인권 중심의 가치연대는 더 이상 존속될 수 없다.

이 합의가 유엔이 강조하는 인권문제를 제대로 살린 것인가. 아니다. 한국은 오랫동안 이 문제로 일본의 국가적 책임과 진정한 사과와 법적 배상을 요구해왔다. 국제사법재판소ICC는 피해자에 대한 원상회복과 손해배상 등을 규정하고, "수사와 사법절차의 모든 단계에서 피해자의 참여를 중요하게 규정"하고 있다. '위안부' 당사자의 참여와 협의를 통해 이 문제를 해결하라는 것이다. 그러나 이번 합의는 전혀 그렇지 않다. 한국 측도 그동안 "이 문제를 전시 성노예로서 전쟁범죄이자 인도에 반한 죄로 파악하는 국제사회의 인식"에 기반하여 문제를 다뤄왔다. 그러나 이번 합의는 ICC의 규정은 물론 우리의 일관된 자세에도 한참 떨어져 있다. 일본의 애매한 사과에는 '진일보했다'는 후한 점수를 주었고 '법적 책임'은 면제되었다. 우리 스스로 유엔의 정신을 무시해가면서 일본에 면죄부를 발부한 셈이다. 이는 앞으로 그 비슷한 유엔의 결의안을 주장, 실현하려는 우리의 의지를 스스로 포기한 것이나 다름 없다. 그동안 우리는 유엔의 결의를 통해 북한의 인권문제에 관여하려 했다. 이번 '위안부'문제 타협은 우리 문제를 국제적 기준에 부합시켜 해결하지 못하게 함으로써 다른 나라의 인권문제에 대해서 관여할 수 있는 우리의 입지를 훨씬 좁혀버렸다. 더구나 한국인 유엔 사무총장이 이번 조치를 적극 환영한 형편이고 보면, 이제 한국은 국제사회의 유사한 인권활동에 참여할 자격이나 있는 것인지 의문이다.

이번 외무장관 합의에는 이상한 점이 많다. 우선 명칭의 모호성이다. 이 합의의 명칭은 무엇인가. 한일 양국 외무장관 '공동기자회견문'인데, 앞으로 역사에서 그런 용어를 써도 가능할까. 이 회견문이 갖는 위력은 1905년 11월 17일에 늑약勒約된 을사조약을 연상시켰다. '을사조약' '을사협약' '을사오조약' '제2차 한일협약', 최근에는 '을사늑약'이라고 부르고 있지만, 그 조약은 조약 원문에 그 명칭이 빈 채로 남아있다. 그럼에도 그런 명칭 없는 '늑약'으로 대한제국의 외교권이 박탈당했다. 일본은 왜 전에도 그랬고 지금도 명칭이 애매한 그런 합의를 통해 한국을 제약하려고 하며, 한국은 그걸 알고서도 끌려가고 있는가. 아직도 한국은 1905년처럼 정식 조약이라는 이름을 달지 않는, 그러면서 그 명칭조차 모호한 합의에 의해서 주권의 제약을 받아야 할 정도의 나라인가.

이번 〈공동기자회견문〉에서 눈에 띈 것은 "최종적 및 불가역적"이란 단어다. '위안부'문제에 관한 한 최종적인 해결이며 또 돌이킬 수 없는 조치라는 뜻일 것이다. 그걸 보면서 1910년 8월 29일에 발표된 〈한일합방조약〉을 연상하게 되었다. 그 제1조에 한국 황제가 일본 천황에게 통치권을 넘긴다고 하면서, "완전히 또 영구히"라는 용어를 썼다. 이런 용어는 제2조에서도 보이고 을사늑약에서도 보인다. 〈한일합방조약〉에서 '완전히 또 영구히'라는 말이 이번 공동기자회견문에서는 '최종적 및 불가역적'이란 말로 둔갑되어 나온 느낌이다. 역사에서 이런 용어가 가능한 것일까. 얼마나 서로를 속이려 했고 또 속아왔으면 이런 용어를 써가면서 약속의 신실성을 담보하려고 했을까. '완전히 또 영구히'라는 말이 그 시효를 잃었듯이 '최종적 및 불가역적'이란 말도 그렇게 되지 않을까. 그런 말은 영원을 기약하지 못하는 역사에서 오늘을 기만하는 말에 불과하다.

한일관계에서 맺은 조약 중에서는 비준을 필요로 하지 않는 합의가 한국을 제약해왔다는 점을 주목한다. 을사늑약은 한 나라의 외교권을 다른 나라에 넘긴다는 점에서, 비준 없이는 실현될 수 없는 것이었다. 그러나 일제는 '비준절차 없이' 강행했다. 일본의 독도 점유는 그 무렵에 이뤄졌다. 1910년의 〈한일합병조약〉도 양국 황제의 재가를 받았기 때문에 따로 비준절차 없이 공포함으로써 효력을 발생시켰다. 을사늑약 때나 한일합병조약 때에, 중추원의 동의나 황제의 비준 없이 효력을 발생시켰고, 외교권도 통치권도 빼앗기게 되었다. 비준 없는 합의가 국민과 정부를 제약하는 이런 현상을 어떻게 봐야 할까. 이런 현상은 전시작전권의 환수 연기 및 '헌납'에서도 보았고, 이번 양국 외무장관 공동기자회견에서도 보았다. 따라서 비준(국민적 동의)이 꼭 필요한 정식조약에 의해서가 아니라, 비준을 필요로 하지 않는, 양국 외교장관의 합의만으로 국가와 국민의 권리를 현저히 제약하는 이런 월권적인 정부 권한은 엄격하게 법으로써 막지 않으면 안 될 것이다 (2016년 1월 2일).

대법관에 대한 탄핵소추안 발의를 청원할 수 있는가

- 제18대 선거무효소송 재판 지연과 관련하여

2012년 12월 19일 제18대 대통령 선거가 있었다. 그러나 그 선거는 특히 개표과정에서 불법이 저질러졌다고 생각하는 많은 유권자가 있었다. 그들은 그 이듬해 2013년 1월 4일, 대법원에 선거무효소송을 제기했다. 공직선거법에 의하면 선거 관련 쟁송은 다른 사건에 우선하여 180일 이내에 처리하도록 되어 있다. 그럼에도 대법원은 아직도 그 무효소송에 대해 재판기일조차 잡지 않고 있어 대법관들을 탄핵해야 한다는 운동이 일어나게 되었다. 이 글은 독자들이 이 탄핵청원운동의 실상을 이해하고 거기에 참여하기를 권유하기 위해 쓰고 있다.

민주주의제도란 국민의 자유로운 의사를 최대로 잘 반영하여 사회를 이끌어가려는 제도다. 국민의 의사를 반영하는 방식은 여러 가지가 있으나 가장 중요한 것은 선거라고 할 수 있다. 선거에 의해 국가권력을 선출하는 것은 곧 선거가 민주주의 실현의 관건임을 의미한다. 민주주의 국가에서 선거를 중요시하고 선거가 공정하게 이뤄지도록 노력하고 있다. 선거부정을 엄정하게 다루고 있는 것도 이 때문이다.

대한민국 헌법 제1조는 ① 대한민국은 민주공화국이다 ② 대한민국의 주권은 국민에게 있고, 모든 권력은 국민으로부터 나온다고 했다. 이는 민주공화국의 실현이 국민으로부터 나온 권력에 의해서만 가능하다는 것을 밝힌 것이다. 대한민국의 모든 권력이 국민으로부터 나온다고 하는 것은 바로 국민이 투표를 통해 선출한 공직자가 국민으로부터 권력을 위임받아 행사한다는 말이다. 국민으로부터 권력을 위임받기 위해서는 무엇보다 공명한 선거가 이뤄져야 한다. 민주주의 국가에서 선거가 중요한 것은 바로 이런 권력 창출의 기제이기 때문이다.

선거가 이렇게 중요하기 때문에 모든 민주국가에서는 이 선거를 매우 엄격하게 관리하고 있다. 대한민국도 마찬가지다. 투표를 위해 온갖 편의를 봐주어야 하며, 투표를 방해하는 어떠한 행위도 법의 심판을 받도록 해놓았다. 부정선거나 선거부정에 의해 차지한 공직이나 정권은 법원의 판결에 의해 그 지위나 정당성을 상실하도록 규정해놓고 있다. 민주국가에서 선거를 아주 엄격히 관리하는 것은 이 때문이다. 선거는 민주주의 실현의 토대다.

이런 전제를 가지고 지난 제18대 대선을 돌아보자. 그동안 많은 분들이 책과 논설을 통해 밝힌 바 있듯이, 개표에서 각종 불법적인 사항들이 드러났다. 법으로 금지한 전산개표가 이뤄졌는가 하면, 개표의 주 수단인 '손으로 하는 개표(수개표)'가 이뤄지지 않는 등 개표와 검표 과정에서 불법들이 드러났다. 또 국가기관인 국정원이나 국방부, 경찰청 등에 의해 선거에 영향을 주는 불법적인 행위들도 저질러졌다. 이는 그 자체로도 제18대 대선은 무효에 해당함을 의미한다. 공정한 선거에 의하지 않고는 선거에 의해 주어진 권력은 정당성을 확보하지 못한다. 그런 권력은 유권자의 정당한 의사에 의해 이뤄진 권력일 수 없다. 국민의 의사와는 무관한 권력은 정통성(정당성, Legitimacy)을 부여받을 수도 없다.

제18대 대선 직후 2013년 1월 4일 유권자 2,000여 명이 대법원에

'제18대 대통령선거 무효의 소'(사건번호 2013수18)를 제기했다. 이들은 이명박 정부가 18대 대선 당시 국가기관을 총동원한 관권부정선거를 자행하였음을 확신했기 때문이다. 최근에 발의한 탄핵소추 청원에 의하면, 이명박 정부가 18대 대선 당시 국정원, 경찰청, 군사이버사령부, 보훈처, 안전부, 선관위 등 국가기관을 총동원한 관권부정선거를 자행했음을 확신했다는 것이다. 심지어는 새누리당의 불법선거사무소인 '십알단'을 운영한 윤정훈 목사도 유죄판결을 받았다. 18대 대선이 '부정선거'가 아니라면 대법원이 재판으로 가리면 된다. 그런데도 '18대 대통령선거 무효의 소'를 접수한 대법원은 "공직선거법 225조 규정상 180일 이내에 다른 건에 우선하여 신속히 결정하게 돼 있는 이 선거 쟁송을 3년 넘게 한 차례의 심리조차 열지 않고 여태 뭉개는 중"이다. 공직선거법이 규정한 180일을 이미 여섯 번이나 넘긴 셈이다. 명백한 법령 위반이고 직무유기다. 탄핵소추 발의 청원인들은 대법원이 "부정선거 당선범 박근혜의 임기를 보장하고자 국민의 정당한 주권과 참정권을 짓밟았"다고 항변한다.

법원은 선거에 관한 쟁송이 있을 때 법에 따라 엄격히 시비를 가려야 할 중요한 책임을 지고 있다. 이는 선거에 의한 권력의 창출을 정당화하고 시비에 휘말린 정권에 정통성 여부를 가려주는 절차이기도 하다. 사법부가 민주주의 최후의 보루라는 것은 사법부야말로 유권자가 행사한 투표권을 지켜주는 가장 최후의 든든한 버팀목이기 때문이다. 그럼에도 불구하고 대법원은 유권자가 제기한 선거 쟁송을 납득할 만한 이유도 제시하지 않은 채 심리 자체를 지체하면서 사실은 거부하고 있다. 그동안 선거무효소송을 제기한 유권자나 단체들이 대법원에 문서로 항의하기도 하고, 대법원 청사 앞에서 시위도 했으며, 언론을 통해서도 이 사건 심리를 조속히 개시하도록 촉구했고, 국회에서도 의원 질의를 통해 재판을 촉구했다. 그러나 대법원이 보여준 행태는 한마디로 묵묵부답이다. 이는 명백한 불법이고 직무유기다. 유권자들은 관련 대법관들을 직무유기로 검찰에 고발했다. 1년이 되어가지만, '어버이 연합'의 고발에는 사회적 합의나 통념에 관계없이 득달같은 민첩성을 보인 검찰이 이 사건에는 부지하세월로 기소는커녕 고발인 조사도 하지 않고 있다. 검찰과 대법원은, 민주적 통념이나 사회적 합의를 저버린 채, 선거 쟁송문제에서는 공조하는 추한 모습을 보이고 있다.

이런 상황에서 유권자들이 할 수 있는 선택은, '18대 대선선거무효 소송 재판 지연 대법관 탄핵소추안 발의 청원'이라는 카드 외에는 다른 대안이 없다. 유권자들의 탄핵소추 청원을 이끌어낸 것은 대한민국 대법원이요 검찰이다. 헌법 제65조는 "① 대통령·국무총리·국무위원·행정 각 부의 장·헌법재판소 재판관·법관·중앙선거관리위원회 위원·감사원장·감사위원 기타 법률이 정한 공무원이 그 직무집행에 있어서 헌법이나 법률을 위배한 때에는 국회는 탄핵의 소추를 의결할 수 있다"고 했다. 여기에는 선출직 공직자나 법관같이 임명직 공직자도 포함되어 있다. 이어서 "② 제1항의 탄핵소추는 국회재적의원 3분의 1 이상의 발의가 있어야 하며, 그 의결은 국회재적의원 과반수의 찬성이 있어야 한다"고 규정했다. 헌법 65조 ③항과 ④항에서는 탄핵소추를 받으면 탄핵심판이 있을 때까지 해당 대법관은 그 권한행사가

역사의 길, 현실의 길

중지되고, 탄핵이 결정되면 공직으로부터 파면되며 민사상·형사상의 책임도 지게 될 수 있다. 그러나 유권자인 국민은 직접 탄핵소추할 권한이 없고 국회만이 할 수 있다고 규정해놓았다. 그러기 때문에 유권자인 국민은 국회가 해당 대법관을 탄핵소추하도록 국민의 이름으로 청원하는 방법밖에 없다. 국민의 탄핵소추 청원은, 국회로 하여금 해당 대법관을 탄핵소추하도록 청원하는 것이다. 이것은 청원하는 형식을 통해 국민이 국회에 압력을 넣는 것이라고 할 수 있다. 이렇게 함으로 투표권을 가진 국민이 자기들이 선출한 국회의원을 통해 제 권리를 정당하게 행사하려는 것이다. 탄핵소추는 국회의원 재적 수의 3분의 1의 동의로 발의할 수 있고, 재적의원 2분의 1의 찬성으로 결의할 수 있다. 이렇게 해서 유권자들이 자신의 선거권의 정당성을 지켜내고 나아가 한국의 민주주의를 살려낼 수 있다면, 이번 탄핵청원은 한국의 민주주의사상 획기적인 의미를 갖게 될 것이다. 만약 이번에 선거부정을 바로잡지 못한다면, 앞으로의 선거가 민주주의 확립을 위한 공정성 보장으로 연결될 것인지 우려하지 않을 수 없다.

이 '탄핵소추안 발의 청원'에는 필명 '바위솔'을 비롯하여 '선거인소송단' 등 18개 단체가 참여했고, 참여단체 중에는 서울을 비롯하여 대구·광주·부산·전주의 단체들도 있다. 한국의 민주주의를 염려하는 독자들은 이런 방법으로라도 한국의 민주주의를 지키려고 하는 청원 발의자들의 간절한 뜻에 동참해주시기를 기대한다. 특히 《복음과상황》의 독자들은 하나님나라의 확장이라는 특수한 사명감을 가지고 이 서명운동에 동참하고 주변에 동참을 권유해주시기를 간절히 권한다.

그리하여 서명운동에 참여한 자들이 우리 역사에서 이 시대의 공명선거를 위한 최후의 '남은 자'들로 기억되었으면 한다. 나아가 다가오는 총선에서 이 탄핵소추안에 찬성하겠다는 후보에게 한 표를 던지도록 계몽하는 것도 우리의 책임이다. 독자들이 서명에 참여할 온라인 링크는 http://go9.co/FWK 이다.

'탄핵소추안 발의 청원'의 제안 글 끝부분에 적힌 다음 구절은 희망을 잃은 이 시대를 향한 격려의 말이라고 생각한다.

"혼자 하면 힘들지만 여럿이 함께하면 얼마든지 좋은 세상 만들 수 있습니다. 국민 무서운 줄 알도록 힘을 모읍시다"(2016년 2월 21일).

장발장은행

오늘 저녁 장발장은행 제22차 대출심사위원회가 장충동에 소재한 인권연대에서 열렸다. 홍세화 은행장을 비롯하여 대출심사위원 7명이 모여서 12건 3,000여만 원을 대출하기로 결정했다. 현재까지 집행한 대출 총계는 351명의 시민에게 6억 7,000만 원이었다. 장발장은행의 재원은 시민들의 후원으로 만들어졌는데 오늘 현재까지 2,764의 개인·단체·교회에서 모두 5억 7,800만 원이 넘는 성금이 답지하여 그것을 재원으로 대출하고 있다.

장발장은행이 시작된 것은 벌금형을 받고도 낼 돈이 없어서 교도소에 갇히는 시민들이 4만여 명이 넘는 현실을 감안하여 시작된 것이다.

역사의 길, 현실의 길

인권연대는 2009년 기준으로 벌금을 물 수 없어 노역장에 갇힌 서민이 4만 3,199명임을 감안, '43199'라는 이름으로 캠페인을 벌였다. 이들은 "죄질이 나쁘다거나 위험해서가 아니라 오직 벌금을 낼 형편이 못 되어서 교도소에 갇히게" 된 사람들이다. 이들을 줄이는 방법은 제도를 조금만 고쳐도 가능하다. 벌금을 소득에 따라 내도록 하거나 납부기간을 연장하거나 납부를 유예하는 방안 등이다.

그동안 43199위원회는 정부와 국회, 법원의 선처만을 기다릴 수 없어 새로운 방안을 시도했다. 이것이 바로 장발장은행이다. 장발장은행은 문을 열면서 모토를 '자유!'로 하고 "시민참여로 모인 성금은 오직 자유를 위해서만 쓰일 것"이라고 천명한 후, 그 설립취지를 이렇게 설명했다. "적어도 가난이 곧 교도소인 사회를 조금이라도 고쳐보고자, 소득 불평등이 곧 형벌 불평등인 사회를 넘어서 보고자 무담보·무이자 인간신용은행을 시민들이 나서서 설립키로 한 것입니다. 장발장은행은 은행이지만 은행이 아닙니다. 아니, 이것이야말로 진짜 은행이라고 믿고 있습니다. 이 은행은 법원에서 벌금형을 받은 소년소녀가장이나 미성년자, 수급권자인 분들에게 벌금 액수만큼 돈을 빌려주고자 하는 우리 사회에 없던 은행입니다."

은행 이름 장발장은 빅토르 위고의 《레 미제라블》의 주인공 장발장에서 취한 것이다. 그는 가난에다 홀로 된 누나와 7명의 조카들을 부양하기 위해 빵을 훔치다 수감, 4번이나 탈옥을 시도하다가 19년간이나 옥살이를 했던, '가난의 상징'이었다. 은행의 이름을 장발장이라고 한 것은 가난이 곧 감옥살이를 의미하고 자유를 박탈하는 이런 모순을 장발장이라는 이름을 통해 극복하고자 한 것이다. 2015년 2월 25일에 문을 연 이 은행은 일단 대출상한선을 300만 원으로 했다. 이는 제한된 재원을 많은 사람에게 나누기 위함이다. 대출은 모두 신용 조회 없이, 무담보·무이자로 진행되고 대출금액은 6개월 거치 1년 균등상환을 원칙으로 하고 있다. 상환이 어려운 경우, 거치기간과 상환기간을 연장시키기도 한다.

은행을 운영하는 동안 많은 것을 배우게 되었다. 우선 민사상의 사건들이 형사사건화되면서 사건은 오히려 종결되지 않거나 벌금이 증가하는 경우가 있었다. 그래서 국가가 벌금장사를 하고 있다는 비아냥도 나왔다. 그 과정에서 검사와 판사들이 가난한 이들의 어려운 상황을 제대로 모른다는 것도 알게 되었다. 대출을 결정할 때 가장 먼저 고려하는 것이 신청자의 딱한 '상황'이고 그다음이 죄질이다. 벌금형에도 집행유예제도를 도입한다든지, 분할납부가 되도록 한다든지, 벌금형에 수입의 차이가 고려되어야만 공정사회가 가능하다는 논의도 있었다. 그동안 43199위원회가 국회와 정부를 상대로 노력한 결과 벌금형에 대한 개선책이 올 7월부터 나올 것으로 기대하고 있다.

장발장은행 관계자들은 대출신청자들의 형편을 보면서 우리나라 서민들의 형편을 더 구체적으로 알게 되었다. 그들 중에는 가솔을 거느리는 가장 혹은 어머니로서 벌금을 물지 못하면 그 벌금에 따른 기간만큼 수감되어 노역장으로 가게 되는데 그동안 가솔들은 어떻게 하느냐고 호소하는 이들이 많았다. 그 딱한 현실은 어느 정도 과장되었다 하더라도 보는 이의 눈시울을 뜨겁게 할 때도 없지 않았다. 그들은 그 벌금을 갚을 수 있도록 대출을 원하는 것이다. 대출과 상환이 진행하는 동안 우리는 그들의 신뢰도에 어느 정도 자신을 갖게 되었다. 1년 남짓 대출과 상환이 계속된 오늘 현재까지 그동안 돈을 빌린 342명 중에서 161명이 대출금을 상환하는 중에 있으며, 이중 24명은 대출금 전액을 상환하였다. 지금까지 상환된 금액은 모두 1억 1,123만 원이다.

참고로 장발장은행 계좌는 〈하나은행 388-910009-34004(장발장은행)〉이며, 누구든 참여할 수 있다. 참여하는 이들은 "주는 것이 받는 것보다 복이 있다"는 말씀이나 "구제를 좋아하는 자는 풍족하여질 것이요, 남을 윤택하게 하는 자는 자기도 윤택하여지리라"는 말씀을 직접 체험할 수 있을 것이다(2016년 4월 27일).

가정의 달, 휴식 있는 교육을 생각한다

5월, 의미 있는 날이 많지만 며칠 사이로 이어지는 어린이날과 어버이날 때문에 가정의 달로 상징된다. 사회의 기초인 가정의 의미를 새롭게 하면서, 어린이와 어른을 함께 강조하는 것은 우리 사회를 더욱 건강하게 한다. 그러나 부모세대의 탐욕으로 인해 점차 경쟁사회로 몰리는 어린이들을 생각하면 안타까운 마음이다.

지난 5월 3일, '쉼이 있는 교육시민포럼'은 '학원휴일휴무제'를 요구하는 성명을 발표했다. 성명의 첫 구절은 아이들의 상황을 이렇게 진단한다.

대한민국 학생들의 학습시간은 균형을 상실하였습니다. 어른들의 노동시간도 40시간이 법적 기준인데 한창 약동해야 할 학생들이 책상 앞에서 하루에 12시간, 주당 70~80시간을 보내고 있습니다. 저녁도 없고, 주말도 없습니다. 그렇게 많은 시간과 돈을 투입함에도 불구하고 그 결과는 역설적입니다. 학습효율은 핀란드의 절반 수준이고, 학습효능감은 바닥권입니다. 행복지수는 최하위 수준입니다. 과도한 공부로 인해 건강, 정서, 관계, 창의성이 질식당하고 있습니다.

어린이날을 맞았지만 아이들의 휴식 없는 환경은 아주 심각하다. 매일 밤늦게까지 과외에 매달린 아이들은 휴일도 없다. 학생들에게 일주일은 '월화수목금금금'이 된 지 오래다. 한국 학생들이 공부에 얼마나 내몰리고 있는가는 핀란드와의 비교에서 잘 나타난다. 만 15세 학생의 주당 공부시간은 핀란드가 38시간 28분인데 한국은 69시간 30분으로 주당 30시간이나 많다. 그 때문인지, OECD가 3년마다 실시하는 국제 학업성취도평가에서 한국이 1, 2위를 놓치지 않지만, 학습효율화지수는 OECD 30개국 중에서 밑바닥을 치는 24위다.

학습효율이 낮은데도 학업성취도가 높은 것은 왜 그럴까. 공부에 매달리는 시간 때문이다. 쉴 새 없는 공부 닦달이 부모에게 안도감을 줄지 모르지만, 한창 뛰놀아야 할 아이들은 멍이 든다. IMF 이후 더욱 확대 심화된 신자유주의는 교육에도 경쟁체제를 끊임없이 재생산 강화했고, 학생들을 사교육으로 내몰아 주말을 빼앗아버렸다. 경쟁의식은 선행학습과 반복학습에 아이들을 내맡겼다. 전국 고등학생 63%가 일요일에도 학원에 간다는 통계는 이를 반증한다. 여가 선용과 상상력으로 "건강과 감성과 관계와 창의성"을 꽃피울 시기에 성적 위주의 '학습노동'에 몰두토록 한 것은 일종의 청소년 학대다.

학생들을 과외와 심야학습으로 내모는 것은 과도한 입시경쟁 때문이다. 입시경쟁은 증층화되어 있고 계층간 연쇄성도 갖고 있다. 대학입시는 중등교육과 초등교육을 제약했고, 학생들을 불안심리와 탐욕의 희생물로 전락시켰다. 사교육의 범람은 학생들의 시간과 건강을 빼앗아갔고 공교육의 점진적인 붕괴로 이어졌다. '대한민국은 사교육에 속고 있다'는 진단이 나왔건만, 이를 수습해야 할 교육 당국은 이 초미의 관심사에는 손을 놓고 있다.

사교육의 공헌을 외면할 수 없다. 그러나 학생의 불안심리를 이용, 사교육을 가속화시키는 작금의 상황은 자정·자숙을 요청한다. 그게 불가능하다면 국회가 "입시경쟁이라는 절박한 조건을 이용하여 학생을 돈벌이의 대상으로 삼고 있는" 학원산업의 '무한정한 욕망'에 '보편적 입법'으로 제동을 걸어야 한다. 학원휴일휴무제는 학부모들의 95%도 찬성한다.

그동안 한국은 선진국 뒤에서 모방성 산업화를 이룩해왔다. 그러나 이제는 새로운 발상과 창의성이 없이는 우리 앞의 난관을 극복할 수 없다. 세계에 당당히 나서려면 창의적인 발상과 전환이 절실히 필요하다. 천지창조 때에 저녁이 되고 아침이 되었듯이, 창의적 인간은 휴식을 필요로 한다. 휴식recreation이 재창조re-creation인 이유다. 창의적인 인간으로 키우려면 '학습노동'에서 해방시켜 상상력을 구가하는 휴식

환경을 만들어줘야 한다. 국회 차원에서 학원의 심야 및 휴일 영업을 금하는 법을 제정해야 할 이유도 여기에 있다(2016년 5월 9일).

위안부재단 설립, 서두를 일 아니다

2016년 5월 31일 일본군위안부재단설립준비위원회가 공식 출범했다. 2015년 12월 28일에 발표된 한일 외교장관 '합의'를 이행하기 위해서란다. 재단은 어떤 합의를 어떻게 이끌어내려는 것일까. 관련 기사를 살피고 준비위원장의 인터뷰 기사를 읽어봐도 실체 파악은 쉽지 않다.

'합의' 이후 5개월간 피해자와 시민단체들의 요구에도 불구하고 한일 정부는 합의과정이나 내용에 대해 입을 다물고 있다. 오히려 피해 여성들의 비판과 반대, 소녀상을 지키기 위한 청년들의 밤샘 노력, '위안부' 관련 기록물의 유네스코 등재 추진 지원을 포기한 한국 정부의 초라한 모습만 부각되었다. 거기에다 '합의'에서 일본군 '위안부' 피해자에 대한 "사죄와 반성의 마음을 표명"한다는 일본 아베 총리는 공식적인 자리에서 "위안부를 강제연행했다는 증거가 없으며 전쟁범죄가 아니다"는 기존 입장을 반복했고, 일본이 부담한다는 10억 엔은 배상금이 아니라고 못 박았다. 한국 정부의 '위안부' 기록물 유네스코 등재 지원 포기 소식에 일본은 외교적 승리라며 쾌재를 불렀지만, 8개국 14개 시민사회단체 등은 연대기구를 꾸려 지난 5월에 등재신청했다. 그러나 한국 정부가 부끄러워했다는 말은 아직 없다.

역사의 길, 현실의 길

"소녀상 철거가 10억 엔 출연의 전제"라는 일본 정부 관계자의 발언도 계속 흘러나온다. 일본이 10억 엔을 두고 주판알을 튀기고 있는 동안, 한국 정부는 재단 설립을 서두르며 위안부 피해자들의 상처를 치유하는 '사업'을 시행하겠단다. 양국은 이런 "조치를 착실히 실시한다는 것을 전제"로 '위안부'문제가 "최종적 및 불가역적으로 해결"되도록 하겠단다. 그런 합의에도 불구하고 지난 5개월간 일본이 합의를 "착실히 실시"했다는 증거가 없고, 한국 정부만 무엇에 쫓기듯 그 '불가역적' 행위에 충실하고 있다. 이렇듯 현 시점에서 피해자의 명예회복을 외면한 채 '치유'만 내세우고 있는 것이 한국 정부의 태도다.

피해자들은 애초부터 공식사죄 없는 지원금은 생각하지 않았다. 피해여성 김복동이 "우리들은 돈이 필요한 것이 아니며 오로지 명예회복을 위한 공식적 사죄와 배상을 요구할 뿐이다"고 공식사과를 요구하면서 합의와 재단 설립을 반대한 것은 이 때문이다. 하지만 일본 정부는 한 술 더 떠 과거 식민지 지배 책임은 물론 전쟁범죄 책임마저 부정하고 있고, 우익세력은 피해자 증언의 진위를 따지며 피해자에 대한 명예훼손을 멈추지 않는다. 나아가 한국 정부와 민간을 이간시키려는 일본 정부의 꼼수마저 엿보인다.

일본은 유독 한국에 대해서는 '사과'라는 걸 거부한다. 을미사변 때 일제가 명성황후를 차마 말할 수 없는 방법으로 시해했지만 일본 정부는 처벌도 사과도 하지 않았다. 임진왜란은 고사하고 수만 명의 동학군을 살해했고, 1907년 8월 이후 한국군이 해산된 상태에서 1910년까지 1만 7,000여 명의 의병을 살해했지만 일본은 침묵했다. 1965년 한

일기본조약에도 '일제 35년간'에 대한 사과 한마디 명기하지 않았다. 이번 '위안부' 문제에서도 마찬가지다. 피해자와 민간단체 및 국제적 요구가 치열했는데도 한국 정부는 그걸 지렛대로 활용, 사과를 받아내기는커녕 달랑 10억 엔으로 피해자들의 자존심과 국제적 신뢰마저 팔아버렸다.

일본의 국민기금을 반대하다 1997년 2월에 사망한 피해여성 강덕경은 "진실을 볼 때까지, 이 문제가 해결될 때까지 눈을 감을 수 없다"는 유언을 남겼다. 그러기에 일본과의 '밀약'을 근거로 피해자에게 상처 주고 사회 갈등의 불씨가 될 것이 뻔한 재단을 서두르는 것은 민주정부가 할 일이 아니다. 먼저 일본의 공식적인 사죄를 받아내고 피해자 치유에 나서는 것이 순서다. '위안부' 문제가 국내외적 관심사였기에 사죄의 수위도 국제적 정의인도의 기준에 바탕해야 한다. 이 일에 양국의 지성과 양심세력도 나서야 한다. 피해자들이 타계하기 전에 그들의 포한抱恨을 치유하는 것이 양국이 화해와 협력으로 가는 첩경이다 (2016년 6월 4일).

길들여지는 대학, 이대로 좋은가

한국 교육이 갈수록 많은 문제를 노출하고 있는 가운데 대학문제는 더 심각해지고 있다. 대학은 교육부가 구조조정의 칼을 들이댈 때마다 경기를 일으키고 몸살을 앓는다. 최근에는 프라임(산업연계 교육활성화 선도대학) 사업문제로 다시 교육부로부터 강박을 당하고 있다. 2016년 3월 말 7개 대학 학생회가 "대학을 기업의 하청업체로 만들지 말라"는 구호를 외치며 프라임 사업의 중단을 요구한 것도 이 때문이다.

교육부가 대학을 길들이기 시작한 것은 어제 오늘의 일이 아니다. 보조금, 구조조정, 감사니 하는 것으로 대학의 자율을 옥죄어왔다. 연구사업을 지원하겠다는 보조금제도에 왜 시비를 걸겠는가, 문제는 그것이 관료들의 손에 의해 대학을 길들이는 방편으로 사용되고 있기 때문이다. 대학 규모에 관계없이 영향력을 미치고 있는 국가보조금은 당근이자 족쇄다. 돈으로 대학사회를 길들이려는 상황에서 정부와 대학은 비대칭적인 갑을관계로 구조화되었다. 대학을 조종하는 보조금 미끼, 안타깝지만 현실이다.

교육부는 '개혁'이라는 명분 아래 대학 구조조정을 실시해왔다. 그러나 이것은 오히려 갑의 위치에서 대학의 자율권을 짓밟는 수단이 되었다. 이때도 구조조정은 당근과 채찍으로 나타났고, 검은 유착과 교육관피아는 독버섯처럼 피어올랐다. 구조조정을 교육부가 주도할 명분이 있을까. 대학 설립과 증과·증원이 유행처럼 되고 있을 때 인구성장률은 감소 징후를 나타내고 있었다. 이를 예측하지 못하고 증원 증과를 도모했던 것은 정치권의 무책임한 선심정책과 그걸 알고도 동조했던 교육 관료의 무능과 직무유기 때문이다. 그 결과가 구조조정으로 나타나게 되었다면, 그 책임을 져야 할 교육관료들이 구조조정의 대상이 되어야 할 터인데, 오히려 그들이 구조조정의 칼자루를 쥔다는 것은 어불성설 아닌가.

교육관피아들은 대학 구조의 감축 책임이 수요예측을 잘못한 자신들에게 있음에도 불구하고 오히려 대학에 뒤집어씌워 구조조정이라는 멍에를 안겼다. 그러다보니 교육관피아들은 증설 증원 때 재미를 보고, 구조조정 때도 구원투수처럼 행세했다. 이 무렵 교육관피아들이 대학 총장으로 다수 '전출'했던 것은, 울며 겨자 먹기로 관피아들을 수용, 자구책을 마련하지 않을 수 없었던 현실 때문이다. 이러한 몇 번의 이상한 과정을 통해 대학의 자율성은 현저히 쪼그라들었다. 교육부와 그 관료들은, 고등교육의 앞날은 어찌되든 내심 이런 환경을 즐기면서 대학을 그들의 수중에 거머쥐었다. 구조조정이라는 거대담론을 선점한 교육관피아들은, 자율에 맡겨야 할 대학의 구조조정도 자신들의 과거사를 덮어버리려는 듯 대학을 향해 칼을 휘둘렀다. 대학은 교육부의 이 거대 담론에 휘말린 채 제대로 자기 소리를 내지 못하고 맥없이 굴복하고 말았다.

대학 경영에 투명성이 담보되고 보조금 없이도 연구와 교수에 성과를 거두었다면, 대학의 자율성은 그런대로 확보되었을 것이다. 대학의 나태와 부패는 외부의 제재를 불러들였고, 대학 고유의 연구 영역에도 간섭을 받게 되었다. 연구의 평가분야에서도 대학은 자율성을 갖지 못하게 되었다. 원전을 캐고 자료를 제대로 훑어야만 숙성될 수 있는 인문학에 논문 편수의 다과로 질을 대신하려는 시도가 바로 이런 것이다. 그렇다면 연구 평가도 대학과 학문의 속성에 따라 개혁의 틀을 만들어가야 할 것이다.

자율과 자유를 상실하게 되면 대학은 창의성을 발휘할 수가 없다.

그러나 이런 상황에서도 대학이 교육관피아들의 행패에 대해 자율성 확보를 위해 노력하고 있는지, 적어도 부산대 정도의 저항과 응집력을 보여주고 있는지 묻고 싶다. 자율을 확보할 때에 대학은 그 자유에 기반하여 책임 있는 후대를 양성할 수 있고, 상상력과 연구 성과도 사회에 제대로 제공할 수 있다. 자율성과 창의성을 상실한 대학은 자기시대를 향해 예언자적인 사명도 감당할 수 없다. 이명박시대, 저 부패를 보고서도 대학이 광야의 소리는커녕 묵묵부답으로 일관한 것은 이 때문이다(2016년 7월 2일).

대법원장의 대국민 사과

어제(2016년 9월 6일) 오늘 굵직한 발표들이 있었지만 주목되는 것은 대법원장의 〈대국민 사과문〉이다. 오랜만에 대법원장의 소리를 들을 수 있어서 조심스럽게 그 내용을 살폈다. 대법원장의 담화문을 두고 언론에 따라서는 '대국민 사과문'이라고도 했고 '대법원장의 사과'라고도 했다. 그러나 그 내용은 전국의 법원장과 법관을 상대로 청렴을 강조하는 훈시가 주된 내용이었다. 끝부분에서 "국민 여러분께 실망과 충격을 안겨드린 점에 대하여 다시 한번 깊은 사과의 말씀을 드립니다"로 맺었다. 이 글귀 때문인지, 어느 매체에서는 '양승태 대법원장 대국민 사과문'이라고 이름 붙였다.

대법원장의 대국민 사과문을 보면서 착잡한 마음이다. 대법원장은 전국법원장회의에서 김 모 인천지법 부장판사의 일탈에 대해 당혹, 참담한 심경을 안타깝게 호소한 것으로 안다. 대법원장이 강조한 바가 아니더라도 이런 일탈은 법관으로서 도저히 묵과할 수 없다. 대법원장은 대부분의 법관들이 이런 일탈에 동조하지 않는다는 확신을 강조함으로써, 청렴한 생활을 통해 법과 양심을 수호해 온 많은 법관사회에 그런 일탈이 일반화된 관행이 아님을 강조했다. 그렇게 함으로 3,000여 명에 이르는 법관의 자존심을 결코 건드리지 않았다.

이날 담화를 보면서, 법관 개인의 일탈을 안타까워하는 대법원장이 그 못지않게 관심 가져야 할 사안에 대해서 눈감아버린 것이 아닌가 하는 우려를 갖게 되었다. 바로 2013년 초에 대법원에 제소한 '대선 무효소송'에 대한 대법원의 무신경이다. 180일 이내에 끝내야 한다는 법규에도 불구하고, 그 일곱 배의 시간이 경과했는데도 아직 그 사건은 재판 개시조차 하지 않고 있다. 대법원은 왜 그렇게 재판을 미뤄야 하는지 아직 그 이유조차 제대로 설명하지 않는다. 법관의 청렴성이 없어지면 법원 전체가 타락할 수 있다. 그러나 선거부정 여부를 가리는 문제는 법관 개인의 일탈 못지않게 훨씬 심각한 문제다. 이것이야말로 시쳇말로 국기國基와 관련된 문제다. 대법원장의 담화를 보면서, "눈먼 인도자들아! 너희는 하루살이는 걸러내면서, 낙타는 삼키는구나"고 외친 예수의 말씀이 기억난다.

엊그저께 새누리당 대표는 국회 대표연설에서 야당이 걸핏하면 '대선불복'을 외쳐왔다는 식으로 질타했다. 그 말을 액면 그대로 받아들인다면, 야당이 대선 이후 끈질기게 대선불복을 주장한 것처럼 보인다. 그러나 내 기억에는 새 정권 출범 후에 새누리당이 무슨 일만 있으면 야당을 향해 "대선불복이냐"라고 윽박지른 것이 오히려 기억난다. 그러나 야당이 대선불복을 당론으로 외친 적은 없다. 오히려 개인적인 소신을 가지고 국회에서 외친 의원을 두고, 야당 지도부는 그게 결코 당론이 아니라면서 지레 손사래를 쳤다. 공격이 최선의 방어인양, "대선불복이냐"고 야당에게 윽박지르는 새누리당 앞에 잔뜩 겁을 집어먹고 "그런 일 없다"고 비겁한 태도를 보였던 야당의 태도는 생각만 해도 너무 초라했다. 그 바람에 대선부정의 혐의를 잡고 선거소송을 낸 열정적인 유권자들만 이상한 사람들이 되어버렸다. 선거가 국기에 해당되는 것이라면, 선거소송에 대한 재판을 시작조차 하지 않는 대법원의 태도를 어떻게 봐야 할까. 양심과 법을 수호하는 용기가 있다고 말할 수 있을까. 그런 지도부와 함께 하는 법관들에게 청렴을 주문하는 것이 공허하지 않을까.

SNS가 전해주는 바에 따르면, 유권자들이 선거소송을 회피하는 대법관들을 탄핵하겠다고 벼르는가 하면, 그들을 직무유기로 검찰에 고발도 했다. 그러나 한때 어버이연합 같은 데서 고발이 있으면 득달같이 그 민첩성을 보이던 검찰이 대법관 고발사건에서는 벌써 1년 수개월이 지났는데도 아직 고발인 조사조차 하지 않는단다. 폭탄 돌리듯, 그 사건을 이리 저리 돌리면서 시간을 끌고 있단다. 이 점에서 대법원과 검찰은 찰떡 공조를 하고 있는 셈이다. 이러다간 어느 정도 시간이 더 지나면 재판을 해도 실익이 없다는 이유로 폐기하지는 않을까. 민중의 의로운 분노를 이런 식으로 뭉개면서 "낙타를 삼키고 있는" 오늘의 법원과 검찰, 역사는 이 치욕스런 행태를 똑똑히 기억하고 응징해 줄 수 있을까. '법과 원칙'을 입에 달고 다니는 그들은 유독 선거법 재판에서는 이렇게 법을 능멸하고 있다(2016년 9월 6일).

다시 사법부에 촉구한다

'하야하라' '탄핵하자'는 함성이 온 거리에 넘치고 있다. 그 소리는 지역과 세대 간의 차이를 넘어서고 있다. 정치권은 역풍을 맞을까봐 움츠린 채, 용기를 내지 못하고 있지만, 민초들은 연호하며 나라 주인 된 책임에 나서고 있다. 나 또한 박의 하야로 헌정 중단사태가 초래될지 모른다는 우려를 하지 않는 것은 아니지만, 이때껏 불통으로 일관한 그가 이번만이라도 국민의 뜻에 순응하는 것으로 그의 불통을 속죄하는 기회가 되었으면 한다. 대구·경북의 지지율마저 한 자리 숫자로 내려앉은 이 시점에 그가 선택할 수 있는 길은, 나라를 아예 말아먹겠다는 것 외에 다른 길이 쉽게 보일 것 같지 않다.

다소 엉뚱한 말이 되겠지만, 일이 이렇게 된 데는 대한민국 사법부의 책임이 크다. 선거법 위반 사실을 파헤치는 데에 앞장섰던 채동욱 검찰총장과 윤석열 검사가 법과 정의를 제대로 세우려다 한계에 직면한 것은, 그들이 검찰이기에 이해한다 치자. 그러나 지난 대선 때에 경찰과 군대, 국정원 등 국가기관에서 조직적인 선거부정을 자행했는데도 그걸 제대로 밝혀내지 못한 것은 사법부의 책임이 아닐 수 없다. 국가기관이 선거에 불법적으로 관여하면 어떻게 되는지 누구보다 잘 아는 법관들이, 민주주의의 토대인 선거에 대한 통렬한 인식과 법과 정의에 입각해서 선거법을 다루었다면 이 정권은 지금까지 존재할 수 없다. 그것은 작게는 판결을 맡은 법관의 책임이기도 하지만, 넓게는 행정부로부터 사법부의 독립을 수호할 방패막이 역할을 제대로 못한 사법 당국자의 책임이 아닐 수 없다.

나라가 이 지경이 되었는데도 사법부가 아직도 미적거리는 것이 있다. 아마도 하야 요구 정국이 자신들의 무능을 덮어줄 것이라고 생각하는 법관들이 있을지도 모른다. 2013년 1월 초에 유권자 수천 명이 제소한 〈제18대 대통령선거무효소송〉이다. 6개월 이내에 완결해야 할 그 소송은 그 6개월이 여섯 번 이상 경과했는데도 아직 재판 개시조차 하지 않고 있다. 이게 양 아무개가 이끄는 한국의 대법원이요, 국민의 정의감을 능멸하는 그들의 작태다. 그 사법부가 대선 무효소송과 관련해서는 왜 이렇게 무기력한지 이해할 수 없다. 하야니 탄핵이니 하는 그런 어려운 절차보다 이런 사태를 말끔하게 처리하는 방안은 무효소송의 처리라고 본다. 왜 이것을 아직도 외면하고 있는지 다시 묻는다. "아직도 선거소송 이야기냐"고 지겨워하는 고상한 국민이 있다는 것을 모르지 않는다. 그러나 이런 선거소송을 분명히 처리하지 않으면 다음 선거가 공명해지리라는 보장이 없는데, 이런 문제제기에 핀잔을 주려고 하는가.

지금이라도 그 선거무효소송을 제대로 처리하면 우리 사회는 한 단계 업그레이드될 것이다. 법과 정의가 승리한다는 사실만큼 희망을 주는 것은 없다. 무효소송이 완결되면, 하야니 탄핵 요구에 관계없이 물러나야 할 사람이 있다. 그 효과는 거기에 그치지 않는다. 선거무효라는 불법을 자행한 정치세력에 대한 응징이 뒤따르게 된다. 그것은 바로 MB 정권이 아닐까. MB 정권을 법정에 세우지 않고 어떻게 이 시대가 역사에 떳떳할 수 있겠는가. 선거무효소송에 해태했던 법관들도 징계 대상이 될 수 있을 것이다. 그리고 다소 혼란스러워질 수도 있겠지만, 불법정권 하에서 행정부의 이름으로 저질러진 사건들 중에는 복권의 기회도 가질 사건들도 없지 않을 것이다(2016년 11월 3일).

베트남에 용서를 구하는 운동

어제(2017년 9월 14일)부터 한국정신대문제해책협의회(정대협)와 인권·여성단체들이, "베트남전 당시 한국 군인들의 전쟁범죄로 고통을 겪은 베트남 피해자들에게 사과하기 위해" 종로구 삼청동 소재 주한베트남대사관 앞에서 1인 릴레이 시위를 시작했다는 소식을 들었다. 첫날 시위자는 윤미향 정대협 상임대표였다. 그는 이날 아침 8시 30분부터 한 시간 남짓 "베트남 정부와 베트남 인민에게 한국 국민으로서 진심으로 사죄드립니다"라고 적힌 손팻말을 들고 '사죄의 시위'를 했다.

이 사죄 시위가 시작된 것은 일본군 '위안부' 피해자 할머니들의 뜻이 작용했기 때문이다. 시위 팻말에는 또 김복동·길원옥 할머니의 다음 말이 인용되어 있다. "우리가 일본군 '위안부' 피해자로 20년 넘게 싸워오고 있지만, 한국 군인들로부터 우리와 같은 피해를 당한 베트남 여성들에게 한국 국민으로서 진심으로 사죄드립니다"라는 것이다. 시위에 나선 이들 역시 "우리도 일본군'위안부' 생존자들의 뒤를 따라 한국 국민으로서 미국의 베트남전쟁에 참전했던 한국 군인들에 의해 피해를 입은 베트남 민간인 학살 피해자, 성폭력 피해자, 그 외 모든 전쟁 피해자들에게 진심으로 사과드립니다"고 했다. 이 사죄운동은 일본군 성범죄의 조직적인 피해자였던 할머니들의 평화와 화해의 신념이 선봉이 되고, 그 뒤를 이은 후예들의 정의와 인권의식이 어울려 이뤄지고 있다.

나는 이 1인 시위를 계기로 베트남을 향한 사죄운동이 우리 사회에서 본격화했으면 한다. 그동안 우리는 일제가 저지른 만행에 대해서 사죄와 배상을 요구해왔다. 최근 소녀상운동이 국내는 물론 전 세계로 파급되는 것도 일본의 성의를 촉구하기 위함이다. 그런데 일본을 향해서 사죄를 촉구할수록 늘 마음 한켠에 자리 잡고 있는 양심의 소리가 있다. 그것은 베트남전쟁에서 저지른 우리 자신들의 만행에 대해서는 얼마나 반성하고 베트남을 향해 사죄를 구하고 있는가 하는 점이다. 자신의 죄악상은 숨긴 채 일본을 향해서만 사죄를 요구하는 것이 균형 잡힌 의식인가 하는 점이다. 일본을 향해 사죄와 배상을 요구할수록 우리 자신의 잘못에 대해서는 더 철저히 반성해야 하는 것이 아닐까. 이 문제는 단순히 우리와 베트남의 관계를 넘어서 인류의 평화와 화해를 위해서 꼭 필요하다고 본다.

부끄럽지만, 십수 년 전에 개인으로라도 베트남에 용서를 구하려 한 시도를 소개하겠다. 이는 역사를 공부하는 학인으로 베트남을 향해 갖고 있는 사죄의식의 편린이었다. 삼청동에 있는 주한베트남대사관을 찾아 다음 편지를 전한 것은 1999년 12월 6일이었고, 소액의 장학금은 몇 년간 전달되었다. 자칫 오해될 수도 있는 일을 밝히는 것은, 이런 형태로라도 베트남에 용서를 구하는 조용한 운동이 우리 사회에서 일어나기를 기대하기 때문이다.

베트남과 한국의 호혜적인 외교관계를 증진시키기 위해 밤낮으로 노력하시는 대사님께 건강과 행운이 늘 깃드시기를 기원합니다. 저는 서울의 숙명여자대학교 한국사학과에서 한국의 근현대사를 가르치고 있습니다. 제가 베트남을 알게 된 것은, 중학교에 재학하고 있을 때 베트남 독립군이 프랑스 침략군들을 상대로 디엔비엔푸에서 크게 승리했다는 뉴스를 신문에서 보았을 때입니다. 그때는 아직 어려서 베트남의 독립전쟁의 의미를 잘 알지 못했습니다. 그 뒤 제가 대학에 다니고 있을 때 미국이 베트남전에 개입한 것을 알게 되었고, 당시만 해도 반공이념에 사로잡혀 있던 저는 민족문제의 본질보다 이념적인 문제에 더 경도되어 있었습니다. 그러나 베트남이 프랑스에 이어 미국을 물리치는 용맹한 독립투쟁을 보면서 저는 내심 베트남의 민족주의와 독립운동에 큰 감명을 받았습니다.

그 무렵 저 자신에게 주어진 의문이 있었습니다. 그것은 베트남이 독립투쟁과 민족통일운동을 전개하고 있을 때, 한국이 미국을 도와 베트남에 파병된 것을 어떻게 해석해야 하는가 하는 점이었습니다. 한

역사의 길, 현실의 길

국의 근현대사를 연구하고 가르치는 동안 일본의 한국 침략을 비판하였고 지금도 일본에 대해 한국에 사죄할 것을 촉구하고 있는 저로서는, 한국이 민족통일·독립투쟁을 전개해 온 베트남에 대해 가졌던 자세가 과연 인류의 양심과 역사의 발전이라는 측면에서 정당한 것이었는가 하는 의문을 갖지 않을 수 없었습니다. 그 점에 관해서 저는 역사학자로서 이중적인 자세를 가졌던 것이 사실입니다. 그런 점에서 당시 저는 민족이기주의를 극복하지 못했던 나약한 지식인이었습니다.

몇 년 전 저는 한국의 통일문제를 고민하는 학자들을 이끌고 베트남의 통일을 공부하기 위해 하노이와 호치민시를 방문하고 베트남이 프랑스와 미국을 물리치며 민족의 통일과 독립을 달성한 사실을 확인할 수 있는 기회가 있었습니다. 10여 차례에 걸친 학술회의에서 저는 먼저 두 가지를 말했습니다. 첫째 베트남은 아시아·아프리카 대륙에서 프랑스와 미국의 제국주의를 물리친 유일한 국가라는 것과, 둘째 베트남이 통일전쟁을 전개하고 있을 때 한국이 본의 아니게 어쩔 수 없이 당신들과 맞서지 않을 수 없었는데 그 점은 한 개인으로서 용서를 구하고 싶다는 내용이었습니다. 그때 저와 동행한 학자들은 베트남에서 너무 많은 것을 배우고 느낄 수 있었습니다. 특히 베트남 독립전쟁과 통일전쟁을 이끌었던 호지명胡志明 대통령의 인격과 지도력을 확인하고는 베트남에 바로 그 같은 지도자가 있었기 때문에 통일이 가능하였다는 것도 알게 되었습니다. 그 뒤 제가 맡고 있는 라디오 칼럼에서 한두 차례 호지명 대통령을 소개하기도 하였습니다.

저는 그 무렵부터 제가 역사를 공부하는 한 지식인으로서 한국이 베트남에 가했던 잘못에 대해 사죄하는 방법이 무엇일까를 고민해왔습니다. 최근에 와서 저는 개인적으로 베트남의 대학생 한 사람에게 한 달에 100달러 정도의 장학금을 제공하였으면 좋겠다는 생각을 하게 되었습니다. 장학생은 귀측에서 선발하시되, 가능하시다면 과거 한국군으로부터 피해를 입었던 귀국민의 후손이거나 피해를 입었던 지역의 학생이었으면 좋겠습니다. 그가 뒷날 한국을 용서하고 화해하는 데에 기여하기를 기대하는 작은 소망은 갖고 있습니다. 장학금은 매월 12월 중에 1년치를 그때의 환율로 한국화폐로 지급하고자 합니다. 저의 이 작은 뜻이 제대로 전달되어지기를 기대하면서 끝맺겠습니다. 감사합니다"(2017년 9월 15일).

반反헌법행위자열전 편찬위원회

오늘(2018년 7월 12일) 오전 10시 국회 의원회관 제1세미나실에서는 국회 강창일·김종대·노회찬·신경민·원혜영·이종걸·전해철·천정배·최경환 의원실과 성공회대민주자료관 및 평화박물관과 공동으로 "헌정사 적폐청산과 정의로운 대한민국"이라는 제목으로 〈헌법제정 70주년 반헌법행위자열전 편찬위원회(이하 위원회) 1차 보고회〉가 있었다. 이 위원회는 2015년 10월에 출범하였고, 작년 2월에는 〈반헌법행위자열전 수록 집중검토대상자 405명 명단발표 기자회견〉도 가졌다.

오늘 위원회 상임대표는 인사말 모두에 다음과 같이 요지를 언급했다.

열전 편찬은 대상으로 선정된 자들의 반헌법적 행위를 낱낱이 기록함으로써 더 이상 이들이 스스로를 헌법수호자로 참칭할 수 없게 만들 것입니다. 이를 통해 그간 우리 사회의 이념공간을 오염시킨 헌법–반헌법의 전도된 관계를 바로잡고, 역사적 정의를 한층 더 공고히 할 수 있을 것으로 기대합니다. 더욱 기대하는 것은, 종래 인물들에 대한 평가가 오랜 시간 후 역사책에만 맡겨졌는데 그 평가를 주인공이 생존해 있는 바로 그 당대에 시행해보자는 의미도 있습니다. 10년 전에 간행된 《친일인명사전》만 해도 수록된 '친일인명'들이 거의 돌아갔기 때문에 자신의 이름이 거기에 올려 있는지를 거의 모르는 사람들의 이름이 나열되어 있습니다. 《반헌법행위자열전》은 그런 행위를 한 자들이 자기 생전에 자기 이름이 이런 심판대에 올랐다는 것을 보도록 하자는 취지도 있습니다.

인사말에 이어 성공회대학교의 한홍구 교수는 〈열전편찬작업의 어제와 오늘 그리고 내일〉에 대해 발표했고, 지금여기에 사무국장 변상철 선생은 〈서훈 취소와 구상권 청구를 통한 국가배상금 환수〉의 기본취지와 필요성 및 방안에 대해 말했다. 변 선생은 12·12군사반란과 5·17내란, 그리고 인혁당사건과 같은 수많은 간첩사건에서 불법감금과 고문·가혹행위·조작 등이 드러나 재심에서 무죄가 선고되고 있으나, 그런 사건에 관여한 수사관·검사·법관들이 받은 훈장은 취소되지 않고 그대로 유지되고 있다고 지적했다. 그는 재심을 통해 무죄를 선고받은 사건이 현재 140건이나 되는데, 이 사건들과 관련하여 훈포장을 받은 수사관도 180여 명이나 되는데, 이근안 등 특수한 경우를 제외하고는 서훈이 취소된 사례가 없다는 것이다. 때문에 이런 잘못된 서훈은 마땅히 취소해야 한다고 주장했다. 아울러 국가폭력이 인정된 327명의 피해자들에게 국가가 수천 억 원의 국가배상금을 지급했는데 이런 돈은 '마땅히 불법을 저지른' 수사관 등 관련자들에게 국가배상금에 상응하는 구상권을 청구하도록 해야 한다고 주장했다. 이어서 그는 서훈 취소와 구상권 청구에서 민관협력 시스템을 만들어 시행할 것도 제의했다.

한홍구 교수는 발표에서, 반헌법행위와 관련된 인물 약 2,500명을 정리, 그중 집중검토자 405명을 추출했는데, 그중 올해 헌법제정 70주년을 맞아 115명에 대한 조사결과를 발표했다. 본 위원회가 규정한 115명의 반헌법사건은 ① 내란 및 헌정유린(22명) ② 부정선거(2명) ③ 고문조작 및 테러(53명) ④ 간첩조작(27명) ⑤ 학살(7명) ⑥ 언론탄압(3명) ⑦ 문민정부 이후 반헌법사건(1명) 등 일곱 개 분야로 나눠서 해당 인물의 반헌법행위와 역사 속의 삶에 대해 구체적으로 조사, 검토하여 체계적으로 정리했다. 오늘 발표에서 한 교수는 특별히 열전 개요에 해당하는 9명을 지적하면서 설명했는데, 사례로 등장한 9인은 다음과 같다. 1. 민간인학살에서 악명을 떨친 경기도경국장 ○○○, 2. 이승만 정권 국정농단의 주역 경무대 비서 ○○○, 3. 김대중납치사건의 실행 책임자 중앙정보부 해외공작단장 ○○○, 4.《동아일보》광고탄압과

코리아게이트의 주역이며 중앙정보부 차장보 ○○○, 5. 5공 설립주역이자 김대중내란음모 사건 수사책임자 ○○○, 6. 언론탄압의 선봉에 선 5공의 괴벨스 ○○○, 7. 박종철 고문치사사건의 총책임자인 치안본부 5차장 ○○○, 8. 부림사건 담당검사이자 빨갱이 낙인의 전문 공안검사 ○○○, 9. 간첩조작사건에 적극 협조한 사법농단의 주역 ○○○ 등이었다.

위원회는 《반헌법행위자열전》 편찬작업이 개인의 명예를 훼손하려는 것이 아니라는 것을 강조했다. 대한민국 국민 모두를 보호하고, 또 국민 모두가 준수해야 할 헌법적 가치가 우리 생활 속에 더욱 굳건히 뿌리내리기를 바라는 마음에서 시작되었다는 점을 거듭 강조했다. 이 위원회가 조사하고 연구하는 작업은 오늘을 사는 사람들이 역사의 법정을 통해 "대한민국은 민주공화국"임을 되새기는 작업이기도 하다. 나아가 이 작업은, 국가와 정부는 소수의 특권층을 위해 존재하는 것이 아니라, 국민의 생명과 안전과 자유 및 재산을 비롯한 국민의 기본권을 지키기 위해 존재한다는 것을 확인하는 작업이기도 하다(2018년 7월 12일).

가짜뉴스, 역사를 멍들게 하는데도 참회가 없다

거짓정보와 가짜뉴스가 횡행하고 있다. '정보'가 은밀한 상태에 있는 것이라면 '뉴스'는 언론의 옷을 입고 그 '정보'가 드러난다. 최근 가짜뉴스라는 괴물이 날이 갈수록 기승을 부리고 있다. 가짜뉴스는 인간의 기대심리에 의지하고 믿고자 하는 개연성에 인간의 호기심을 덧칠하여 그럴듯한 가짜정보로 둔갑시킨다. 거기에 '~카더라'가 덧붙여지면 가짜뉴스는 날개를 달게 된다. 가짜뉴스는 대부분이 그럴듯한 진실에다 아주 작은 부분의 거짓을 조합했기 때문에 반신반의로 출발하여 그 거짓됨이 명백히 드러나는 경우도 쉽지 않다. 그것이 인간 내면의 호기심·기만성과 어울리면 자기를 기만하게 된다. 언론의 자유를 빙자하여 SNS를 통해 날개를 단 이 괴물은 자신의 영역을 넓히면서 개인을 바보로 만들고 이웃을 이간질시키며 공동체에 갈등을 부채질한다.

최근 횡행하는 가짜뉴스에는 청와대를 사칭하여 외교안보를 어지럽게 한 가짜메일사건이 있었다. 5·18광주민주화운동 때 북한군이 침투했다는 주장은 잊을 만하면 다시 도진다. 오래전부터 이 주장을 펴 온 지모는 지난 4월에도 '5·18북한군 침투설'을 주장하면서 5·18을 "북으로부터 파견된 특수군 600명이 또 다른 수백 명의 광주 부나비들을 도구로 이용하며 감히 계엄군을 한껏 농락하고 대한민국을 능욕한 특수작전"이라고 폄훼했다. 북한군 침투가 사실이라면, 이를 막지 못한 책임을 누군가가 져야 하는데, 아무에게도 책임을 묻지 않은 그 사건을 그렇게 집요하게 파고드는 이유를 알 수 없다. 재판부는 지 씨의 게시글이 "5·18민주화운동에 관한 역사적 사실을 왜곡하고 관련 지역, 집단, 개인을 비하하고 편견을 조장할 우려가 있다"고 판시했다. 《전두환회고록》도 5·18을 "북한 특수군의 개입"이라 써서 금서가 되었는데 이렇게 5·18북한군침투설은 당시 나라를 책임지고 있던 자기 스스로를 바보로 만들고 있다.

최근 《뉴욕 타임스》는 전략국제문제연구소CSIS의 보고를 인용, 북한 내 비밀기지 16곳을 위성사진으로 확인했다며, 2018년 3월 29일자 황해북도 황주군 '삭간몰 미사일기지' 위성사진을 '큰 속임수'란 제목으로 보도했다. 이는 북미간에 새로운 관계 수립과 북한의 비핵화를 협상하는 과정에서 보도된 것이어서, 북·미 대화에 의구심을 품은 미국 조야의 불편한 심기를 적나라하게 드러낸 것으로 간주된다. 이 보도에 트럼프는 "새로운 게 없고 부정확"하다며 '가짜뉴스'라는 딱지마저 붙였다. CSIS가 어떤 곳인가, 미국 내에서도 록히드마틴·보잉 등 군수업체들이 후원하고, 일본의 정부·기업·재단·개인이 기부하는 단체여서 미국 군수업체와 일본 쪽 목소리를 대변해왔으며, 실제로 2014년 11월 독도를 '분쟁 지역'으로 표기해 논란을 일으킨 단체가 아닌가(정욱식, 《CSIS의 정체》). 국내의 보수매체들이 CSIS의 후원자가 어떤 곳이라는 것을 모를 리 없을 터. 그런데도 그들은 CSIS의 보고서와 그것을 베낀 《뉴욕 타임스》의 가짜뉴스를 대서특필했다. 비핵화가 무기시장을 축소시킬 것은 뻔한 일, 그렇다면 미국 무기를 가장 많이 구매한 한국의 무기시장이 위축될 것은 물을 필요가 없다. NYT가 미국의 군산복합체 시각을 반영한 CSIS를 믿고 과장·왜곡된 뉴스를 만드는 동안 국내 보수언론들은 그걸 베껴 가짜뉴스를 양산시키고 긴장을 고조시켜갔다.

가짜뉴스·거짓정보는 전쟁도 불사한다. 미서美·西전쟁과 통킹만사건 그리고 이라크전쟁은 거짓정보와 가짜뉴스의 산물이다. 미서전쟁의 도화선이 된 메인호사건은 미국의 신문왕으로 전쟁 선전·선동가이기도 했던 윌리엄 허스트와 조지프 퓰리처가 부풀렸다. 남북전쟁 때 전쟁기사로 판매부수를 늘렸던 두 사주는 전쟁을 조장하기 위해 미국의 개입을 촉구하는 과장된 기사를 내보냈다. 그들에게는 돈이 평화보다 중요했다. 통킹만사건에서도 미국의 신문들은 한몫했다. 1964년 8월 2일 베트남 연안에서 정찰 중이던 미국의 매덕스호가 북베트남 어뢰정의 공격을 받았다고 보도했고, 이틀 뒤 매덕스호와 터너조이호가 공격을 받았다고 발표했지만, 뒷날 맥나마라는 이날의 공격은 없었다고 했다. 발생하지도 않은 피격을 빌미로 존슨은 '대국민 선언문'을 발표하고 베트남 수렁에 발을 디뎠다. 미국의 주요 신문들은 언론의 합리적 의심과 비판기능을 방기한 채 정부 발표를 베껴댔다. 안보에 관한 한 국가의 결정이나 극단적인 주장은 어떤 검증도 받지 않은 채 사실이 되었다(박태균).

거짓정보는 이라크전에서 절정에 이른다. 미국과 그 동맹국은 이라크가 핵무기와 생화학무기 등을 개발하고 있으며 그 위협을 과장했다. 정보기관은 물론 싱크탱크와 전문가·언론이 동원되었다. 이라크는 장문의 보고서로 자신의 결백을 유엔에 호소하고 사찰단에도 의심 지역을 적극 공개했다. 당시 유엔의 이라크 무기사찰단장이었던 한스 블릭스도 유엔 안보리에 참석, 대량살상무기의 흔적이 없다고 직접 보고했다. 대량살상무기는 그 뒤에도 찾지 못했다. 영국의 이라크전 참전진상조사위원회가 발표한 〈칠콧Chilcot보고서〉는 이라크 대량살상무기 정보는 과장·조작되었고 이 전쟁으로 15만 명의 민간인이 죽음을 당했고 100만 명이 집을 떠났다고 지적했다. 거짓정보에 따른 이 전쟁은 아무도 책임을 지지 않았고 아직 참회조차 없다.

거짓정보와 가짜뉴스는 세계사에만 있었던 것이 아니다. 해방 직후 모스크바 삼상회의에 대한 오보誤報는 한국현대사에서 가짜뉴스의 원조처럼 회자되고 있다. 일제 말기 폐간되었다가 1945년 12월 초 속간된 《동아일보》는 모스크바 삼상회의와 관련, "외상회의에 논의된 조선 독립문제, 소련은 신탁통치 주장, 소련의 구실은 38선 분할점령, 미국은 즉시 독립"이라는 그럴듯한 기사를 내보냈다. 그러나 이것은 사실과 다른 가짜뉴스였고, 이 오보는 한국사회에 엄청난 파장을 몰고 왔다(김자동 회고록). 이 기사는 미국이 제의한 신탁통치안을 소련이 제의한 것으로 왜곡시켰다. 명백한 오보요 정보 조작의 의도도 감지되었으며 그래서 '오보誤報가 아닌 허보虛報요 왜곡 보도'로까지 비판받는다(김동민). 이런 상황에서 한국을 완전한 독립국으로 발전시키기 위해 임시정부를 수립하고, 그 임시정부를 수립하기 위해 미소 양군 사령부는 2주일 안에 미소공동위원회를 구성하며, 한국의 완전한 독립을 목표로 미·소·영·중 4개국에 의한 최장 5년간의 신탁통치를 협의한다는 합의내용은 오간 데 없고, 소련이 주도하여 신탁통치를 하려 한다는 오보만 난무했다. 《동아일보》 보도는 사실로 받아들여져 소련에 대한 강한 비난과 각계의 반탁성명이 줄을 이었다. 삼상회의의 내용 전체가 발표된 후 송진우 같이 삼상회의의 내용을 정확히 이해하고 반탁운동에 조심스럽게 반응한 이도 있었지만, 민족지도자 대부분도 조선의 즉각적인 독립을 주장하는 반탁운동에 휩쓸리고 말았다. 미국과 소련의 주장이 뒤바꿔 소개된 상황에서 반탁운동은 곧 반소운동과 반공운동으로 확산되었다. 반탁–반소–반공운동은 해방 직후 쥐구멍이라도 찾으려고 했던 친일파들에게 호기를 제공했고 반공운동에 나서서 과거의 친일을 세탁, 애국자로 둔갑하는 계기를 만들어주었다. 그러나 '오보' '가짜뉴스'는 그 의도와는 달리 한반도 분단을 결정적으로 유도했고, 친일파들은 '대한민국 건국공로자'로 날개를 달게 되었다. 모스크바 삼상회의 오보가 한 원인이 되어 그 뒤 후손들은 국토분단과 민족상쟁의 업보를 당했다. 그런 오보에 참여한 언론들이 아직도 참회하기는커녕 자신의 허물을 물타기 하려고 시도하는 것은 염치없고 볼썽사나운 짓이다(2018년 12월 1일).

상지대학교 총장 직선

상지대학교는 강원도 원주에 자리하고 있다. 1990년대부터 그 대학교의 운영을 두고 이런 저런 말들이 있기도 했지만, 김찬국, 강만길, 한완상, 김성훈, 유재천 등의 총장이 부임하여 학교의 명예를 높이는 데기여했다. 이 학교는 학원민주화투쟁 때문에 그 이름이 알려졌다. 상지대 교정에 들어서면 "민주화의 성지 상지대학교에 오신 것을 환영합니다"는 현수막을 볼 수 있다.

올(2018년) 8월 말 정이사체제가 출발함에 따라 이 학교 이사로 참여하게 되었다. 2016년 대법원 판결로 상지학원이 시민의 품에 돌아오게 되자 교육부 산하 사학분쟁조정위원회는 새로운 이사를 선발, 학교의 운영을 맡겼다. 상지학원 산하에는 4년제의 상지대와 2년제의 상지영서대 그리고 상지대관령고등학교의 세 교육기관이 있다. 가장 먼저 주어진 일의 하나는 상지대와 상지영서대를 통합하는 것이었다. 8월의 첫 이사회에서 두 대학교의 통합을 의결하고 교육부의 허가를 기다리고 있다.

이사회에 맡겨진 가장 시급하고 중요한 과제는 새로운 총장을 선출하는 것이었다. 임시이사회 체제 하에서 학교운영이 총장직무대행 체제로 이뤄지고 있었는데, 새 총장을 세워 학교운영을 정상화시키는 것이 급선무였다. 총장을 임명하는 것은 이사회의 중요한 임무다. 상지영서대의 총장 선출은 전에 총장직무대행을 맡고 있던 김진열 교수를 총장으로 임명해달라는 교내 세 주체(교수, 직원 그리고 학생)의 합의에 따라 그를 총장으로 임명했다. 남은 과제는 상지대 총장 선임이었다.

총장 선임문제를 두고 학내의 논의는 우선 종전대로 외부 인사를 추대하는 형식을 취할 것인가, 아니면 학내 인사 중에서 선출할 것인가 하는 문제로 좁혀졌다. 상지대는 과거 명망 있고 유능한 총장을 모심으로 대학교의 성가를 높였다. 그러나 몇 년 사이에 변화된 학내 민주화의 열망은 상지대 총장 선임에 변화를 요청하게 되었다. 학내의 여론을 취합한 결과 학내에서 총장을 선출하되, 외부 인사는 후보가 될 수 없도록 의견을 모았다. 학교를 잘 아는 교내 인사만이 입후보할 수 있었다.

학내의 세 주체가 토론을 시작했다. 맨 처음 부딪친 문제는 선거 참여비율이었다. 이 비율을 조정하는 데에 시간이 많이 걸렸다. 협의 결과 학생 22%, 직원 8%, 교수 70%로 조정했다. 이를 조정하는 데에 시간이 많이 걸려 원래 계획했던 원주 시민단체와 상지대 동문들에게도 총장 선출에 참여하도록 하자는 제안이 관철되지 못했다. 그다음 토론 의제는 입후보 추천인문제였다. 학생들은 각 단과대학에서 학생추천인 최소 10명을 확보해야 한다는 것이었으나 뒷날 조정되었다. 이런 조정과정에서 세 주체는 오랫동안 인내하고 상대방의 의견을 존중해 가면서 합의를 도출했던 것이다.

이런 합의를 이룩하는 과정에서 나와도 여러 번 만났다. 어떤 때는 세 주체가 제안하여 만났고 어떤 때는 내가 요청해서 만났다. 치열한 토의는 나와의 만남에서도 이뤄졌다. 나는 상지대학교가 한국대학사에서 그 민주성이 드러나 있긴 하지만 지방에 자리한 대학으로서 새로운 특성을 나타내기 위해서라도 총장선거에서 원주 시민단체와 동문을 참여시켜야 한다는 점을 강조했다. 참여비율문제로 옥신각신할 때 나는 자신들의 비율을 높임으로써가 아니라 양보하는 것으로 자랑하자고 당부했다. 직원들은 뒷날 나의 그 말을 받아들였다고 했다.

학생·직원·교수로 선거관리위원회가 조직되었다. 총장 후보로는 두 분이 출마했는데, 정대화 교수와 노병철 교수였다. 선거비용은 후보의 부담금과 직원노조 및 교수협의회의 보조금으로 충당했고 학교에는 일체 부담을 지우지 않았다. 선거는 12월 3~5일 사이에 이뤄졌다. 이는 선거규칙의 확정이 늦어졌기 때문에 원래 계획했던 것보다 일주일 늦춘 것이다. 이 기간이 보강기간이어서 학생들에게는 선거에

역사의 길, 현실의 길

참여하는 것이 쉽지 않은 시간이었지만 예상했던 것보다는 투표율이 높았다. 처음 치러지는 직선제에 과열현상이 일어나거나 흠집이 생길까 걱정이 없지 않았으나 이 학교의 고양된 민주의식은 이런 우려를 불식하고 모범적인 선거를 치렀다.

선거관리위원장을 맡은 장재화 교수는 정년퇴임을 얼마 남기지 않은 원로교수로서 정년퇴임을 앞두고 이 막중한 책임을 수행하게 된 것을 자랑스럽게 생각한다면서, "상지대 역사상 처음 치르는 직선제 선거였음에도 아름답고, 공정하게 선거가 진행되었다고 자평하며, 선거 과정에서 여러 가지 미흡했던 점은 기록으로 남겨 다음 선거 때 참조할 수 있도록 백서로 발간할 예정"이라고 보고했다. 상지대의 총장 직선의 기록이 다른 대학교의 선거에도 참고가 되었으면 하는 기대가 없지 않다.

직원·교수의 투표율이 90%가 넘은 것에 비해 학생들이 47%에 불과했던 것은 참여비율을 높여달라고 강하게 주장한 그들의 요구와 부합되지는 않았다. 그럼에도 당선된 정대화 총장은 이 선거를 통해 학생들의 엄청난 요구와 압력을 체감하면서 학생이 대학의 주체임을 인식하고 능동적으로 변하는 모습이 직선제의 최대 성과가 아니었나 하고 술회했다. 총장선거는 지역에서도 많이 회자되어 상지대가 지역협력 대학으로서의 가능성도 보였다. 관전자에 불과했던 나도 총장선거를 통해 대학의 성숙한 민주의식을 체감할 수 있었다(2018년 12월 15일).

조선·동아 100년, 우리 언론을 향한 질문

1920년 봄, 조선에 희망적인 사건이 있었다. 그해 3월 5일에 《조선일
보》가, 4월 1일에 《동아일보》가 민족지로 탄생한 것이다. 간행 100주
년을 맞는 조선·동아는 한국 언론의 거목으로 자리 잡았고, 그 연륜
만으로도 축하받을 만하다. 언론 창달을 위해 노력한 두 신문은 경의
와 감사의 대상이지만, 자기비판이 필요한 부분도 없지 않다. 조선·동
아의 100년이 언론사에 큰 상징성을 갖고 있다면, 그 상징성에 값하는
책임 또한 통감하지 않을 수 없다.

조선·동아는 1919년 3·1운동의 민족적 저항의 산물이었다. 일제
는 강점 뒤 조선인의 집회·결사·언론의 자유를 박탈하고 총칼로 무단
통치를 강행했다. 〈3·1독립선언〉이 "학자들은 강단에서, 정치가는 실
제 생활에서 우리 선조들의 대대로 닦아 온 위업을 식민지시하고 우리
문화민족을 야만족같이 대우하여 한갓 정복자의 쾌감을 탐할 뿐"이라
한 것은 무단통치의 실상을 점잖게 지적한 것이다. 3·1운동 후 일제
는 언론·집회·출판에 대해, 질서와 공안 유지에 무방한 한 민의의 창
달을 기하겠다고 했다. 조선·동아는 무단통치를 문화통치로 전환하는
과정의 산물이지만, 사실은 조선민중의 격렬한 저항과 요구를 수용했
다는 의미를 갖는다.

한국의 근대신문은 1883년 열흘 간격으로 나온 《한성순보》에서 시
작해 그 뒤 주간 성격의 《한성주보》로 발전했으나, 그마저 1888년에
폐간되었다. 1896년 《독립신문》이 간행되고 2년 뒤 《매일신문》·《제국

신문》·《황성신문》이 간행되었다. 1904년 러일전쟁 발발 직후 영국인 베델이 창간한 《대한매일신보》는 의병운동을 자세히 소개하는 등 한국 민중을 위한 언론으로 활약했다. 일제강점과 함께 한국 신문을 모두 폐간시킨 총독부는 1910년 8월, '대한매일신보'를 '매일신보'로 이름을 바꿔 총독부 기관지로 만들었다. 1919년 총독부는 《매일신보》(조선어)와 《경성신문》(일어), 《서울프레스》(영어)로써 조선의 여론 조성과 대내외 선전에 주력했는데 이 무렵에 조선·동아가 창간되었다(정진석).

1919년 9월에 부임한 총독 사이토 마코토齋藤實는 이듬해 1월 6일 조선·동아, 《시사신문》의 간행을 허가했다. 《조선일보》는 "우리 신문명 진보주의를 선전"하기 위해, 《동아일보》는 "민족주의·민주주의·문화주의"를 표방하고 조선민중의 여망을 의식하면서 창간됐다. 총독부는 조선·동아를 허가한 뒤 더 촘촘히 그물망을 쳤다. 조선·동아의 사사社史는 그 뒤 일제 하의 필화·압수·투옥·정간·폐간 등 고난의 역정을 빠뜨리지 않았다. 전시체제기에 들어서면 조선·동아도 총독부 기관지 《매일신보》와 다를 바가 없어, "세 신문의 사설과 머리기사가 모두 똑같았고, 제호만 가리면 어느 신문인지 구분하기 힘든" 내용이어서, 그 편집을 총독부가 맡았다 할 정도였다는 변명도 잊지 않았다. 그런 역경에서도 《조선일보》는 신간회 조직을 주도했고, 《동아일보》는 《조선중앙일보》와 함께 일장기 말소사건을 감행했다. 숱한 탄압과 위협에도 조선 문화의 보존·창달과 조선의 지도적 인물의 집결·배양에도 힘썼다. 역사는 한 시기의 고초만 기억하지 않는다.

해방 후 조선·동아는 일제 부역 사실을 고백하지 않은 채 중간重刊했고, 유신과 신군부 독재 때에도 같은 과오를 되풀이했다. 이제라도 국민 앞에 사과하는 것이 100년 전통의 명예를 회복하는 지름길이다. 최근 "조선·동아 거짓과 배신의 100년 청산 시민행동"이 선정한 '최악보도 100선'은 사사와는 시각을 달리한다. 그들은 조선·동아가 저지른 부끄러운 과거들을 나열했다. 57개 언론·시민사회 단체는 일제강점기와 해방 정국·유신정권 등 민족적·민주적 위기에 두 언론사가 취한 반민족적·반민주적 보도 때문에 100년의 역사는 자랑스럽다기보다는 부끄럽다고 혹평한다. 해방 직후 모스크바 삼상회의를 왜곡 보도하여 민족사의 흐름에 결정적인 영향을 미친 것은 물론, 언론자유와 민주화를 위해 권력에 저항한 기자들을 대량 해고하여 오늘의 언론 현실을 조성한 책임 또한 묻고 있다.

이제 조선·동아 100주년을 맞아 그 책임을 공유해야 할 한국 언론에 질문해보자. 먼저 언론자유의 문제다. 10여 년 전, 북쪽 어느 인사와 사적 대화에서 "그래도 남쪽에는 말할 자유가 있지 않습네까"라는 말을 들었다. 순간 놀랐지만 얼른 되물었다. "우리가 이 말할 자유를 쟁취하기 위해 얼마나 많은 피를 흘렸는지 아시는지요." 그렇다. 우리는 이 말할 자유를 쟁취하기 위해 해방 후 수십 년간 투쟁했고 이제 겨우 그런 자유를 누리는 초입에 들었다. 지금 우리는 청와대 코앞에서 연좌농성을 하며 대통령을 향해 온갖 욕설을 해도 물대포와 최루탄 걱정을 안 해도 될 정도가 되었고, 온갖 가짜뉴스와 험담으로 정권을 비방해도 블랙리스트에 오를 일이 없게 되었으며, 연일 누가 더 정권을 잘 때리는지 시합을 하기라도 하듯이 근거가 심히 모자라는 악담과 비방을 퍼붓는 것이 마치 언론의 사명인 듯 활개를 쳐도 그 일로 아무런 불이익도 받지 않는 나라가 되었다(김요한).

한국의 언론자유는 수많은 희생을 통해 여기까지 이르렀다. 하지만 자유를 방종의 기회로 삼는 무리들이 이를 선점했고, 심지어 언론권력을 농단, 성역화해갔다. 종래 정보기관 외에 청와대·법원·검찰 등이 성역이었다가 이제는 검찰과 언론이 성역에 속하는 편이지만, 공수처법 작동 여하에 따라 검찰도 성역에서 제외되면 언론만이 남는다. 그들은 기자들을 내쫓고 권력 앞에 스스로 무릎 꿇었던 전력을 갖고 있어, 말하자면 무임승차한 이들이다. 이게 언론자유의 도달점이라면 부끄럽고 슬픈 일이다.

언론과 진실, 사회적 책임의 문제는 어떤가. 사실을 비틀고 왜곡시키는 기사가 비일비재하다. 취재원 보호라는 연막을 치고 거짓기사까지 보호받으려 한다. 이런 언론일수록 정파성을 노골화한다. 정파적 관점은 자파의 이해관계에 따라 취재를 취사선택한다. 확인되지 않은 보도를 근거로 논설을 쓰고 본래의 사건을 환골탈태시킨다. 기능 분화까지 잘되어 있어서 삼인성호三人成虎는 식은 죽 먹기다. 거기에다 민족사의 진로까지 왜곡했던 거짓보도와 가짜뉴스는 오늘도 우리 공동체를 의도적으로 분열시키고 있으며 갈등을 끊임없이 재생산하고 있다. 정파성에 근거한 왜곡과 가짜뉴스가 근절되지 않는 것은 그것을 확대재생산해주는 정치권과 뒷배가 있기 때문이고, 오보와 거짓뉴스를 활용하려는 권력화, 성역화된 보호막이 있기 때문이다.

비판과 경종을 사명으로 하는 언론의 사회적 책임과 관련해 의례적인 말이지만, 공동체가 난국을 맞을 때는 사회통합적 기능이 우선이다. 코로나19의 난국을 맞아 고통을 겪는 민중을 향해서는 위로와 희망을, 방역 일선에서 수고하는 의료진 및 행정 당국에 대해서는 용기와 격려를 아끼지 않아야 할 때다(2020년 3월 12일).

정의기억연대 기자회견

정의기억연대(정의연)가 오늘(2020년 5월 11일) 오전 10시 30분부터 약 1시간 반 동안 마포구 성산동 소재 인권재단사람 2층 다목적홀 한터에서 기자회견을 했는데, 지인의 도움을 받아 참석했다. 기자회견에는 이나영 이사장(중앙대 교수)과 한경희 사무총장, 이상희 이사, 한국염 운영위원장이 참석했고, 오성희 인권연대처장이 사회를 봤다. 이나영 이사장은, 기자회견에 앞서 며칠 전 이용수 할머니의 비판과 관련, 지난 30년간 가족같이 지내셨던 할머님의 서운함과 불안감, 분노를 겸허히 받아들인다면서 할머니께 마음의 상처를 드린 데 대해 진심으로 사과드린다고 말하고 머리 숙여 인사했다. 그리고 언론을 향해 이 사건과 관련, 의도적인 왜곡이 없기를 바란다는 당부를 먼저 했다.

이어서 이 이사장은 정의연의 설립 목적과 활동방향을 설명했는데 요지는 이렇다. 정의연은 1990년 11월 16일 설립한 한국정신대문제대책협의회의 업적과 활동을 계승하고 일본군성노예제 문제 해결을 위한 정의기억재단(2016년 6월 9일)의 설립취지와 활동을 이어받아, 2018년 7월 11일 통합·출범했다. 정의연은 일제의 성폭력성을 밝히는 한편 가해국 일본 정부의 범죄 인정, 진실규명, 공식사죄, 법적배상, 책임자 처벌, 재발방지대책 마련(추모비, 사료관 건립, 교육)을 통해 피해자들의 명예와 인권회복에 기여했고, 역사교육과 추모사업을 통해 일본군성노예제 문제를 올바르게 기억하고 전시 성폭력 재발방지와 전시 성폭력 피해자의 인권회복에 기여하기 위해 30년간 활동했다고 했다. 그는 그러나 정의연이 일본군'위안부' 피해자들의 생활안정만을 목적으로 하는 인도적 지원단체·보호단체가 아니라는 점을 강조했다. 만약 그랬다면 1993년 정부가 〈일제하 일본군위안부 피해자에 대한 보호지원및 기념사업 등에 관한 법〉(약칭 위안부피해자법)을 마련하였을 때 해산되어야 했으며, 따라서 그 뒤 역사교과서에서 일본군성노예 문제에 대해 단 한 줄도 배우지 못했을 것이고, 유엔에서 성노예제로 규정한 결의안이 있지 못했을 것이며, 따라서 이런 자리도 마련되지 않았을 것이라고 했다.

1990년에 출범한 정대협은, 국제사회는 물론 한국사회에서조차 일본군성노예 문제에 대해 무지와 침묵으로 일관하던 시절, 가해국 일본 정부가 범죄사실을 부인하고 은폐하며 역사 왜곡을 자행하는 데 대해 당당히 맞서, 일제가 저지른 최악의 여성인권 유린행위이자 성노예제도였던 일본군'위안부' 문제를 세계 최초로 공론화하기 시작했던 것이다.

정의연은 여성인권, 평화운동의 당당한 주체가 되어주신 1991년 8월 14일 김학순의 용기 있는 증언을 시작으로 피해자들(240명)은 물론 전 세계 피해자들과 함께 생존자 복지 지원, 국내외 연대사업, 기림사업, 교육사업, 연구사업, 장학사업 등을 진행해왔다. 다시는 유사한 피해자가 발생되지 않아야 한다는 일본군'위안부' 피해자들의 유지를 받들어, 전시 성폭력 재발방지와 피해자 지원을 위한 다양한 국제활동도 펼쳐, 유엔을 비롯한 국제기구와 인권단체들에 적극 개입하고 다양한 국제연대 활동을 통해 국제 여성인권 규범을 새롭게 써왔다. 이 이사장은 "우리가 이렇게 노력할 때 여러분들은 어디에 계셨는가"고 물었다.

정의연은 여성인권, 평화운동의 당당한 주체가 되어주신 피해자들과 함께 보편적 인권문제로서 전시 성폭력의 개념을 세우고 확산시켜온 세계적인 여성인권운동단체라고 했다. 그리고 이러한 목적에 공감해 온 수많은 국내외 시민들의 지원과 연대로 피해자 소송 지원, 국내외 증언활동 지원, 수요시위, 나비기금, 전쟁과여성인권박물관, 평화비 건립, 김복동평화기금 등 지난 30여 년간 활동을 이어오고 있다고 설명했다.

이어서 그는 정의연의 조직구성과 활동을 간단하게 설명했다. 조직은 비상근 이사장과, 사무총장, 34명의 이사로 구성된 이사회와 운영위원회가 있으며, 실무진은 총 9명이라고 했다. 정의연은 총 12개 사업을 운영하고 있으나 9개 분야로 정리할 수 있는데, 피해자 지원사업, 수요시위 사업, 기림사업, 국내연대사업, 남북연대사업, 나비기금(사업), 전쟁과여성인권박물관 사업, 교육·장학사업과 홍보·모금사업 등을 들 수 있다. 특히 국제연대사업과 관련, 국제활동이 무엇인지도 아무도 모를 때, 1992년 결성된 아시아 피해자들·운동단체들과의 연대회의인 '일본군'위안부' 문제 해결을 위한 아시아연대회의'를 시작으로 1992년 8월 황금주 할머니의 유엔 인권소위원회 증언활동, 1993년 김복동 할머니의 비엔나 세계인권대회 증언활동, 1995년 베이징세계여성대회 등 유엔을 비롯한 국제사회 대응활동, 가해국 일본 도쿄에서 히로히토 일왕의 유죄를 이끌어낸 〈일본군성노예전범 여성국제법정〉 등을 진행했고, 각종 유엔기구에 NGO보고서 제출, 유엔 인권기구 면담 등의 활동을 이어갔으며, 이로써 쿠마라스와미 보고서, 게이 맥두걸 보고서, 2007년 해외결의안 등이 채택되었던 것이다. 바로 이러한 노력들이 '위안부'문제가 여성인권 침해문제로 보편성을 획득하고, 군대에 의한 집단적 강간체계, 군대 성노예, 전시 성폭력 등의 개념을 정립하며 일본의 조직적 범죄를 국제사회가 인정토록하면서 국제인권 규범의 변화를 선도하는 등 중요한 부분을 담당했는데, 이러한 국제사업에 많은 재정을 사용하지 않을 수 없었다고 했다.

이어서 한경희 사무총장이 피해자 지원사업비 관련 보고가 있었다. 따로 마련한 4쪽짜리 회계보고를 통해 2017년도부터 2019년도까지의 수입 및 지출 내역과 2019년도 말 금융자산도 소상하게 밝혔다. 보고서에서 숫자상의 오류가 지적되었으나 갑작스런 보고서 작성에 따른 단순 실수로 밝혀졌다.

거의 1시간에 걸친 설명 후에 기자들과의 질의응답이 있었다. 외부 회계감사는 어느 기관에서 받았는가 하는 질문부터 시작, 2015년 한일 위안부 합의 당시 일본 정부가 화해치유재단을 통해 지급하기로 한

10억 엔을 피해자들로 하여금 받지 못하게 했다는 기사에 대한 질문도 있었다. 이에 대해 이상희 이사는 화해치유재단 기금의 수령 여부는 전적으로 할머니들이 결정하게끔 하였고, 할머니들의 의사를 확인하기 위해 변호사들이 일일이 만나뵙고 의사를 확인했다는 것이다. 할머니들에게 위로금을 수령하지 못하게 했다는 것은 사실무근이라고 했다. 또 일본 측이 10억 엔을 출연할 것이라는 사실을 사전에 정의연에서 알고 있었다는 의혹에 대해 해당 내용은 언론보도를 통해 거론되었고, 외교부 국장 고위급 협의에서 어떤 내용이 있었는지는 모르겠지만 정대협이나, 나눔의집에 알린 바는 없고 정의연에서도 언론을 통해 알게 되었다고 답했다. 수요시위, 소녀상, 일본 측의 화해치유재단기금의 처분에 대한 《요미우리신문》 기자의 질문이 있었으나, 시민들의 자발적 모임에 관여할 수 없으며 화해치유재단기금은 정의연이 관여할 일이 아니라고 답했다. 《조선일보》 모 기자가 윤미향 당선자를 물고 늘어지려고 하자 주최 측과의 신경전이 벌어지기도 했다. 주최 측은 기자들의 앞으로의 질의에 대해 이메일 등으로 자세하게 답해주겠다고 했다. 기자회견은 거의 한 시간 반을 넘겼다.

이용수 할머니의 발언이 발단이 된 오늘의 기자회견은 대형카메라 10여 대가 들어선 가운데 약 50여 명 내외의 기자들이 참석한 가운데 이뤄졌다. 분위기와 질의 내용은, 기자 특유의 진실을 캐려는 속성을 감안한다 하더라도, 발단이 된 사건에 대해 무언가 약점이나 흠집을 캐려고 하는 데에 역점이 주어지지 않았는가 하는 느낌이었다. 정의연이 이룩한 여성사적·세계인권적 의의를 제대로 이해하고 있었다면,

오늘의 기자회견은 정의연이 이룩한 그동안의 성과에도 유의하면서 이뤄졌을 터이지만 그렇지 못한 듯해서 아쉬움이 없지 않았다. 기자회견장 바깥에서는 듣도 보지도 못한 단체가 와서 정의연을 헐뜯고 있었다(2020년 5월 11일).

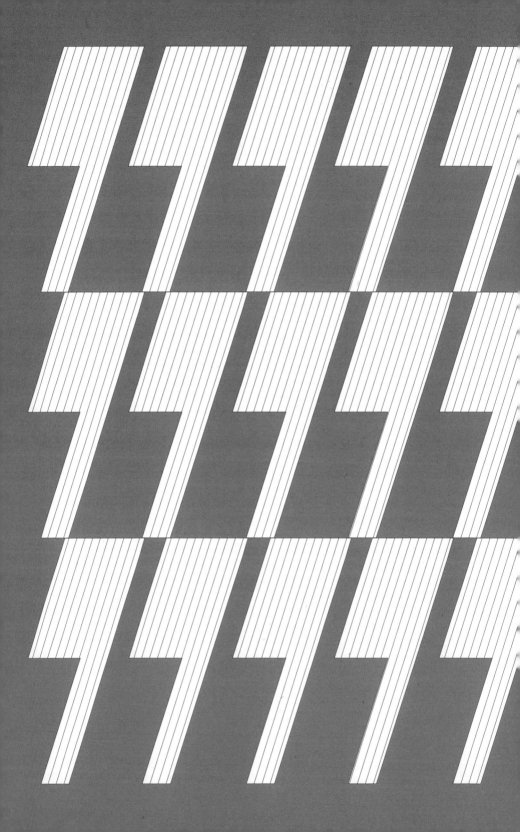

3장

역사와 인물, 그리고 기록

역사의 길과 현실의 길

지난(2015년) 2월 25일 저녁, 110년 전 을사늑약이 강제된 덕수궁 중명전重明殿에서는 의미 있는 모임이 있었다. 지난해 11월 17일부터 올해 3월 1일까지 이곳에서 계속되고 있는 '우당 이회영과 6형제'를 주제로 한 전시회 〈난잎으로 칼을 얻다〉를 마감함에 앞서 관람자들과의 대화가 있었고, 아울러 나의 산문집《잊히지 않는 것과 잊을 수 없는 것》의 북콘서트도 곁들였다. 이 모임에는 70여 명의 참석자들이 주최 측 다섯 분과 2시간 반에 걸쳐 대화를 나누었다. 대화에 앞서 필자가 이 전시회의 준비위원장 겸 산문집의 저자로서 〈역사와 나〉라는 제목의 짧은 연설을 했다. '역사란 현재와 과거의 대화'라는 E. H. 카의 말이 어떤 의미를 갖는 것이며, 역사학도들이 역사발전의 의미를 터득하게 될 때 인생관과 삶이 어떻게 변화될 수 있는가를 다음과 같이 설명했다.

나는 역사발전의 의미를, 역사의 주인노릇을 하는 인간이 양적으로 증대되어가는 것이라고 보았다. 이는 또한 역사의 주인노릇을 하는 인간이 개인적으로는 이전보다 더 자유롭게 되고 사회적으로는 더 평등한 관계를 맺게 되는 과정을 의미한다고 했다. 역사의 주인공 노릇을 할 수 있는 인간이 수적으로 증대되어가고, 그 인간이 사회관계에서 자유와 평등의 조화를 이뤄나갈 때 역사는 발전한다는 것이었다.

이것은 상상력의 산물이 아니고, 필자의 인격과 세계관의 바탕 위에서 인류의 역사를 살핀 데서 가능한 것이었다. 이런 인식에는 역사학도인 필자의 신념과 사상, 의지와 고민이 담겨있는 셈이다.

역사발전의 의미를 이렇게 가지게 되면, 역사 해석과 인생관이 달라지게 된다. 고려시대 천민의 난이나 조선 후기의 농민반란 그리고 동학란 같은 역사적 사건들에 대해 새로운 해석을 가할 수 있게 된다. 역사발전이란 측면에서 보면 그것들은 '난'이 아니라 '신분해방운동' 혹은 '농민운동' '농민혁명'으로 평가된다. 특히 동학란의 경우, 그들이 안으로는 반봉건·사회개혁을 외치고 밖으로는 반외세·자주독립을 실천하려 했다는 점에서 '혁명'으로까지 간주될 수 있다는 것이다. 역사발전에 대한 이 같은 이해는 많은 사람들의 인생관을 바꾸어 역사발전에 헌신, 기여하는 계기를 만들어주었다. 역사발전에 대한 확고한 신념은 자신을 역사발전에 기여하도록 만들 뿐아니라 자기시대의 역사적 방향이 반反역사적으로 나간다고 판단될 때 거기에 저항하면서 역사의 진전방향을 올바른 방향으로 나가도록 투쟁하게 된다. 역사의 발전방향에 대한 신념은 반역사적인 거대한 세력 앞에서 고난과 희생을 각오하게 만들어 이를 동력화시킨다. 한국근현대사에 나타난, 반봉건·사회개혁, 항일독립운동, 군사정권 하의 인권·민주화운동과 통일운동은 바로 역사발전의 신념을 동력화한 열매였다. 여기서 역사의 길과 현실의 길, 역사에 살아있는 사람과 죽어있는 사람이 구분된다. 역사발전을 확신하고 자신의 신념체계를 거기에 일치시키는 삶이 역사의 길이고 역사에 살아있는 사람이다. 이런 사람일수록 자신의 영달을 위해 살지 않고 자기 시대의 사람들이 역사의 주인공이 되도록 헌신 봉사한다. 이런 삶이 '역사적인 삶'이요 역사와 더불어 사는 삶이다.

히브리 민족을 이집트에서 가나안 땅으로 이끈 지도자 모세가 바로 그런 사람이다. 그는 이집트 왕자로서 부귀와 영화를 누릴 수 있었지만, 이집트의 노예로 고난 받는 자기 동족을 생각하면서 호화생활을 포기하고 동족과 함께 고난 받는 길을 택했다. 조선 후기 실학시대의 유형원·이익·정약용도 마찬가지다. 특히 다산 정약용[茶山 丁若鏞, 1762~1836년]은 30대 후반까지 출세의 길을 걸었지만 신유사옥 이후 20여 년 귀양살이를 통해 민초들의 고난에 눈뜨게 되면서 그들을 역사의 주인공으로 끌어올리는 방법이 무엇인가를 고민하게 되었다. 그가 귀양살이 기간 동안 연구한 수많은 저술은 바로 고난 받는 민초들을 역사의 주인공으로 끌어올리기 위한 방안을 모색하며 쓴 것이다. 그가 귀양살이를 하지 않았다면 그는 고난 받는 민중을 생각하지 못했을 것이다. 그런 의미에서 정다산의 귀양살이 20년은 당시에는 견디기 힘든 생활이었지만 그로 하여금 역사에 살아있는 존재로 만들었다. 모세와 정다산이 걸어간 그 길이 '역사의 길'이다. 그것은 자신의 안락만을 약속하는 '현실의 길'을 포기한 데서 가능했다.

나라가 망할 때, 역시 역사의 길과 현실의 길이 갈렸다. 매천 황현과 이완용의 삶에서 드러났다. 나라가 망했다는 소식을 듣고 매천은 "새 짐승도 슬피 울고 강산도 찡그리니 무궁화 온 세상이 이젠 망해버렸구나. 가을 등불 아래 책 덮고 지난날 생각하니, 인간 세상에 글 아는 사람 노릇, 어렵기도 하구나"는 절명시를 남기고 '역사의 길'을 택했다. 이는 일제로부터 나라 판 대가로 작록과 은사금을 받은 이완용의 '현실의 삶'과는 반대되는 길이었다. 망국의 대가로 76명(8명 수작 거부)이 작위를 받고 그 후 158명이 습작襲爵하여 현실의 길을 걷고 있을 때, '삼한갑족'의 후예 이회영 6형제는 조상대대로 물려받은 전토와 재산을 정리하고 망명, 신흥무관학교를 세우고 일로 독립운동에 몸을 던졌다. 대의를 위해 자신을 불사른 우당 6형제가 걸어간 길, 그 길이야말로 역사의 길이요, 역사에 살아 있는 삶이다.

이 전시회 준비위원장인 내 강연이 끝난 후 함께 패널로 참석한 네 분(이종찬 전 국정원장, 한홍구 성공회대 교수, 서해성 작가, 이종걸 의원)이서 작가의 사회에 따라 이번 전시회와 관련된 이야기를 풀었다. 누구랄 것도 없이 세 분은 우당 이회영과 6형제가 남긴 일화와 행적, 더 나아가 오늘의 시대상황도 덧붙여 말했다.

먼저 〈우당 이회영과 6형제 전시회〉를 중명전에서 열게 된 것과 관련하여 다음과 같은 일화를 소개했다. 우당 선생이 돌아가신 날이 바로 11월 17일이기 때문에 그날과 관련 있는 장소를 전시회 장소로 물색하자니 중명전을 교섭하게 되었다는 것이다. 선생이 독립운동의 방편으로 무정부주의를 선택하여 상해와 중국의 여러 곳에서 활동했다. 그러다가 그는 관동군사령관 제거를 목표로 대련으로 잠입했다. 그러나 그의 일거수일투족은 스파이에게 노출되어 대련에 상륙하자마자 체포되었다. 그 길로 악형과 고문을 당하게 되어 그 후유증으로 1932

년 11월 17일 여순감옥에서 순국했다. 우당이 순국한 11월 17일은 묘하게도 27년 전 을사늑약이 강제된 날과 같은 날이었다. 전시준비위원회는 11월 17일과 깊은 관련을 갖고 있는 곳이 덕수궁 중명전임을 새삼 떠올리고, 당국과의 교섭에 나섰다. 이런 일이 아니더라도 우당은 1905년 을사늑약 후 이준·김구 및 상동교회 엡윗회 청년들과 함께 을사늑약 파기운동을 벌이기도 했고, 1907년 헤이그특사 파견을 위해 고종을 움직인 분이기도 하다. 이런 인연이 참작이 되어, 중명전은 전시회 장소로 허가받게 되었다. 그러나 이곳이 문화재인 데다 못 하나도 제대로 박을 수 없는 곳이어서 전시를 위해서는 매우 부적합한 곳이었다. 이런 어려움에다 겨울 날씨까지 겹쳐 전시조건이 어려웠지만 약 3개월간의 전시기간 동안 거의 9,000명에 육박하는 인원이 참관하게 되었다. 우당의 손자인 이종찬 원장은, 우당이 생전에 자신을 드러내 보이려고 하지 않은 분이어서 이렇게 전시회를 하게 된 데 대해서 할아버지로부터 꾸중을 듣지 않을까 걱정된다고 하면서도, 국민적 호응에 매우 감사한다고 했다.

이어서 우당의 집안 내력과 6형제의 망명에 얽힌 이야기가 나왔다. 흔히 '삼한갑족'으로 불리는 이 집안은 고려 말 익제 이제현의 후예로 조선 중기 백사 이항복을 중시조로 모시고 있었으며, 우당 6형제는 이조판서를 지낸 이유승의 아들들이었다. 1910년 나라가 망하자 6형제는 비밀리에 재산을 처분하고 망명길을 택했다. 그들은 서울과 그 인근에 많은 토지를 소유하고 있었다. 인근 고을에서 서울에 이르자면 이 집안의 땅을 밟아야만 했을 정도라고 했다. 우당은 또 지금 서울 명동 일대에 수만 평의 땅을 갖고 있었는데 지금 돈으로 환산하면 2조 원이 넘는다고 하는데, 그것을 입증이라도 하듯 명동YWCA 근처에는 우당의 집터 표지석이 있다. 마침 명동이 전국에서 땅값이 가장 높은 곳이라는 발표가 있은 직후라, 1평방미터에 수천만 원이나 한다는 그 땅 수만 평 중에서 몇 백 평이라도 남겨두었더라면 하는 아쉬움을 말하는 이도 있었다. 한홍구 교수는 평소 이회영 일가를 진정한 보수주의자로 해석하고, 보수란 "진정 지켜야 할 가치를 위하여 모든 것을 희생할 수 있는 자"라고 정의했다. 그러면서, 이 땅의 보수들에게 "참 보수란 우당 형제들이 보여준 자기희생과 솔선수범에 있다"는 점을 강조했다. 한 교수는 MB 이후의 한국의 보수들은, 보수라는 탈만 썼지 진정한 보수가 아니라고 일갈했다. 보수로서 의당 가져야 할 자기희생이나 솔선수범이 없었기 때문이다. 그 일례로 천안함사건 당시 MB 이하와 총리, 장차관들의 80%가 병역면제를 받았음을 예시하면서, 정말 지켜야 할 가치를 내팽개친 이런 정권이 '보수'를 내세운다는 것 자체가 어불성설이라고 했다. 따라서 이 전시회의 목적이 '노블레스 오블리주'의 진면목을 보여줌에 있다고 한다면, "이 땅의 보수들아, 증명전에 와서 '난잎으로 칼을 산' 우당과 그의 형제들의 참 보수의 모습을 보고 본 받아라"고 하는 것 같았다.

중간 중간 사회를 맡은 작가 서해성의 그 해박한 해설은 모인 이들의 탄성을 자아냈다. 그가 설명한 우당의 '난잎 예술론'을 거쳐 발언 순서가 이종걸 의원에게 넘겨지자 이 의원은 약간 어눌한 목소리로 다시 이 전시회 주인공들의 이야기를 했다. 그중에 인상적인 것은 두 분의 여성 독립운동가를 소개한 것이었다. 우당의 부인 이은숙 여사와 딸 이규숙 여사다. 고문치사 당하던 해(1932년)에 우당은 66세, 부인 이은숙 여사가 44세였다. 이 여사는 해방 후 1975년 그가 겪은 독립운동의 실상을, 이번 전시회에 그 원본이 전시되기도 한《독립운동가의 아내 수기》(일명《서간도시종기》)를 펴내 월봉저작상을 받기도 했다. 한 여성으로서 망명 초기 대가족과 신흥무관학교를 뒷바라지한 내용과 빼앗긴 나라를 되찾기 위해 독립운동에서 겪었던 처절했던 삶을 그려놓았다. 그녀는, 전에는 종이었으나 그 후 독립군이 된 이들의 빨래를 해주고 밥을 짓고 옷을 수선해주었다고 술회했다. 양반집 대가의 마님이 종들의 빨래를 해주어도 아무렇지도 않게 생각하게 된 환경의 변화, 진정 이 같은 우리 사회의 평등관은 독립운동을 통해 이같이 정착되어 갔던 것이다. 이 의원이 우당의 딸이자 자기에게는 고모가 되는 이규숙 여사를 소개할 때에는 목이 메는 듯했다. 이규숙 여사에 대해서는 이 의원 자신이 손수 짓고 이번에 전시하기도 한 〈규숙 고모님을 떠나보내며〉라는 글 속에 잘 나타나 있다. 출생과 동시에 강보에 쌓여 망명길에 오른 이규숙은 완벽한 중국어에다 영어까지 잘 구사하여 독립운동 연락책으로 정보 수집에 적극적이었고, 독립군의 무기운반책으로도 혁혁한 활동을 했다고 전했다. 그러나 해방된 조국은 그들의 독립운동에 값하는 대우를 해주지 못했다. 그의 고모가 5년 전 수원 어느 호숫가에서 행상을 하는 아들의 집에서 돌아갔다는 말을 전할 때에는 그걸 듣고 있던 좌중의 목울대들을 울먹였고 눈시울을 뜨겁게 했다. 독립운동가나 그 후손들이 광복된 조국에서 어떤 대우를 받았는가. 이는 이미 인구에 회자되어 건드리면 곧 터질 것만 같은 상처로 남았지만, 그것이 오늘의 우리 세대에도 그대로 전승되고 있기에 이 전시회를 마감하는 자리에 참석한 이들의 마음을 더욱 아프게 했다.

우당과 그 형제들이 걸었던 길은 역사의 길이었고 현실의 길이 아니었다. 역사의 길은 고난의 길이요 현실의 길과 비교할 때 비현실의 길이며, 비현실적이지만 정도正道임에 틀림없다. 때문에 역사의 길은 그것이 현실적이냐 비현실적이냐를 가지고 따져서는 안 된다. 백범 김구 선생은, 그것이 정도냐 사도邪道냐 하는 것으로 따져야 한다면서 다음과 같이 말했다.

비록 구절양장九折羊腸일지라도 그 길이 정도라면 그 길을 택하여야 하는 것이요, 우리가 망명생활을 30여 년간이나 한 것도 가장 비현실적인 길인 줄 알면서도 민족 지상명령이기 때문에 그 길을 택한 것이다. 과거의 일진회도 '현실적인 길'을 가야 한다고 주장한 것이다. …… 세상에 가장 현실적인 방법과 수단이 어찌 한두 가지에 그칠 것인가. 땀을 흘리고 먼지를 무릅쓰며 노동을 하는 것보다 은행 창고를 뚫고 들어가 금품을 도취盜取하여서 안일한 생활을 하는 것도 현실적이라 할 수 있고, 청빈한 선비의 정실이 되어 곤궁과 싸우기보다 차라리 모리배나 수전노의 애첩이 되어서 호사스러운 생활을 하는 것도 가장 현실적인 길일지 모른다. 그러나 우리는 현실적이냐 비현실적이냐가 문제가 아니라 그것이 정도냐 사도냐가 생명이라는 것을 명기하여야 한다.

　　　　　　　　　　　　역사의 길, 현실의 길

백범의 이 같은 술회는 일제강점 하의 독립운동과 광복 후의 새정부 수립과정에서 겪었던 변전무쌍한 인간 군상의 제반 모습을 나름의 가치기준인 '정도正道'와 '사도邪道'로 명쾌하게 정리한 한 지도사의 인간관이라 할 것이다(2015년 2월 27일).

누리는 자가 져야 할 의무, 노블레스 오블리주

작년(2014년) 11월 27일부터 올 3월 1일까지 덕수궁 중명전에서 특이한 전시회가 있었다. 〈난잎으로 칼을 얻다〉, 우당 이회영과 6형제를 소개하는 전시회였다. 3개월이 넘는 전시회 기간 동안, 1만 명이 넘는 관람자들이 이곳을 찾았다. 전시회를 11월 17일에 시작한 것은 그날이 우당 이회영이 만주 여순에서 순국한 날이기 때문이다. 11월 17일을 떠올리니 을사늑약을 강제한 중명전이 겹쳐 떠올랐고, 거기에다 이회영이 을사늑약 파기를 위해 여러 모로 구국운동을 벌였기 때문에 그날 그 장소에서 전시회를 열게 되었다.

원래 이 기획은 이 땅에 가진 자들, 보수라 자처하는 이들을 향해 '참 보수'란 이런 것이다라는 걸 보여주기 위한 것이었다. 이를 구호화하면, 서양의 유식한 말로 '노블레스 오블리주[Noblesse oblige, 귀족성은 의무를 갖는다]'라고 할 것이다. 우당 이회영과 6형제는 임진왜란 이후 정승만 9명이나 배출, 삼한갑족으로 알려진 집안의 후예다. 나라가 망하자 그들은 수만금의 가산을 정리하여 망명, 신흥무관학교 설립 자금 등 독립운동자금으로 내놓았다. 이들은 안동의 이상룡 등 유생 진신들과 함께 나라 망한 책임을 이국땅의 고통스런 독립운동으로 보답하려고 했다. 만삭의 몸으로 압록강을 건널 수 없는 상황임에도 왜놈 치하에 신생아의 호적을 둘 수 없다면서 강을 건넌 안동의 김 씨 양반가의 눈물겨운 사연은 지금도 우리의 눈시울을 붉게 한다. 이게 누렸던 자들의 최소한의 책임이요 의무다.

조선이 망할 때 나라 망한 것을 통탄하며 목숨을 끊은 자가 홍만식·황현을 제외하고는 그 몇이나 되는가. 고려가 조선에 정권을 넘겨줄 때에는 그래도 두문동 72현이 있었지만, 조선조가 외족인 일본에게 망할 때에는 두문동 72현 같은 노블레스들의 집단적 항거가 없었다. 그래서 "조선조는 망해도 더럽게 망했다"고 비아냥거리는 항간의 말이 결코 빈말이 아님을 알 수 있다. 대한제국이 망할 때는 두문동 72인보다 더 많은 76명에게 작위가 수여되었고, 은사금도 많은 관료들에게 주어졌으며, 일제에 의해 재임용된 구한국 관료들은 감지덕지했다. 이런 상황에서 수만금의 재산을 처분하고 망명노의 신세로나마 조상이 누렸던 빚을 후손된 자로서 보답하려 했으니 그게 노블레스 오블리주 정신이라고 할 수 없을까.

러일전쟁에서 승리했지만 일본군은 여순공략에서만 5만 명 이상의 사상자를 냈다. 이 전투는 러일전쟁을 일본의 승리로 이끈 결정적인 전승이었지만, 승리하고 돌아오는 노기 마레스케乃木希典 장군은 일본의 부모들로부터 심한 비난을 받았다. 그러나 그가 정작 이 전투에서 자기 아들을 희생시켰다는 것을 알게 되자 "노기 장군 만세"를 불렀다. 마오쩌뚱 역시 그의 아들 마오안잉毛岸英을 한국전쟁에 참전시켰다. 중국 지원군사령관 펑더화이彭德懷는 마오안잉을 군관으로 복무시키고자 했으나 마오는 군사경험이 없는 그에게 군관은 불가하다고 했다. 마오안잉이 폭격으로 사망했다는 소식을 듣고 마오는 "중국 인민군 수십 만이 죽고 있는데 어찌 내 자식만 살아 돌아오기를 기대하겠는가"라고 하고 그 시신마저 중국으로 옮기지 못하게 하여 예외를 두지 않았다. 이웃의 이야기지만, 울림은 크다.

한국 역사에도 이런 전범典範들이 있다. 가까이는 황현·홍만식·민영환 등과 나라 망한 책임을 지고 망명, 풍찬노숙을 마다하지 않은 선진들의 경우다. 역사를 거슬러 올라가면, 삼국시대 말기에도 있었다. 중국과 한반도 및 일본을 둘러싼 동아시아의 국제상황에서 나당의 동서축과 고구려·백제·돌궐·일본의 남북축 사이에는 혈투가 벌어졌고 나당동맹이 승리했다. 이 승리에는 신라의 지배층이 보여준 노블레스오블리주를 외면할 수 없다. 660년 황산 전투에서 신리의 김유신은 김흠순·김품일 등의 부장副將과 5만의 병력을 거느리고도 백제 계백의 5,000결사대를 꺾지 못하고 4전 4패했다. 그러나 신라의 부사령관 김흠순은 그의 아들 화랑 반굴을 희생시켰고, 부사령관 김품일 또한 그의 아들 소년 화랑 관창을 제물로 바쳤다. 이들 지도자의 자기희생이 황산 전투의 승리를 담보했다.

김유신의 가정교육도 누린 자의 책임과 의무를 보여준다. 백제·고구려의 멸망 후 당이 한반도를 삼키려 하자 신라는 분연히 일어났다. 임진강 유역의 석문 전투에서 김유신의 아들 원술이 거느린 부대가 거의 전멸했다. 간신히 살아난 김원술이 부친을 찾아갔지만 김유신은 그를 맞아주지 않았다. 임전무퇴를 실천하지 못하고 생명을 부지한 그를 자식이라고 받아들일 수 없었던 것이다. 김유신이 죽자 원술은 그의 어머니를 찾았으나 지소 부인 역시 그를 내쳤다. 그 부모의 이 같은 정을 끊는 엄한 교훈이 그를 역사에 살아남는 존재로 만들었다. 675년 당나라 이근행李謹行이 이끈 20만 군이 신라의 매초(매소)성을 공격했을 때 신라는 당의 군마 3만여 필을 획득하는 전과를 올렸다. 이 싸움은 나당 간에 반도 안에서 치러진 가장 큰 전투로 당군 20만이 거의 전사한 것으로 보인다. 이 싸움에서 큰 공을 세운 이는 원술이었다. 김유신가의 노블레스 오블리주를 엿보게 하는 대목이다.

가진 자, 누리는 자들의 책임과 의무가 점차 실종되고 있다. 인사청문회에서 볼썽사나운 꼴들이 이젠 사과 한마디로 무사통과되고 있다. 서민들에게는 사법적 잣대를 댔을 주민등록법 위반이나 병역미필, 탈세 등이 인사청문 대상자에게는 상습적으로 처벌 대상에서 제외되고 있다. 이를 보고 있는 백성들은 무엇을 배울까. 지난 정권에서는 대통령부터 국무총리, 상당수의 고위직과 여당 대표까지 병역미필로 꼴사나운 모습이었고 보온병 망신까지 당했다. 이게 입만 열면 안보를 강조했던 정권의 민낯이었다. 안보무능정권은 필연적이었다. 그런 정권일수록 국민을 향해서는 안보불감증을 질타하고 자신들은 청와대 벙커에 숨는다. 수선을 떨고 또 값비싼 비용을 들이는 안보강화조치보다는 정권에 기식하고 있는 병역미필자를 몇 사람이라도 추방했더라면 안보의식 고취에 훨씬 효과적일 것이었다. 가진 자, 누리는 자들의 의무가 어찌 병역의무에만 국한하겠는가. 청년실업과 비정규직, 가계부채 증가와 노동자들의 아우성이 하늘을 찌를 듯한데, 이 땅의 보수와 가진 자들은 이를 외면하고 있다. 공동체가 붕괴되면 그들의 누림인들 안전할까. 우당 6형제의 살신성인과 자기를 내던짐이 새삼 이 시대 노블레스 오블리주의 메시지로 다가서는 것은 이 때문이다(2015년 3월 16일).

이승만 국부론

한상진 국민의당 공동창당준비위원장이 4·19민주묘역을 참배한 자리에서 '이승만 국부國父론'을 노래했다. 그는, 어느 나라든 나라를 세운 분을 '국부'라고 하는데, 우리도 그래야 한다고 강조하면서, 이승만은 원래 자유민주주의를 신봉한 분이었고 그때 만들어진 뿌리가 성장해서 4·19혁명에 의해 민주주의 가치가 확립됐다고 했다. 이는 뉴라이트계로부터 자주 듣던 소리였다. 이 발언으로 국민의당 정체성에 대한 의구심과 비판이 쏟아지자, 그는 며칠 뒤 4·19유가족과 관계자들을 향해, 마음을 불편하게 하고 폐를 끼쳤다면서 자신의 '이승만 국부' 발언에 대해 사과했다. 그는 이승만이 국부란 호칭에 어울릴 도덕적 기준을 갖추기엔 턱없이 부족했지만, 자신은 사회통합 차원에서 언급한 것이므로 그 진의를 너그럽게 이해해주길 바란다고 했다. 그러나 끝내 이승만 국부론을 거둬들이지는 않았다.

그의 발언은 이념과 지향, 이해관계에 따라 정치세력이 이합집산하는 작금의 소용돌이 속에서 분출된 하나의 에피소드와 같은 것이어서, 정치적 이해득실의 관점에서 해석하여 단순화시켜버릴 수도 있다. 그러나 한 공동위원장은 자타가 공인하는 중민中民이론가로서 학문적인 탄탄한 기반을 갖고 있으며, 4·19와 5·18의 민주정신을 체휼해 온 분으로 깊은 생각 없이 그런 중요한 문제를 주장할 분이 아니다. 때문에 그의 사과발언이 학문적 통찰력에 의해 다듬어진 것인지, 창당과정의 이해득실을 고려, 임기응변으로 발언한 것인지 가벼이 판단할 수 없다. 아무튼 그의 발언이 MB 정권 이래 심심하면 한 번씩 튀어나왔던 이승만 국부론을 다시 여과할 수 있게 한 것은 다행스럽다고 생각된다.

그동안 이승만에 대한 평가는 한결같지 않았다. 그가 집권했을 때, 전기가 간행되고 동상이 세워지고 화폐의 화상으로 등장했던 때가 있었는가 하면 4·19 이후에는 독재자로 배척, 평가되었다. 현대사에 대한 이해와 평가가 진영논리에 영향을 받으면서 첨예한 대립각을 이루고 있는 이 시점에서 이승만을 객관화한다는 것은 더구나 쉽지 않다. 이럴 때는 역사적인 접근법으로 그의 행적을 살피면서 그를 평가하는 수밖에 없다. 그를 국부로 평가할 수 있는가 여부도 이런 역사적 평가 위에서 이뤄져야 한다. 그 역사를 어떻게 객관화할 수 있는가 하는 문제는 여전히 숙제일 수밖에 없지만.

좀 엉뚱한 듯하지만, 근대국가에서 국부國父는 어떤 존재인가. 과문이어서 지금도 국부를 내세우고 숭상하는 나라가 몇이나 되는지 잘 알지 못한다. 미국이 조지 워싱턴과 건국의 아버지들을 언급하고 있다지만 어느 정도인지 모른다. 한때 인도네시아의 수카르노가 그런 대접을 받았고, 남미 5개국을 독립시킨 시몬 볼리바르나 수천 년의 왕정을 무너뜨리고 공화정을 세운 쑨원 또한 국부라고 칭송받았다. 그 누구보다도 국부로 추앙받는 분은 터키의 무스타파 케말이다. 그는 1차 세계대전 후 전승국과 그리스의 압력으로부터 터키를 보전, 근대국가로 재탄생시켜 '터키인의 아버지(아타튀르크)'로 지금도 존경받고 있다. 그는 마케도니아 출신 장군으로 1차 세계대전 때 오스만 터키가 붕괴되자 독립군을 이끌고 사분오열된 터키를 구하여 공화정을 세우고 국부로 추앙받게 되었다. 국부로 추앙받는 분들은 대부분 독립전쟁에서 영웅적으로 활동하여 나라를 세운 공로로 그 명예를 헌상받았다.

이승만을 대하면서 다음 두 경우에 특히 존경한다. 한말 옥중에서 초인적인 활동을 보였을 때와 정부 수립 초기의 특정 활동에서다. 그는 몰락 왕족(양녕대군)의 후예로서 배재학당에서 수학하여 영어와 신학문을 익히고 개화·개혁적인 활동에 나섰으며 독립협회사건 후 옥에 갇혀시도 지술에 힘쓰고 사전을 만들며 옥중학교를 열어 죄수들을 가르쳤다. 이때 그의 사상과 활동은 존경과 찬탄의 대상이다. 또 그가 대한민국 정부를 임정의 전통 위에 수립한 것도, 그의 독립운동의 성과와 관계없이, 잘 알려지지 않은 공적이다.

그는 대한민국의 건국이 연합국의 승리에 의해서가 아니라, 일제의 폭정 하에서 3·1혁명을 통해 이뤄졌다고 보고 이를 자랑스럽게 생각했다. 제헌헌법 전문에 대한민국이 어떻게 수립되었는가를 밝힌 것은, 다른 나라 헌법에서는 좀처럼 볼 수 없는 것으로, 제헌국회 의장이었던 이승만의 노력에 의한 것이었다. 그는 후세들이 대한민국의 건립을 행여나 연합국 승리의 결과로 인식할까봐 헌법 전문에 그것을 밝히되, 대한민국은 1919년 3·1혁명의 결과로 이뤄졌음을 분명히했다. 그렇기에 정부 수립 직후 관보나 공식 문서에 대한민국이 건국 30년이 되었음을 밝힌 것도 그의 이 같은 역사인식에 따른 것이었다. 이것은 대한민국의 전통이 독립운동의 전통 위에서 세워진 것임을 초대 대통령으로서 분명히 한 것으로, 식민지근대화론자들이나 이승만 추종자들이 눈을 씻고 봐야 할 대목이다. 그는 해방 직후 공산주의자들과의 합작이 불가능하다는 현실적인 판단 위에서 분단정부를 택했지만, 대한민국의 정통을 독립운동의 전통 위에 자리매김시킨 것은 높이 평가해야 한다. 그런데도 그를 국부로 떠받들려고 하는 이들조차 그의 이런 역사의식에는 눈감아버린다.

이승만에 대한 이런 평가와는 달리 그에 대한 비판은 지뢰밭처럼 널려 있다. 그런 비판은 자연히 그를 국부로 추앙할 수 있는가에 대한 의문으로 연결된다. 우선 그의 독립운동이다. 그가 주로 활동한 지역은 하와이와 미주였는데 이는 그의 독립운동의 성격을 외교노선으로 결정하는 계기도 되었다. 그의 외교노선은 많은 충돌을 일으켰다. 한길수와의 갈등은 미국 정부의 임정 승인을 방해했다. 그가 미주 어딘가에 살아있다는 것만으로도 일제치하의 한국인들에게 희망을 주기도 했지만, 그가 다른 나라의 국부처럼 그런 피나는 독립투쟁을 벌이지는 않았다. 오히려 그가 독립운동기관인 임정으로부터 탄핵(파면)당했음을 검토하는 것은 괴롭다.

정부 수립 후 그는 반공방일反共防日을 국시처럼 내세웠지만 친일파 처리를 왜 그렇게 했으며, 샌프란시스코조약 당시 독도에 대한 대책을 왜 그렇게 허술하게 했는가는, 해방 후의 혼란을 감안한다 하더라도, 납득할 수 없다. 남북 대결에서 국토방위에 대한 그 숱한 호언장담에도 불구하고 6·25는 그의 사전대처가 얼마나 허술했는가를 보여주었고, 서울 철수와 수복 후의 서울시민에 대한 처리과정, 보도연맹사건과 국민방위군사건에서 무고한 생명 수십만이 죽음으로 몰린 것은, 한미동맹을 굳건히 하여 대한민국을 보전했다는 그에 대한 칭송에도 불구하고, 국부라는 이름과는 쉽게 어울릴 수 없다. 그뿐인가, 그가 대한민국을 자유민주주의국가로 터 닦는 데 공헌했다고 강조되고 있지만, 불법적인 발췌개헌과 사사오입개헌 그리고 부정선거를 통해 대한민국 민주화에 씻을 수 없는 오점을 남겼던 것도 그였다. 이승만 국부론은 이런 지뢰밭을 헤쳐 나가야만 가능하다.

한상진 공동대표의 발언 장소가 4·19민주묘역이었다는 것도, 의도적이라면, 그와 그의 동행자들의 몰역사의식을 느끼게 한다. 그 장소가 어떤 곳인가, 이승만의 실정과 부정선거에 항의하다가 희생된 민주영령들이 누워 있는 곳이다. 그곳에서 '이승만 국부론'을 주장하다니, 그것은 중민이론이나 국민의당 당명에도 결코 어울리지 않는다. 혹시라도 사경을 헤매고 있는 한국 민주주의를 답답해하면서 반어적 수사修辭로 그런 표현을 했다고 선의적으로 해석한다 하더라도, 그들은 이승만 국부론이 파생시킬 복잡미묘한 역효과까지 감안했어야 했다.

이승만 국부론, 이념적인 분열이 극심한 상황에서 오죽하면 사회통합이라는 관점을 내세워 그런 주장을 폈을까. 이승만은 임시정부 초

대 대통령이었고 정식정부 초대 대통령이기도 해서 국부론이 뒷받침
될 만한 분이다. 그렇지만 그의 역사적 행적은 이를 뒷받침하지 못한
다. 좀 더 냉정히 생각해보자. 그는 임시정부에서 탄핵되었고, 정식 정
부에서도 12년간 장기집권 후에 4월혁명으로 쫓겨났다. 이 사실만으
로도, 그를 국부로 추앙하고 싶어 하는 국민의 자존감에 많은 상처를
안겨준다. 폐일언하고 국립묘지에 안장된 이승만을 그대로 쉬게 하라,
언젠가는 그의 공과를 감안하고 포폄이 정리되면 역사 앞에 그의 진면
목이 드러날 것이다. 현 시점에서 그를 국부라고 치켜세우려다가 자칫
그의 치부를 더 건드리게 될까 두렵다(2016년 1월 18일).

사회주의계 독립유공자 서훈의 문제

며칠 전부터 김일성 주석 친인척 서훈의 문제로 찬반여론이 비등하다.
민족문제연구소(민문연)가 국가보훈처의 처사에 문제제기한 후 국회
정무위는 물론 언론도 많은 관심을 표명하게 되었다. 개중에는 이념적
대결을 부추기기도 한다. 이 점에 대해서는 민족문제연구소가 발표한
〈김일성 주석 친인척 서훈 독해법─문제의 본질은 연좌제가 아닌 보훈
처의 대국민 기만행위〉라는 글이 자세히 밝히고 있어 재론의 여지가
없어 보이지만, 사회주의계 독립유공자 서훈과 관련하여 좀 더 언급할
부분이 있지 않나 생각되어 몇 자 적는다.

　이번에 제기된 문제는 김일성의 친인척인 김형권과 강진석이 대

한민국 건국훈장 애국장을 수여받은 것과 관련된 것이다. 김형권 (1905~1936년)은 김일성의 삼촌이요, 강진석(1890~1942년)은 외삼촌이다. 김일성의 부친 김형직도 3·1운동 전 숭실학교 시절부터 조선국민회운동을 통해 독립운동에 나섰고, 그의 외조부 강돈욱도 교육자로서 평판이 좋은 분이었다. 문제를 제기한 민문연도 김형권과 강진석에게 건국훈장 애국장을 추서한 것에 문제가 있다고 한 것은 아니다. 민문연도 강진석의 서훈을 두고 그의 독립운동 사실은 분명하며 연좌제를 인정하지 않기 때문에 서훈 자체에 대해 반대하는 것은 아니며, 또 그가 김일성의 외삼촌이라는 것을 알고도 보훈처가 건국훈장을 수여했다면, 이는 남북화해와 평화정착을 위한 전향적인 결단으로 보고 환영할 만한 일이라고 높이 평가했다. 민문연은 또 "사회주의자에 대한 서훈 또한 정권이 여러 차례 바뀌면서도 지속되어왔기 때문에 특별히 문제 삼을 이유도 없다"고 입장을 밝혔다.

강진석의 서훈에 대한 민원이 제기되자 보훈처는 강진석이 광복 전에 사망하여 북한 정권 수립에 참여하지 않았으며 독립운동의 공적 내용이 포상기준에 합당하기 때문에 서훈을 유지하기로 결정했다고 했단다. 이러한 결정은 정부 당국에 신뢰성을 부여하는 것이다. 민문연이 문제를 제기한 것은, "극우 이념 편향적인 박승춘이 보훈처장으로 취임한 뒤 강진석이 김일성의 지친이라는 기초 정보조차 확인하지 못한 채 서훈을 했다가 이를 뒤늦게 알고 서훈 자체를 조직적으로 은폐하려 했"기 때문이라고 했다. 그 은폐방식도 보훈처가 "정상적인 절차를 거치지 않고 내부에서 은밀하게 수습하려" 했다는 것이다. 이미 출간 배포된 공훈록은 어쩔 수 없어 그대로 두고, 나머지는 "가능한 한 기록을 말살하려 치밀한 노력을 기울인 것으로 보인다"는 것이다. 보훈처는 "홈페이지의 '공훈록'과 공훈전자사료관의 '독립유공자 포상 년도, 훈격별 현황(전체)', 훈장 미전수자 명부에서 김형권과 강진석을 삭제"했는데, 그래 놓고도 "오는 광복절에 복구하려 했다"고 "치졸한 변명"을 시도했다는 것이다. 그 뒤 6월 28일 국회 정무위의 추궁에서 보훈처는 거듭 이들의 서훈에 문제가 없음을 강변하다가, 하루 사이에 이를 뒤집어 상훈법 개정을 통해 북한 고위층 관련 인물에 대한 서훈 취소를 빠른 시일 내에 추진하겠다고 공언했단다. 민문연의 비판이 김일성의 친인척인 김형권·강진석이 대한민국 정부가 수여하는 독립유공자로 서훈되었다는 것을 비판한 것이 아닌데도, 일은 엉뚱한 방향으로 진행되고 있다는 느낌이다.

　사회주의계열의 독립유공자 서훈은 학계와 관계 당국에서 치열한 논쟁과 고민을 거쳐 2005년경부터 시작되었다. 물론 단서를 붙였다. 독립운동으로 서훈의 대상이 된다 하더라도 해방 후 북한 정권에 협조한 이는 제외시켰다. 남북 현실로 봐서 이해되지 않는 바가 아니다. 또 같은 독립운동이라 하더라도 한 등급을 낮추어 서훈하는 단서도 달았다. 한 등급을 낮춰 서훈하는 것은 문화계·교육계·종교계 인사가 자기 분야와 관련해 독립운동을 했을 경우에도 마찬가지다. 이 점에서는 사회주의자와 다른 문화계의 인사가 같은 대우를 받았다. 그리하여 사회주의계 독립운동가라도 해방 전에 돌아간 이들은 대한민국 정부로부터 독립유공자로서 건국훈장을 받을 수 있었다. 김형권과 강진석도 사회주의자이긴 하지만 해방 전에 돌아갔고 북한 정권에 협력하지 않았기 때문에 서훈 대상이 되었다. 대한민국 정부가 이렇게 사회주의자들의 독립운동을 서훈 대상으로 했다는 것은 남북관계에서 그만큼 자신감을 보인 것이다. 이렇게 포용력을 발휘하는 것은 민족사적 정통성을 확보하는 데에 도움이 된다고 본다.

문제는 이번 사건을 계기로 현재의 독립유공자 상훈법을 고치겠다는 보훈처의 태도다. 우려되는 것은 은폐와 변명의 자세를 보였던 보훈처의 태도로 봐서 이념적 대결을 강화하는 방향으로 가지 않을까 하는 점이다. 사회주의계 독립운동가에게 대한민국의 이름으로 서훈하는 것은 학계의 고민과 거기에 부응한 정부의 결단에 의해 이뤄진 만큼 그것은 진보정권이나 좌파지식인의 합작품이 아니다. 이는 남북 대결의 상황에서도 독립운동의 역사를 바로 세워 민족적 정통성을 확립하고자 하는 사회 전체의 치열한 고민의 산물이다. 해방 직전의 대한민국 임시정부만 하더라도 좌우합작 정부를 운용했고, 국내세력은 물론 연안파와 만주·연해주의 무장세력과도 기맥을 통하려 했다. 일제하 독립운동의 지향이 좌우통합·민족협동전선이었던 만큼, 겨우 숨통을 틔운 사회주의계 독립운동가 서훈에 대해서는 국민정서에 부담스럽지 않게 더 합리적으로 확대하는 방향으로 고민해야 할 것이다.

더 생각해볼 것이 있다. 그동안 분단상황에서 남북 어디에서도 자리잡지 못한 독립운동가가 있다는 것이다. 해외 독립운동에서 누구 못지않게 활동한 김원봉 같은 이가 그 뚜렷한 예다. 그는 해방 후 남쪽으로 귀향했다가 친일파로부터 심한 모욕을 당한 끝에 월북하여 북한 정권에 참여했다. 그 뒤 1950년대 말경 북한의 정권 갈등의 와중에서 사라졌다. 남북 어디에서도 그의 독립운동은 자리매김하지 못하고 있다. 이렇게 아직도 정처를 찾지 못한 채 외로이 떠도는 독립운동가의 고혼孤魂을 언제까지 민족사에 입적시키지 않고 내버려두어야 하는지, 이제는 심각하게 고민해야 한다. 또 이번 문제에서 드러났듯이, 해방 전에 사망하여 북한 정권에 협조하지도 않았는데, 북한 지도층의 친인척이라는 이유로 독립운동 서훈에서 제외시키려 한다면 그 역시 합리적이지도 않고 우리의 원칙에도 맞지 않다. 독립운동가들은 사상과 이념을 초월하여 제대로 예우받아야 한다. 거듭 말하지만, 남북 대결상황에서 포용성을 가지고 독립운동 계승의 폭을 넓히면, 넓히는 그만큼 정통성의 근거도 더 확대될 것으로 믿는다(2016년 7월 8일).

역사에 살아있는 사람들

며칠 전 창작과비평사에서 《어린이 대학: 역사—어린이가 묻고 석학이 답하다》라는 책을 간행하고, 어린이들 50여 명을 선발, 이 책과 관련된 강의를 요청해왔다. 이 책은 어린이들이 역사에 관해 질문한 것을 모아 거기에 답하는 형식으로 작성한 것이어서, 책 출판과 함께 이런 행사를 계획했던 것이다. 이날 강연도 학생들이 이 책 제작에 앞서 질문한 내용을 중심으로 이뤄졌다. '역사란 무엇인가', '역사학자는 무슨 일을 하는가', '진짜로 궁금한 한국사 이야기', '역사학자의 일기장

역사의 길, 현실의 길

속으로' 등 재미있는 주제들을 가지고 강연했다. 강연 마지막에는 어린이들의 즉석 질문과 거기에 대한 답변도 있었다.

강연을 끝내면서 어린이들에게 당부하는 말을 잊지 않았다. 역사를 공부하여 역사에 살아있는 사람이 되라는 것이었다. 100세를 넘기기 힘든 인간이지만 역사 속에서는 얼마든지 오래도록 살 수 있기 때문이다. 강연을 하면서 어린이들에게 추상적인 어려운 말보다는 구체적인 예를 드는 것이 좋겠다고 생각했다. 그래서 어떤 사람이 역사에 살아있는 사람인지, 몇 사람의 예를 들어 설명했다.

먼저 구약성서의 모세라는 사람을 들었다. 그는 이스라엘 어린이로 태어나 이집트 왕실 공주의 양아들로 들어갔다. 그는 왕족으로 각종 호화로운 생활을 누렸고, 당대 최고의 학문기관인 이집트 왕실대학에서 다른 왕족들과 함께 공부하여 세상 학문에도 밝았다. 그러나 그는 자신이 이집트에서 노예나 다름없이 생활하는 이스라엘 사람인 것을 알고 자기 동족들을 늘 생각했다. 40세 되던 때에 그는 이집트 왕실의 호화로운 생활을 버리고 자기 동족과 함께 고난 받는 길을 선택했다. 동족 이스라엘 사람들을 이끌고 사막으로 나와 지금의 이스라엘 땅으로 인도했다. 40년 동안의 고생길이었다. 그의 생애는 이집트 공주의 아들됨을 거절하고 자기 백성과 함께 고난 받기를 더 좋아한 것이었다. 이집트의 궁실에서 호화롭게 살았더라면 그는 역사에 살아있는 사람이 되지 못했을 것이다. 그러나 노예생활 하는 자기 동족을 이끌고 이집트를 탈출, 자유를 향한 40년간의 고난의 길을 함께함으로 역사에 살아있는 사람이 되었다.

한말 이완용과 황현은 역사에 살아있는 것이 어떤 것인지를 분명하게 보여준다. 이완용은 초기에 미국에 있는 한국공사관에 관리로 갔다온 개화파 인물이었고 독립협회 회장까지 지냈다. 그러나 1905년 학부대신(교육부장관)으로 있을 때 한국의 외교권을 빼앗으려는 을사늑약에 가장 먼저 찬성했다. 그 공로로 뒷날 총리대신이 되었고, 나라를 일본에 넘기는 데에도 앞장섰다. 나라를 넘긴 대가로 일본으로부터 작위와 은사금도 받아 부귀영화를 누렸다. 거기에 비해 그 시대에 저 시골에서 선비로 살았던 황현이란 분이 있었다. 그는 1910년 나라가 망했다는 소식을 듣자 선비로서 나라 잃은 데 대한 책임을 통감하고 자결해 죽었다. 역사에는 누가 살아있는가. 나라 판 돈으로 부귀영화를 누린 이완용인가, 나라 잃은 책임을 통감하고 목숨을 버린 황현인가.

또 한 사람을 소개하겠다. 다산 정약용이다. 그는 정조 때에 잘 나가는 청년지식인으로 임금의 총애를 받으며 벼슬길에 올랐다. 그러나 정조가 돌아가고 정치적 변동이 왔을 때 그는 18년간 귀양살이를 하게 되었다. 귀양살이 중에서도 그는 제자들과 함께 열심히 공부하여《목민심서》·《흠흠신서》·《경제유표》 등 나라 다스리는 데에 필요한 책과 수백 권의 사상 관련 책을 남겼다. 도탄에 빠진 백성을 어떻게 구할 것인가를 귀양살이 중에도 고민하면서 연구했던 것이다. 그 결과 정약용은 성호 이익, 반계 유형원과 함께 한국의 실학을 집대성한 분으로 평가받고 있다. 정약용이 살아 있을 때 높은 벼슬에 있었던 사람들이 많이 있었지만, 역사는 그런 분들을 거의 기억하지 않는다. 오직 정약용을 '역사에 살아있는 분'으로 기억한다. 역사에 살아있다는 것은 이렇

역사의 길, 현실의 길

게 살아있을 때에는 배척받고 고난 받는 삶일 수 있지만, 역사는 그를 찾아내어 살아있는 사람으로 추앙한다. 이게 역사다.

역사에 살아있는 사람은 어떤 이들인가. 한마디로 자신을 위해 살지 않고, 남을 위해 살았던 사람이다. 자신만을 위해서 살았던 사람도 역사에 이름을 남기긴 하지만, 그들은 역사에 살아있지 않고 죽어 있다. 역사에 살아있는 사람은, 후세 사람들과 말로 교감하고 행동으로 교제하고, 갈 길을 헤매는 후배들에게 불빛이 있는 곳을 안내해준다. 시대가 깜깜할 때에 그는 우리의 손을 잡고 인도해주고 외롭고 슬플 때에 짝꿍이 되어 격려해준다. 어려운 형편을 타개할 지혜를 주고, 세상 속에 묻혀 질식하지 않도록 삶을 이끌어준다. 시대가 어려울 때에는 예언자처럼 갈 길을 제시하는 에너지를 공급해주기도 한다. 우리 어린이들도 역사를 제대로 공부하여 역사에 살아있는 사람이 되기를 기원한다(2017년 8월 24일).

세모에 100년 전 1917년생 주변을 두리번거리다

해마다 이맘때쯤이면 자연스럽게 한 해를 되돌아보게 된다. 2017년, 올해는 어떤 해였을까. 다사다난했다는 말로 상투적으로 평가하기에는 아쉬움이 많은, 매우 의미 있는 한해다. 무엇보다 한국민주화운동사에서는 새로운 이정표를 세운 해로 기억될 것이다. 나라 안팎에서는 종교개혁 500주년이라 하여 그것을 기념하느라 많은 행사가 치러졌지만, 우리 역사에는 그 못지않게 민초들에 의한 '촛불민주혁명'의 해로 간주될 것이다. 한국근현대 민족민주운동사에서 동학농민혁명, 3·1대혁명, 4·19혁명, 광주민주화운동이 거봉巨峰으로 꼽히듯이, 2017년의 촛불민주혁명도 세계사에서 유례를 발견하기 어려운, 평화롭게 진행된 변혁적인 사건으로 기록될 것이다.

1917년생, 윤이상·윤동주·박정희

이 해를 보내기 전에 출생 100주년을 맞는 몇 사람을 우연히 떠올리게 되었다. 이곳저곳에서 윤이상[尹伊桑, 1917년 9월 17일~1995년 11월 4일], 윤동주[尹東柱, 1917년 12월 30일~1945년 2월 16일]가 올해(2017년) 출생 100주년을 맞는다며 그 행사를 알려주었다. 두 분과 직접적인 대면을 할 수 없었던 나는 두 분의 흔적을 접한 적이 있다. 윤이상 선생의 함자는 내 고등학교 교가의 작곡자이기에 일찍 들었다. 그러다가 10여 년 전 내가 문화재위원으로 있을 때 선생의 유작遺作 악보를 근대문화재로 등록하는 문제를 두고 문화재청 담당자와 베를린 윤 선생의 고택을 방문, 그 악보를 모두 조사한 적이 있다. 윤동주 시인에 대해서는 나의 종로구 필운동 거주지에서 멀지 않은 누상동 근처 시인의 하숙집을 찾은 적이 있고, 시인이 한때 시상을 가다듬었을 인왕산 길은 지금 산복도로로 변했지만, 그 길의 창의문 끝자락에는 〈서시序詩〉를 새긴 바위가 있어 손아들과 함께 그 앞에서 읊조리기도 하고, 그 아래 자리한 윤동주문학관으로 인도하기도 했다. 일제 말기 윤동주 시인의 육필 원고가 보존되었던 광양의 정병욱 고가는 여럿과 같이 수차례 방문,

근대문화재로 등록하는 문제를 협의한 적이 있다.

　나는 두 분의 출생 100주년을 맞는다는 소식을 들었을 때 또 한 분의 1917년생을 떠올렸다. 촛불혁명이 아니었더라면 올해 어떤 형태로든지 거창하게 기념행사를 치렀을 박정희[朴正熙, 1917년 11월 14일~1979년 10월 26일] 전 대통령이다. 두 분과 함께 그를 대화의 테이블에 올려놓는 것도 흥미로울 것이라 생각했다. 이렇게 100년 전에 출생한 이들을 꼽고 보니, 윤동주가 늘 자신보다 한발 앞선다고 부러워했던 그의 고종형 송몽규와 박 전 대통령 밑에서 국무총리를 역임한 정일권도 이 해에 출생했음을 알게 되었다. 한두 해 뒤에 태어나 이들 세 분과 함께 활동한 이들도 있다. 윤이상에게는 정윤주·김춘수·김상옥이 있었고, 박정희에게는 백선엽·강문봉이 있었으며, 윤동주에게는 문익환이 있었다.

　이렇게 100여 년 전 사람들에 대한 생각을 넓히다 보니, 한국근현대 시기에는 유유상종類類相從이랄까, 동시대에 같은 목적을 가지고 활동했던 이들이 적지 않다. 1870년대 개항기에는 이승만(1875년)·김구(1876년)·안창호(1878년)·신채호(1880년)·김규식(1881년)이 출생, 애국계몽 및 항일독립운동 지도자로 활동했다. 이들을 이어 여운형(1886년)·조소앙(1887년)·안재홍(1891년)·정인보(1893년)·김원봉(1898년)이 나타났다. 1900년 언저리에는 공교롭게도 기독교 지도자들이 다수 출생하는데, 1897년에는 주기철·최태용·박형룡이, 1901년에는 김교신·김재준·이용도·최덕지·한상동·함석헌, 이어서 손양원(1902년)·한경직(1902년)·정경옥(1903년)·박윤선(1905년)이 태어나 일제강점기

기독교의 신앙·신학 수용과 영적 고양에 힘을 쏟았다. 이들 중 주기철·최덕지·한상동·손양원은 일제의 신사참배 강요에 투쟁, 순교와 투옥을 불사했고, 박형룡·김재준·정경옥·박윤선은 신학 수용과 교수에, 최태용·김교신·이용도·함석헌은 한국적 기독교 수립에 각각 힘을 기울였다.

100년 전, 같은 해에 태어난 윤이상·박정희·윤동주는 삶의 정향과 이력이 달랐다. 윤이상은 음악으로, 박정희는 군인·정치인으로, 윤동주는 시인으로 살았다. 윤이상은 통영 출신, 부친의 반대를 무릅쓰고 어릴 때부터 음악적 자질을 보여, 1935년부터 두 차례나 일본에 유학했고, 해방 전후에는 교편을 잡기도 했으나 한때 일제 경찰에 체포, 고난을 당하기도 했다. 1956년 이후 프랑스와 독일에 유학, 동서음악 융화에 창발성을 발휘했고 방북을 빌미로 동백림사건에 연루, 박정희 정권으로부터 심한 고문을 받았다. 박정희는 대구사범을 졸업, 한때 교편을 잡았으나 만주국 육군군관학교에 진학, 만주국 장교가 되어 항일세력을 소탕하는 데에 투입되었고, 해방 후에는 5·16군사쿠데타로 집권, 유신독재로 마감했다. 윤동주는 길림성 화룡현 명동 출신, 숭실학교와 연희전문 및 릿쿄대학을 거쳐 도시샤대학 재학 중 사상범으로 연루, 해방을 앞두고 후쿠오카 감옥에서 의문의 죽임을 당했다.

시어의 힘과 음악 혼, 분단을 넘어 평화통일로

윤동주의 단명短命이 세 사람의 삶과 사상을 평면적으로 비교하는 데에 애로를 준다. 그래서 윤동주 대신, 그와 사상적 맥락이 닿을 수도 있는, 1918년생의 문익환이나 장준하를 대입하면 어떨까 하는 생각도 든다. 1917년생 세 분은, 역사는 현재와 과거의 대화라는 관점에서도 우리에게 다양성을 제시해주고 있다. 아직도 청산되지 않아 한국사회 적폐의 가장 큰 원인을 제공하는 친일잔재와, 그와 대조되는 독립운동의 관점에서 이들은 어떻게 평가되고 있을까. 해방 후 민주주의 관점에서는 어떠하며, 남북 분단과 통일평화운동의 관점에서는 어떻게 평가될까. 묻지 않아도 답이 이미 나왔을 이런 평가기준들은 그들을 향한 질문만은 아니다. 현재를 살고 있는 우리 모두를 향한 질문이다.

윤동주는 조선의 역사와 문화를 사랑한, 연약해 보이는 시인으로 부드러움을 통해 생명의 힘을 일깨웠다. 그의 시세계가 민족의 범주를 넘기에 세계인의 시인으로 칭송된다. 모국어를 통해 빚어지는 그의 시어詩語는 인간의 순수가 정갈한 언어로 나타날 때 그것이 곧 시임을 입증했고, 순수한 것이 가장 강력하다는 것을 보여주었다. 독립운동을 행동으로 보인 적이 거의 없지만, 부장독립운동에 비할 바 아니었다. 일제가 그를 죽음으로 몰아간 것은 그가 발하는 시어의 강력함 때문이었다. 그는 행동 없이도 강력한 저항을 할 수 있다는 전범을 보여 주었고, 침략강권주의에 맞설 수 있는 힘이 시에도 있음을 보여주었다.

윤동주가 후쿠오카 감옥에서 죽어갈 무렵, 다카끼 마사오(박정희)는 일본군 장교로 천황에게 충성을 맹서하며 항일세력 토벌에 나섰다. 해방 후 그는 민주정부를 전복하고 유신독재의 길로 줄곧 달음질쳤다. 그가 보릿고개를 면케 하고 경제부흥으로 산업화를 이룩했다고 칭송되나, 비판자들의 목소리는 다르다. 18년 동안의 군정독재가 민주주의를 철저히 망가뜨렸기 때문에 산업화라는 말로 그를 미화하는 것은 민주 파괴에 대한 변명일 수 있다. 민주화 없이 산업화는 불가능하다. 오늘날 대결적 남북관계의 터전이 그의 장기집권기에 이뤄졌다면, 그와 그의 추종자들이 민족사에서 져야 할 책임은 결코 가볍지 않다.

윤이상은 동양의 음악혼으로 세계 음악에 도전한 예술인이다. 국가보안법이 시퍼렇게 살아있을 때 감행한 그의 방북은, 어리석은 선택같이 보였지만, 고구려 혼을 그의 음악세계로 승화시키고자 한 간절함과 뼈저리게 느낀 통일열망 때문이었다. 국보법이 쳐놓은 그물망이 그의 통일음악·평화통일의 열망을 짓누르려 했지만, 그의 음악은 승화되어 세계를 움직였고 그의 통일열망은 해내외 한국인들의 가슴을 뜨겁게 하고 있다. 그가 군사정권이 철통같이 얽어놓은 분단의 덫을 뛰어넘으려 했을 때, 아직 현실화되지는 않았지만 분단극복·평화통일의 길은 이미 터지고 있었다(2017년 12월 27일).

《목민심서》 200년, 민이 주인 되는 해로

다산은 "목牧이 민民을 위해 있는가, 민이 목을 위해 태어났는가"라고 묻고, "목이 민을 위해 존재하는 것이지, 민이 목을 위해 태어난 것이 아니다"라고 규정한다. 목민관 선출과 헌법 개정을 앞둔 올해《목민심서》 200주년은 이 책이 제기한 '민'과 '국가'의 관계를 시대에 맞게 새롭게 정립해야 할 시점이다.

올해는 다산 정약용(1762~1836년)이 《목민심서》를 완성한 지 200주년이 되는 해다. 목민관에 해당하는 지방 공직자 선거와 백성의 권리를 새롭게 규정할 헌법 개정을 앞둔 시기에 200주년을 맞게 되어 그 의미가 새롭다. 1800년 6월 정조가 돌아가자 천주교 연루 혐의를 받은 다산은 1801년부터 18년간 장기와 강진에서 유배생활을 했다. 1818년 봄 《목민심서》가 완성된 후 이해 8월 유배에서 풀려, 9월 중순 고향 마현리 여유당으로 돌아왔다. 나이 쉰일곱이었다.

다산은 임오화변으로 사도세자가 돌아간 해에 태어났다. 16세 때 성호 이익을 읽고 사숙한 그는 22세에 성균관에 들어가 초시·회시를 거쳐 정조(1776~1800년)를 알현했고, 28세 때 전시에 수석 합격했다. 이해 그는 초계문신으로 발탁돼 정조의 탕평노선을 뒷받침하는 엘리트 군의 한 사람으로 활약하게 되었다. 경학과 시문·시무에 밝은 다산은 규장각 각신으로 승정원과 삼사에 봉사하며 왕을 보필했다. 34세에 통정대부에 오르고 채제공과 함께 정조의 화성 사역에 공헌했다.

다산은 왕의 측근으로 정조의 '목민적' 삶을 가까이에서 보았다. 정조는 왕실에서 비단을 추방하고 스스로 베옷을 입었으며, 음식은 하루 두 끼를 먹고 반찬은 두서너 가지에 그쳤다. 임금이 거처하는 편전에 비가 샐 때도 많았지만 수리하지 않아 그 소박한 모습에 신하들이 놀라움을 금치 못했다(한영우, 《정조평전: 성군의 길》, 2017). 민초를 보육하는 일이 '목민'이라면, 정조가 보여준 목민적 삶은 수령과 방백 등 목민관에도 준용될 수 있다고 보았다. 정조의 삶에서 다산은 백성을 보양하는 '목민'이야말로 국가경영의 요체임을 터득하고 《목민심서》를 구상했을 법하다.

《목민심서》저술은 그의 부친 정재원이 다섯 곳에서 역임한 목민 사역과 그 자신의 목민 경험을 바탕으로 한 지적 산물이었다. 서문에는 부친의 목민 치적을 언급하면서 "소자는 비록 못나고 어리석은 사람이지만 좇아 배워서 다소간 들은 바가 있었고, 보아서 다소간 깨달은 바도 있었으며, 물러나 이를 시험해봄으로써 다소간 체득한 바가 있었다"고 썼다. 부친의 목민 경험이 이 책 저술에 동기를 부여했다는 뜻이다. 다산은 33세에 홍문관 수찬 직에서 경기 암행어사로 임명받았는데, 이 경험은 목민 실태 파악에 큰 도움을 주었으나, 그때 좌고우면하지 않고 올린 경기감사 서영보에 대한 고발장은 뒷날 그의 유배생활을 옥죄었다. 그 뒤 금정 찰방으로 잠시 떠났다가, 36세 때 곡산 부사로 부임해 1년 반 동안 목민관으로 재직하면서 황해도 목민관들을 염찰하라는 명령도 받게 되었다. 이런 경험들이 고스란히 《목민심서》에 녹아 있다.

《목민심서》는 무엇보다 다산이 18년간 유배생활하면서 남긴 인고의 산물이라 해도 과언이 아니다. 유배생활은 "처지가 낮아졌기 때문에 (민초로부터) 듣는 것이 매우 상세하여" 관직에서 체험할 수 없었던 백성들의 삶을 접할 수 있었다. 다산은 유배생활 중에 견문한 민중의 고통스러운 삶의 현장을 《목민심서》에 삽화처럼 그렸다. 강진 유배지에서 쓴 시 〈애절양〉이 대표적이다. 그가 말하는 시를 짓게 된 경위다. "이 시는 1803년 가을 내가 강진에서 지은 것이다. 그때 갈밭에 사는 백성이 아이를 낳은 지 사흘 만에 군보에 편입되고 이정里正이 못 바친 군포 대신 소를 빼앗아가자 그 백성이 칼을 뽑아 자기 성기를 스스로 베면서 '내가 이 물건 때문에 곤란을 겪는다'고 말하였다. 아내가 그 성기를 가지고 관아에 나아가니 피가 아직 뚝뚝 떨어졌고, 울며 호소하였으나 문지기가 막아버렸다. 내가 듣고 이 시를 지었다"[《목민심서》 兵典 6조 簽丁]. 〈애절양〉은 조선 후기 백골징포·황구첨정 등 군포 부정의 실태를 폭로한 실례로, 한 지식인의 민중 현실에 대한 처절한 증언이다.

《목민심서》에 나타난 민본사상은 다산이 쓴 원목原牧과 탕론蕩論에 잘 나타나 있다. 다산은 "목牧이 민民을 위해 있는가, 민이 목을 위해 태어났는가"라고 묻고, "목이 민을 위해 존재하는 것牧爲民有也이지, 민이 목을 위해 태어난 것이 아니다"라고 규정한다. 통치권력이란 것도 민중이 위로 추대하여 상향식으로 이뤄진 것이지, 위에서 하향식으로 내려온 것이 아니며, 따라서 역사상 순역順逆에 대한 평가도 "목이 민을 위해 존재한다"는 원리에 따라야 한다는 것이다. 이렇게 다산은 전제군주 하에서도 민중의 존재를 새롭게 인식했다. 원목과 탕론은 다산이 곡산에서 부당과세에 대한 이계심의 집단항거를 무죄방면하여 '국민저항권'을 인정했던 그 시기쯤에 작성된 것으로 추정했다(박석무, 《다산 정약용 평전》, 2014).

《목민심서》에 나타난 다산의 민본사상은 선대 실학자들의 학문적 전통을 잇고 자신의 경학 연구를 통해 터득한 산물이다. 반계의 행장을 쓴 오광운은 《반계수록》의 철학적 기초가 성리학 연구의 결과라고 하면서, 경학 연구가 경세학으로 연결되었다고 했다. 채제공은 성호 이익을 두고 그의 "학문은 문채를 떠나 실제에 충실하며去文而務實, 예론은 사치를 버리고 검박을 따르며棄奢而從儉, 경제는 위의 것을 덜어 아랫것에 더한다損上而益下"고 했다. 다산의 "부한 것을 덜어 가난함에 보탠다損富而益貧"는 경제관은 성호의 것과 다르지 않다. 실학 전통을 계승한 다산의 경학을 통해修己 경세에 이른治人 학문 탐구과정도 반계, 성호와 비슷하다. 그는 "귀양살이 빈방에서 18년 동안 사서오경을 반복, 연구하여 수기의 학을 이뤘으나 그것은 학문의 절반에 불과하다"고 술회했다. 못다 한 '학문의 절반'은 무엇일까. 경세치인의 학이다. 이 경세학에 매진하면서 엮은 것이《목민심서》를 비롯한 1표3서다.

《목민심서》는 지방행정에 임하는 목민관이 지녀야 할 인품과 경륜, 부임할 때부터 해관解官되고 돌아올 때까지 임지에서 행할 행정·사법상의 권한과 의무, 백성을 독려·위무·부양·훈육해야 할 실제 방안을 써놓았다. 특히 아전 다루는 방안은 눈여겨봐야 할 대목이다. 말하자면 이 책은 지방행정을 책임진 목민관의 교과서다. 책은 12부 72조로 구성되어 있는데, 맨 앞과 뒤에 부임과 해관에 관한 사항을, 중간에는 자기기율律己, 공공봉사奉公, 백성사랑愛民이라는 목민 원칙과 이·호·예·병·형·공의 육전과 진황賑荒에 관한 구체적 사항을 열거했다. 각 조에는 목민관의 업무준칙과 모범적인 사례들을 제시했다. 다산은 목민관의 가장 중요한 덕목으로 공렴公廉을 강조했다. 후인들은 이 책을 "삼정문란의 해결책", "당론을 떠나 목민관의 필독서"라 평가했다.

다산의 주변에는 그를 도와 수고한 제자들이 있었다. '다산 학단'이다. 이들은 다산의 계도에 따라 경서는 물론 중국·조선의 사서 및 여러 문집을 읽고 사례를 찾아내 분류, 정리하고 깨끗하게 필사했다. 다산이 이를 최종적으로 정리, 편집하여 한 체제의 책으로 만들었다. 그런 점에서 《목민심서》는 '다산 학단'의 협동의 산물이었다.

《목민심서》는 군주제 하에서도 나라의 기본인 '민'과 '국가'의 관계를 재정립하려는 고민을 담았다. 1985년 다산연구회가 다산 서거 150년을 맞아 《목민심서》를 완역, 출판하면서 쓴 서문은 문제의 핵심을 이렇게 짚었다. "다산은 '민'의 주체성을 긍정하여 '민'의 자율적 참정과 의사의 반영으로 체제를 갖추는 것이 원리에 합당한 것으로 보았고", "그 바탕에서 '민'과 '국가'의 관계를 재정립하려고 했다". 목민관 선출과 헌법 개정을 앞둔 올해 《목민심서》 200주년은 이 책이 제기한 '민'과 '국가'의 관계를 시대에 맞게 새롭게 정립해야 할 시점이다 (2018년 3월 16일).

다산 선생 182주기 묘제

오늘(2018년 4월 7일) 다산 정약용[茶山 丁若鏞, 1762~1836년] 선생의 제182주기를 맞아 경기도 남양주시 조안면 소재 능내리에서 묘제墓祭와 기념행사가 있었다. 이곳에는 다산 선생의 묘소와 옛집(여유당), 최근에 건립한 다산문화관을 비롯한 실학박물관 등 여러 문화시설이 있다.

다산 선생은 정조 재위 때 28세로 전시殿試에 합격하여 고급 관료로 진출할 수 있게 되었고, 그해 초계문신抄啓文臣으로 발탁되었다. 초계문신이란 정조가 40세 이하의 신하 중 특별히 유능한 이들을 발탁, 국정을 뒷받침하도록 한 신하들로서 초계문신 가운데서 정조의 개혁을 도운 이들이 많다. 다산은 승정원과 삼사三司에 봉사했고, 규장각 각신으로도 활동한 왕의 측근이었다. 정조의 화성華城 성역에는 채제공蔡濟恭과 정약용의 보필이 절대적이었다.

1800년 정조가 돌아가자 11세로 왕권을 잇게 된 순조는 그의 증조할머니 영조비 정순왕후의 수렴청정을 받게 되었다. 정조 때 활약했던 남인 시파時派의 세력은 쇠퇴했고, 노론 벽파辟派가 정권을 장악하게 되었다. 남인계였던 다산은 천주교와 관련되었다는 혐의로 1801년부터 1818년까지 유배생활을 하게 되었다. 첫해는 경상도 장기에 유배되었으나 곧 전라도 강진으로 옮겨져 18년간의 장기간의 귀양살이를 했다. 유배생활 중 500여 권이 넘는 저술을 남겼고《목민심서》를 비롯한 1표3서도 저술했다. 그가 유배에서 풀린 것이 1818년 8월, 그다음 달 고향인 마재 여유당으로 돌아와 그곳에서 생을 마감했다. 그가 유배에서 풀리기 바로 직전에《목민심서》를 완성했으니, 올해는《목민심서》200주년이 되는 해다.

다산 선생의 서세일逝世日은 음력 1836년 2월 22일. 그날을 양력으로 환산하면 4월 7일이다. 다산연구소(이사장 박석무)에서는 양력 4월 7일을 묘제일로 정하고 오래전부터 묘제를 시행해왔다. 올해 4월 7일은 음력 2월 22일과도 겹치는 날이어서 오늘 실학공원에서는 양력 혹은 음력으로 거행하는 여러 행사가 겹치게 되었다. 1836년 2월 22일은 다산 선생 결혼 60주년이기도 했다. 흔치 않던 회혼례를 준비하던 후손들은 이날 아침에 선생이 돌아가게 되자 회혼을 위한 수용품이 그의 장례를 위해 사용되었다.

오늘 묘제는 다산 선생 묘소에서 거행되었다. 행정자치부 김부겸 장관이 초헌관으로 봉사했고, 아헌에는 다산 선생의 후손 정호영 선생이, 종헌에는 한국고전 세계화연구소 소장으로 《목민심서》를 영역英譯한 최병현 교수가 수고했다. 묘제를 지내는 동안 묘역 주변에는 100여 명이 정성을 같이했다. 묘제 후 강당에서는 안산시립국악단 부수석 김은형 선생의 대금 연주와 임진택 명창의 〈애절양哀絶陽〉과 〈하피첩霞帔帖〉 대목이 추운 날씨에도 먼 길을 마다하지 않고 이곳을 찾아온 이들에게 큰 기쁨을 선사했다.

이날 행사는 다산연구소 박석무 이사장의 《목민심서》 저술 200년의 현재적 의미〉라는 강연으로 그 의미를 깊게 했다. 다산 연구를 위해 평생을 헌신해 온 박 이사장은 그가 주장하는 평소의 지론을 다시 강조했다. 《목민심서》가 백성에게 봉사하는 관리–목민관–를 위한 지침서라면, 지방자치 관련 선거를 치르는 올해는, 200년 전에 저술된 《목민심서》와 겹쳐, 중요한 의미를 갖는다고 먼저 강조했다. 다산이 《목민심서》에서 강조한 목민관의 경계할 바는 첫째 재물, 둘째 색色, 셋째 관직이라고 하면서 이것들은 오늘날도 변함없는 경계와 실천의 대상이라고 강조했다. 이어서 그는 《목민심서》가 강조한 '목민 철학'은 공·렴公·廉, 즉 공번된 것과 청렴한 것이라고 했다. 이것은 공직자를 위한 만고의 진리요 실천궁행해야 할 원리다. 이날 강연에는 오늘 묘제에 초헌관으로 참석한 김부겸 행정자치부 장관도 자리를 같이해서

의미가 컸다. 행정자치부 장관은 중앙과 지방의 공무원을 행정적으로 관할하는 막중한 책임을 맡고 있기 때문이다. 강연을 같이 들으면서 청중들은 오늘 이 강연에서 강조하는 공직윤리가 김 장관을 통해 공직사회의 새로운 변화를 이끌 것으로 간절히 기대했다(2018년 4월 7일).

아직도 편히 쉬지 못하는 순국 영령들

몇 년 전 대한민국임시정부 독립정신답사단과 함께 일본 이시카와石川현 가나자와金澤시 근교에 있는 윤봉길 의사 암장지暗葬地를 둘러보고 마음이 많이 상했다. 상해에서 거의擧義한 윤 의사가 왜 이곳까지 와서 쓰레기 더미 속에 암장되었는가. 1932년 4월 29일 상해 홍구공원 의거 때 단상의 시라가와 총사령관과 노무라野村吉三郎 해군함대사령관, 우에다植田謙吉 육군 제9사단장, 시게미쓰重光葵 주중일본공사 등이 사상을 입었다. 윤 의사는 5월 25일 군법회의에서 사형선고를 받았으나, 형 집행이 미뤄졌다. 상해에 파견된 일본 육군 9사단 본부가 있는 가나자와로 옮겨 사형시킨다는 것이었다. 윤 의사는 11월 18일 오사카로 호송, 육군위수형무소에 1개월간 수감되었다가 12월 18일 오사카를 출발, 가나자와의 위수구금소로 이감, 하루 저녁을 지내고 그 이튿날 미쓰고지 산속 육군공병작업장에서 아침 7시 40분에 사형되었다. 10m나 높은 언덕에 거적을 깔고 십자가 형틀에 두 팔을 얽어매고 무릎을 꿇게 한 후 두 명의 사수가 집행했다. 답사단 일행이 찾은 윤 의사의 암장지는 노다野田산의 육군 묘지 묘지관리사무소 옆 쓰레기장으로, 순국한 곳에서는 약 3km 떨어진 곳이다.

1946년 3월 유해봉환단이 일본에 도착, 서상한·박열·이강훈의 도움을 받아 윤봉길·이봉창·백정기 세 의사의 유해 발굴에 나섰다. 이들은 일본인 담당자들에게 유해 발굴에 협조하지 않으면 이 근처의 무덤들을 다 파헤쳐 조사하겠다는 으름장을 놓았다. 세 의사의 유해를 나가사키·도쿄·가나자와에서 발굴한 후 도쿄로 모셔와 수백 명의 교민들이 일본 왕궁 앞에서 만세를 불러 시위하고 귀국길에 올랐다. 현해탄을 건넌 뒤 3열사봉안위원회 위원장 김구와 유가족이 함께한 가운데 6월 16일 부산을 출발, 상경하는데, "차가 이르는 정거장마다 거룩한 유골을 배례하고자 경건한 가운데에도 진정 못해 감격에 흐느끼는 사람들"이 많았다. 이에 앞서 4월 29일에는 공산당(박헌영)을 포함한 국내의 각 정당 거두와 외빈外賓이 참석한 가운데 윤 의사의 영웅적 거의 기념대회를 치렀다. 3의사 유해는 7월 6일 성대한 국민장으로 효창원에 모셨다.

글 처음에 3의사의 유해 봉환을 소개한 것은 해방 직후 귀국한 백범과 독립운동자들이 순국선열들의 봉환에 얼마나 지극했나를 보기 위해서다. 해방이 되자 그들은 자신들만 살아 돌아온 것이 죄스러웠던지, 먼저 순국한 동지들의 유족들을 방문했고, 유해 봉환은 산 자들의 최소한의 의무로 생각했다. 국립묘지를 조성하기에 앞서 효창원이 순국열사들의 묘원으로 조성된 것은 이 때문이다. 이렇게 노력한 백범이었던 만큼 효창원 3의사 묘원 옆에 안중근 의사의 허묘墟墓를 만들었고, 1948년 4월 남북협상 때에는 4김회담 중 안중근 의사의 유해 봉환 문제도 제기했다. 해방 직후 북한은 중공을 지원했고 중화인민공화국이 건국(1949년)되자 중공은 실전을 쌓았던 2개 사단 규모의 조선족 군대를 북한에 넘겨주어 6·25 때 남침의 주력부대가 되었다. 또 중공이 1960년대 동삼성 지역의 유적을 발굴할 때, 수상 저우언라이가 고대 유물은 조선에 넘겨주도록 지시했을 정도로 양국관계는 돈독했다. 이런 관계로 보아 북한이 당시 뜻만 있었다면 여순감옥 근처에 매장되었을 안 의사의 유해는 쉽게 발굴·봉환할 수 있었을 것이다.

안 의사의 유해 봉환문제는 그 뒤 우리 정부에서 많은 노력을 기울였다. 안 의사가 황해도 해주 출신이어서 그의 유해 발굴은 북한과도 관계가 있었다. 북한은 그 연고권을 내세워 남쪽의 단독 유해 발굴에 반대했다. 남북한은 2005년 남북장관급회담에서 안 의사 유해 발굴을 공동 추진키로 하고 실무협의를 거쳐 공동으로 여순감옥 일대를 조사하여 그 서쪽 원보산 지역을 발굴대상지로 지목했다. 2008년 3~4월 이 지역을 29일간 공동발굴했으나, 유해는 발굴되지 않았다. 2010년 순국 100주년을 맞아 안중근의사유해발굴추진단을 구성하고 안중근 의사 유해 매장지 관련 자료조사 및 매장 추정 지역 현지조사 등을 실시하면서 리커창 총리 등 중국 당국에도 협조를 요청했다. 안 의사 유해 발굴은 남북한과 중국, 무엇보다 당시 기록을 남겼을 일본의 협조도 필수적이라고 본다.

6월은 추모보은追慕報恩의 달이다. 현충일(6월 6일)과 6·25는 이 뜻을 더욱 간절하게 한다. 남의 나라 이야기여서 조심스럽지만, 싱가포르 조미정상회담에서는 핵문제가 중요한 의제였음에도 한국전쟁에서 희생된 미군의 유해 송환을 합의서 제4항에 넣었고 곧 유해 송환이 이뤄질 것이라는 전망이다. 6·25 때의 유해문제는 미국뿐만 아니라 남북한과 중국에도 큰 과제가 아닐 수 없다. 유해가 제대로 발굴, 봉환되지 않는 한 전후처리가 완결되었다고 할 수 없고, 종전이라 하더라도 전사자 유족들의 상처는 다 씻겨지지 않는다. 조국을 지키려고 했건, 우의나 자유를 지키려고 했건, 전사자는 가족과 나라의 품으로 돌아가야 한다. 바다가 바라보이는 산 언덕에 조성된 하와이 국립묘지든, 아늑한 동작동 묘지든 유해는 조국과 가족의 품에서 편히 쉬게 해야 한다. 이것이 추모보은의 출발이다.

그동안 정부도 독립유공자의 유해를 국내로 봉환하여 선열들의 공훈을 기리고 그 숭고한 애국정신을 계승·발전시키는 데에 애써왔다. 백범이 1946년 세 의사를 봉안하여 민간 차원의 길을 연 데 이어, 정부는 1975년경 장인환 의사의 유해 봉환으로 시작하여 30여 년 동안 계속하여 해외 각지에서 총 134위의 독립유공자를 국립묘지 등으로 봉환했다. 어려운 여건에서도 이를 추진한 정부의 노력에 경의를 표한다. 그러나 독립운동 해외사적지를 돌아보면, 아직도 더 열심히 찾아야 한다는 생각이다. 길림성 화룡현 소재 대종교 3종사(나철·김교헌·서일)의 묘역이 있는데, 가서 볼 때마다 보존상태가 퇴색되고 있다. 현지에 유해를 모시는 것도 좋지만 생전에 해외에서 풍찬노숙했던 어른들을 조국의 산하에 따뜻하게 모시는 것이 후세가 덜 부끄러울 것이다. 화북성 태항산 지역은 조선의용대 활동 지역. 윤세주·진광화 열사의 무덤은 중국 당국이 열심히 돌보고 있다. 그러나 하북성 호가장에서 순국한 네 분(박철동·손일봉·이정순·최철호)은 모두 20대로 고향에서 맞을 후손도 없어 이곳 마을에서 청명 때에 제사를 지내주고 있다. 동행했던 학생들과 이들의 산소에 벌초할 때 눈물이 울컥 쏟아졌다. 그들에게 조국 있음이 무슨 소용이랴! 나라가 있다면 의당 이들부터 챙겨 그들에게 진 빚을 갚아야 하는 것 아닌가. 상하이 쑹칭링능원(外籍人墓園) 안의 동농 김가진의 묘소는 이젠 그 위치조차 정확히 파악할 수 없어 후손들이 발을 구르고 있다. 일제는 한일합방 때 한말 고관이었던 그에게 작위를 수여했다. 그러나 그는 대동단 총재 신분으로 임시정부에 망명하여 순국했고 임정은 성대하게 장례를 치렀다. 전과前過 후공後功의 경우 포상하는 원칙에 비춰보더라도 그는 유공자로 포상되어야 하지만 아직도 서훈도 유해 봉환도 이뤄지지 않았다.

추모·보은의 달을 맞아 생각해야 할 것이 있다. 납북인사들의 유해 문제다. 〈판문점선언〉에 기초하여 먼저 이 문제부터 풀어야 한다. 유족들의 성묘를 허용하든가, 이들의 유해를 유족들의 품에 안겨주든지 해야 한다. 또 DMZ 출입이 허용될 경우, 맨 먼저 6·25 때 희생된 젊은이들의 유해를 국적 가리지 않고 수습해야 한다. 연고를 알 수 없는 유해들은 무명용사탑이라도 만들어 그들의 혼백을 마땅히 위로해야 한다. 이것이 남북 해원解冤, 세계 평화로 나아가는 또 하나의 길이다. 이게 이념과 체제를 달리 한다 하더라도 사람의 후예들이 갖춰야 할 예의가 아니겠나(2018년 6월 29일).

한글학회 110주년, 법고창신의 계기가 되기를

해방 후 한국은 세계 어느 나라 못지않게 급속하게 성장 발전했다. 그 이유를, 한국전쟁이 구체제를 쉽게 타파하고 새 문명을 급속하게 수용하게 되었다든가, 분단으로 인해 긴장을 늦추지 않았다는 것 등에서 찾기도 한다. 그러나 내가 놓치지 않는 것은, 해방 후 무엇보다 우리말과 글을 되찾아 그 말글살이를 기초로 자기 기량을 발전시킬 수 있었다는 것이다. 민주주의를 채택한 사회가 그 민주주의를 제대로 발전시키려면 자유롭게 자기 의사를 발표할 수 있어야 하고, 다른 사람과 토론할 수 있어야 하는데, 그러기 위해서는 무엇보다 문맹을 없애야만 했다. 문맹을 일소하려면 말글살이가 바로 이뤄져야 하는데 해방 후 우리는 문맹을 없앨 수 있는 그런 말글정책을 시행할 수 있었다.

말하기 조심스럽지만, 북한의 경우도 마찬가지다. 전쟁을 치렀음에도 불구하고 1972년 〈7·4공동성명〉이 있기 전까지 북한의 경제성장은 남쪽보다 앞섰다. 유일세습체제의 일당독재국가로 전락하기 전 그래도 민주사회를 지향한다고 할 때에는 성장이 있었다는 뜻이다. 북한이 해방 후 일정한 기간의 발전에는 '인민'에 대한 교육이 선결되었기 때문이다. 이 또한 해방 이후 북한의 말글정책이 뒷받침된 문맹퇴치의 '인민교육'과 무관하지 않다.

남북한은 해방 후 그 범위나 방법에 차이는 있었지만 '한글전용'이라는 강력한 말글정책을 폈다. 한글을 깨우쳐 문맹을 없애고 새로운 문화에 접촉토록 했다. 남쪽에서는 최현배·김윤경·장지영 등 학자들이 한글전용의 말글정책을 세워 단기간에 문맹율을 낮춰갔다. 북한에서도 김두봉·이극로가 말글정책의 중심을 잡고 문맹을 퇴치했다. 이렇게 남북한이 문맹을 퇴치할 수 있었던 것은 한글 중심의 말글정책이 있었기 때문이다. 여기서 우리는 남쪽의 최현배·김윤경·장지영이나 북쪽의 김두봉·이극로가 모두 주시경 선생이나 한글학회 전신인 조선어학회와 관계를 맺었다는 사실에 주목한다. 결국 해방 후 남북한의 말글정책은 한 뿌리에서 나왔고 또 그 정책이 배달민족을 문맹으로부터 구했다.

한글학회는 그 연원을 거슬러 올라가면 1908년에 창립된 국어연구학회에 닿는다. 이해 8월 31일 주시경 선생은 뜻을 같이하는 사람들과 회동, 국어연구학회를 창립하였다. "기울어가는 국운을 보면서, 겨레 말글의 힘을 믿는 이들을 결집해야 할 필요성을 절감한 때문이었다." 주시경 선생은 《독립신문》 발행에 관여하면서, 1896년 5월에는 그 신문사 안에 국문동식同式회를 조직하였는데, 이는 국문표기법의 표준화를 의미한다. 국어연구학회는 1911년 배달말글몯음(朝鮮言文會)으로 바꾸었고, 1912년에는 다시 '한글모'로 바꾸었다.

이 무렵 동래 출신의 김두봉과 울산 출신의 최현배는 같이 국어연구학회 산하 강습소의 2회 졸업생(1911년) 명단에 보이고, 1913년 한글모의 조선어강습원 고등과 수료생의 명단에도 나란히 나온다. 1914년 주시경이 돌아가자 김두봉은 주시경을 이어 말본 연구와 가르치는 데에 힘쓰다가 1919년 4월 중국으로 망명했고, 최현배는 일본 유학을 마친 후 연전 교수로 부임, 한글 연구에 더욱 매진했다. 언어야말로 민족의 얼이라고 본 언어민족주의자 주시경 문하에서 공부한 두 제자는 해방 후 분단 하에서도 남북에서 같이 '한자의 세계'를 '한글의 세계'로 만드는 데 힘썼다.

그 뒤 학회는 1919년 조선어연구회로 다시 일어나 1927년부터는 잡지 《한글》을 간행하고 한글강습회를 열었다. 1931년 조선어학회로 이름을 고치고 이극로를 간사장으로, 최현배와 장지영을 간사로 선출했다. 조선어학회는 전국 각지를 순회하며 한글강습회를 개최하고 한글맞춤법통일안을 만들며, 사전 편찬에 착수하는 등 한글운동을 활발하게 전개하여 식민지 하에서 한글을 민족의 글로 승화시켜갔다. 조선어학회사건(1942년)으로 이윤재·한징이 옥사하고 최현배·이극로 등이 해방될 때까지 옥고를 치렀다. 한글 때문이다. 조선어학회의 이 같은 수난은 한글운동이 민족독립문제와 깊은 관련성을 갖고 있다는 것을 의미했다.

해방 후 조선어학회는 1949년 10월에 한글학회로 이름을 바꾸었다. 남북이 '대한'과 '조선'을 달리 사용하는 분단현실도 한 원인이었다. 해방 후 문맹이 인구의 80%나 되는 상황으로서는 민주주의 실현이 거의 불가능했다. 한글을 대중화하여 문맹을 퇴치한다는 것은 새 시대의 여망이자 민주주의 실현의 첩경이었다. 남북에는 주시경 문하의 최현배와 김두봉(이극로)이 각각 적극적인 한글정책에 앞장섰다. 한자폐지운동을 벌이고 한글전용촉진회를 결성하며, '세종날'을 제정하고 《큰사전》을 만드는 등의 노력은 그래서 더욱 의미가 컸다. 그 결과 남북에서는 한글을 깨우친 민중이 새로운 사회를 개척해갔다. 그래서 한글은 한국의 민주화와 불가분의 관계에 있다.

110주년을 맞는 한글학회는 말글의 기초를 튼튼히 세워 한반도를 새롭게 하는 데에 크게 공헌했다. 이 긍지 위에서, 언어적 도전과 혼란이 극심한 이때에, 말글살이의 새로운 지평을 열어가야 한다. 과거 말글생활에서 나침반 역할을 하던 한글학회가 21세기에 들어서서 그 활동이 예전만 못하고 겨우 명맥만 유지하는 듯한 느낌을 주어서 안타깝다. 한글학회는 110년의 전통을 자양분 삼아 새것을 창조해가는 법고창신法古創新의 새로운 도전 앞에 서 있다(2018년 7월 12일).

잊힌 독립운동가들을 생각한다

3년 전 영화 〈암살〉이 많은 사람들에게 주목을 받으면서 한때 "나 밀양 사람 김원봉이요"라는 말도 잠시 들을 수 있었다. 그때까지도 김원봉은 독립운동사를 공부하는 사람들 밖에서는 알려진 존재가 아니었다. 일제가 그에 대한 현상금을 백범보다 더 높였다곤 하지만, 그의 명성은 연좌제로 고생했던 친인척들을 제외하고는 거의 기억하지 못했다. 나도 몇 년 전 밀양의 그의 생가와 부인 박차정의 무덤을 찾아보고는 만감이 교차했다. 일제 당국을 공포에 떨게 했던 김원봉이었지만 해방 후 광복된 나라에서는 잊히도록 강요된 이름이었고, 그가 환국하면서 옮겨온 부인의 유해는 무덤이랄 수 없는 곳에 방치되었다. 분단은 땅과 체제를 갈라놓았고, 지도자에 대한 호의도 자유롭지 못하게 했다.

 일제강점기 독립운동가를 많이 배출한 지역은 단연코 경북이지만, 밀양도 그에 못지않다. 약산 김원봉(1898~1958?년)은 일찍이 신흥무관학교에서 잠시 수학한 후 의열단을 조직, 일제에 대한 암살파괴활동을 시작했다. 의열단의 이념과 행동강령은 1923년 신채호의 〈조선혁명선언〉에 잘 드러나 있다. 이 〈선언〉은 당시 독립운동의 방편으로 주장하던 외교론·자치론·준비론을 통렬히 비판하고, 암살·파괴·폭동이 운동의 주된 방략이며, 조선총독부·동척·매일신보사 등 다섯 가지 파괴할 곳(五破壞)과 조선총독·일본군 수뇌·매국노·친일파 거두 등 죽일 놈 일곱(七可殺)을 적시했다. 의열단은 1920년 부산·밀양 경찰서 폭탄투척(박재혁·최수봉)을 시작으로 조선총독부 폭탄투척(1921년, 김익상), 상하이 황포탄의 다나카(田中義一) 대장 저격 미수(1922년, 김익상·오성륜·이종암), 종로경찰서 폭탄투척과 도심 총격전(1923년, 김상옥), 도쿄궁성 폭탄공격 미수(1924년, 김지섭), 동척·식산은행 폭탄투척(1926년, 나석주), 경북 의열단사건(1925년), 두 차례의 베이징 밀정 암살사건(1925, 1928년) 등을 감행, 일제의 간담을 서늘케 했다.

 김원봉은 1926년 암살파괴운동의 한계와 조직적인 항일군대 양성의 필요성을 절감, 여러 동지들과 함께 스스로 황포군관학교 생도로 입교한다. 그곳에서 장제스·저우언라이 등과 친분을 쌓았고, 뒷날 항일운동에 도움을 준 많은 중국인 동기생들도 만나게 되었다. 약산은 조선혁명간부학교를 설립, 항일운동의 핵심인력들을 양성했는데 그 중에는 민족시인 이육사도 있었다. 이렇게 양성한 인력은 1938년 무한에서 조직한 조선의용대의 핵심이 되었고, 그 일부는 자신과 함께 충칭으로 가서 광복군에 합류했으며, 일부는 태항산으로 가서 조선의용군으로 개편, 팔로군과 협력하게 되었다. 1941년 임정 참여를 선언한 약산은 그 이듬해 그가 이끄는 조선의용대를 광복군에 편입시키고, 자신은 광복군 부사령·임시정부 군무부장에 취임, 좌우합작 임시정부를 이룩했고, 해방과 더불어 서울로 들어왔다.

귀국한 김원봉은 혼란한 정세에서도 여운형과 함께 좌우합작운동에 노력한다. 의열단 동지 유석현의 증언에 의하면, 그 무렵 그가 친일경찰 노덕술에게 갖은 수모를 당한 것이 그 뒤 행로에 큰 영향을 미쳤다. 노덕술은 "남로당이 주도한 파업에 연루되었다"는 죄목으로 약산을 잡아 빨갱이 두목이라고 뺨을 때리며 모욕했다는 것이다. 독립운동 거두가 친일경관에게 수모를 당하고 풀려난 후 사흘을 꼬박 울며 "여기서는 왜놈 등살에 언제 죽을지 몰라" 하며 한탄했다는 것이다. 1947년 7월, 여운형이 암살된 후 그는 친일파와 극우세력으로부터 끊임없이 괴롭힘을 당하게 되었고 거처까지 옮겨 다녀야만 했다. 김원봉이 1948년 남북협상에 참여하고 평양에 남게 된 것은 이런 배경이 있다. 북한에서 그는 한때 인민공화당 위원장으로서 활동했지만, 1948년 9월 북한 초대 내각의 국가검열상으로 입각했고, 그 뒤 노동상, 조선노동당 중앙위원회 중앙위원, 최고인민회의 상임위 부위원장직 등을 역임했다. 그런 중에도 6·25 때 납북되었던 조소앙, 안재홍 등과 인연을 맺고, 이들과 중립화 평화통일방안 등을 모색하기도 했다. 이런 상황에서 1958년 11월, 연안파가 숙청될 때 김원봉도 보이지 않게 되었다는 것이다. 중국 관내에서 누구보다 혁혁한 항일운동을 벌였던 약산은 이렇게 사라졌고, 남북에서 잊힌 존재가 되었다.

잊힌 독립운동가는 이들뿐만이 아니다. 독립운동 현장에서 평양으로 들어갔다가 유일체제 확립과정에서 항일운동의 행적마저 빼앗긴 이들이 적지 않다. 모두 민족사에서 기억해야 할 분들이다. 주시경의 제자로 한글학자였던 김두봉도 그런 분이다. 망명 후 그는 상하이와 충칭을 거쳐 연안으로 가서 조선독립동맹을 이끌었다. 조선독립동맹은 임시정부와 더불어 일제 말기 가장 강력한 항일독립단체의 하나였다. 그는 북한으로 들어와 한동안 제2인자로 활동하며 북한의 한글혁명에 큰 공을 세웠다. 그 역시 연안파 숙청 때 시골로 쫓겨나 역사무대에서 사라졌다. 한국의 독립이, 여운형의 말과 같이, 선열들이 일제와 투쟁하여 자유를 쟁취한 결과라고 한다면 독립운동에 헌신한 이들은 이념과 체제를 떠나 민족운동사의 보고에 모셔야 할 존재들이다.

김원봉·김두봉은 그런 공적에도 불구하고, 대한민국 정부가 분단 현실 때문에 이들을 독립유공자로 인정할 수 없었다. 남북대결은 북한 정권을 도운 인사를 대한민국의 이름으로 표창할 여유를 갖지 못하게 했다. 그러나 사회주의계라 할지라도 북한 정권 수립과 무관하면 정부에서 독립유공자로 표창해왔다. 가까운 예로 얼마 전 김일성의 삼촌 김형권과 외삼촌 강진석에게 대한민국 건국훈장 애국장을 수여한 경우를 들 수 있다. 사회주의계의 독립유공자 서훈은 1960년대 공산당원이었던 김준연이나 한인사회당을 조직한 이동휘를 표창한 데까지 올라간다. 2005년경부터는 북한 정권에 협력하지 않은 경우, 독립유공자로 서훈하는 데 문제가 없다는 원칙을 거의 확립했다. 그러나 김원봉·김두봉 같이 자진입북하여 그 정권을 도운 경우까지 포상의 범위를 넓히는 것은 쉽지 않다.

북한에도 남한의 독립유공자와 같은 애국열사가 있고 신미리에는 애국열사릉이 있다. 1991년에 229기이던 것이 2003년경에는 531기로 늘어났는데(김광운, 《북한정치사연구 1》, 2015) 여기에는 김삼룡, 김종태, 김달삼, 리덕구, 리현상 등 남한 출신 인사들과 엄항섭, 윤기섭, 조소앙, 조완구 등 납북인사도 있다. 김원봉·김두봉은 혁명열사릉이나 애국열사릉 어디에도 없다. 이렇게 두 분이 독립운동에 혁혁한 공훈을 남겼으나 북에서도 외면되었다면, 남쪽 출신의 그들 혼령들은 지금도 남북한을 배회하며 휴식할 곳을 찾지 못하고 있을 것이다. 어찌 그들뿐이겠는가.

해방 73년에 남북 정부가 들어선 지 70년, 올해에만 세 번 남북정상회담을 가진다. 그래서 하는 말이다. 남북 정부가 이런 문제를 법과 제도에 얽매어 실무적 차원의 포상기준 개선으로 풀지 못한다면, 일종의 민족적 합의와 결단을 통해 풀어가야 한다는 것이다. 이념이나 정파의 틀을 넘어 이들 독립운동가들을 이 땅에서 편히 쉬도록 고민하자는 것이다. 몇 가지를 생각해본다. 첫째, 정부가 어렵다면 민간 차원에서 기념사업 등을 통해 그들의 공적을 기리는 것은 어떨까. 그러기 위해서는 추진자들이 색깔론으로부터 보호받는 장치가 필요하다. 둘째, 남북 정상이 만나 항일독립운동을 민족적 차원에서 정리·발굴하는 조치를, 안중근의 유해 발굴 공동계획처럼, 우선적으로 마련하는 길이다. 이를 위해서는 항일운동자들의 업적이 해방 이후 정치적·정파적 논란과는 분리되어야 한다. 일제강점 35년을 두 배나 넘긴 이 시점에까지 남북 어느 곳에서도 안식처를 찾지 못한 영령들이 이곳저곳을 헤매고 있다면, 두 눈 제대로 박힌 후손치고 어느 누군들 가슴 아파해야 하지 않겠나(2018년 8월 15일).

억울한 죽음들과 해원하기

한때 한미간에 쟁점이 되었던 노근리사건 진상조사에 관여한 적이 있다. 거의 20년 전 일이다. 노근리사건이란 6·25전쟁 초기 충북 영동군 노근리 쌍굴다리 밑에 피란하고 있던 수백 명의 민간인이 미군에 의해 희생당한 사건을 말한다. 대부분이 노약자·부녀자들과 유소년들이었다. 일찍부터 유족들이 이 고의적 전쟁범죄사건의 진상조사와 법적 처리를 요구했으나 번번이 묻혀버렸다. 유족들의 끈질긴 호소는 1999년에 한미교회협의회의 협조와 AP통신의 폭로로 이어져, 미국 정부가 이를 더 회피할 수 없게 되었다. 한미 양국이 각각 노근리사건 대책단과 자문위원단을 결성하고 공동으로 진상조사에 임했지만, 만족할 만한 결과를 도출하지 못했다. 당시 미 제25사단장 윌리엄 킨의 작전명령서 등을 들어, "미군의 책임이 없는 것은 아니다"라는 정도의 진상보고서라도 채택해야 한다는 우리 측의 끈질긴 주장조차 무산되었다. 그 결과 미국의 책임을 묻지 못한 채, 임기 말의 클린턴이 형식적으로 사과하는 선에서 마무리되었다.

내가 노근리사건 진상조사에 관여하게 된 것은 역사공부를 했다는 것 때문이었다. 어린 시절, 역사란 아득한 먼 옛날의 사실을 다루는 것인 줄만 알았던 나에게 노근리사건은 6·25를 전후한 시기에 곳곳에 비극이 벌어졌다는 현실을 각성시켜주었다. 더 충격을 준 것은, 그 시기에 동족에 의해 무고하게 죽임을 당한 사건들이 수많이 있었다는 것이다. 대구10·1사건(1946년), 제주4·3사건(1948년), 여순사건(1948년) 더 나아가 정부가 조직적으로 벌인 국민보도연맹학살사건(1950년)과 국민방위군사건(1951년), 거창양민학살사건(1951년) 등이다. 이런 비극을 외면한 채 수백 년 전의 '태정태세문단세'만 음풍농월하듯 외우던 역사공부에 자괴감도 가졌다.

6·25 중에도 무수한 민간인들이 희생당했지만, 수만 내지 수십 만의 희생을 가져온 국민보도연맹사건은 전쟁 발발 직후에 경찰과 군, 우익 청년들에 의해 조직적으로 이뤄진 집단학살사건이다. 집단학살이 여러 곳에서 조직적으로 전개된 것으로 보아 고위층의 일정한 지시에 의한 것으로 추측된다. 국민보호선도연맹은 국민보도연맹, 보도연맹 혹은 약칭으로 '보련'으로도 불려졌다. 이 연맹의 결성은 여순사건(1948년 10월 19일) 후의 국가보안법 제정(1948년 11월 20일)과 깊은 관련이 있었다. 국보법 제정 6개월 후에는 이 법 제정에 반대한 노일환 의원 등 13명이 국회프락치사건으로 구속됐고, 이 법 시행 후 1년간 12만 명을 잡아들였으며, 검찰이 1년간 기소한 10만 건 중 8할은 좌익사건이었다(한홍구, 《대한민국史》 4권, 2004). 1년 후 이 법을 개정하면서,

사상전향 가능성이 있는 사람을 선고유예하고 보도소에 구금할 수 있는 보도구금제도를 만들었는데, 이 제도가 보도연맹을 설립하는 근거가 되었다. 보도연맹은 일제 말기 사상범 및 전향자 관리를 위해 결성된 대화숙이나 시국대응전선사상보국연맹에서 유래한 것으로, 사상전향자를 위해 1949년 4월 21일 만들어졌다. 과거 건준 치안대·인민위원회·전평 등 좌파로 분류되는 단체나 각종 문화예술단체, 조선공산당·남로당 등 좌파 정당에 가입했던 사람들을 보도연맹에 가입하게 했다. 보도연맹 가입자의 상당수는 사상과 이념은 물론 좌우익이 무엇인지도 모르는 민간인들이었고, 심지어는 비료를 타기 위해 가입했다 (김동춘, 《전쟁과 사회》, 2000). 가입자는 전국 10만에서 30만 명으로 추산되었다.

보도연맹원들에 대한 집단학살은 6·25전쟁 발발 직후에 이뤄진 것으로 알려져 있으나, 1949년 혹은 1950년 3~4월에도 있었다. 한국전쟁은 이런 학살을 전국화하는 계기가 되었다. 6·25가 나자 개성에 있는 보도연맹원들이 인민군 측과 협력하여 우익인사들을 학살했다고 한다. 이 사건이 보도연맹원 학살의 계기가 되었다고 한다. 그러나 오제도·선우종원과 함께 보도연맹 창설과 운용에 깊이 관여한 사상검사 정희택은 6·25 후 서울의 보도연맹원 1만 6,800명을 상부 명령에 따라 일사불란하게 장악하고 있었다고 했고, 북한군 점령기에 보도연맹원이나 서대문형무소 안의 좌익범 중에서도 인민군에 부역한 사람이 적었다고 하는 증언도 있다. 그럼에도 불구하고 한국전쟁을 계기로 상부로부터 요시찰인과 형무소 경비에 대한 공문이 여러 차례 하달되었고, 보도연맹원에 대한 예비검속도 서두르게 되었다. 이승만이 "반국가죄는 조속히 엄격하게 처벌하라", "반역도배들이 …… 불법한 행동을 감행하지 못하도록" 하라고 언급한 것은 보도연맹원들에 대한 학살을 공식화시킨 것이라는 견해도 있다.

보도연맹원 학살과 관련, 대전·대구·경남 등 평택 이남 지역에서는 형무소의 재소자 학살이 뚜렷했고, 보도연맹원들에 대한 학살도 동시다발적으로 일어났다. 대전형무소에서는 3,000명 정도가 구금되어 있었는데, 그중 1,800명이 7월 첫째 주 3일 동안에 처형되었다. 이를 목격한 형무관은 경찰과 헌병이 미리 파놓은 300여 미터의 2개 구덩이에 1,800명을 일렬로 세워놓고 번갈아가며 사격을 가하는 장면을 목격했다고 한다. 대구형무소에서는 부산형무소로 이감된 400여 명을 제외한 1,400여 명의 재소자와 보도연맹원들이, 김천형무소에서는 최대 650명의 재소자와 보도연맹원들이, 안동형무소에서는 최소 600명 이상의 재소자와 보도연맹원들이 살해된 것으로 추정되었고, 부산 지역에서도 최소 1,500여 명의 재소자와 보도연맹원이 집단사살되었거나 오륙도 인근 해상에서 수장되었다. 마산 및 그 밖의 형무소에서도 수십 명에서 수백 명이 학살되었다.

전국의 시·군 등의 행정단위에서도 이 같은 학살이 자행되었는데, 각 단위마다 적게는 수십 명 많게는 1,000명이 넘는 경우도 있었다. 이들은 2~3일 전에 소집되어 창고나 학교, 특수부대 지하실 등에 격리 수용되었다가 산골짜기로 옮겨져 살해된 후 매장되거나 수장되었다. 진실화해위원회는 경산 코발트광산에서 희생된 민간인 수가 1,800

명을 상회할 것으로 추정했다. 경기도 고양시 금정굴에서 발굴된 인골도 400~500명 혹은 1,000명이나 된다고 한다. 보도연맹원들에 대한 학살은 경남 지역이 자심했다.

보도연맹학살사건은 개인에 대한 국가기관의 조직적·집단적 기본권 침해이며, "처형자 명부 등을 3급 비밀로 지정함으로써 진상을 은폐"시킨 채 '소멸시효 완성'을 주장, 재판을 통한 '채무이행을 거절'토록 했으며, 나아가 유족들을 수십 년 동안 연좌제의 사슬로 얽었다. 이 사건은 '공인된 폭력기관'인 국가가 특정집단에 자행한 제노사이드genocide 혹은 집단학살massacre에 해당되며, 정치적 학살Politicide로 정의해야 한다는 의견도 있다. 또 인도주의와 민주적 절차를 위반했고, 적법한 절차와 공정한 재판을 받을 권리를 박탈했으며, 국민의 기본권인 생명권을 침해했던 사건이기도 하다.

보도연맹사건 등에서 보듯이, 해방 후의 한국사는 갈등과 희생으로 점철했다. 이 아름다운 산하 처처에 원통한 주검들이 울부짖고 있다. 아직도 신원伸寃되지 않은 혼령들은 유족들의 포원을 앞세워 배회하고 있다. 이제는 이들을 위로할 때가 되었다. 먼저 원혼들에게 용서를 빌고 화해를 공손하게 청하고 유족들에게도 무릎을 꿇자. 학살의 원인과 경과, 학살자들을 찾는 것은 전문연구기관에 맡겨 장기적인 과제로 삼고, 우리 세대 전체가 죄인 된 모습으로 억울하게 희생된 영령들 앞에 다가가 용서를 빌자. 거국적인 '화해의 날'을 제정하여 용서와 화해를 일상화하고, 원혼들이 떠나지 못하는 학살 장소를 찾아 해원의 예를 행하고 용서를 비는 비를 세워 후세들에게 전하자. 지금까지 한시적으로 두었던 진실화해기구를 국가의 상시기구로 만들어 과거와의 화해를 위한 진실규명에 나서자. 서중석의 말대로 이제 "기억과 참회는 한국사회의 의무다". 이게 나라다운 나라, 국격을 높이는 길이다. 우리 안의 상처를 싸매는 일은 다가올 남북 화해에 대비하는 길이다(2018년 10월 12일).

침략자에 대한 저항, 약자에 대한 배려

지난(2018년) 11월 20일부터 26일까지 프랑스와 독일의 여러 박물관과 기념관을 돌아보았다. 대한민국임시정부기념관건립추진위원회가 기념관 건립을 하는 데 도움을 받기 위해서다. 프랑스에서는 2차 세계대전 때 독일에 저항한 많은 레지스탕스들을 기념하는 박물관을 방문하여 관계자들과 대화했다. 독일에서는 홀로코스트기념관과 레지스탕스기념관 등 나치 정권 하의 피해자들을 기념하는 기념관을 돌아보았다. 이런 기념관은 일제에 저항하여 독립운동을 펼친 대한민국 임시정부의 기념관과 궤를 같이하는 것이었다.

프랑스 파리에서 가장 의미 있게 관람한 곳은 프랑스 현충시설인 앵발리드Les Invalides다. 여기에는 17세기의 군인 교회와 나폴레옹의 무덤을 포함하여 군사박물관, 군사입체모형박물관, 해방훈장박물관 Musée de l'Ordre de la Libération, 현대사박물관 등이 자리 잡고 있다. 이중 해방훈장박물관은 드골에 의해 세워진 것으로 2차 세계대전 당시 나치에 저항했던 프랑스의 레지스탕스 및 단체의 리더들에 관한 것을 전시하고 있다. 전시는 프랑스 해방, 레지스탕스운동, 강제수용의 세 가지 테마로 구성되어 있다.

해방훈장박물관은 2차 세계대전 때 1,038명의 훈장수여자들을 위한 박물관이다. 이 중 18명은 사진이 없고, 72명은 외국인이며, 6명의 여성도 있었다. 당시 프랑스는 40~50만 명이 레지스탕스에 가담했는데, 여기에 이름이 얹힌 이들은 레지스탕스 초기부터 싸웠고, 지속적 저항을 통해 레지스탕스의 기초를 다졌으며 사망자 중의 다수를 포괄하고 있다. 1,038명 중 전쟁 후까지 생존한 사람은 700명 정도였다. 이들 훈장수여자들에게는 훈장 이외에 어떤 다른 물질적인 보상이 없단다. 이들에게 중요한 것은 이들 훈장수여자들이 좁게는 프랑스를 위해 넓게는 인류의 자유와 평등을 위해 싸웠다는 자부심이다. 이 훈장은 드골이 주로 수여했는데, 이로써 자신의 위상을 높이고 정치적인 투쟁에서도 유리하게 되었다는 설명이 있었다. 프랑스가 나치 치하에서 40~50만 명이 저항운동을 벌였다는 설명을 들으면서, 파리 시내 담벼락 등에 각인된 레지스탕스의 주인공들을 연상할 수 있었다.

설명을 들으면서 나는 해설자에게 다소 의도적인 질문을 던졌다. 프랑스가 자유와 평등을 위해 나치에 투쟁한 것은 잘 알려진 사실인데, 그 뒤 프랑스 지배 하의 식민국가들이 프랑스를 상대로 그들의 자유와 평등을 위해 싸운 데 대해서는 어떻게 생각하는가 하고 물었다. 알제리에 대해서는 드골조차도 외면했고, 베트남에 대해서는 1954년 디엔비엔푸에서 참패, 물러날 때까지 프랑스는 베트남의 독립을 허락하지 않았다. 드골만 하더라도 집권 후 나치 부역자들을 대대적으로 숙청했으나 베트남과 아프리카 식민지에 대해서는 사과 한마디 없었다. 프랑스가 베트남, 알제리, 기니 등의 저항운동을 진압하려 했다는 것은 그들의 독일에 대한 저항운동의 의미마저 퇴색시켰다는 비판을 받을 수밖에 없다. 이어서 나는 프랑스 식민지들이 프랑스를 향해 그 자유와 평등을 위해 노력한 것을 이 박물관은 어떻게 소화하려고 하는가 하는 질문도 곁들였지만 그의 대답은 모호했다.

독일 베를린에서는 홀로코스트기념관과 레지스탕스기념관이 인상적이었다. 홀로코스트기념관은 종전 60주년을 맞아 2차 세계대전 당시 희생된 약 600만 명의 유대인들의 넋을 위로하기 위해 2005년 조성한 것으로 약 1만 9,073㎡의 공간에 콘크리트 석주(추모비) 2,711개를 격자 모양으로 만들어 세웠고, 지하에도 별도의 추모공간을 마련했다. 레지스탕스기념관은 나치에 저항한 폰 슈타우펜베르크와 그의 동지들이 히틀러를 암살하려다가 실패, 모두 총살당했는데 바로 그 자리에 세워졌다. 말하자면 이곳은 독일 레지스탕스운동의 성지인 셈이다. 홀로코스트기념관이 가해자의 입장에서 세운 것이라면, 레지스탕스기념관은 피해자의 입장에서 세운 것이다.

독일·미국·이스라엘 등지에는 홀로코스트기념관이 여러 개 있다. 이 기념관들이 유대인의 집단학살을 추념하는 것은 환영할 만한 일이다. 다시 비슷한 질문을 던져본다면, 2차 세계대전 때에 많은 박해와 피해를 받은 유대인들이 지금 중동에서 어떤 위치에 있으며, 팔레스타인 주민들을 어떻게 대하고 있는가 하는 점이다. 유대인들은 전후 70

역사의 길, 현실의 길

여 년이 넘도록 자신들의 피해를 강조해왔고 세계는 거기에 동조하여 수많은 홀로코스트기념관을 세웠다. 나치로부터 피해를 당한 유대인들이라면 그 경험에 비추어 자기들이 나치와 같은 가해자로 등장하지 않도록 스스로 삼가는 것이 옳다. 자신들의 경험을 살려 자기보다 열악한 사회경제적 위치에 있는 팔레스타인인들의 인권과 자유를 신장시켜주는 것이 바람직한 일이 아닐까. 그러나 그들은 선민의식을 버리지 못한 채 유대인 정착촌을 확대하면서 자기보다 더 약한 자들을 짓밟고 있다. 홀로코스트기념관이 박해받았던 유대인들을 위한 것이라 하더라도 중동에서는 이스라엘인들이 더 이상 연민의 대상이 될 수 없다.

우리는 앞선 기념관들을 견학하면서 기념관의 하드웨어와 소프트웨어도 많이 살펴봤다. 임정기념관은 1차적으로 임정이 일제에 저항하면서 자유를 위한 투쟁을 전개했던 것을 기념해야 하지만, 그와 함께 독립투쟁을 통해 획득한 자유의 이념을 세계사에 어떻게 확산시켜야 할 것인가를 고민해야 할 것이다. 우리가 식민지 때에 겪었던 그런 설움을 지금 겪고 있는 다른 민족에 대한 연민으로 나타내야 한다. 그러자면 임정기념관은 파리의 해방훈장박물관이나 홀로코스트기념관처럼 자신들의 피해만 강조하는 곳이 되어서는 안 된다. 남의 침략을 받은 경험이 있는 우리는, 프랑스와 유대의 사례에서 보이듯이, 우리로 인해 자유와 평등이 침해받는 다른 민족이 없도록 미리 배려하고 그 가능성을 차단하도록 노력해야 할 것이다. 나로 인해 자유와 평등이 침해받는 다른 민족에 대한 배려가 반드시 수반되어야 한다. 대한민국이 10대 경제대국에 속한 이즈음, 우리가 강자의 편에서 약자를 고통스럽게 만들지 않았는가를 깊이 반성해야 한다. 베트남전 참전에 대해서는 반드시 용서를 구하고 그들에게 속죄하는 일에 앞장서야 한다. 그럴 때 일제 만행에 대한 우리의 항의가 정당성을 갖게 될 것이다. 자신의 잘못에 대해서는 침묵하고 상대방의 허물을 따지기만 한다면, 그것은 스스로를 모독하는 짓이다(2018년 12월 3일).

독립유공자 서훈과 분단체제

3·1운동 및 대한민국임시정부 수립 100주년을 맞아 선열들을 더욱 생각한다. 독립유공자를 발굴, 서훈하는 일에 힘을 기울이고 있는 정부에도 감사한다. 그러나 아직도 남북에 안식처가 마련되지 않은 독립선열들을 생각하면 가슴이 아프다. 이 칼럼난을 통해 김원봉·김두봉 두 분을 이미 불러 보았지만 허공을 치는 메아리였다.

 광복 50주년 무렵, 《한국독립운동지혈사》·《독립신문》 등을 참고하여 의병, 3·1운동, 임시정부, 의열 및 무장투쟁에 참여한 독립운동가들이 약 300만 명이나 되었고, 그중 순국자가 15만 명이나 된다는 조사가 있었다. 그때 정부에서는 4만여 명의 독립운동가 색인을 만들고, 공적이 확인된 2만여 명을 본격적으로 심의, 1,400여 명을 서훈한 적도 있다. 상해 소재 임정요원들의 유해를 국립묘지로 옮긴 것도 이때다. 그렇게 노력했지만 지금까지 독립유공자로 서훈받은 이는 현재 1만 5,511명에 불과하다.

독립유공자 서훈에서도 아직 넘지 못한 벽이 있다. 분단체제다. 노무현 정부가 정부 주도의 발굴을 강화하고 사회주의계 독립운동가에 대한 포상의 길을 열었지만, 그 경우에도 북한 정권에 관여하지 않은 경우에만 한 등급 낮춰 서훈했다. 2005년부터 권오설, 조동오, 김철수 등이 사회주의 독립유공자로 서훈을 받았다. 그러나 많은 사회주의계 독립운동가들은 분단체제 때문에 서훈에서 제외되었다. 100주년을 맞아 국민중심보훈혁신위원회가 사회주의계 독립운동에 대해 특단의 조치를 권고한 것은 의미가 있다. 위원회는 판단의 시점을 1945년 8월 15일에 두고, 그때 독립운동을 하고 있었는가의 여부를 판단의 중요 근거로 삼아야 한다면서 당시 독립운동을 하고 있었다면, 그전에 그의 사상이 어떠하든 또 해방 이후의 정치적 행적이 무엇이든, 그 사람은 독립운동자로 판단해야 한다고 권고했다.

몇 년 전, 해방 전에 이미 사망한 김형권·강진석에 대한 서훈이 김일성의 친인척이라는 이유로 재론된 적이 있다. 분단체제이기 때문에 독립유공자 서훈에 이런 문제가 제기된 것이다. 독립운동 평가에 분단이란 변수가 등장하자, 그 서훈은 독립운동만으로 평가될 수 없었다. 독립유공자 심사에서, 민족주의 혹은 사회주의를 지향했다거나, 해방 후 북한 정권 수립에 관여했다고 해서 그 독립운동의 성격이 변질된 것이며, 그래서 달리 평가해야 할까. 사회주의 독립유공자의 경우, 그 사상과 처신이 서훈에 영향을 미쳤다는 것을 이해 못 할 바는 아니지만, 그러나 독립운동은 그 자체만으로 평가받아야 하는 것이 아닌가.

이런 문제의식 때문일까, 독립유공자 훈격명칭(건국훈장·건국포장·대통령표창)에 유의하게 되었고, 건국의 이름으로는 남북의 독립운동자들을 제대로 포용할 수 있을까 하는 의문을 갖게 되었다. 이런 명칭은 결과적으로 독립운동의 어떤 유파를 배제하지 않을 수 없다. 독립운동의 가치는 분단체제에 앞선 통일적인 것이다. 남측의 건국, 북측의 혁명의 차원을 넘어선다는 뜻이다. 건국이라는 서훈체계로써는 독립운동의 각 이념과 유파를 포용하고 분단의 벽을 넘어서기가 힘들 것이다. 독립유공자에게는 그 공훈에 합당한 독립훈장 같은 서훈체계가 필요하고 그 법제화가 이뤄져야 한다. 그런 것이 아니고서는 분단을 넘어서는 독립운동 서훈의 방안이 보이지 않는다. 분단을 핑계 삼아 서훈을 회피하고, 독립유공 선열들을 더 풍찬노숙토록 방치하는 것은 후손의 도리가 아니다.

국민중심보훈혁신위원회는 독립유공자 심사의 대원칙을, 사상이나 정치적 판단을 떠나 독립운동에만 적용해야 한다고 하면서, 독립운동에 대한 최종적 평가기준도 제시했다. 거듭하지만, 그것은 독립운동을 하며 옥고를 치렀더라도 1945년 8월 15일[사망시] 현재 친일을 하고 있었다면 그는 독립유공자가 될 수 없고 반면에 친일행위를 했더라도 그 시점에 독립운동을 했다면 그는 독립유공자로 평가되어야 하며, 나아가 해방 이후의 정치적 행적이 어떠하든 그는 독립유공자로 서훈되어야 한다는 것이다. 여기에서 비로소 남북 어느 곳에서도 독립운동가로서 평가받지 못했거나 아직도 안식처를 찾지 못한 독립선열들을 편히 모실 수 있는 길이 열린다. 위원회가 권고한 대로, 사상이나 정치적 이유로 독립운동을 온전히 평가받지 못하고 있는 독립운동가들을 독립

역사의 길, 현실의 길

유공자로 서훈하는 것은 대한민국임시정부처럼 포용성을 넓히고 대한 민국의 정당성을 높이는 길이다. 아울러 분단 초기 남북에서 숙청당한 이들의 독립운동도 해방 시점에서 판단, 정당한 예우를 갖춰야 한다. 6월 보훈의 달을 맞아, 분단으로 축소 왜곡되고 있는 독립유공자 서훈이 정선精選 확대될 수 있다면, 이 또한 분단체제 극복의 길일 터이다 (2019년 6월 6일).

약산김원봉장군기념사업회 출범

어제(2019년 11월 9일) 오후 3시 성공회대학교 피츠버그홀에서 의열단 약산김원봉장군기념사업회가 창립되었다. 강당 안의 250석도 모자라 이쪽저쪽에 서서 참여한 이들도 많았다. 여는 공연에서 여성 독립운동가 정정화 여사의 대역을 자처한 원영애 님(극단 독립극장 대표)은 만장한 이들의 가슴을 뜨겁게 했고 그의 감동적인 호소는 많은 청중들의 심금을 울려 눈물을 훔치게 했다.

이어서 중국에서 활동할 때의 약산의 모습을 보여주었다. 조선의용대원들을 모아놓고 카랑카랑한 목소리로 연설하는 그의 모습에서 지도자로서의 면모를 살필 수 있었다. 이어서 오래전에 약산의 행적을 살피며 그의 독립운동 유적지를 일일이 찾아 다큐멘터리를 만든 도올 김용옥의 〈도올, 약산을 그리다〉라는 기념강연이 있었다. 도올은 강연에서 약산을 두고 "머리가 뛰어났고 매우 수려한 미남이며, 리더십이 출중한" 분이라고 평했다. 그리고 약산이 자기가 설립한 조선의용대와 같이 중국 공산당 쪽으로 가지 않고 임시정부가 있는 충칭을 택하게 되는 경위와, 태항산 쪽으로 갔던 조선의용대가 결국 김무정의 휘하에 들어가게 된 것을 안타까워했다. 또 약산이 임정 환국 때에 제1진으로 들어오지 못하고 2진으로 들어와 국내 기반을 조성하는 데에 한발 늦었다는 것과 귀국 후 모멸과 위협 속에서 감옥과 같은 생활을 하면서 북행을 감행하지 않을 수 없었던 저간의 사정을 설명했다.

약산 김원봉[1898년 9월 28일(음력 8월 13일)~1958년?] 선생은 경남 밀양 출신으로, 서울 중앙학교와 1916년 이후에는 중국 천진의 덕화학당과 남경의 금릉대학, 1919년에는 몇 달간 신흥무관학교에서 수학했고, 그해 11월 10일 동지들과 함께 조선의열단을 조직, 그 단장으로 활동했다. 밀양경찰서 투탄사건, 부산경찰서 투탄사건 일본육군대장 다나카田中 암살미수사건, 1924년 니쥬바시二重橋 투탄사건, 김상옥 열사 의거 등은 그가 이끄는 의열단원에 의해 감행되었다. 그는 1926년 황포군관학교 제4기생으로 졸업, 중국 군관으로 활동하면서 중국인 지인들과의 교제를 통해 독립운동에 크게 도움을 받았다. 1931년 만주사변 발발 후 활동지를 남경으로 옮기고, 1932년에는 조선혁명군사정치간부학교를 세워 윤세주·이육사·정율성 등 125명을 양성했다. 그 뒤 국민당 정부의 협조를 받아 강서성 성자현 소재 중국육군군관학교에 조선인 청년 90여 명을 파견, 정치군사 교육을 받도록 했고, 그 이듬해 1938년 10월에는 이들 군관학교 졸업생 등을 규합하여 무한에서 조선의용대를 조직, 그 대장에 취임했다. 무한이 일본군에게 함락되자 1939년 광서성 계림으로 옮겼다가 1940년 3월에는 조선의용대 본부 94명과 함께 중경으로 이동했다. 그러나 조선의용대원 다수는 중국 공산당의 본거지인 화북성 연안으로 이동, 김두봉·최창익·김무정·한빈과 함께 조선의용군 및 조선독립동맹을 성립시켰다.

중경으로 이동한 약산은 1941년 6월 대한민국 임시정부 참여를 선언했고, 이어서 그해 12월에는 조선의용대가 한국광복군에 참여하자 그는 광복군 부사령 겸 제1지대장으로 취임하였고, 광복군 1개 분대를 인도·버마 전선에 파견하는 데도 관여했으며, 1944년 4월 대한민국임시정부에도 참여, 군무부장을 맡았다. 해방이 되자 1945년 12월에 임정 요인들과 함께 귀국, 각 정파의 통일운동에 참여하였고, 1946년 2월 민주주의민족전선 결성에 힘써 공동의장이 되어 여운형 등과 뜻을 같이했고, 여운형이 피살되자 장례위원장으로 봉사했다. 그런 상황에서 친일파 및 미군정의 위협을 받고 해방된 조국에서 '감옥생활' 같은 생활을 하다가 1948년 남북협상을 계기로 월북, 북한에서 국가검열상·노동상·최고인민회의 상임위 부위원장에 취임했으나 1958년경에 거기서도 사라졌다.

그동안 그의 독립유공자로서의 서훈문제가 검토되어왔다. 그의 독립운동의 공적은 일제가 내세운 현상금에서도 잘 나타난다. 그러나 대한민국 정부가 시행하는 독립유공자 서훈에서 제외되어 있는데 이는 분단체제 때문이다. 현재 독립운동자 서훈에 관한 〈독립유공자 예우에 관한 법률〉에 의하면 건국훈장을 수여토록 되어 있는데, 심사규정에 의하면 북한 정권 수립에 관여하면 독립운동 공적이 현저함에도 불구하고 서훈에서 배제되어 있다. 지금과 같은 분단체제 하에서 국내상황을 고려할 때 심사규정을 고치거나 특별법을 만들어 그에게 서훈하는 것은 쉽지 않다.

우리는 독립운동에 헌신하신 많은 선열들을 기억한다. 그들이 있었기에 우리는 해방 독립을 떳떳하게 맞을 수 있었고, 민족사를 발전시키고 있다. 이들 대부분은 남북에서 독립유공자, 혁명열사 또는 애국열사로 서훈을 받았다. 그러나 약산과 같이 남북에서 제대로 대접받지 못하는 선열들도 손꼽을 수 없을 정도로 많다. 민족독립운동사에 남긴 혁혁한 공훈에도 불구하고 분단체제 때문에 아직도 남북 어디에서도 이들 숭고한 고혼들이 안식할 곳을 마련하지 못하고 있다. 이런 상황에서 우리는 홀대받는 이들 독립유공자들을 선양하는 것이 남북 정부에 의해서는 당분간 어렵다고 판단했다. 그들을 기억, 선양하는 방법은 민간 차원에서, 분단체제를 넘어서서 접근하는 방법밖에는 없다. 권위주의 시대에는 그마저 불가능했다.

오늘 우리가 약산선생기념사업회를 조직하는 것은 분단체제 하에서 남북한 어디에서도 그들의 민족적 업적을 기리지도, 고혼을 모시지도 않는 안타까운 현실을 타개하고자 함이다. 분단체제 아래서도 그들의 불멸의 공적을 민족사에 안착시키고자 함이다. 남북한 정부가 하지 않는 이 사업을 민간인들이 뜻을 모아 수행하고자 함이다. 약산선생기념사업회 결성이 기연이 되어 남북 어디에서도 대접받지 못하는 독립유공자들에게 안식처가 제공되었으면 하는 마음 간절하다(2019년 11월 10일).

기록의 중요성: 기록문화의 전통을 회복하자

박근혜 정권이 후임 정부에 "달랑 10페이지짜리 문서를 인계했다"는 보도는, 그 사실 여부를 떠나서, 한국의 기록문화 전통을 되돌아보게 했다. 후임 정부에 몇 장밖에 인수인계할 수 없었던 정부는 자기 존재의 초라함을 드러냈고 기록문화를 자랑하는 우리의 전통에도 먹칠을 한 셈이다. 노무현 정권 때만 하더라도, 기록문화의 관점에서 본다면, 풍성한 기록을 남겨 자부심이 떳떳했는데 어찌 이 지경에 이르게 되었는가.

우리 기록문화의 전통은 자랑할 만하다

한국 기록문화의 전통은 자랑할 만하다. 삼국시대의 기록문화는 역사책을 남겼다. 고구려는 국초의 《유기遺記》 100권과 뒷날 이문진李文眞의 《신집新集》 5권을 남겼고, 백제는 박사 고흥高興이 《서기書記》를 남겼으며, 신라는 진흥왕 때 거칠부居柒夫가 《국사國史》를 남겼고, 원효[元曉, 617~686년]는 《대승기신론소大乘起信論疏》 등 불교주석서를 남길 정도였으며, 통일신라에 이르게 되면 최치원崔致遠 등이 숱한 기록을 남겼다. 이렇게 삼국시대에 이미 역사책과 사상 관련 책자를 남긴 것을 보면 기록문화가 상당히 발달했음을 알 수 있다. 지금도 그 시대의 목간木簡이나 금석문, 광개토대왕비에는 당시 많은 역사적 사실이 압축적으로 기록되어 있음을 알 수 있다.

고려시대에도 역대 왕의 실록이 있었으나 지금은 특정 왕의 실록은 전해지지 않고 《고려사高麗史》나 《고려사절요高麗史節要》에 녹아 있을 뿐이다. 단재 신채호는 한반도를 휩쓴 수십 차례의 병화兵禍가 그 많던 기록들을 오유烏有로 만들어버렸다고 한탄했다.

현존 고전 기록물 중에는 조선왕조 때에 남긴 것이 대부분이다. 조선왕조 4대 사서로 손꼽히는 《일성록日省錄》, 《승정원일기承政院日記》, 《비변사등록備邊司謄錄》 및 《조선왕조실록朝鮮王朝實錄》이 있다.

《일성록》은 영정英正조 시기부터 1910년까지 국왕의 동정과 국정의 제반사항을 기록한 '왕의 일기'다(2,329책). 《승정원일기》나 《조선왕조실록》이 정권 등에 휘둘린 적이 있지만, 《일성록》은 5일분씩 왕에게 올려 왕이 첨삭한 뒤에 등사하기 때문에 사료적인 가치가 높다. 《승정원일기》(3,245책 2억 4,252만 자)는 왕의 비서기관인 승정원의 사무를 기록한 것으로, 행정사무와 왕명의 출납, 상소 등도 포함되어 있다. 비변사는 16세기(1517년) 왜구의 빈번한 침략을 계기로 임시기구로 설치되었다가 임진왜란 후에 문무고관의 국방최고기관으로 자리 잡게 되었다. 그 기록인 《비변사등록》은 임란 이전의 것은 망실되고 그 후 1617년부터 1892년까지의 기록(273책)이 남아있다.

한국 기록문화의 정수는 《조선왕조실록》이다. 이는 태조~철종까지의 472년(1392~1863년)의 정치·사회·경제·문화를 편년체로 기록한 것(1,894권 888책)이지만, 《고종·순종실록》(74권 60책)은 일제의 간섭 하에 이뤄졌기 때문에 문제가 없지 않다. 권수나 책수로는 《대명大明

실록》이나《청淸실록》에 비해 적지만, 글자 수는 더 많으며 세계 최고 수준의 편년체 역사서로 평가받는다. 실록은 국왕이 돌아가면 실록청實錄廳을 설치하고 당대에 사용했던 문서(《시정기》,《승정원일기》,《비변사등록》,《일성록》, 각종 정부문서와 개인문집 등)들을 사초史草로 하여 실록을 편찬한다.

국사편찬위원회는 2005년부터《조선왕조실록》을 인터넷에 올려 전 세계인들이 열람할 수 있도록 했다. 웹에는《조선왕조실록》의 원본이 미지(사진)와 활자로 된 원문(한문), 번역본(한글본)도 올렸다. 여기에 인명·지명·사건 등의 검색기능을 넣어서 활용되도록 했다. 최근 조선시대사에 대한 연구가 활성화된 것은 인터넷에 올린《조선왕조실록》과의 관계를 무시할 수 없다.

조선왕조 때에는 앞에서 언급한 4대 사서 외에 중요한 기록들이 많다. 각종 문집류와 저술 등은 이루 매거할 수 없다. 주목할 것은 조선왕조 때 각 관청에서는 대부분 일기 혹은 등록류의 기록을 남겼다는 것이다.《승정원일기》·《비변사등록》외에 최고의 의정기관인 의정부에는 정사와 동정을 기록한《의정부등록》과 의정부 소속 관원의 출근 상황과 국정 처리상황 및 중하급 관리들의 근무성적을 평가한《의정부일기》등이 있었다. 규장각에서도 왕과 신하의 대화 때 왕의 언동을 기록한《내각일력》(1,245책)이 있다. 또《종친부宗親府등록》,《포폄褒貶등록》,《간의簡儀등록》등 여러 관청에는 '각사등록各司謄錄'이 있었고, 매일의 상황을 기록한《전객사典客司일기》,《제중원濟衆院일기》같은 일기·일지류도 있었다. 조선왕조는 경조사 등 국가적인 행사가 있을 때 그 전말과 경과 등을 기록한 각종 의궤류儀軌類도 많이 남겼다. 이러한 기록물 생산은 통치기능의 강화와 행정 효율 증대를 목적으로 한 것으로, 기록물을 생산·정리·보존하기 위해《경국대전》에 그 규정을 명문화하기도 했다. 말하자면 기록물관리법이다. 이렇게 조선왕조는 기록물을 많이 남겼고, 기록물의 생산과 관리를 위한 법규도 마련했다.

공적인 회의는 반드시 기록을 남겨야

나는 가끔 TV에 비치는 국무회의나 청와대회의가 제대로 회의록을 남기는가 하는 의문을 갖곤 했다. 기록전문가를 두고 회의가 끝나면 회의록과 회의자료를 제대로 정리해야 한다는 것이다. 확인한 바로는, 1949년부터 국무회의록, 안건목록, 차관회의 일정 등이 영구기록물로 생산되고 있으며, 생산 10년이 경과하면 국가기록원이 매년 이관 받아 관리하고 있어서 다행스럽게 생각했다. 공식문서 외 중요기록물의 등록과 관리를 규정하고 있는 공공기록물법 시행령(제21조) 1항 1호에는 대통령, 국무총리 및 중앙행정기관의 장, 지방자치단체장, 교육감 등 주요 직위자의 업무 관련 메모, 일정표, 방문객 명단 및 대화록도 수집 대상에 해당되지만, 이런 기록물이 국가기록원으로 이관된 적은 아직 없다. 다만 대통령의 의전일지와 경호실의 업무일지 등이 일부 이관되어 대통령기록관에 소장된 정도다. 그러나 주요 공직자들과 기관의 일정일지의 수집 여부는 분명치 않다. 모든 공적인 회의는 비밀회의라 할지라도 그 기록은 반드시 남겨야 한다는 것이 나의 소견이다. 정부 산하의 각 기관도 당연히 자기 형편에 맞는 형식의 일지 혹은 일기를 제대로 작성해야 한다고 본다.

　나는 국사편찬위원회 시절, 〈국편일지國編日誌〉를 만들어 시행한 적이 있다. '국사를 편찬한다'는 기관에서 자기의 매일 기록을 갖고 있지 않다는 것은 문제라고 보았다. 봉건왕조시대에도 국가기관에서는 일일이 써서[手記] 남긴 일지 혹은 등록류를 갖고 있었는데, 전산화가 이뤄진 시대에 그런 기록을 남기지 않는다는 것은 기록을 관장하는 국가기관답지 않다고 설득했다. 반대와 불평이 많았다. 때문에 지금까지 그것이 시행되고 있는지는 확인하지 못했다.

　새 정부는 이번에 전임 정부의 기록물 홀대의 관행을 직시한 만큼 기록물 관련 법규를 꼼꼼히 정비하고 자기 기록을 정확하게 남길 수 있게 되기를 간절히 기대한다. 결국 한 시대의 업적은 그 시대가 남긴 기록에 의존할 수밖에 없다는 것을 명심하면서(2017년 5월 31일).

정석종 형과 나눈 교우기

정석종 형이 귀천歸天한 지 거의 20년이 되었다. 학문과 사회활동에서 언제나 당당했던 정 형을 생각하면, 지금도 내가 이렇게 살아있다는 것이 어쩐지 미안하고 부끄럽게 느껴진다. 정 형이 이때까지 생존해 있다면 우리 학계는 물론이고 학계가 뒷받침한 문화운동계에도 적잖은 변화가 있었을 것이다. 20세기 말기에 들어서서 한국사회의 민주민중운동이 활발하게 전개된 이면에는 정 형이 연구한 조선 후기와 한말에 대한 역사 이해가 거름이 되었을 것으로 생각하기 때문에 정 형에게 돌려드려야 할 찬사가 많을 것으로 생각한다. 그는 20년 전, 자녀들과 제자들을 남겨둔 채 숙환으로 돌아갔지만, 그의 학문과 인격적 유향遺香은 지금도 남아있어 21세기의 한국 민주민중운동의 학문적 성장동력의 하나로 간주될 수 있을 것이다. 이 글은 대학 입학동기였던 내가 정 형과 교제한 편린片鱗을 나와 관련된 것을 중심으로 엮어본 것이다. 그러나 정 형의 구체적인 학문에 대해서는 거의 언급하지 못했다. 이 점 미리 용서를 구한다. 또 이 글이 나의 입장에서 서술한 것이고 내 이야기가 많기 때문에 객관적 증언이라기보다는 주관적인 것이 많으며, 정석종 형을 내 주변의 이야기 속에서 언급했다는 것이 오히려 결례가 되지 않을까 하는 느낌도 든다. 내 삶의 편린을 통해 정 형의 편모나마 되살릴 수 있다면 좋겠다는 생각에서 이 글을 초하는 바이니 독자들의 이해를 먼저 구한다.

나는 학부시절 외에는, 2000년 초 돌아가기까지 띄엄띄엄 그를 만나기도 하고 와병臥病 이후에는 멀리서 소식만 듣고 지낸 정도였지만, 교제를 나눈 것은 거의 40여 년이 된다. 그동안의 정 형과의 교제가, 술잔을 나누는 그런 흥겨운 자리로서는 이뤄진 적은 없다. 그러나 가끔 만나면 바둑을 두기도 하고 가정사를 걱정하는 대화를 나누기도 했다. 또 학문을 논하면서 공통된 시대를 두고 논란을 벌이기도 하고, 선학先學들이 고전적인 역사학에 얽매어 식민사학의 유산을 뛰어넘지 못하는 것을 안타까워하기도 했으며, 이승만·박정희 및 전두환의 독재와 이들 정권의 반민주적·반통일적인 자세를 질타하는 그런 시간들도 종종 가졌던 것으로 기억한다. 가끔 그의 직설적인 비분강개는 주변을 살피게도 했다.

내가 정석종 형을 처음 만난 것은 1957년 4월 대학에 입학해서다. 그해 서울대 문리대 사학과에 입학한 학생은 25명. 이 중 서울 지역의 고등학교를 졸업한 동기가 15명이다. 입학 동기 중에는 경기고, 서울고, 경복고, 서울사대부고, 부산고, 경기여고 등 당시 명문으로 알려진 공립고등학교 출신들이 13명이나 되었다. 정 형은 서울 출신이기는 했으나 명문 인문계 고등학교에서 수학한 것은 아니었다. 동기 중에는 그 뒤 대학의 전임교수로 강단에 선 이가 6명이나 되었고, 그다음으로 언론계에 진출한 이가 많았다. 갓 입학해서 교양과목 수강 때에는 사회학과·심리학과 동기들과 한 클래스를 형성했는데, 이들 중에는 대학 1학년 때에 이미 영어·일어 등 원서를 끼고 다니는 학생들도 있어서 나 같은 시골뜨기는 기가 질렸다. 정 형 역시 일본어 책을 읽고 있었던 것으로 기억한다.

정석종 형은 서울 출신이긴 하지만, 서울공업고등학교를 나왔다. 그의 연보에 의하면, 공고工高를 진학한 것은 건축기사였다가 일찍 돌아가신 부친의 영향 때문이었다고 한다. 그는 입학 때부터 서울의 명문 고등학교 출신들과는 거리를 두었고, 시골에서 올라온 촌뜨기들과 어울렸다. 그가 평생 가장 가까이 지낸 친구가 목포 출신의 김경희였다. 체격이나 모습이 서로 비슷하고 배포 또한 난형난제難兄難弟하여 서로 의기투합한 것으로 보인다. 정 형이 김경희를 가까이한 데는,

사물을 읽고 판단하는 직관력이 서로 통했기 때문이겠지만, 시골 출신이라는 점도 한몫했을 것이다. 뒷날 그의 모습에서 도시적인 취향이 체질적으로 잘 나타나지 않았다. 김경희는 합격자 발표 때부터 그 이름으로 봐서 여학생이 아니겠느냐는 추측들이 있었고, 가나다 순의 출석부에서는 맨 처음에 기재되었다. 동기생 중 오일환은 입학 초에 김경희가 여학생이 아니어서 실망했다는 농담을 하곤 했다. 동기 중에는 5명의 여학생이 있었는데 그들 대부분이 통념적인 여성 이름과는 달랐다. 그중 문학평론가로도 잘 알려진 김병익 형의 부인은 그 이름이 여성스럽다고 했다.

정석종 형은 피부 색깔이 희고 귀공자 타입의 동글동글한 얼굴을 하고 있었다. 대화 중 가끔 이상한 억양이 도드라질 때가 있었다. 알고보니 그는 함경남도 함흥 출신인데 1946년 북한에서 토지개혁이 있고 난 뒤에 그의 모친·형(鄭國鍾)과 함께 월남했다고 한다. 그걸 보면 그의 집안이 해방 전에는 지주 집안이 아니었던가 생각된다. 그의 증조부가 함경남도 신흥군 원평면에서 술도가를 경영할 정도였다는 것은, 토지개혁 후에 남쪽으로 피란한 배경이 지주 집안이었을 것이라는 추측과 무관하지 않다. 이런 걸 알게 되면서 나는 그의 집안의 그런 배경에도 불구하고 그가 민중운동을 중심으로 한 역사 연구에 매진하게 된 데 대해 의아심을 가진 적도 있다. 뒷날 정 형이 귀띔해준 것이지만, 일제강점기 및 해방 후에 북한 지역에서 고고학자로 알려진 도유호都宥浩 선생도 정 형의 집안과 가까운 사이였다고 한다. 도유호 선생은 함흥 출신으로 오스트리아 빈대학교에서 공부했다. 그가 그때 외국에 유학한 것을 보면 자기 집이나 친인척에 부유한 집안이 있었을 것이란 추측은 어렵지 않는데, 정 형의 귀띔은 도유호 선생과의 관련에서 시사하는 바가 있었다. 도유호 선생은 해방 후 김일성종합대학 교수로 활동했고 굴포리, 지탑리, 궁산리 등의 북한 고고학 유적 발굴을 주도, 북한 고고학의 기초를 놓은 분이다.

정 형은 학창시절 나를 이끌고 자신의 가까운 집안 분들을 만나도록 했다. 언젠가는 형님을 같이 만나자면서 나와 함께 갔다. 서울 물정을 잘 모르는 나로서는 내심 서울 구경도 하고 서울 지리도 익힐 겸 따라 나섰다. 아마도 정 형은 이 촌뜨기에게 짜장면이라도 대접해야겠다는 생각을 했을지 모른다. 형님은 당시 세브란스 의과대학에 재학 중이었고 언어와 행동거지가 매우 세련되어 보였다. 정 형은 그 뒤에도 몇 번 자기 형을 만나러 가자고 하면서 나를 대동했다. 그 형님은 몸집이 그렇게 큰 편은 아니었지만, 활달한 편이고 형제 사이도 매우 다정했다. 그래서 족벌사회의 상하 관념에 찌든 시골뜨기에게는 '형님이 저렇게 다정할 수도 있구나' 하는 느낌을 받았다. 형님은 동행한 촌뜨기 앞에서도 구면처럼 시원시원했고 형제 사이는 스스럼이 없었다. 그의 형님을 마지막으로 본 것은 그가 미국 유학길에 오른다고 하여 만났을 때였다. 그 뒤 정 형의 건강이 좋지 않을 때 그 형님의 안부를 물어본 적이 있는데, 미국에 계신다고 하면서 형님의 도움이 있는 것처럼 암시하기도 했다.

정 형은 가까운 집안 분으로 자기 고모를 소개했다. 내 기억으로는 고모가 한 분이 아니었던 것으로 안다. 큰고모부는 이승만과 가까운 위치에 있었던 이활李活 선생이었다. 당시에도 이승만을 돕는 여러 단체들이 있었는데, 이활 선생도 한 유력한 단체를 이끌었으며 상당한 실력자로 알려져 있었다. 그랬던 만큼 우리가 찾아갔을 때는, 당시 유력한 분들이 살고 있던 북촌에 거주하고 있었다. 정 형은 시간이 나면 가끔 지금의 가회동인가 하는 그 북촌에 거주하던 고모집에 나를 데리고 갔다. 시골에서 올라온 나는 서울의 옛대감들이 살았던 북촌 구경을 제대로 한 적이 없었다, 북촌 마을은 물론 북촌 저택에 들어가 본 것도 그때가 처음이었다. 뒷날 4·19혁명 후 민주당의 사무처장인가를 지낸 정헌주 의원의 집을 다른 친구의 안내로 간 적이 있는데 그 집도 이 촌뜨기에게는 매우 어리어리했던 것으로 기억된다. 정 형의 고모집은 내가 그전에 그런 집을 본 적이 없을 정도의 훌륭한 저택이었다. 정원을 거쳐 현관에 들어가면 넓은 거실이 있고 용도에 따라 또 큰 방들이 있었다. 중고등학교 다닐 때 마산에서 적산敵産 가옥을 물려받은 가까운 친척 집을 방문한 적이 있지만 이렇게 으리으리한 집은 처음이었다.

한번은 고모부 이활 선생의 집을 다시 방문한 적이 있다. 그때는 사학과 몇 년 선배인 정양모鄭良謨 선생님과 함께 갔다. 나는 잘 몰랐지만 그때 정양모 선배는 국립박물관 등에서 고미술 전문가로 이름을 드러내고 있을 때였다. 정석종 형은 정양모 선배에게 교섭, 그 고모부 댁의 고미술품을 살펴봐달라고 하면서 그를 모시고 갔던 것이다. 당시 이활 선생은 고미술품을 많이 소장하고 있다고 들었는데, 그것들의 진위를 감정해봤으면 하는 의도가 있었던 것으로 보인다. 각종 서화와 도자기 등이었다. 그때는 이활 선생도 함께하여 그 물품들을 일일이 꺼내어 보여주었다. 정양모 선배는 꺼내준 고미술품들을 볼 때마다 "아! 좋은데요"라는 말만 연발하고 그 이상 가타부타 말이 없었다. 그러니 그 말의 진의를 알 수 없었다. 정말 좋은 작품이어서 그랬던 것인지, 또 조선조 시대에 예술가들이 남긴 진품이어서 그랬던 것인지, 지금도 그때 정양모 선배가 탄성을 발한 그 진의가 어떤 의미를 가진 것이었는지 가늠할 수가 없다.

입학 후 대학 강의를 듣는 것은 아주 자유스러웠다. 입학 동기들은 몇 개의 과목, 일테면 이병도李丙燾 교수의 〈국사개론〉, 김상기金庠基 교수의 〈동양사개론〉, 조의설趙義卨 교수의 〈서양사개론〉 등은 1학년 때에 필수로 수강했다. 당시 강의는 대부분 두 시간(100분)을 속강續講했는데, 〈국사개론〉과 〈서양사개론〉 강의는 다른 학과생들도 많이 수강하는 편이었다. 대학원장으로 재직하고 있던 이병도 교수는 휴강이 잦은 편이었고, 강의하는 경우에도 두 시간 강의를 다 채우는 경우가 많지 않았다. 대학원장에다 각종 자문에 응하는 경우가 많아서 그럴 것이라고 했다. 그러나 문리과대학 학장이기도 했던 김상기 교수는 강의에 매우 충실했던 셈인데, 두 시간 내내 강의 내용을 필기도 시키고 설명도 하면서 어떤 때는 목소리가 쉬기도 하여 큰 감동을 주었다. 당시 연세대 대학원장이었던 조의설 교수는 그 무렵 여행한 그리스·로마에 대한 설명으로 수강생들의 흥미를 끌었다. 그 무렵 사학과 강의를 맡았던 분들은, 앞의 세 분을 비롯하여 국사에서는 유홍렬, 한우근, 김철준, 이기백, 허선도 교수, 동양사에서는 전해종, 고병익, 민두기 교수, 서양사에서는 김성식, 민석홍, 길현모, 이보형 교수가 있었는데, 내게 가장 인상적인 강의로 기억에 남는 분은 안정모 선생이었다. 그는 건강이 좋지 않은 듯, 다소 깡마른 모습이었고, 강의할 때는 힘이 부친 듯 늘 혼신의 힘을 다 했다. 그의 강의는 역사학의 발전과정을 설명하면서 그 시대의 학문 사상 및 과학의 발달과 관련시켰다. 지금까지도 안정모 교수의 강의가 가장 감명 깊었다고 생각하고 있다. 또 국사학에서는 김철준 교수의 강의가 폭이 넓어 우리의 눈과 귀를 틔워주었다. 그는 고대와 중세사를 강의했는데, 국사학이 갇히기 쉬운 한계를 벗어나 고고학·인류학·종교학 등을 넘나들면서 스케일 넓게 강의하여 관심을 끌었다. 두 분의 강의는 미세한 사실 고증에 갇혀 있는 듯한 역사학을 해방시켜 인문학의 경지로 올려준다는 인상을 받았다.

지금 생각해보니 당시 입학 동기들이 함께 수강한 과목은 그렇게 많지 않았다. 몇 가지 이유가 있다. 당시 우리가 다닌 대학에서 개설된 학과목은 학과나 학년에 구애되지 않고 수강할 수 있었다. 각 학과의 필수과목을 포함하여 개설과목 대부분은 학과나 학년에 구애되지 않고 자유롭게 수강하도록 되어 있었다. 이런 수강의 자유는 대학에 입학하여 놀란 것 중에 하나다. 이렇게 개설과목이 학과나 학년에 구애되지 않고 자유롭게 수강할 수 있도록 하고 보니 동기들이 필수과목 외의 학과목을 같이 수강한다는 것이 쉽지 않았다. 대학에 개설된 과목은 자기 능력이 닿는 한 어느 강의든, 1학년부터 4학년까지 같이 수강할 수 있었다. 그때 비로소, '아! 대학이란 이런 곳이구나' 하는

역사의 길, 현실의 길

느낌을 갖게 되었다. 이런 자유로운 수강이 모든 대학에서 시행되는 줄 알았는데 그렇지 않았다. 서울대 안에서도 학년·학기제를 초월한 자유 수강이 적용되지 않은 곳이 있었다. 뒷날 내가 대학 강단에 섰을 때 수강과목을 학년별·학기별로 강제하는 것을 보고, 우리의 대학생활이 얼마나 자유스럽고 개성을 인정해주었던가를 깨닫게 되었다. 그러나 이러한 자유 수강이 동기생들과의 친밀도를 견지하지 못하도록 한 하나의 요인이 되었다. 거기에다 나는 원래 역사공부를 하기 위해 사학과를 선택한 것이 아니고 종교인이 되려는 의도로 사학과를 선택했다. 그래서 사학과 과목을 중심으로 수강하지 않았다. 전공과목은 졸업 학점에 필요한 정도만 채우고 그외는 수강 신청에 관계없이 종교학과나 철학과 강의를 많이 들었다. 그러다 보니 첫 2년 동안은 사학과 동기들과 교제할 기회가 거의 없었다. 정석종 형과도 수강을 통해서 교제한 것은 많지 않았다.

정석종 형과 학부에서 같이 공부한 시기는 학부 초기 2년 동안이다. 대학 2학년을 수료한 후 내가 1959년에 군에 입대했기 때문이다. 그나마 동기생으로 어울린 시간은 학부 2년에서 끝난 셈이다. 고향에서 군 징집영장이 나왔다는 소식을 듣고 망설이다가 '이왕 다녀와야 할 것, 이때 다녀오자' 하고 군문에 입대했다. 당시 대학 재학생이나 교사로서 군에 입대하면 대학생은 학보(學保, 학적 보유자)라 하여 1년 반, 교사는 교보(敎保, 교적 보유자)라 하여 1년을 복무했다. 입학 후 2년간은 그럭저럭 동기들과 동학했지만, 그 후 2년은 동기들과 같이 공부하지 못했다. 그것도 제대로 되었다면 1년 반 군복무를 마치고 학교에 돌아와 동기들과 한 학기 정도는 보낼 수 있었겠으나 그마저 뜻대로 되지 않았다. 그러다 보니 2년 동안 비교적 가까웠던 임한순·김경희·정석종 형과도 학부시절 초기 2년 정도 외에는 제대로 교제를 나누지 못했다.

1960년 9월 군에서 제대, 2학기에 복학하려 했으나 제대 날짜가 등록 마감일보다 늦어 결국 복학하지 못했다. 수강 신청을 하지 못한 채 학교에 나와 청강聽講만 했다. 그때가 4·19혁명이 일어난 지 몇 달 지나지 않은 때였다. 그래서인지 그때 종종 4·19 때의 긴박했던 상황들을 들을 수 있었다. 4·19 당일 서울대 문리대 학생들이 경복궁을 돌아 경무대(지금의 청와대) 앞까지 진출했고 갑작스런 사격을 받아 희생자들이 많이 나오게 되었다는 무용담들도 듣게 되었다. 가까운 친구 임한순과 김경희, 정석종 그리고 사회학과의 신용하 등도 청와대 앞까지 진출하여 독재타도를 외쳤다고 들었다. 정석종 형으로부터는 당시의 긴박했던 이야기들을 뒷날 바둑을 두면서 듣기도 했다. 아마도 이때 사학과 학생들이 청와대 앞까지 진출하는 데는 정석종 형의 주장이나 리더십이 상당히 작동했으리라고 생각된다. 그가 학부 때부터 의식하고 있던 민중민주의식과 역사에 대한 진보의식이 그를 거기까지 이끌었을 것이다.

내가 군에서 돌아와 정식으로 복학한 것은 1961년 봄 학기다. 그때 정 형을 비롯한 동기들은 모두 졸업한 후였다. 때문에 대학원에 진학한 동기들 외에는 거의 만날 수 없었다. 정 형은 대학원에 입학했으나 그해 7월에 군에 입대하여 3년 후인 1964년 4월에 제대했다. 제대하자마자 정 형은 오산의 어느 중고등학교에서 교사생활을 시작했다. 1963년 봄에 대학을 졸업한 나는 교사로 재직하면서 대학원에 진학했다. 대학원에 재학한 기간이 겹치기는 했지만, 정 형과 나는 같은 과목을 수강한 것이 없다. 벌써 그만큼 전공분야와 학문의 방향이 달라져 있었던 것이다. 그러나 대학원 재학기간 동안에는 가끔 교정에서 만날 수 있었다. 1967년부터 정 형은 서울대 동아문화연구소 연구원으로 근무하면서 그 이듬해 문학석사학위를 취득하게 되었다. 석사학위논문은 〈조선 후기에 있어서의 신분체제 붕괴에 대한 일 소고—울산 호적을 중심으로〉였다. 우리나라에서는 대구, 울산 언양, 단성 호적이 비교적 잘 보존되어 있었던 편인데, 그중 가장 유명한 대구 호적을 가지고는 일제강점기 경성제대 교수 시카다四方博가 연구업적을 남겼다. 해방 후에는 이렇다 할 업적이 보이지 않았는데 정석종 형이 울산 호적을 중심으로 석사학위논문에 도전했던 것이다. 호적을 통하면 그 사회의 계층 분포와 사회경제적 삶을 파악할 수 있다. 특히 조선 후기 신분변동은 그 호적대장을 통해서만 제대로 파악할 수 있다. 한국사회의 민중적 삶에 깊은 애정을 갖고 있던 정 형은 이 석사학위논문으로 그의 학문의 방향을 확실하게 잡았던 것이다. 당시 석사학위만 있어도 대학 전임으로 진출할 수 있었던 만큼 정 형은 이 논문을 기반으로 연구에 매진하는 한편 한양대·서울대·국민대 등에 강사로 출강하게 되었다.

정석종 형이 석사학위를 받던 1968년에 나도 고대사상사 분야를 주제로 하여 석사학위를 받았다. 이제 학문의 길에 나선 동지로서 우리 둘은 비교적 자주 만날 수 있었다. 거기에다 서울대 중앙도서관에서 규장각 도서에 대한 해제작업을 하게 되어 더 가까이에서 만나게 되었다. 나는 동기들보다 늦게 학부와 대학원 석사과정을 마쳤지만, 그 2년 후인 1970년에 숙명여대의 전임이 되었고, 그 전후한 시기에 규장각 도서 해제작업에 참여하였다. 그 무렵 정 형은 숙명여대에서 강의도 하게 되었고 서울대 규장각에서는 상임해제연구원으로 위촉되기도 했다. 내가 해제에 관여한 기간은 서울대가 관악산으로 옮기기 전인 1970년대 중반까지였다. 그때 해제에 참여한 이로는, 정확하게 기억되지는 않지만, 한영국, 정창렬, 정석종, 이이화 등이었고 뒤에 정구복 교수도 참여했던 것으로 기억된다. 규장각에는 중국 도서를 포함하여 한국의 전통적인 도서와 조선 정부 각 기관의 문서 특히 조선조 후기와 한말의 자료가 굉장히 많았다. 나는 당시 한국사학사史學史에 관심을 가지고 있었기 때문에 주로 사서史書들에 대한 해제를 맡았다. 그때 조선 후기에 편찬된 많은 역사책들을 발굴할 수 있었고, 그런 역사책들에 나타난 고대사 인식에 주목하여 《한국사연구》 10집 (1974년)에 〈17~18세기의 사서와 고대사 인식〉이라는 논문을 발표했다. 그때 같이 참여했던 이들은 조선 후기 및 한말의 자료를 많이 뒤적였다. 정석종 형과 정창렬 형은 조선 후기 및 한말의 민중운동과 관련된 내용들을 많이 뒤적였다.

그 무렵 정석종 형은 내게 장길산張吉山 이야기를 자주 들려주었다. 나도 조선 후기에 관심을 갖고 있었으나 정 형과는 관심의 방향이 달랐다. 정 형이 민중운동사에 관심을 갖고 있었다면 나는 일종의 지성

역사의 길, 현실의 길

사에 해당하는 사학사史學史에 관심을 갖고 있었다. 때문에 정 형의 장길산 이야기에 특별하게 관심을 기울이지는 않았다. 장길산은, 소설에서는 조선 후기 숙종 때 가뭄과 지방 이속들의 폭정으로 민중의 삶이 피폐하게 되자 나타난 가상의 의적처럼 되어 있으나, 《숙종실록肅宗實錄》이나 《추안급국안推案及鞫案》에 실명이 나타나기 때문에 정 형은 여기에 주목했던 것이다. 어떤 때는 그 사료를 직접 내게 보여주면서 장길산을 강조했다. 장길산은 《숙종실록》(18년, 23년)에 3회 정도 실제로 그 이름이 나오는데, 소위 조선 3대 도적(홍길동, 임꺽정, 장길산) 중에서 끝까지 잡히지 않고 종적을 감춘 인물로 전해진다. 정 형이 내게 장길산을 언급한 때가 1970년대 중·후반부터였던 것으로 기억되는데, 아마도 규장각에서 《추안급국안》을 해제하고 있던 것과 무관하지 않은 것으로 이해한다.

정 형은 1970년대 중반 대학의 전임교수가 되었다. 1975년에는 청주여자사범대에, 1978년부터는 영남대 전임교수로 부임하게 되었다. 그때부터 그의 민중운동사 연구는 날개를 달게 되었다. 정 교수가 《추안급국안》(1~30권)을 해제하여 자료집으로 간행한 것이 1978~1984년이다. 그러나 그가 《추안급국안》을 연구에 활용한 것은 그보다 훨씬 전이다. 그 무렵 그는 다시 민중운동사 연구의 활성화를 위해서는 민중운동사자료집이 절실하다는 것을 알고 1985년에는 그가 수집·해제한 자료들을 중심으로 《한국민중운동사사료대계》(1~5)를 출간해냈다. 이 자료집 간행은 정석종 교수가 역사의 주체인 민중의 삶과 그 운동에 대한 자료집 간행의 필요성을 절감하고 민중운동 연구에 매진하겠다는 의지를 확실하게 보여준 것을 의미한다. 이 무렵 정 교수가 내게 장길산 이야기를 자주 한 것은《추안급국안》등 조선 후기의 민중운동과 관련된 자료들을 광범위하게 열람하면서 장길산과 같은 존재가 그 시기의 민중운동 연구에 매우 필요하다는 것을 암시한 것이라고 본다. 그의 박사학위논문《조선 후기 사회변동 연구: 숙종조 기사환국을 중심으로》는 그가 이렇게 왕성하게 탐색한 민중자료를 바탕으로 정치세력에 대한 연구를 시도한 것이라고 할 것이다.

정 교수는 이전부터 장길산 이야기의 소재를 소설가 황석영과도 나누고 있었다면서 황석영은 아주 뛰어난 작품을 쓸 수 있을 것이라고 했다. 그 뒤 정 교수는 때때로 황석영을 만나 조선 후기의 민중의 삶과 장길산 관련 자료를 소개하여 소설의 소재를 풍부하게 제공해주고 있었다. 황석영 작가도 종종 정 교수와 이야기를 나눈다는 것을 들었다. 이때 나는 소설《장길산》은 민중의 삶에 깊이 공감한 역사학자 정석종과 이 땅 민초들의 고난 어린 삶을 문학적인 상상력으로 승화시켜 작품화 하려 한 소설가 황석영의 공동 산고에 의한 것이구나 하는 생각을 굳히게 되었다.

정석종 교수는 조선 후기 민중운동사를 개척한 분으로 한국사 연구사에서 이름을 남길 것으로 보인다. 그는 조선 후기 민중운동사의 실상을 말하면서, 그 민중운동을 가능하게 한 동력의 하나로 조선 후기 민중 속에 광범위하게 퍼져 있던 미륵신앙彌勒信仰을 자주 언급하곤 했다. 미륵신앙은 대승적 자비사상과 중생구제를 위한 자비심, 미래 세계에 대한 유토피아적 구원론 등이 융화되어 형성된 것이다. 정 교수가 조선 후기 미륵신앙을 강조한 것은 나의 눈도 크게 뜨게 만들었다. 이때 미륵신앙을, 이 혼돈 타락한 말세에, 미래에 나타날 부처 미륵불彌勒佛이 현현하여 이 사바세계를 광정匡正할 것이라고 이해하게 되었다. 미륵신앙은 이미 후삼국시대의 궁예弓裔의 사적에서도 보였다. 미륵불이 세상을 바르게 개혁할 것이라는 미륵불신앙은 세상이 어지러울 때마다 나타나 고해苦海와 같은 세상에서 중생에게 희망을 주었다. 정석종 교수에 의하면, 조선 후기 삼정의 문란으로 가렴주구가 횡행하던 시기에 이 신앙은 민중에게 새로운 희망을 주었다는 것이다. 정 교수는 조선 후기 민중운동이 가능하게 된 요소의 하나로서 당시 민중들 사이에서 광범하게 보급된 이 미륵신앙에 주목하게 되었던 것이다. 그러고 보니 1860년대 최제우崔濟愚의 동학東學이 변화와 개혁을 요구하던 시기에 인내천과 개벽사상開闢思想으로 민중에 응답한 것이라면, 그것은 미륵신앙으로 새 세상을 요구하던 당시의 민중들의 기대와 동떨어진 것이 아니었다.

그 무렵 나는 한국기독교사를 공부하고 있던 때라, 고대 기독교의 동양 전래와 관련하여 네스토리우스Nestorius파를 주목하고 그것이 당(唐, 618~907년)에 들어와 경교景敎로 성행했음을 주목하게 되었다. 또 동방 기독교가 동진東進하는 과정에서 불교와 접촉함으로 대승불교大乘佛敎의 탄생에 어떤 영향을 미쳤고, 대승불교에서 차지하는 미륵신앙의 위치 등에 대해서 세계 종교학계의 글도 읽고 있었다. 또 대승불교에 와서 보살을 강조하고 보살의 도움으로 중생들의 해탈이 가능하게 되었다는, 말하자면 자력적自力的인 불교가 타력적他力的인 종교로 변화한다는 글도 읽고 있었다. 그런 이해를 바탕으로 대승불교와 미륵불, 그리고 미륵신앙을 이해하고 있었던 만큼 정석종 형의 조선 후기 사회에서 미륵신앙이 광범하게 퍼져 있었다는 주장은 눈을 번쩍 뜨게 만들었고 그의 주장에 귀를 기울이지 않을 수 없게 되었다. 정 교수의 말대로, 조선 후기 민중 속에 미륵신앙이 광범하게 퍼져 있었다면 그것은 기독교식으로 말한다면 그 시기에 메시야를 대망하고 있었다는 것과 다를 바가 없었고 동학에서 보이는 개벽사상과도 다를 바가 없다고 생각하게 되었다. 조선 후기에 광범하게 퍼진 미륵신앙에 대한 기대가 동학의 개벽사상으로 나타날 수 있었다면, 서양과의 접촉을 통해서는 개화사상으로 발전한 것이 아닌가 하는 생각도 갖게 되었다. 그런 의미에서 조선 후기 민중 속에 미륵신앙이 광범하게 퍼져 있었다는 정 형의 수장은 나의 한국기독교사 연구에도 큰 암시와 자극을 주었던 것이다. 이쯤에서 정 형의 삶과 관련된 이야기를 언급하는 것이 좋겠다. 그의 가정이 함흥에서는 부유한 편이었던 것 같았으나, 1946년 북한에서 토지개혁이 이뤄지고 그 뒤 월남한 후의 생활은 넉넉하지 못했을 것이라는 점은 이미 언급했다. 거기에다 한국전쟁 동안의 피란생활은 당시 고난 받는 민초들의 삶과 다르지 않았을 것이며 거기에 깊이 공감하는 의식을 형성시켰을 것으로 생각한다. 생각건대 그의 민중의식의 형성은 아마도 이런 어린 시절의 민족적인 고난과 민중적인 삶과 무관하지 않았을 것이다. 다시 말하면, 그의 강렬한 민중의식은 이런 민족적 위기와 민중적인 삶의 분위기에서 배태하지 않았을까 생각된다. 그러나 이것은 어디까지나 내 추측일 뿐이

역사의 길, 현실의 길

다. 이런 문제는 평생 그와 단짝이었던 외우 김경희 사장이 증언해줄 부분이라고 생각한다.

그가 역사학을 통해 추구한 것은 민중의 삶이었다. 민중의 존재형태와 사회경제적인 삶, 그들이 봉건지배층의 압제 하에서 어떻게 자기 시대를 변혁시키는 힘을 발휘하게 되었는가, 그것을 민중운동이라 한다면 이런 것들이 그의 학문에서 뚜렷이 부각된다고 할 것이다. 그것이 빈부격차가 심한 사회에서는 어떤 형식의 의식으로 발전될 것인가. 그러나 그의 이 같은 지향이 학부생활 때에 뚜렷이 나타난 것 같지는 않았다. 학창생활에서 강렬하게 인상 받은 것은 함경도인들이 구사하는 특이한 사투리의 악센트다. 그 외에는 기억되는 것이 별로 없다. 귀공자 타입의 그는 친구들 간의 대화에서 투박한 언어로 가끔 문제의식을 제기하기는 했으나 젊은 시절의 치기로 간주될 수 있는 정도에 불과했다. 동기들이 가끔 주점을 찾았던 것 같으나, 친구 오일환이 한 번씩 큰 소리로 떠드는 것 외에는 친구들의 주사酒邪 같은 것도 경험한 적이 없다. 그러나 들리는 바로는 술을 마시고 비분강개의 울분을 터뜨릴 때에는 정 형도 빠지지 않았다고 한다. 이승만 독재에 대한 울분과 뒤이은 군사독재, 그것들을 통해 실감하는 분단의 아픔이 그를 옥죄었던 의식을 자극, 비분강개로 나타났던 것이 아닌가 한다. 아마도 그런 삶을 통해 응축된 의식이 그를 역사학에서 민중의 삶과 민중의식, 민중운동에 깊은 관심을 갖게 한 것이라고 추측해본다. 혹시 그가 북한에서 생활했던 어린 시절이 그로 하여금 민중에 관심 갖게 했을까에 대해서는 판단이 서지 않는다. 그의 집안이 해방 전후한 시기에 처했던 위치는 오히려 반민중적인 의식을 키웠을 수도 있었겠다는 생각이 들기 때문이다.

정 교수와 나는 인간적으로 특별하지는 않으나 비교적 가까웠다고 생각된다. 정 교수와 가까이 지냈던 분은 동기 중 김경희 학형이나 심리학과의 조명한 교수, 영문과의 장성태 등이 있었고, 학문적으로는 김용섭 교수나 정창렬 교수, 이이화 선생, 청주사대의 김정기 교수와 영남대학교의 여러 교수들, 그 밖에 역사문제연구소의 후배들이 있지 않았나 생각된다. 나는 그와 대학 동기로서 학문을 같이한 친구라면 으레 가질 수 있는 정도의 살가운 정의情意 정도를 나누고 있었다. 그가 정릉 어디 메에 있을 때 몇 번 찾아간 적이 있고, 청주에 있을 때 우리 가족들이 방문하여 시간을 보낸 적이 있다. 정 교수가 간경화로 투병하면서 가족과는 떨어져 노량진 언덕배기의 고모집 별장에 칩거하고 있을 때(그의 연보에는 1974~1975년)에도 몇 번 찾아간 적이 있다. 아내와 같이 가서는 투병 중에 있는 그에게 무엇이 필요한지도 보살핀 적이 있다. 한번은 우리 내외가 갔을 때 어린 딸들이 올망졸망하게 노닐던 것을 보면서 '가장이 저렇게 아프면 어떡하나' 하는 측은한 마음을 가지기도 했다. 그러나 영남대학교에 부임한 이후는 가정적으로 만날 수 있는 기회는 거의 없었다.

정 교수는 호방하면서도 때로는 잔정도 보여주었다. 그의 성품의 호방함은 바둑을 둘 때 가끔 나타났다. 나는 대학에 전임으로 간 뒤에 교수휴게실에서 어깨너머로 바둑을 배웠기 때문에 바둑을 둔다고 할 처지는 아니다. 정 교수가 숙명여대에 강사로 나올 때 가끔 바둑을 배운 적이 있고, 한 번씩 상경하여 나를 방문했을 때 내 바둑실력이 진보했는가를 물으면서 대국을 시도하곤 했다. 그럴 때 그는 가끔 첫 수를 바둑판 중앙인 천원天元에 두는 것으로 시작하곤 했다. 바둑도 전투라면 싸움에서 그의 기개를 엿보게 하는 대목이다. 그러면서 중원中原을 얻으면 천하를 얻는다고 큰소리를 치곤 했다. 그런 호방함이 학문 하는 데에도 은연히 드러나곤 했다. 같은 사료를 읽어도 나는 미세한 자구에 구애되어 거기서 헤어나지 못하는데 그는 사료(기록)의 흐름을 꿰뚫어 보고 전체를 금방 요약해냈다. 말하자면 우리 같은 역사학도들이 미시적인 데서 출발하여 거시적인 틀을 만들어보려고 접근하는 데에 비해, 정 교수는 사료를 읽으면서 큰 틀을 먼저 파악하고 그런 관점에 따라 세미한 부분을 해석해내는 그런 식이었다고나 할까. 내가 연역적演繹的이라면 그는 직관적直觀的이었던 셈이다. 때문에 역사의 흐름을 큰 틀에서 먼저 파악하려는 그의 시도는, 정확도에 문제가 없는 것은 아니지만, 나보다는 훨씬 빠른 편이었다. 그는 또한 그 나름대로 빨리 터득한 대관大觀을 조리 있게 설명해내곤 했다.

정 교수는 인간적인 잔정을 나타낼 때가 종종 있었다. 집안의 자녀들 이야기가 나오게 되면, 딸을 많이 두었던 그는, 내가 아들만 둘을 두었기 때문에 느끼지 못하던 아버지로서의 감수성을, 나와는 달리 자상하게 드러내곤 했다. 1989년 초로 기억한다. 내가 대구에 가서 정 교수를 만나 새벽 1시까지 환담을 나누며 바둑을 둔 적이 있는데, 이때 그는 딸들 때문에 머리가 많이 아프다고 하면서 딸 하나하나에 대한 이야기도 해주었다. 그걸 들으면서 정 교수가 처한 가정적인 상황에 대해 어느 정도의 이해를 갖게 되었다.

가끔 친구들이 모이면, 앞서거니 뒤서거니 식사대나 차값을 치를 때가 있다. 요 최근에는 주로 사업하는 최흥룡 사장이 동기들을 초청, 부담하는 때가 많지만, 그전에는 누군가가 앞장서서 치렀다. 가끔 정교수가 치를 때도 있었는데, 나와는 다른 모습이었다. 카드가 없던 시절, 보통 지갑을 꺼내 대금을 치른다. 그러나 정 교수의 경우는 지갑을 꺼내거나 주머니에서 곱게 정리한 돈을 꺼내 계산하는 법이 거의 없었다. 정 교수는 주머니에서 잡히는 대로 돈을 꺼내 대금을 치렀다. 그런 때는 꺼내는 화폐가 헝클어진 채로 있었고 그걸 불쑥 계산대에 올려놓고 주인이 셈하도록 하기도 했다. 아마도 그는 돈을 정갈하게 정돈해 주머니에 넣어두는 그런 타입이 아니라 잡히는 대로 주머니에 넣어두었다가 헝클어진 채로 꺼내 지불하는 그런 타입이었다. 이것은 돈을 대하는 습관의 한 단면이지만 그의 성품의 일단을 드러내는 것이기도 하겠다. 은사 중에서는 김철준 교수가 가끔 주머니에서 잡히는 대로 돈을 꺼내 지불하는 모습을 보인 적이 있다. 김 교수님이나 정 교수가 북한에서 내려왔기 때문에 그럴까 하는 생각도 해봤지만 그럴 리는 없다고 생각했다. 그들은 피란민 나그네 생활에서 돈이 필요하다는 것을 느끼긴 했지만, 어딘가에 정갈하게 모아둘 그런 귀중품이 아니라는 것을 터득했던 것은 아닐까. 또 피란살이를 통해 재부財富의 정처 없음을 깨달았기 때문일까 하는 생각도 해보았다.

앞서 나는 정 교수가 잔정이 많은 친구라고 언급한 적이 있는데 나와의 관계에서도 그런 것을 가끔 느꼈다. 내가 1980년 신군부에 의해 해직되어, 갈 곳이 없을 때 가끔 내 안부를 물어주고 찾아와서 말동무가 되어주곤 했다. 내 입장에서는, 해직교수들을 감시하고 심지어는 당국에서 도청盜聽까지 한다는 풍문까지 돌고 보니, 마음 편하게 찾을 수 있는 곳이 거의 없었다. 다만 종로 2가의 김경희 형이 근무하는 지식산업사는 자주 찾아가도 눈치가 보이지 않았다. 해직시절 내게 자주 연락을 준 친구들 중에 정 교수와 김경희 사장, 그리고 임한순 형이 있었다. 그러다가 1981년에서 1983년 초까지 일종의 피란생활을 겸하여 1년 반 동안 미국으로 가서 한국기독교회사 자료를 수집한 적이 있다. 과거 한국에 온 선교사들 중에는 미국 선교사들이 많았는데, 그들이 본국의 교단 선교부나 가족 등에 보낸 편지나 보고서가 미국에 많이 산재해 있었다. 그것들은 한국교회사 연구에 필요한 자료들이었지만 당시까지 연구자들이 잘 수집하지 않았다. 다만 1920년대 백낙준 박사가 당신의 학위논문을 쓰면서 미국 선교부의 기록관을 찾아 자료를 일일이 베껴 그의 박사학위 논문 *The History of Protestant Missions in Korea: 1832~1910*를 완성시킨 적이 있었다. 그 뒤 한국 교회사학계에서 그런 자료들을 거의 수집하지 않았지만, 한국교회사 연구를 위해서 매우 중요하다고 생각했다. 그때 나는 미국의 여러 곳을 다니면서 많은 자료를 수집했다. 그러다가 1983년 2월 말에 돌아왔는데 그 소식을 들었는지 정 교수가 3월 중순에 반포의 내 집을 찾아왔다. 그 당시 마땅히 나갈 곳이 없던 내게 그는 국내 정치상황과 학계의 움직임, 그리고 해직교수들을 복직시키기 위해 여러 곳에서 움직이고 있다는 소식도 전해주었다. 그 덕분이었던지 1884년 9월에, 해직된 지 4년 만에 복직되었다. 정 교수는 그 뒤 상경할 때마다 거의 내 연구실을 찾았다. 그가 나를 찾을 때마다 자신의 논문이나 다른 자료들을 갖다주면서 내 4년간의 공백을 메워주기라도 하듯 격려했다. 이럴 때도 시간 여유가 있으면 바둑을 같이 두곤 했는데 이때도 첫 수를 천원에 두는 그의 호방한 성격은 변하지 않았다.

정 교수와의 교우기를 써보려고 내 일기를 들춰보았다. 1980년대부터 그가 돌아가기까지의 기간 동안 '정석종'이란 이름이 15회 정도 등장한다. 그중 대학 동기들의 모임과 동기들 전체의 안부를 점검하는 상황에 관련된 것이 대부분이고, 그가 학위논문이나 저술을 전해주었다는 내용도 더러 있다. 내가 아직 해직에서 풀리지 않았을 때인 1983년 9월에 모친이 돌아가셨는데, 시신을 병원 장례식장에 옮기지 못하고 사흘 동안 집에 모셨다. 장례식 날 시골 선산으로 운구하기 위해 새벽에 발인했는데, 그때 대구에서 올라온 정석종 교수와 몇몇 친구가 새벽 발인 때까지 우리 집에서 함께해주었다. 그런 친구들을 잊을 수 없다. 또 1986년 1월 2일(목) 오후에 서울 플라자호텔에서 서울대 사학과 동문 신년하례회가 있었는데, 이병도·유홍열·한우근·김철준·이기백·민석홍·이보형·허선도 교수님 등의 은사들이 참석했는데, 이때 정 교수도 대구에서 올라와 함께했다. 신년하례가 끝난 후 정석종 교수와 김경희 사장·김영호(경북대) 교수와 함께 정창렬 교수 댁으로 가서 환담하고 돌아온 적도 있다. 이때 정창렬 교수의 큰딸이 당시 예비고사에서 311점을 받아서 기뻐하고 있어서 축하를 겸했고 마침 이사한 지 얼마 되지 않아 집들이를 겸해 방문한 것이다. 그

역사의 길, 현실의 길

날 우리는 거의 밤 9시가 되기까지 시국을 통론하고 학문적인 문제의식을 교환했다.

역사문제연구소의 소장(1986~1990년)과 운영위원(1991~1995년), 한길사 한국사 기획위원으로 활동하던 정 교수는 1995년 뇌출혈로 쓰러졌다. 이를 계기로 학문활동과 사회활동을 접게 되었다. 그런 상황이니 서울에서 열리는 동기들의 모임에도 참석하지 못했다. 그런데 1997년 7월 25일(금)에 정석종 교수가 약간 어눌한 언어로 안부전화를 해왔다. 그 3개월 전(4월 25일)에, 가까운 친구 임한순 군이 내 주례로 세종문화회관에서 결혼식을 거행했는데, 이 60대 노인의 결혼식에 하객들도 대부분 반백들이었다. 그때 내가 행한 주례사가 좀 특이했던지《교수신문》에〈희한한 결혼, 별난 주례사〉라는 제목으로 전문이 소개되었는데 정 교수가 그걸 읽고 내게 전화했던 것이다. 그 전화를 받은 날, 투병 중에 있는 친구를 생각하면서, 나는 일기에 이렇게 썼다. "매번 가서 문병한다는 것이 차일피일 미루었다. 동기생이고, 애정이 가는 친구인데, 내가 바빠 제대로 챙기지 못해서 미안할 따름이다."

한 해가 지난 1998년, 이 해는 1938년생이 대부분인 '57학번 동기생'들이 만 60세의 환갑을 맞는 해다. 몇 사람이 제안하기를, 올해 6순을 맞아 각자가 환갑잔치를 하든 하지 않든 서로 신경 쓰이는 일이니, 합동 환갑잔치를 하자고 논의가 모아졌다. 그때 동기 중 셋은 이미 귀천歸天했고 두 사람은 미국에 가 있었지만, 연락이 쉽게 닿는 15명이 이날 참석키로 약속했다. 8월 15일 저녁에 방배동의 함지박에서 모였다. 그러나 여성 두 분을 포함하여 12사람만이 참석했다. 이날도 정 교수는 참석하지 못했다. 불참자 8명 가운데 정 교수가 와병 중이어서 불참했다는 것을 제외하고는 불참의 이유를 뚜렷이 알 수 없었다. 모두들 건강을 기원하는 덕담들이 오가고 축배를 들기도 했다.

그 이듬해 6월 김경희 사장으로부터 정 교수가 신병으로 학교를 퇴직했다는 소식을 들었고, 8월에는 정 교수 딸의 혼사가 있었다. 20세기를 마감한 후 며칠 지나지 않아 2000년 1월 7일 정석종 교수가 간암으로 타계했다는 비보를 듣게 되었다. 생존해 있을 때 얼굴이라도 한 번 더 보았어야 했는데 하는 후회가 울컥했다. 그 비보가 남의 일 같지 않았다. 그 이튿날 동기 세 사람(김경희·이겸주·임한순)과 함께 밤차로 대구로 내려가 그 이튿날 새벽에 영남대학교 의과대학 장례식장으로 갔다. 밤에 내려왔는지, 서중석, 윤해동, 방기중, 김성보 교수 등이 보였다. 빈소에 이르자 생전에 정 교수와 가장 가까웠던 김경희 사장은 곡을 하면서 눈물을 흘렸다. 망자亡者와는 입학 때부터 가장 친밀하게 지냈던 인연이 절친의 마지막을 호곡으로 전송한 것이다. 정 교수는 그 호곡에 동참한 57학번 동기들과도 회자정리會者定離의 진리를 다짐하듯 이별해갔다(2019년 6월 31일).

김우종 선생이 구술한 재만 한인의 20세기

- 중국 조선족 역사가 김우종의 생애

김우종 선생은 흑룡강성에 거주해 온 조선족 역사가로서 20세기 재중 동포의 항일운동과 민족화합의 역사를 증언할 수 있는 가장 존경받는 분이다.

김 선생을 알게 된 것은 1990년대 중반부터다. 그 뒤 2000년대에 들어와 몇 차례 학술행사와 학술사업을 통해 더 가까워졌다. 학술행사에서 그를 처음 만난 것은 2000년 9월이었다. 그때 연변대학교 민족연구원 주최로 연변에서 학술회의가 있었는데, 한국에서는 국가보훈처의 후원으로 몇몇 학자가 참석하게 되었고, 북한에서도 당역사연구소 최진혁 부소장과 몇 분이 왔다. 그때 김우종 선생이 하얼빈에서 와서 이 학술회의를 빛내주었다.

그 후에도 남북 학술행사는 북한과의 직접적인 교섭을 통해 이뤄지지는 않았고, 연변대학교나 재중동포 학자들을 통해 이뤄졌다. 그 무렵 국사편찬위원회에서 처음으로 예산을 확보하고 흑룡강성의 김우종 선생이나 연변대학 민족연구원을 통해 북한과의 학술교류를 시도하자는 계획이 수립되고 있었다. 국사편찬위원회 안에서도 북한과의 학문적 교류를 위한 시스템을 구축해야 한다는 논의도 있었다.

2001년 8월 초 나는 하얼빈에서 열렸던 북한·중국·한국의 3국 학술회의에서 김우종 선생을 다시 만나게 되었다. 이 학술회의는 흑룡강성 사회과학원이 중간 역할을 하여 이뤄졌는데, 이때 북한에서는 당역사연구소 부소장인 현혁을 비롯하여 정철·김용기 등 일곱 분이 참석했고, 한국에서는 이성무 국편위원장과 윤병석 교수, 필자 등 몇 명이 참석했다. 김우종 선생은 이 학술회의에서 사회와 발표를 맡았다. 그의 발표 중, 봉오동 전투의 일본인 희생자 수와 관련, 윤병석 교수의 발표와 차이가 있었는데, 이는 일제 측 기록을 중심으로 산출한 윤 교수와는 달리 김우종 선생은 참전자들의 증언을 중심으로 했기 때문이다.

이 학술회의에서 김우종 선생은 우리들에게 깊은 인상을 남겼다. 그는 이 학술회의 총평에서, 이번 학술회의가 항일전쟁의 영도 중심이었던 곳에서 항일 경험을 공동의 자산으로 하여 모였다는 것, 일본 우익의 역사 왜곡을 비판하기 위해 북·중·한의 학자들과 일본의 학자들이 뜻을 같이하고 있다는 것, 이번 학술회의를 총화하면서 두 민족 사이에 교류협력의 필요성을 절감하게 되었다는 것 등을 들어 "부동不同한 것을 통해 오히려 공동의 영역을 발견"하게 되었다고 했다. 처음 모인 이 학술회의에서 하루 반 동안에 세 나라 학자들 70여 명이 발표 토론했던 것도 인상적이었다. 북한에서 온 현혁 단장은 이 회의를 "긴장한 하얼빈 토론회"라고 했다. 이 학술회의는 형식적으로는 흑룡강성 사회과학원이 주최했지만, 사실은 김우종 선생이 중간 역할을 했기 때문에 성사되었던 것이다.

이렇게 시작된 북한 역사학계와의 교류는 2003년 6월 내가 국사편찬위원장에 취임한 이후에도 적극 추진하여 정례화되었다. 북한학계와의 직접 교류가 어려웠던 상황에서 김우종 선생과 흑룡강성 사회과학원을 통해 이뤄졌다. 때문에 매번 모일 때마다 중간에 선 김우종 선생의 노고가 컸다. 2005년에도 조선 측의 이광 부소장을 비롯해서 몇 분이 오기로 되었는데, 약속한 때에 오지 않았다. 그때 손전화를 들고 초조하게 체크하는 김 선생을 보면서 김 선생이 얼마나 남북 역사학의 교류에 깊은 관심을 갖고 지원하고 있는가를 알게 되었다. 학술회의가 마칠 때쯤이면 다음 모임의 속행續行을 위해서 자신의 소견을 말하고 우리의 의사를 묻기도 했다. 그 당시 북한·중국과의 학술회의에서 다룰 수 있는 공통의제는 결국 동북 지역에서의 항일투쟁이었는데 이 방면을 전공한 김 선생은 문헌적 자료뿐만이 아니고 항일투쟁의 현장까지도 잘 꿰고 있었다.

김우종 선생은 1929년 함경남도 단천에서 동학운동과 독립운동에 참여한 가문에서 태어나 여덟 살 때 흑룡강성 목단강 지역으로 옮겼다. 해방 이후 김 선생은 교원훈련반에서 새로운 사상사조 학습을 받는 등 조선족 민족간부 양성을 위한 교육을 받았고, 20세에 목단강 조선중학교 교원으로 물리와 수학을 가르치면서 "두 시간의 수업을 위해 20시간씩 수업 준비를 하는" 성실성을 보였다. '조선전쟁'이 일어나고 그 이듬해 1월 조선로동당 중앙당학교가 흑룡강성으로 옮겨오자, 그는 중앙당학교에서 체계적으로 마르크스·레닌주의 교육을 받았는데 이때 강의 담당은 한국전쟁 때 공산치하에서 잠시 서울대학교 총장을 맡았던 유성훈 교수다. 이때 받은 교육을 토대로 그는 뒷날 공산당 간부로 성장할 수 있었고, 중국 안에 몇 사람 안 되는 중국 공산당 조선족 고위 간부로 조선족 사회발전에 기여하게 되었다. 김우종 선생은 그 후 목단강시 조선중학교 교도주임을 거쳐 24세에 교장으로 승진했고 이어서 흑룡강성 교육청 시학으로 발령받았다. 이어서 북경 중앙교육행정학원을 수료, 대학졸업자의 학력을 취득하였다. 이 시절 그는 주은래를 만났고 모택동과의 단체기념사진을 촬영했다. 여러 과목을 강의할 수 있는 팔방미인으로 통하게 된 그는 흑룡강성 교육학원에서 7년간 조선족 중등교육을 담당하게 되었다. 그의 학문과 성실성은 그를 한 자리에만 머물지 못하도록 했고 더 필요한 사업에서 그를 찾았다.

1963년에 흑룡강성 당사연구소로 옮겨 1996년 은퇴할 때까지 30여 년간 역사 연구에 몰두했다. 당사연구소로 옮긴 그는 역사문헌과 항일 노투사의 회고록과 방문록, 조선과 일본의 자료를 수집·번역하여 동북항일연군 연구와 열사기념사업에 주력했다. 문화대혁명으로 잠시 고초를 겪었으나 곧 흑룡강 조선신문사를 거쳐 1973년 10월에는 다시 당사연구소로 복직했다. 그는 흑룡강성 당사연구소를 사회과학원으로부터 독립(1981년)시켰고 6년간 당사연구소장을 맡았다. 이어서 《동북항일열사전》 3권과 《동북항일연군투쟁사》를 간행했고, 뒷날 국사편찬위원회와 공동사업으로 《동북지역 조선인 항일력사 사료집》도 출판하여 동북항일투쟁사 연구의 제1인자로 국내외에서 각광받게 되었다. 이런 학문적 성과를 통해 북한과 교류하며 많은 자료를 제공했고, 한국의 여러 학자들, 일본의 와다和田春樹, 스즈키鈴木昌之, 오코노키小此木政夫 교수와도 교류하게 되었다.

김우종 선생은 1996년 은퇴 후에 남북한과 중국학계의 교류협력

사업에 힘써 흑룡강성 사회과학원의 중개로 국사편찬위원회와 북한의 당사연구소의 학술회의를 정례화하도록 매개하여 현재도 진행되고 있다. 은퇴한 후에 그는 안중근 선양사업에 힘써 안중근의 전기를 간행하고 안중근기념관 건립 및 안중근연구회 활동에도 힘쓰고 있다. 그는 중국공산당 조선족 고위 간부로 중국공산당과 조선노동당의 친선관계를 유지하기 위한 메신저 역할도 감당하고 있다.

김 선생이 구술하여 엮은 《재중 동포의 현대사》는 읽으면 읽을수록 깊은 흥미를 느끼게 된다. 선생의 총기와 입담으로 풀어내는 파노라마는 읽는 이들로 하여금 이 책을 놓지 못하도록 한다. 나는 이 책을 통독하면서 일반 역사를 통해서는 잘 알려지지 않은 많은 사실들을 들을 수 있게 되었다. 해방 직후 공산 중국이 안정화되어가는 과정과 북한·중국과의 관계, 해방 후 김일성이 목단강시로 먼저 들어왔다가 다시 연해주를 거쳐 입국했다는 것, '조선전쟁' 때 북한의 기관들이 중국으로 옮겨갔다는 것, 중국의 조선족 학생들이 소련에서 핵물리학을 공부하고 귀국하여 북한으로 갔다는 것, 중국·북한의 제반 관계에서 주은래의 역할, 한때 가짜김일성론을 주장하던 이명영을 만나 토론한 일, 6·25전쟁 때 중국이 조선을 지원하게 되는 과정, 6·25 후에 박헌영·이승엽 등 남로당계와 연안파가 축출되는 과정 등에 대해서, 김 선생의 주관적인 견해를 여과한 것이지만, 매우 흥미롭게 읽을 수 있었다.

김우종 선생은 중국공산당 연구에 탁월한 학자이며 특히 동북 지방 항일혁명운동 연구의 대표적인 인물로서 그 사료를 꿰고 있는 분이다. 평생 중국 공산당원으로서 자부심을 갖고 살았고, 그러면서도 어느 누구보다도 한반도의 남북한을 고루 사랑했으며, 남북의 평화통일과 이를 위한 민족단합에 일생을 바친 인물이다. 아흔이 넘었는데도 그의 총기는 더욱 빛나 자신의 일생을 가감없이 구술口述로 꿰어 후세에 전하고 있다. 그는 조선어와 일본어에 능통하여 귀하게 쓰임 받았으며, 비상한 두뇌에 부드러운 인품과 굽히지 않는 소신을 가졌으며, 늘 인간관계가 부드러워 인화와 단결을 이뤄내고 어려운 문제에 부딪쳤을 때는 해결사 역할을 제대로 했기 때문에 어느 일터를 가도 더 남아달라고 간청 받는 존재가 되었다. 그래서 그는 더욱 복된 삶을 살고 있다.

김우종 선생과 같이 항일운동의 역사와 한반도의 평화통일, 동양 3국의 친선과 화해를 염원하는 이들은 이 책을 통해 많은 감명을 받을 것으로 확신하며 일독을 권하고 싶다(2019년 8월 3일).

이이화 형을 추도함

(2020년) 3월 18일, 이 형이 돌아가셨다는 소식을 두 군데서 받았다. 역사문제연구소에서 전한 부고는 이랬다. "연구소의 제일 웃어른이신 이이화李離和 선생님께서 오늘 오전 11시 5분에 영면하셨습니다. 여러 단체들이 뜻을 같이해 시민사회장으로 진행하되 코로나19 상황으로 인해 장례식은 간결하게 하고 이 상황이 호전된 이후에 별도의 추

모행사를 하려고 합니다. 삼가 고인의 명복을 빕니다." 부고는 이어서 고인의 빈소가 서울대병원 장례식장이며, 발인은 3월 21일(토) 오전 10시라고 했다.

그가 돌아가셨다는 소식이 들리자 언론은 고인을 두고 '재야사학의 별', '민중사학 개척자' 등으로 표현했다. 그러나 그의 업적은 한국사 연구에만 그치지 않고, 역사운동을 비롯하여 사회·문화·인권 등 여러 분야에 걸쳐 있었다. 그가 입원하여 중환자실에서 혼수상태로 지내고 있다는 소식이 들렸을 때, 시민운동계와 학계가 그의 마지막을 어떻게 보낼 것인가를 숙의하면서 시민사회장 이야기가 나왔던 것도 그의 이러한 여러 방면에 걸친 생전의 활동과 깊은 관련이 있다.

고인을 두고 재야사학의 별이라고 한 것은, 그가 역사학자들이 일반적으로 밟았던 배움의 과정을 밟지 않고 거의 독학으로 연구, '별' 과 같은 위치에 서게 되었기 때문에 그렇게 부르는 것으로 안다. 《주역》의 대가로 알려진 이달李達 선생의 아들로 태어난 그는 어릴 때부터 보통 사람들이 밟는 교육과정을 제대로 밟지 못했다. 그 때문에 어릴 때 집을 뛰쳐나와 전전하다가 고학으로 광주고등학교를 마쳤고, 서라벌예술대학에 입학했으나 그마저 끝내지 못했다. 이렇게, 흔히 말하는 정규 교육과정을 제대로 밟지 못했음에도 불구하고 그는 학술 전문지에 많은 논문을 게재했고, 100여 권이나 되는 저작도 남겼다. 통상적인 학문 훈련을 쌓은 '학자'분들도 제대로 이룩하지 못한 업적을 쌓았으니 가히 입지전적이라고 할 수 있다. 고인이 원광대학교에서 명예문학박사 학위를 수여(2014년)받은 것은 이 같은 학문적 업적을 평가했기 때문이다. 고인은 그 밖에 인권운동에도 힘을 썼고, 제대로 된 인물을 국회에 보내기 위한 정치분야에도 관여한 바 있다. 정부는 그의 역사 대중화와 역사정의 실현에 끼친 공적을 기려 국민훈장 무궁화장을 추서했다.

고인을 두고 '민중사학의 개척자'라고 한 것은 그의 학문의 방향과 내용에 비춰볼 때 크게 벗어난 평가는 아니라고 본다. 그는 역사에서 소외되고 평가받지 못한 인물과 사실을 역사인식 전면에 드러내려고 노력했다. 비교적 초기의 학문적 성과라 할, 허균許筠 연구는 그 뒤 그의 역사 연구의 지향을 보여준 방향등이었다. 그가 남긴《한국사 이야기》(22권, 한길사)도 민중의 이야기를 빠트리지 않으려고 노력했다. 또 동학농민혁명의 역사적 위치를 오늘날처럼 정립한 데에는 김상기·정창렬 등의 연구도 큰 몫을 했지만, 이에 대한 그의 업적 또한 높이 평가하지 않을 수 없다. 동학농민혁명과 관련해서는 학문적 성과뿐만 아니라 그의 역사운동가로서의 면모도 잘 드러내주었다. 역사운동가로서 그가 남긴, 아마도 마지막 주도적인 역할은 종로 네거리 서남 측에 건립한 전봉준全琫準 장군의 좌상일 것이다. 나는 그가 전봉준장군 동상건립위원회 이사장으로서 그 일을 위해 몇 년 동안 행정 당국을 찾고 모금활동을 하는 것을 옆에서 지켜보았다.

내가 그를 처음 만난 것은 1970년경이다. 서울대 도서관이 규장각 도서를 해제할 그 무렵에 처음 만났고 그 뒤 교제를 넓혀갔다. 우선 자그마한 체구가 인상적이었다. 어릴 때 아버님으로부터《주역》을 익히면서 배운 그의 한학 실력이 빛을 발하기 시작했다. 고인의 한학

역사의 길, 현실의 길

은 규장각 도서 해제뿐만 아니라 그 뒤 연구활동에도 크게 활용되었다. 그가 《창작과비평》에 〈허균과 개혁사상〉(1973년), 뒤이어 〈북벌론의 사상사적 검토〉(1974년)를 발표한 것도 그의 탄탄한 한문 원전 이해의 터전이 있었기 때문이다. 특히 전자가 그의 민중 연구에 신호탄이 되었다면, "주체성의 한국적 정의, 존명배청의 역사적 전개, 북벌론과 대의의 소재 등으로 나누어" 정리한 후자는 당시 박정희의 유신정권이 내세웠던 '한국적 민주주의', '한국의 주체성', '우리식의 민족주의'를 통론한 것이어서 체구도 작은 그의 당찬 기개를 보여준 것이었다. 그의 발표는 당시 학계에서도 "역사상황을 바르게 판단한 글"로 평가했다. 그 뒤 《한국사연구》 18호(1977년)에 발표한 〈척사위정론의 비판적 검토—화서 이항로의 소론을 중심으로〉는, 당시 최창규·홍순창·유승국 등의 교수들이 "19세기 중·후반기 전통 유림들이 벌인 서학(기독교)의 배척·서양문물의 거부·개항의 반대 곧 척사위정운동을 두고서도 민족주체의 확립과 정학의 수호라는 관점에서 논지를 편", 말하자면 당시 유신의 정당성(당위성)을 그런 식으로 호도하려는 데 대한 비판적 논문으로 학계의 주목을 끌기에 충분했다. 또 그가 1996년부터 10여 년에 걸쳐 집필한 《한국사 이야기》는 한국근현대 사학사에서 역사관의 일관성이나 분량 면으로 볼 때 한 개인이 집필한 한국전사韓國全史로서는 그만한 것이 없을 정도다. 중요한 것은 이 책을 통해서도 그가 그전에 거의 역사 연구의 대상이 되지 않았던 민중의 존재를 역사의 전면에 부각시켰다는 점이다. 그를 두고 '민중사학 개척자'라고 한 것은 이런 이유가 있었던 것이다.

생전에 그와 나는 자주 만날 기회가 있었다. 민족문제연구소가 《친일인명사전》을 만들 때 내가 초대 편찬위원장을 맡았는데 그때 많이 도와주었다. 또 여러 차례 학술상 심사위원으로도 만났는데, 한길사가 제정한 〈단재상〉과 민족문제연구소가 제정한 〈임종국상〉에서 특히 그랬다. 2004년 〈동학농민혁명명예회복특별법〉이 제정되고 국무총리가 위원장을 맡은 〈동학농민혁명명예회복심의위원회〉가 발족되었을 때, 내가 결정및등록심사분과위원장을 맡고, 그는 명예회복추진분과위원장을 맡아 몇 년 동안 보조를 맞추어 동학농민혁명에 가담한 본인과 그 후손들의 명예를 회복하는 일에 나름대로 노력했다. 그때 그 위원회에 관여한 위원 몇 분이 해외의 민중민족운동 사례를 참조하기 위해 1주일간 필리핀과 싱가포르 등지를 방문, 조사한 적이 있다. 필리핀에서는 그곳의 전봉준격이자 국부에 해당하는 호세 리잘 José Rizal의 유적도 찾았고, 싱가포르에서는 2차 세계대전 당시 일본군과 영국군이 전투를 벌였던 지역을 돌아볼 수 있었다. 이때 이 선생과 동행, 인간적으로도 깊은 교제를 나눌 수 있었다. 또 박근혜 정권이 국사교과서 국정화 시도를 강행할 때 우리는 이를 저지하기 위해 광화문 언저리에서 노변강좌를 개설, 국사학계의 입장을 알렸는데, 이때도 우리 둘은 나이 들었지만 열정을 쏟았고, 《거리에서 국정교과서를 묻다》(2016년, 민족문제연구소)를 간행했다.

그와의 인연 하나를 더 소개한다. 2000년대에 들어와 내가 책을 출간할 때에는 책 끝 부분에 가까운 선배 동료들의 글을 교우기交友記 형태로 남겼다. 그렇게 함으로 생전에 맺었던 인간적·학문적 인연을 남

역사의 길, 현실의 길

기려고 했다. 여기에는 조동걸 교수를 비롯하여 손봉호·한영우·김경희·임한순 형의 글을 실었고, 2015년에 간행된 나의 산문집《잊히지 않는 것과 잊을 수 없는 것》(포이에마)의 끝에는 〈내가 만난 이만열 교수〉라는 제목의 고인의 글도 실었다. 나보다 두 살 위인 이 형이 쓴 이 글은, 지금 생각해보니, 고인이 나와의 인연을 간단하게 적었지만 그러나 아주 소중한 선물이었던 셈이다.

고인은 생전에 술과 담배를 '아주' 즐겼다. 이런 저런 일로 자주 만난 우리는 공식 회합이 끝난 후 저녁식사라도 하게 되면 고인은 식사보다는 술에 관심이 더 컸다. 거의 그랬다. 빈속에 술만 들어가면 좋지 않을 터이니 밥과 반찬을 안주 삼아 먹는 것이 좋지 않겠느냐고 걱정스럽게 권해도 그는 식사가 끝날 때까지 거의 술만 들곤 했다. 그만큼 술을 즐겼다. 10여 년 전 그가 고려병원에 입원한 적이 있는데, 문병 차 방문하여 농담을 곁들여 잡담도 나누었다. 우리 둘 사이는 심한 농담은 물론이고 아무리 비판적인 말을 해도 서로 웃음으로 넘기던 터라, 작심하고 술과 담배를 끊어야 한다고 강권했다. 그도 자신의 건강이 술·담배와 관련 있다는 것을 알고 있기에 내게 굳게 약속했다. 그런 후 이 형은 술·담배를 할 때에는 한동안 내 눈치를 살피는 듯했다. 그러나 한때의 절주節酒 금연禁煙은 그 뒤 급속하게 주선酒仙의 경지로 더 몰아넣었고, 그것이 그의 건강을 크게 해쳤을 것으로 생각한다.

고인은 2017년부터 전봉준 장군의 동상을 세우는 데에 혼신의 힘을 기울였다. 1년 여의 노력 끝에 동상이 완성된 뒤, 그는 나의 대학

동기이자 역사문제연구소 초대 소장이었던 정석종鄭奭鍾 교수 20주기 추모문집 간행위원장을 맡았다. 그에게 주어진 대부분의 일이 그렇듯이, 이 일도 떠밀려서 맡았을 것이다. 입원하기 전에 자신은 그 추모문집에 게재할 두 편의 글도 미리 준비하는 등 위원장으로서 수고를 아끼지 않았다. 조선 후기 전공자였던 정석종 교수 역시 생전에 민중을 역사의 주인공으로 하는 많은 논문을 남겼던 터라, 이 형과도 학문적 지향이 상통하는 바가 있었다. 거기에다 이 형은 정 교수의 뒤를 이어 역사문제연구소 소장을 역임한 바 있어서 정석종 교수와는 특별한 인연을 갖고 있었다.

지난해 말, 고인은 12월 2일과 그달 22일에 두 차례에 걸쳐 일산 백병원에서 대수술을 받았다. 수술 결과가 좋지 않아 중환자실로 옮겼고, 산소호흡기에 의존하고 있다는 충격적인 소식을 듣게 되었다. 그 소식을 듣고 부인 김 여사께 전화로 문병일시를 조율해보았으나 "선생님, 절대 오지 마시이소"라는 경상도 특유의 억양이 섞인 당부만 들었다. 그 무렵 환자가 사람을 알아보지 못하는 경지여서 문병이 무의미하다는 말도 누가 귀띔해주었다. 그 뒤에 다시 문병의 기회를 엿보았으나 이제는 코로나19 사태로 가족들도 중환자실 출입이 힘들다는 소식만 들렸다. 오늘 비보悲報를 듣고 귀천歸天하기 전에 대면하지 못한 마음이 짠하게 아려온다. "먼저 가서 기다리고 계시게"라는 말 한마디 남기지 못한 채 이별하게 되었으니 그 비감悲感 또한 후회로 남는다. 삼가 앞서 가신 이이화 형의 명복을 빈다(2020년 3월 18일).

역사의 길, 현실의 길

독립운동사 연구 1세대 선구자 두 분이 가시다

어제(2020년 4월 24일) 윤병석尹炳奭 인하대 명예교수님께서 돌아가셨다. 향년 90세. 먼저 윤 교수님의 명복을 빌며, 그 유족에게 위로를 전한다. 윤 교수님은 팔순이 넘은 연세에도 학문활동을 계속하시다가 최근 몇 년 동안 환후를 겪으시면서 후학들과의 교제마저 끊으셨던 것으로 안다.

윤 교수님을 처음 뵌 것은 대학에 입학했을 때였다. 당시 다른 대학도 마찬가지였겠지만, 대학의 사학과에는 국사, 동양사, 서양사 등으로 전공이 나뉘어 있었고, 고학년이 되어 졸업논문을 쓰게 될 때에는 세 분야 중 하나를 선택했다. 당시 내가 다닌 대학의 사학과에는 세 전공에 따라 합동연구실이 각각 있었고, 각 연구실은 조교가 관리하고 있었다. 윤병석 선생님은 내가 입학했을 때 국사전공 합동연구실의 조교였다. 당시 동양사전공 합동연구실에는 민두기 선생님이, 서양사전공 합동연구실에는 차하순 선생님이 조교로 계셨다. 합동연구실에는 천정에 닿는 육중한 목조서가에 전에 보지 못했던 퀴퀴한 책들이 사면에 비치되어 있었다. 국사연구실에는 일본에서 간행된《사학잡지》등도 비치되어 있었고, 동·서양사 합동연구실에도 각종 언어로 된 학술잡지와 서적들이 비치되어 있었다.

윤 교수님은 그 무렵부터 당시 한국 사학계에서 접근하지 않던 한국의 근대사에 접근하기 시작했고 이어서 독립운동사 연구에 매진하게 되었다. 윤 교수님께서 학문활동을 시작한 1950년대와 60년대의 국사학계는 주로 고대사에서 근세사에 이르는 기간의 역사를 공부했으나, 근현대사 분야는 거의 접근하지 않았다. 또 학풍도 고증학적인 풍토가 강해 인물이나 지명·사건 등의 고증에 거의 치중되어 있어서, 사회경제사 분야나 운동사 분야는 거의 접근하지 않았다. 강의시간에도 교수님들은 역사 연구 대상은 현재로부터 30년 정도의 기간이 지난 것이어야 한다는 것을 강조했다. 때문에 해방된 지 얼마 안 된 그 시기에 일제강점기에 관한 연구나 현대사에 관한 연구는 언감생심 연구 대상으로 삼는 것 자체가 쉽지 않았다. 더구나 해방 후 친일파와 그 후예들이 득실거리며 권력을 쥐고 있는 상황에서, 자칫 그들의 치부나 친일반민족적인 행위를 건드릴 수도 있는 독립운동사를 연구 대상으로 한다는 것은 사명감이나 용기가 없이는 불가능했다.

1960년 4·19혁명은 한국 민주화운동과 통일운동사에서도 중요한 계기를 만들어주었다. 나아가 당시까지 거의 금기시되어왔던 일제시대사와 독립운동사 연구에도 길을 터준 셈이다. 그런 점에서도 4·19는 우리 역사의 혁명적인 전환점이었다. 이때에 와서 사학사史學史 연구에서도 비로소 신채호나 박은식 등 한말 일제하 민족주의 사학자들에 대한 연구에도 관심을 갖게 되었다. 이러한 학문적 분위기가 5·16 군사쿠데타로 다시 역풍을 맞기는 했지만, 그래도 이때 한번 터진 독립운동사 연구는 그 뒤 면면히 계속되면서 그 영역을 넓혀가게 되었다. 이 무렵, 독립운동사 연구에 뛰어든 이가 몇 분 있었는데 그중 평생을 이 분야에 종사한 대표적인 학자로서 윤병석 교수와 조동걸 교수를 들 수 있다. 두 분은 앞서거니 뒤서거니 하면서 한국의 독립운동사 연구를 이끌면서 초석을 다져왔다고 할 것이다.

윤병석 교수님은 그 뒤 국사편찬위원회와 한국학중앙연구원에도 관여하면서 독립운동사 사료 수집과 편찬, 독립운동사 연구에 일로매진했다. 인하대학교 교수로 부임한 후 대학의 박물관장과 문과대학장을 역임하면서 독립운동사 연구를 심화시키는 한편 국제적으로 확장, 중국·러시아 등과의 교류도 적극 추진했다. 그 무렵 나를 비롯한 여러 후학들도 윤 교수님의 부름을 받아 국제학술회의 등에 참여한 바 있다.

윤 교수님의 독립운동사 연구는 두 가지로 나눠볼 수 있다. 하나는 독립운동사 사료의 수집·편찬이고 또 하나는 독립운동사 연구 그 자체다. 그의 서고에는 그가 직접 혹은 간접으로 수집한 독립운동사 관련 자료들이 수북하다. 윤 교수님은 자료에 대한 해박한 식견을 바탕으로 독립운동사 관련 자료집 편찬 책임을 자주 맡았다. 《백범 김구 전집》·《백암 박은식 전집》·《단재 신채호 전집》·《도산 안창호 전집》·《매헌 윤봉길 전집》 등 독립운동 관련 자료집은 그의 손을 거치지 않은 것이 없다고 할 정도로 광범위하다. 윤 교수님은 그런 전집을 펴낼 때마다 일일이 꼼꼼하게 검토하면서 누락된 자료를 검토했고, 서문이나 해제를 직접 써서 그 자료집의 가치를 돋보여주었다. 윤 교수님의 독립운동사 연구의 또 한 분야는 해외독립운동과 독립운동가들에 대한 연구의 폭을 넓혔다는 것이다. 특히 간도와 연해주 지역에서 활동한 독립운동가들에 대한 자료 수집과 연구가 끊이지 않아 안중근·이동휘·계봉우·이상설 선생으로 이어졌다. 그의 이런 연구 토대 위에서 후학들의 이 방면에 대한 연구가 진척되고 있다.

윤병석 교수님과 함께 동시대에 한국독립운동사 연구에 쌍벽을 이룬 분으로 조동걸 교수를 놓칠 수 없다. 독립운동사 연구에 일생을 바쳤던 제1세대는 이 두 분이 대표한다고 해도 과언이 아니다. 조동걸 [趙東杰, 1932~2017년] 교수의 독립운동사 연구도 독립운동 관련 자료의 수집·정리에서 시작되었다. 조 교수님은 독립운동에 참여한 원로들의 경험담을 정리한《독립운동사자료집》(독립운동사편찬위원회, 1983년) 17권(별집 3권 포함) 편찬에 관여하면서 독립운동사 연구에 대한 눈이 뜨였다고 나에게 귀띔해준 적이 있다. 그전까지만 해도 대학에 와서 고고학 등에 관심을 가져 답사도 하고 일반사 등을 주로 가르쳤지만 독립운동사에 관심을 갖게 되면서 그는 중국·일본·러시아 등의 독립운동 험지를 답사했고 연구를 개척했다. 지금도 중국 연해주 등지에는 조 교수님이 중국과의 국교 전에 찾았던 독립운동 험지가 있고 그가 다녀간 표적들이 있다. 독립운동사 연구에서 윤병석 교수가 인물에 역점을 두었다면 조동걸 교수는 사건과 운동 중심의 연구에 역점을 두었다고 할 수 있다. 그래서 두 분의 연구는 매우 보완적이다. 조 교수님이 저술한《삼일운동사》·《독립군전투사》·《의열투쟁사》·《일제하 한국농민운동사》·《대중운동사》등 20여 권의 저서는 이를 뒷받침해준다.

3년 전 조동걸 교수님이 귀천하기 전 나는 여러 차례 그가 입원한 요양병원을 방문, 대화를 나누었다. 그때에도 조 교수님은 컴퓨터를 두들기며 집필의 끈을 놓지 않았다. 최근 후학들로부터 역사학계에서

역사의 길, 현실의 길

그의 마지막을 소홀하게 하지 않았던가 하는 자성이 나오고 있는 것은 다행스럽게 생각한다. 조동걸 교수의 인품과 학문에 관해서는 내가 그의 정년은퇴논총 간행위원장으로서 그 논총 서문에 간단하게 밝힌 바가 있다.

한국독립운동사 연구에는 여러 선구자들이 있지만, 두 분은 후학들에게 가장 큰 영향을 미쳤다. 오늘날 국사학계의 독립운동사 및 근현대사 연구의 중진들 중에서 두 분의 영향을 받지 않은 이가 없을 정도이다. 두 살 터울의 두 분은 생전에 늘 가까이 지내면서 본인의 연구는 물론 후학 지도에 심혈을 기울였다. 한국근현대사 및 독립운동사가 장족의 발전을 이룩한 데는 두 분의 역할을 무시하고는 말할 수 없다. 독립운동사가 기반이 되어 조성된 독립유공자 공적 심사와 독립유공자 상훈 심사제도에도 두 분이 기여한 바가 크다. 우리 사회와 정부는 두 분의 이런 역할을 기억하는 것이 좋겠다. 생전에 그렇게 절친이었던 두 분께서 하늘나라에서 만나 후학들의 독립운동사 연구를 음우陰佑해주시기를 기원하면서 두 분 선학先學의 명복을 빈다(2020년 4월 24일).

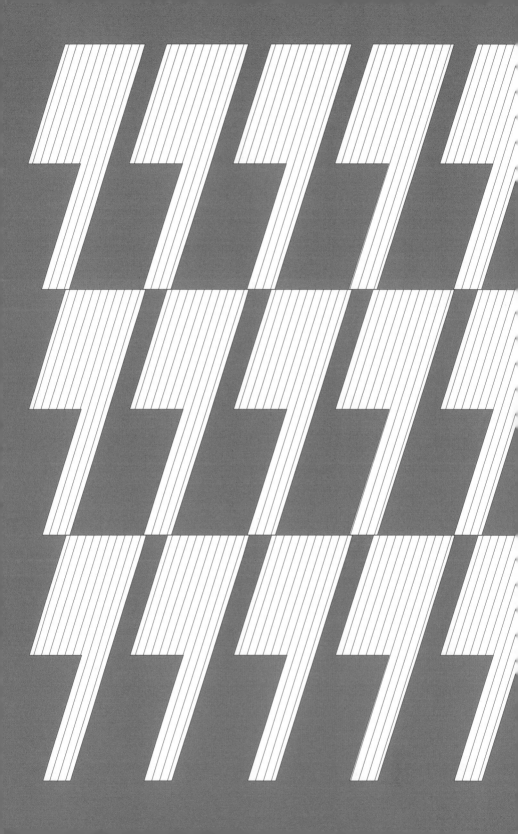

4장

한 그리스도인의 주변 읽기

크리스천이 왜 역사에 눈떠야 할까

성경과 역사

거의 20여 년 전 〈만나고 싶은 사람〉이라는 TV프로그램에 당시 가장 존경받는 한경직 목사님이 출연한 적이 있다. 한 목사님의 생애와 사상, 삶과 신앙을 살펴보는 시간이었다. 대담자는 한 목사님께 물었다. "목사님은 평생 성경을 읽고 말씀하셨으니까 이 시점에서 젊은이들에게 성경 외에 어떤 책을 권하고 싶으시냐"고 물었다. 한 목사님은 서슴치 않고 '역사책'이라고 했다. 그렇게 빨리 대답이 나오는 것을 보면 한 목사님이 이런 질문에 대답을 미리 준비해놓은 것 같다는 느낌을 받을 정도였다.

한경직 목사는 젊은 시절 미국에 유학한 바 있고, 해방 직후에는 한때 기독교 정당을 조직하여 기독교적인 이념으로 조국의 앞날을 개척해보려는 계획도 가졌던 분이었다. 월남한 이후에는 오랫동안 조용히 목회를 하면서 해방 직후 영적으로 피폐했던 그리스도인들에게 새로운 영성을 불어넣으며 한국교회와 사회에 그만한 영향력을 미친 분이 없다고 할 정도로 신뢰와 존경을 받는 분이기도 하다. 그런 분이 젊은이들에게 성경 다음으로 권하고 싶은 책으로 역사책을 꼽은 것은 그의 전 생애를 통한 체험에서 우러난 대답이었을 것으로 생각한다. 이유가 있었을 것이다. 그는 역사에서 인간의 많은 지혜와 경륜을 찾아볼 수 있다고 보았고, 인생을 마감하는 시기에 후세들에게 그것을 권했던 것이다.

한경직 목사의 그 당부는 크리스천에게만 해당되는 말이 아니지만, 그가 신실한 목회자였다는 점에서 우리 크리스천에게 주는 교훈으로서도 각별하다고 생각된다. 왜 그가 젊은이들에게 성경 다음으로 권하고 싶은 책을 역사책이라고 했을까. 아마도 성경을 읽고 설교를 하면서 늘 역사를 생각했기 때문이라고 생각한다. 이런 생각을 가지고 성경을 보면, 성경의 대부분이 역사적 사실에서 하나님의 음성을 듣고 있다고 생각한다. 신·구약성경은 역사가 그 대부분을 차지하고 있다. 구약성경의 대부분은 어떻게 보면 역사책이나 다름없다. 신약성경도 사복음서와 사도행전은 역사서다. 구약의 예언서나 신약의 서신서들도 역사적 배경을 모르면 이해할 수 없을 정도로 역사는 성경과 깊이 관련되어 있다.

성경에서 '역사서'라는 이름을 붙이지 않은 경우라 하더라도, 구약은 이스라엘의 역사를 신앙의 눈으로 보게 하며 신앙의 눈으로 보지 않으면 그 역사가 무의미하게 되어 있다. 그런 점에서 성경은 역사와 신앙이 분리되어 있지 않다는 것을 보여주는 귀한 책이다. 크리스천의 신앙이 역사와 떨어져 존재할 수 없다는 이유의 하나를 여기서 발견한다. 그 말은 크리스천이 왜 역사에 깊은 관심을 갖지 않을 수 없는가에 대한 전제도 여기서 도출해낼 수 있다. 하나님은 성경을 통해서 말한다고 할 때 그 상당 부분은 곧 역사적 사례를 통해서 말하고 있음을 보여준다는 것이다.

역사의 길, 현실의 길

성경에는 하나님이 이스라엘 백성들에게 명하기를 너희는 후손들에게 역사를 가르치라고 강조한다. 신명기에는 특히 이 점이 잘 나타나 있다. 너희 조상 이스라엘이 애굽에서 종 되었던 것과 하나님이 이스라엘을 노예생활에서 해방시키셨다는 것을 가르치라고 여러 번 강조한다. "후일에 네 아들이 네게 묻기를 우리 하나님 여호와의 명하신 증거와 말씀과 규례와 법도가 무슨 뜻이뇨 하거든 너는 네 아들에게 이르기를 우리가 옛적에 애굽에서 바로의 종이 되었더니 여호와께서 권능의 손으로 우리를 애굽에서 인도하여 내셨다"(6:20~21)고 하고, 이어서 "여호와께서 우리의 목전에서 크고 두려운 이적과 기사를 애굽과 바로와 그 온 집에 베푸시고 …… 우리를 거기서 인도하여 내시고 여호와께서 우리에게 이 모든 규례를 지키라 명하셨으니 이는 우리로 우리 하나님 여호와를 경외하여 항상 복을 누리게 하기 위하심이다"(24)라고 했다. 이렇게 기록된 구약의 말씀과 역사를 읽으면서 우리는 이스라엘이 2,000여 년 만에 나라를 회복하려고 했던 이유도 짐작할 수 있게 된다. 그것은 하나님의 약속이 바로 이런 역사의식 속에 있었기 때문이다.

하나님의 뜻을 파악하는 데는 계시와 역사가 있고 그 밖에 성령의 내적인 조명이 있다고 본다. 그런데 성령의 내적인 조명은 종종 주관적인 판단에 근거할 때가 있다. 그래서일까, 열심 있는 성도들이 받았다는 하나님의 뜻이 객관적으로 수긍하기 어려운 경우를 종종 본다. 거기에 비해 이미 나타난 계시의 말씀과 역사를 통해서는 하나님의 뜻을 객관적으로 확인하는 것이 어렵지 않다. 그러니까 크리스천이 역사에 관심을 가져야 하는 것은 인간이 세계 속에 역사하시는 하나님의 활동을 역사를 통해서도 이해할 수 있다고 판단하기 때문이다. 역사에서 하나님의 뜻을 발견하려 할 때 먼저 계시를 통해 하나님께서 역사를 어떻게 운행하시는가 그런 원칙을 이해해야 한다. 교회사에서 '성경말씀'으로 대표되는 계시와 '전통'으로 표현되는 역사가 서로 제휴하고 보완하며 때로는 긴장관계가 유지되었던 것은 이 때문이다.

사건과 기록, 현재적 관심

역사란, 시간과 공간 속에서 일어났던 일(사건) 그 자체를 말하기도 하고, 사건을 기록한 것을 두고 말하기도 한다. 독일어의 'Geschichte'가 일어났던 사건 자체를 일컫는다면, 영어의 'History'는 기록을 의미한다고 할 것이다. 세상에는 많은 사건이 일어나는데 그것이 다 역사일 수 있을까, 그것이 기록으로 남겨지지 않으면 역사일 수가 없다. 기록으로 남겨지지 않는 사건이라 할지라도 때때로 개인과 집단의 기억으로 저장되어 전승될 수도 있다. 때로는 그것이 구전의 형태를 띤 설화나 신화로 남겨지기도 하고 민담民譚으로 계승되는 경우도 있다. 신화나 설화는 한때 기억 속에 존재했던 그 사건이 인간의 상상력이 가미되어 전승된 것이어서 그 자체로서는 역사라고 할 수 없지만 그러나 과학적인 방법으로 역사를 복원시킬 수 있다면 거기에서 간혹 역사적 사실과 의미를 찾아낼 수가 있다. 예를 든다면 우리나라의 단군신화는 그 자체로서는 역사라고 할 수 없지만 그것을 과학적인 방법으로 신화 자체에 대한 해석을 가한다면 어느 정도의 사실과 역사적 의미를 복원해낼 수 있다고 본다.

사건으로서의 역사는 기록이라는 과정을 통해 역사로 남게 된다. 매일 일어나는 수많은 사건들은 일단 기록되어야만 역사로 안착하게 된다. 그렇다고 기록 그 자체가 역사라고 하기에는 부족하다. 예를 들면 매일 쓰는 일기가 역사인가, 그럴 수 없다. 일기가 역사라면 조선왕조에 남겨진 많은 일기류의 기록들이 모두 역사가 되는 것이다. 역사는 기록을 통해야만 성립되는 것이지만 기록에 나타난 사실fact에 대해 그 원인을 밝히고 결과가 어떻게 진행되었으며 그 사실을 통해 어떤 의미를 보여줄 수 있는가 하는 데까지 가야만 역사라고 할 수 있다. 때문에 일상적으로 매일 반복되는, 일기에 적힐 수 있는 그런 사실만으로는 역사라고 할 수 없다. 일상적인 사건도 그 사건의 경중輕重과 빈도頻度에 따라 기록으로 남겨지기도 하고 그렇지 않기도 하는데, 기록으로 남겨진 것도 역사적인 각광을 받기 위해서는 그 기록을 보는 시대에 사는 이들에게 어떤 공감대를 주었을 때에 역사로 각광을 받게 된다. 다시 말하면 어떤 사람이 그런 기록을 보면서 어떤 공감대를 느끼게 된다면 그 기록을 끄집어내어 역사적 의미를 부여하게 되는 것이다. 여기서 역사란 "현재와 과거의 대화"라는 말이 나오게 되는 것이다. 현재 그 기록을 보는 사람과 과거에 쓰여진 그 기록 사이에 공감대를 갖게 되면 그 기록에 나타난 사건이 역사로 부각될 수 있는 것이다.

과거 고려시대 후기에 노비들의 반란이 일어난 적이 있다. 그것은 한때는 하나의 기록에 불과했던 적이 있다. 그러나 평등사상이 수용되고 만인은 날 때부터 자유를 가진 존재이며 생존권을 갖고 태어났다는 사상이 보편화되면서 노비들의 반란은 단순히 반란이 아니라 하층민들의 생존권을 위한 투쟁이었다는 것으로 재해석되기 시작했다. 더 나아가 그것은 곧 노비해방운동이라는 사건으로 자리매김하게 되었던 것이다. 이것은 그 기록과 그 기록을 보는 사람들의 대화를 통해 이뤄진 역사인식의 변화라고 할 것이다.

"역사란 현재와 과거의 대화"라는 말은 비단 그런 곳에서만 적용되는 것은 아니다. 역사적 사건으로 부각된 것이라 하더라도 거기에 대한 의미부여를 달리 혹은 새롭게 할 수 있다는 것이다. 3·1운동을 보자. 과거에는 한국독립운동의 선봉에 선 사건으로서만 부각되었다. 그러나 오늘날은 독립운동 못지않게 한국민주화운동의 선봉으로 크게 각광을 받고 있다. 1919년, 10여 년 전에 무너진 대한제국이 이제 3·1운동으로 대한민국으로 탄생할 수 있었기 때문이다. 대한민국은 백성에 의해 세워진 나라라는 뜻으로 그것은 3·1운동이 이룩한 혁혁한 공로다. 그리하여 오늘날에 와서는 3·1운동을 3·1혁명으로까지 부르게 되었던 것이다.

이렇게 '현재와 과거의 대화'로서 의미부여를 새롭게 하는 역사는 여러 동서양사에 나타나고 있다. 거의 같은 시기에 일어났던 30년전쟁(1618~1648년)과 갈릴레오(1564~1642년)의 지동설은 당시로서는 30년전쟁이 훨씬 비중이 컸고 유럽 사람들에게 많이 알려졌다. 그러나 같은 시대에 일어났던 두 사건을 현재의 관점에서 다시 대화를 건다고 한다면(조명한다면), 당시에는 30년전쟁보다 그 중요성이 덜했던 갈릴레오의 지동설이 오늘날에는 훨씬 그 중요성을 알아볼 수밖에 없게 되었다(박상익,《나의 서양사 편력》1).

　여기서 놓치지 말아야 할 것이 있다. 기록이 아무리 중요하다고 하더라도 거기에 맹신하지 말아야 한다는 점이다. 독립유공자 공적심사와 관련된 문제다. 그런데 대부분의 독립운동가가 풍찬노숙하면서 때로는 제 몸 하나 건사하기도 힘들어 독립운동에 대한 기록을 제대로 남길 수 없었다. 때문에 많은 경우, 한국독립운동의 실상을 확인하기 위해서는 일제가 작성한 기록에 의존할 수밖에 없다. 한국의 독립운동 상황을 그 지배자였던 일제에 의해 확인해야 하는 이 아이러니컬한 현실은 불행히도 독립유공자 공적심사제도가 넘어서지 못하는 한계다. 일제가 독립운동가를 색출 검거하고 독립운동을 와해시키기 위해 밀정들을 풀어 독립운동가들의 동정을 살펴 기록으로 남겨두었다. 그 기록이 정확하지 않은 경우도 많고 때로는 왜곡된 경우도 많다. 그러나 그런 왜곡과 과장이 다른 문헌에 의해 수정·보완되지 못하면 그것 자체가 진실이 되어버릴 가능성을 배제할 수 없다. 더 안타까운 것은 독립운동에서 혁혁한 공을 세운 독립운동가들 중에는 일제의 첩보망을 잘 피해 일제 측의 기록에 남겨지지 않은 경우도 있다. 독립운동가들이 기록을 제대로 남길 수 없는 상황에서 일제 측 기록에도 잘 남아있지 않았다면 어떻게 되는가. 그들은 가끔 서훈에서 제외되는 경우도 없지 않았다. 실제로는 독립운동을 했지만, 기록이 없기 때문이다. 독립운동단체에서 정확한 기록을 남겨두었거나 아니면 자신의 활동기록을 스스로 보존하고 있지 않는 한, 그 독립운동을 입증할 만한 자료적 근거가 거의 없어서 포상되지 못하는 경우를 만날 때마다 기록이 갖는 이중적인 한계를 느낄 수밖에 없다. 이것은 자기 기록을 갖지 못한 한 국독립운동의 일종의 아이러니가 아닐 수 없다.

역사관

가끔 "선생님은 역사를 어떻게 보십니까?"라든지, "선생님은 크리스천으로서 어떤 역사관을 갖고 있습니까"라는 질문을 받는다. 역사공부하는 사람들은 그 당연한 질문에 때론 당황하게 된다. "내 역사관은 이렇다"라고 내세우기가 곤란하기 때문이다. 그럴 때 우회해서 대답하는 것이 있다. 사람들이 역사가의 역사관을 정리하는 경우, 특별한 경우를 제외하고는, 정작 그가 살아있을 때에 어떤 역사관을 갖고 있느냐고 묻는 것은 대답하기 어렵다는 것이다. 그가 어떤 역사관을 가졌는가는 일반적으로 그가 타계하고 난 뒤에 정리되는 것이지, 살아있을 때에 그렇게 규정되는 경우는 많지 않기 때문이다.

역사학자가 어떤 역사관을 갖고 있는가 하는 것은 그의 인격이나 신앙, 사상이나 세계관과 밀접한 관련을 갖고 있다. 한 사람의 역사관은 역사를 대하고 있는 그 사람의 인격이나 사상의 다른 표현에 불과하다. 가령 한 사람의 기독교적 역사관은 크리스천으로서 갖고 있는 그의 신앙과 인격과 깊은 관련을 갖고 있다는 것이다. 때문에 크리스천으로서의 인격을 연마하고 사상과 세계관을 고양하는 것이 중요하다고 본다. 그런 바탕 위에서 그리스도교의 일반적인 역사 이해—하나님의 창조와 역사 지배, 이 세상은 시작과 끝이 있고 모든 세상은 하나님의 심판 아래 있다는 등—를 바탕으로 자신의 역사관을 전개할 수 있는 것이다. 거기에는 자연스럽게 그의 인격과 세계관이 표출되는 것이다.

역사관에서 중요한 것이 역사발전이라는 개념이다. 우선 역사발전이란 말이 가능한 것인가, 가능하다면 역사발전이란 무엇을 뜻하는 것일까. 1, 2차 세계대전을 겪으면서 세계는 인류가 과연 발전하는가에 대한 회의를 많이 가졌다. 인간의 지혜로 만들어낸 그 많은 과학기기가 인류를 살상하는 데에 동원되는 것을 보면서, 역사발전이란 명제를 두고 우선 주춤하지 않을 수 없었다. 오늘날 인터넷과 이메일의 발달은 가히 혁명적이어서 세계를 한 동네로 만들었고 인류의 생활은 편리하고 효율적으로 되었다. 의약품의 발달로 인간의 수명도 연장되고 있다. 이를 두고 어찌 역사발전이라고 말하지 않을 수 있겠는가.

그러나 이 같은 과학기기의 발전과 인간 수명의 연장이 인류에게 더 여유 있고 행복한 삶을 약속하고 있는가 하는 질문에는 대답을 주저하게 된다. 편리하게는 되었고 효율적으로는 되었는데 그 때문에 인간은 더 여유 있게 되었다기보다는 전보다 두 배 세 배 더 일하지 않을 수 없게 되었고 또 스트레스도 더 심하게 받게 되었다. 과학기기의 발전이 결코 인간의 무거운 짐을 내려놓게 만들지 않았고 어깨를 무겁게 했으며 오히려 인간을 더 고통스럽게 만들어버렸다. 교통·통신수단은 그것이 덜 발달했을 때보다 인간의 몸놀림을 몇 배 더 늘어나게 만들었고 몸과 정신은 더 혹사당하게 되었다. 이런 결과를 두고 역사가 진정으로 발전했다고 말할 수 있을 것이며 인간이 더 행복하게 되었다고 말할 수 있을 것인가. 이런 질문에 대해서 정직하게 '그렇다'고 대답하기는 어려울 것이다. 생산력의 발달과 인간 수명의 연장도 마찬가지다. 때문에 역사발전의 의미를 새롭게 정리하지 않을 수 없다.

나는, 역사의 발전이란 첫째 역사의 주인노릇을 하는 인간이 양적으로 증대되어가는 것을 말하고, 둘째 역사의 주인노릇을 하는 인간이 개인적으로는 전보다 더 자유롭게 되고 사회적으로는 전보다 더 평등한 관계를 맺게 되는 과정이라고 본다. 다시 말하면 역사의 주인공 노릇을 할 수 있는 인간이 수적으로 증대되어가고, 그 인간이 더 나은 자유와 평등의 조화를 이뤄나갈 때에 역사가 발전해간다고 말할 수 있다는 것이다. 이렇게 말할 수 있는 것은 역사가가 상상력으로 추론한 것이 아니고, 역사가가 갖고 있는 인격과 세계관의 바탕 위에서 지금까지 전개된 인류의 역사가 바로 그런 방향으로 진전되어왔다고 판단했기 때문이다. 그러나 이런 평가에도 얼마간은 역사가의 소망이 표출되어 있을 것이라고 생각한다. 하여튼 이렇게 생각하는 데는 역시 역사가의 신념과 사상이 바탕이 되어 있는 것이다. 여기서 인류 역사가 숙제로 남겨 온, 자유와 평등의 조화가 그렇게 쉽게 이뤄질 수 있을 것으로 보지는 않는다. 그럼에도 불구하고 이런 결론에 도달하게 된 것은 역사를 공부하면서 역사의 발전을 고민해 온 자그마한 수확이라고 할 수 있다.

인간은 소수 지배자에게 예속되었던 시대로부터 자기 문제를 스스로 해결할 수 있는 주체적인 인간으로 발전하는 과정을 밟아왔다. 이것이 인간 역사의 '발전'과정이다. 이 과정에서 자유를 얻기 위해 투쟁하고 갈등했다. 따라서 인간이 자유인으로서 자기의 주체적인 입장

역사의 길, 현실의 길

에서 사회경제적 문제를 해결해간 과정이야말로 역사가 발전해갔다는 구체적인 증거가 될 수 있다. 여기서 문제가 생긴다. 인간 개인의 자유가 확대되면 될수록 평등한 사회관계를 유지하는 데는 문제가 생길 수밖에 없다. 능력 있고 힘센 존재가 자유를 이용하여 그 사회를 지배하게 되기 때문이다. 그렇게 되면 인간사회는 균형과 평등이 사라지게 된다. 역사의 발전을 언급하면서, 인간의 개인적인 자유를 강조하는 것 못지않게 소수에 의한 불균형·불평등한 사회를 막아야 한다고 주장하는 것은 이 때문이다. 자유의 확대가 역사발전의 불가결한 요소이긴 하지만 그것이 균형과 평등을 파괴해서는 안 된다는 이유가 여기에 있다. 그래서 역사발전이란 역사의 주인공 노릇을 할 수 있는 인간이 수적으로 확대되어가는 과정이면서, 역사의 주인공인 인간이 개인적으로는 더욱 자유로워지고 사회적으로는 더욱 평등해지는 일련의 과정을 말한다고 언급한 것이다.

역사발전의 의미를 이렇게 가지게 되면, 역사 해석이 달라질 수 있다. 앞에서 언급한 고려시대 하극상下剋上의 난이나 조선 후기의 농민반란 그리고 동학란東學亂 같은 것에서 새로운 해석이 가능하게 되는 것이다. 즉 그것들을 역사발전이란 측면에서 보면 '난'이 아니라 '신분해방운동' 혹은 '농민운동', '농민혁명'으로 평가될 수 있다는 것이다. 특히 '동학란'의 경우, 그들이 안으로는 반봉건·사회개혁을 외치고 밖으로는 반외세·자주독립을 실천하려 했다는 점에서 혁명운동으로 간주될 수 있다는 것이다. 이렇게 역사가 진행되어야 할 방향으로서의 이 역사발전을 어떻게 보느냐에 따라 역사적인 사실을 보는 관점도 달라지고 역사적 사건에 대한 평가도 달라지게 된다.

역사관에 대한 이 같은 이해는 많은 사람들의 인생관을 바꾸고, 역사발전에 헌신, 기여하는 많은 사람을 만들어냈다. 역사발전의 방향에 대한 확고한 신념은 자신을 역사의 진행방향에 순응하도록 만들었을 뿐 아니라 자기시대의 역사적 방향이 반역사적反歷史的으로 나간다고 판단될 때 거기에 투쟁하여 역사의 진전방향을 올바른 방향으로 나가도록 노력했다. 역사의 발전방향에 대한 신념은 반역사적인 거대한 세력 앞에서 고난과 희생을 각오하게 만들었고 최후에는 그 역사의 방향과 함께 승리하게 만들었던 것이다. 한국교회사에서 한말 반봉건·사회개혁, 일제 하의 항일독립운동, 군사정권 하에서 인권·민주화운동과 통일운동에 나섰던 것은 이 때문이다.

역사의 길과 현실의 길

지배자들 중에는 '지금의 세대는 나를 알아주지 못할지라도 역사는 나를 알아줄 거야'라면서 시대와 역행하는 일을 저지르는 이들이 많다. 독재자일수록 그렇다. 이런 말을 하는 독재자들은 시대를 거스르고 역사에 반역하는 길을 걸었다. 그들은 자기 시대보다는 역사에 남겨지기를 원했지만, 그들의 소원대로 역사에 살아남는 경우는 거의 없었다. 역사에 살아남는 사람은 자기 시대에 역사의 길을 묵묵히 걸어간 사람들이다.

역사에 살아있는 사람들은 한결같이 역사발전이라는 역사의 진전방향을 의식하고 거기에 순응하면서 자신의 영달을 위해 살지 않았다.

그들은 도리어 다른 사람을 역사의 주인공으로 들어올리기 위해 노력했던 인물들이다. 역사의 진행(발전)방향이 역사의 주인공으로 행세할 수 있는 사람을 증대시키는 것이기 때문에 역사에 살아있는 사람들은 자기 시대의 사람들이 역사의 주인공이 되도록 하기 위해 노력했던 사람들이다. 이것을 두고 그들이야말로 '현실적인 삶'을 거부하고 '역사적인 삶'을 살았던 사람들이다.

성경에는 히브리 민족을 이집트에서 가나안 땅으로 이끈 지도자 모세가 있다. 그는 히브리인이었지만 이집트 왕 파라오의 딸의 아들로 입양되어 세상의 부귀와 영화를 누릴 수 있었다. 그러나 그는 이집트의 노예가 되어 고난 받고 있는 자기 동족 히브리인들을 생각하면서 고민했다. 그는 장성하여 결단이 요구될 무렵, 그 자신 공주의 아들이 누리는 이집트 왕궁생활의 호화로운 삶을 거부하고, 노예로 고난 받는 그의 백성과 함께 수모와 고난의 길을 택했다. 고난 받는 백성과 함께 그들의 고통에 동참하면서 이집트 탈출을 감행했기에 그는 이스라엘 역사에서 살아있는 존재가 되었다. 그가 그의 백성을 이집트의 노예생활에서 탈출시켜 당당하게 역사의 주인공으로 끌어올린 것은 그 자신이 이집트 왕궁의 호화생활을 포기한 대가였다. 그 때문에 이스라엘 역사가 존재하는 한 그는 그 역사에서 살아있는 존재가 되었다. 그가 이집트 왕궁의 호화생활을 계속 누렸다면 그는 현실의 호화로운 생활은 누렸지만, 역사에는 버림받는 존재가 되었을 것이다. 크리스천도 이런 삶을 지향해야 한다.

한국의 조선조 후기 실학시대에도 그런 인물들이 있다. 그 시대 수

많은 왕후장상들이 있었지만 역사에 살아있는 사람은 몇 안 된다. 기껏 유형원柳馨遠·이익李瀷·정약용 정도다. 이들은 역사가 지향하고 있는 그 길을 위해 헌신적으로 살았다. 다산 정약용의 경우, 30대 후반까지 정조의 총애를 받으며 출세가도를 달렸지만, 신유사옥 이후 20여 년 귀양살이를 했다. 그런 귀양살이를 통해서 같은 시대를 살고 있던 민초들의 어려움에 눈뜨게 되었고 그들의 고난에 동참하게 되면서 그들을 역사의 주인공으로 끌어올리는 방법이 무엇인가를 고민하게 되었다. 그가 귀양살이를 하면서 저술한 수많은 저술들은 바로 백성들을 역사의 주인공으로 끌어올리기 위한 방안을 모색하면서 쓴 것이다. 그가 귀양살이를 하지 않았다면 그는 고난 받는 민중들을 생각하지 못했을 것이다. 그런 의미에서 정다산의 귀양살이 20년은 당시에는 견디기 힘든 고난의 생활이었지만 그로 하여금 역사에 살아있는 존재로 만들게 된 기회였다는 점을 간과해서는 안 된다. 중요한 것은 모세와 정다산이 선택한 길은 '역사의 길'이요, 그것은 '현실의 길'을 포기한 데서 가능했다.

현 시점에서 역사의 길이란 민족자주와 평화에 입각한 통일과 민주주의, 소외된 민중을 끌어올려 복지의 혜택을 받도록 하는 길이다. 그러기에 역사의 길은 형극의 길이자 수난의 길이다. 그 대신 현실의 길은 안락의 길이자 세속적 영화의 길이다. 그러기에 일제강점 하에서 많은 유능한 인재들이 역사의 길을 버리고 현실의 길을 택했다. 이완용·송병준·이용구 같은 민족 배신자들은 자신들이 걷는 길이 역사의 길이라고 강변했다(송건호). 이는 현실의 길을 걷고 있으면서도 그것이 역사의 길인 것처럼, 현실에 영합하는 길인 줄 알면서도 역사가 지향하는 길을 걷는 것처럼 위장했던 것이다. 그러나 역사는 그것을 정직하게 드러내주고 폭로한다. 그러기 때문에 역사는 심판이라고 했다.

역사의 길은 현실의 길과 비교할 때 비현실의 길이요, 비현실적이지만 정도正道임에 틀림없다. 때문에 역사의 길은 그것이 현실적이냐 비현실적이냐를 가지고 따져서는 안 된다.

역사에는 역사의 길을 걸어간 사람과 현실의 길을 걸어간 사람들을 잘 비춰주고 있다. 한말 나라가 망하자 저 시골 선비 황현은 자결하여 역사의 길을 걸었다. 그러나 나라가 거덜 났으면 의당 책임져야 할 위치에 있었던 이완용은 일본이 주는 은사금까지 받아 챙기면서 현실의 길을 걸었다. 히브리 민족을 위해 고난의 길을 자취自取한 모세는 역사의 길을 걸어 천추의 역사에 남게 되었지만, 히브리 민족의 해방을 끝까지 저지하려고 한 당시 애굽왕 파라오는 역사에서 죽어 있다. 실학 시대의 저 초야에 묻혀 이름을 드러내지 않고 민초들을 위해 노력했거나 귀양살이를 했던 실학자들은 역사에 살아있지만 당시의 지배층으로 부귀와 영화를 누렸던 지배자들은 역사에서 죽어 있다. 역사에 살기 위해 현실적인 삶을 포기해야 한다. 현실적인 삶을 뿌리치지 못한다면 역사에 살아남기를 거부하는 것이나 다름없다.

이제 올바른 역사인식 위에서 바람직한 역사의식을 정립한 사람은 개인적인 영달과 안녕을 위해 현실적인 삶을 살아갈 수 없다. 오히려 힘이 들더라도 역사가 나아가야 할 방향에 맞춰 삶을 영위해야 한다. 그들에게 때로는 고난이 닥치겠지만 역사는 그를 역사에 살아있는 존

재로 우뚝 세울 것이다. 여기에 크리스천이 역사에 눈떠야 할 이유가
있다(2015년 2월 20일).

복음사역과 사회참여가 균형을 잡아갔던 교회

우리 가정이 남서울교회와 인연을 맺게 된 것은 1976년 10월 말 반포
아파트 2동으로 이사하게 되면서부터다. 그때 우리 아파트에서 멀지
않은 상가건물 지하에서 남서울교회가 이미 시작되었음을 알게 되었
다. 이사 왔을 때 아이들이 어려 그 교회에 출석, 친구들을 사귀게 되
었는데, 홍 목사님의 첫아들 으뜸이와 우리집 둘째가 친구가 되어 가
끔 집에서 같이 노는 것을 보았다. 어머님께서는 연로하신데다 멀미를
많이 하셔서 차편을 이용, 우리 내외가 적을 두고 있는 교회에 다니는
것이 불가능하여 가까운 남서울교회에 출석하게 되었고, 뒷날 이 교회
의 명예권사로 봉직하다가 타계하셨다. 발인식 때 박영선 목사님이 행
한 고별설교의 감동은 지금도 내 가슴에 남아있다.

　남서울교회당이 지금의 신반포아파트 지역으로 옮기게 될 즈음, 우
리도 103동으로 옮기게 되었다. 철조망 하나를 사이에 두고 신반포로
통하는 길목에 우리 아파트가 자리 잡고 있어서 남서울교회당까지는
5분도 채 걸리지 않았다. 종로5가 소재 고신파 서울중앙교회에 출석하
고 있던 우리는 가끔 저녁예배를 남서울교회에서 드리기도 하고, 어떤
때는 새벽기도회에 열심을 내기도 했다.

그러다가 1980년 10월경부터 남서울교회에서 합동신학교가 개교되면서 나는 남서울교회와 더 깊은 인연을 맺게 되었다. 합동신학교에서 한국교회사를 강의하게 되었기 때문이다. 하루는 박윤선 교장님께서 나를 부르셨다. 가보니 신복윤 교수 등 몇 분이 자리하고 있었다. 새로 신학교를 시작했는데 한국교회사를 가르쳐주었으면 좋겠다는 것이다. 10·26 이후, 신군부가 집권하던 그 시기에 사회 각 방면에서는 그동안 내연되고 있던 불만이 표출되고 있었다. 여러 대학과 신학교도 마찬가지였다. 사당동에 있던 총회신학교도 갈등의 와중에 휩싸여 박윤선 교수가 동료 교수 및 학생들과 함께 조용히 나와 남서울교회당에서 합동신학교를 개설했던 것이다. 나를 학생으로도 받아준다면 가르치는 일을 하겠다고 하고 강의를 맡게 되었다.

남서울교회와 더 깊은 관계를 맺게 된 것은 그 뒤 특강을 몇 번 하게 되었기 때문이다. 처음에는 거의 한 주간 동안 저녁에 한국교회사를 강의한 적이 있다. 그때 사회부패에 항거하는 한말 기독교인들의 활동을 소개한 적이 있다. 기독교인들이 지방관리들의 부정에 항거하자 관리들은 예수교인들이 있는 곳에 지방관으로 부임하는 것을 꺼리게 되었다는 내용이었다. 이 강의를 들은 홍정길 목사는 그날 저녁 울먹이는 목소리로 한국교회의 현실을 개탄하면서 하나님께 기도했던 것을 기억한다. 초기 한국교회는 반봉건운동으로 사회에 큰 영향력을 미쳤는데, 왜 지금은 이렇게 죽어가고 있는가 하는 답답함 때문이었다.

그 뒤에 이런 일이 있었다. 내가 미국에 가서 남북기독자모임에 참가하고 그 귀국보고를 남서울교회에서 하게 된 것이다. 1991년 5월 말, 뉴욕 스토니포인트에서 북미기독자교수협의회가 남북 기독교 대표들을 모아 〈기독교와 민족주의〉라는 제목으로 학술회의를 한 적이 있다. 그때 남측에서는 송건호, 노명식, 변홍규, 한완상, 박순경 그리고 내가 참석했고, 북에서는 한시해를 비롯하여 고기준, 이성봉, 박승덕, 김구식, 로철수, 최옥희, 김혜숙 등이 참석했다. 북측 인사들을 만나 대화와 토론을 하고 왔지만 한국교회 어디에서도 그런 이야기를 들으려 하지 않았다. 그때 홍 목사님이 남서울교회에 와서 보고해달라고 요청해 자세히 보고한 적이 있다. 이미 이때 남서울교회는 통일문제에 깊은 관심을 갖고 있었다.

이렇게 맺어진 남서울교회와의 관계는 내가 2000년 6월 반포아파트를 떠나 지금의 종로구 필운동으로 옮기기까지 거의 25년간 계속되었다. 남서울교회의 정회원이 아니었으니 교회의 속사정은 잘 알지 못하지만, 홍 목사님을 비롯한 여러 교역자들과 장로님들과의 교제를 통해 남서울교회에 대한 인상은 상당히 구체화되어갔다. 반포아파트를 떠난 후에도 가끔 남서울교회에 출입한 적이 있으나, 남서울교회에 대한 나의 느낌은 2000년에서 그친다고 봐야 할 것이다. 이렇게 오랫동안의 교제와 관찰을 토대로 내가 기억하는 남서울교회는 "복음사역과 사회참여가 균형을 잡아갔던 교회"라는 인상을 갖게 되었다. 그걸 간단히 설명하는 것으로 이 글을 끝맺고자 한다.

교회의 1차적 사명은 복음사역이다. 복음을 선포하고 가르치며 복음 중심으로 공동체를 이루는 것이다. 남서울교회는 무엇보다 거기에 충실했다. 내가 가끔 저녁예배에 참석한 것이나 새벽기도회에 열심을 낸 것은 바로 이 점이 나를 끌었기 때문이다. 내가 자란 고신교회에서 들어보지 못한 복음의 신비함이나 깊은 영성을 전달받았고 말씀을 통해서 깨닫게 해주었다. 홍 목사님을 비롯한 목회자들의 말씀에는 성경에 대한 깊은 묵상과 함께 당시 세계 복음주의 신학계에서 연구되고 있던 복음의 선진성도 소개해주고 있어서, 보수일변도로 기울어져 있던 나의 영성을 두들겼던 것이다. 두 아들을 내가 시무하는 교회에 출석하도록 강제하지 않고 학창시절의 상당 기간을 남서울교회에서 보내도록 한 것은 이런 이유도 있었다. 큰아이가 남서울교회 대학부에서 짝을 만나게 된 것도 큰 축복이었다고 생각한다.

당시 남서울교회는 복음주의권의 선진성을 바탕으로 복음주의운동의 전위적인 역할을 감당하고 있었다. 미국 유학을 마치고 귀국했거나 합동신학교를 마친 신진기예의 교역자들은 세계 복음주의권의 움직임에 민감했다. 1973년 사이더, 요더 같은 미국 복음주의자들이 사회참여의 당위성을 선언한 〈시카고선언〉(1973년)이 있었고, 뒤이어 복음전파와 사회참여를 모두 그리스도인의 의무로 규정한 〈로잔언약〉(1974년)이 발표되었다. 이러한 복음주의권 동향에 민감하게 반응하면서 이를 한국에 소개하는 데에 남서울교회는 직간접으로 관여하고 있었다. 그 뒤 "하나님의 나라는 현재와 미래, 사회와 개인, 육체와 영, 모두에 해당된다"는 국제복음주의연맹의 결의문(1983년)이 소개되면서 한국 복음주의권이 새롭게 태어나게 되는데 이런 운동의 이면에는 남서울교회가 관여되어 있었다. 이 운동은 1991년 《복음과상황》을 간행토록 하는 한편 복음주의권 인사들이 참여하는 경실련운동으로도 발전하게 되는데 이 역시 남서울교회의 인맥과 무관할 수 없다. 나는 이런 선진적인 복음운동이 가능하게 된 배경에는 홍정길 목사의 포용력이 있었기 때문이라고 생각한다.

남서울교회를 떠올리게 되면 한국교회 특히 복음주의권의 통일운동과 관련짓지 않을 수 없다. 그 중심에도 홍정길 목사가 있었다. 북한에 가서 김일성을 만나고 온 권호경 NCCK 총무가 북한을 도와야 한다고 호소했을 때, 한국교회의 보수와 진보는 모처럼 손을 잡고 1993년 초에 남북나눔운동을 발족시켰다. 홍 목사는 억지로 그 책임을 맡게 되었다고 한다. 북한은 1990년대 사회주의권이 무너져 형제국으로부터 지원이 끊어진 데다 몇 년간 계속된 홍수로 수백 만의 아사자들이 속출한다는 소문이 나돌았다. 이때 남서울교회는 남북나눔운동을 도와 북한 돕기에 앞장섰던 것이다. 남서울교회의 뒷받침을 받은 홍 목사는 수십 번 방북, 조용히 그러면서 상대방의 자존심을 건드리지 않고 북한 돕기를 계속했던 것이다.

남북나눔운동의 북한 돕기는 한국교회의 복음주의권(보수)과 진보의 벽을 허무는 데에도 일조했다. 1968년 박정희의 삼선개헌을 계기로 한국교회는 보수와 진보의 경계가 확실해졌다. 약 30여 년간 한국의 보수와 진보는 거의 상종하지 않았다. 그러나 북한을 도와야 한다는 이 민족적 과제를 두고 한국교회의 보수와 진보는 손을 잡게 되었다. 이것은 교회사적으로도 대단히 중요한 의미를 갖는다고 본다. 이 일의 한가운데에 역시 남서울교회가 있었다.

나는 한때 관계를 맺었던 남서울교회가 복음사역과 사회참여에 헌신적으로 노력했다는 것을 기억하면서, 이런 자랑스러운 균형성이 앞으로도 남서울교회의 전통으로 아름답게 성장하게 되기를 기원한다 (2015년 5월 31일).

분단 70년, 한국 기독교의 성찰과 반성

올해(2015년)는 광복(해방) 70년이자, 분단 70년이다. 제목이 '분단 70년'이라고 주어져서 '70년'의 의미를 광복(해방)보다는 '분단'에 방점을 찍고 거기에 초점을 맞추라는 뜻으로 이해한다. 70년이 지난 상황에서 '광복'이니 '해방'이니 하는 의미보다는 '분단'이 더 큰 현실로 다가오기 때문에 그런 것이 아닌가 생각한다. 그러나 그런 주어진 제목에 구애되지 않고, '광복 70년'이라는 데에 역점을 두고 글을 시작하겠다.

70년 전 민족과 함께 교회도 일제로부터 해방되었다. 해방은 고대했던 대로 자유와 생명을 새로 주었지만, 그 못지않게 분단구조를 안겨주었다. 따라서 해방 당시 한국사회는 희망과 새로운 환희와 함께 몇 가지 과제와 시련을 안게 되었다. 식민잔재 청산과 분단의 해소 그리고 민주사회의 정립이었다. 그러나 이 과제들은 성실히 수행되지 않았고, 그 때문에 우리 민족에게는 더 엄혹한 상황이 벌어졌다. 친일파의 준동으로 인해 민족사가 왜곡되었고 6·25의 민족상쟁은 지금까지 깊은 상처를 안겨주었고, 이런 민족적 시련을 극복하기 위해 교회는 인권·민주화 투쟁과 통일운동에 더욱 매진하게 되었다.

일제강점 하에서 갖은 핍박을 받아 교회적 정체성이 훼손되었던 한국교회는 해방을 맞아 남북분단으로 교회의 조직과 신앙체계를 제대로 수습하지 못한 채 분단체제에 예속되는 불운을 맞게 되었다. 북쪽 교회가 공산 치하에서 신앙의 자유를 획득하지 못하고 다시 시련을 겪는 동안에 남쪽 교회는 주어진 신앙의 자유를 통해 추구해야 할 회개운동을 서두르지 않았다. 6·25전쟁과 사회혼란은 각종 사이비 종파와 이단이 기승을 부리는 온상이 되었고, 그런 신앙적 토양 위에서 1960년대부터 세계에 유례가 없을 정도의 양적인 성장과 부흥을 맞게 되었다. 이 같은 민족적·사회적 혼란 속에서 그런 진통을 내재적으로 극복하지 못한 채 외적인 성장을 추구한 한국교회는 성장하면 할수록 거기에 따른 어두운 그늘을 안고 있었다.

이 글에서는 해방 후 70년의 한국교회사를 되돌아보면서, 해방 당시 교회가 안았던 과제와 그 뒤 인권·민주화·통일운동의 과정, 교회 성장에 따른 그늘 등에 대해서 먼저 언급하고자 한다. 한국교회가 세계사에 유례없는 외형적 성장과 발전을 거듭했음에도 불구하고 130년의 역사에 걸맞은 성숙함을 보이지 못하는 이유의 하나를 자기 신학화의 작업에 소홀했음에 주목하고 거기에 대해 나름대로 지적하고자 한다. 그리고 주최 측이 굳이 해방 후의 한국교회사를 '분단 70년'이라는 틀속에서 조망하고자 하는 의도와 관련해서, 한국교회가 이 분단 민족사에 존재해야 하는 의미를 '용서와 화해'를 실천하는 공동체 됨에서 우선순위를 찾아야 한다는 것을 강조하고자 한다.

1. 해방 공간의 민족사적 과제와 교회

해방 70년을 보내면서 해방 공간에서 주어졌던 가장 중요한 민족사적 과제가 어떤 것인지를 생각하게 된다. 나는 다음 세 가지를 지적하고자 한다. 첫째, 식민잔재 청산이었다. 둘째, 해방과 더불어 주어졌던 분단구조를 해소하는 것이었다. 셋째, 민국民國으로 출발한 대한민국의 민국적 토대를 공고히 하는 것이었다. 우선 해방 후의 이런 민족사적 관점과 관련해서 한국교회가 어떤 역할을 감당했는가를 간단히 언급하고자 한다.

식민잔재 청산의 과제

식민지 하에서 해방된 민족에게 주어진 가장 중요한 과제가 식민잔재를 청산하고 민족정기를 회복하는 일이라는 것은 굳이 췌언을 요하지 않는다. 이는 식민지 하에서 왜곡·부패되고 상실되었던 민족정신을 회복·갱신하고 전통을 비판적으로 회복하여 사회적 기풍을 쇄신하여 민족적 정통성을 재건하는 기초이기도 하다. 여기에는 정치·사회·경제 등의 분야와 문화생활 속에 스며든 식민잔재가 포함되지만, 무엇보다 중요한 것은 인적 청산, 즉 친일파 청산이었다.

그러나 해방 후 한국사회의 일제잔재 청산, 특히 친일파 청산은 실패했다. 이 실패가 오늘에 이르기까지 한국사의 흐름을 왜곡시켜 온 주범이기도 하다. 해방 후 '점령군'으로 자처한 미군이 일제 하의 관료와 경찰 등을 온존시킨 것이 결정적인 이유로 간주하지만, 그 못지않게 일제에 투쟁한 독립운동세력이 민족사의 중추적 역할을 하도록

제 공간을 확보하지 못한 것 또한 일제잔재 청산이 실패한 원인이었다. 해방 후 중국 관내에서 그 혁혁한 독립운동을 전개했던 김원봉이 악질 친일경찰 노덕술로부터 뺨을 맞는 등의 수모를 당한 상황에서 친일잔재를 청산한다는 것은 한갓된 꿈에 지나지 않았다. 이런 상황에서 교회의 친일잔재 청산은 어떻게 되었는가.

우선 교회의 일제잔재 청산은, 종교적인 의미와 관련시켜 볼 때, 신사참배를 회개하는 데서 시작되었어야 했다. 해방 후 혼돈된 질서 속에서 교회가 신사참배를 회개하자고 한 것은 바른 방향이었다고 생각된다. 평양 산정현교회에서 모인 출옥성도들이 방향을 제시하고 이어서 이북5도연합노회와 남부대회에서도 신사참배 회개부터 교회의 일제잔재 청산의 방향을 제시한 것은 나름대로 의미가 있었다. 그러나 그마저도 이런 저런 핑계거리를 찾아 회개의 합당한 조치로서 실천되지는 못했다. 오히려 교회 분열의 도화선이 되었던 것은 유감스럽다고 하지 않을 수 없다.

해방 정국에서 신사참배를 포함한 일제와의 관계의 문제는 교단의 분열과 직결되었다. 장로교회의 경우, '출옥성도'가 가장 많았던 경남노회에서 신사참배 회개를 강력히 주장했다. 경남노회의 신사참배 회개운동은 고려신학교 문제와 연결되면서 장로교 총회로부터 배척되는 결과를 가져왔고, 급기야는 고신파의 분열에 명분을 제공하게 되었다. 신사참배 회개문제는 장로교단 분열의 최초의 단서를 제공했지만, 고신 교단 분립 후에는 신사참배 회개운동이 역동성을 잃게 되었고 한국교회 전체의 회개운동으로 더 이상 지속되지 않고 좌절되고 말았다.

이 밖에 일제 하의 교회와 국가의 문제는 해방 후 감리교회의 분열에도 일정하게 영향을 미쳤다. 재건파와 복흥파의 분열이 그것이다.

교회 안의 일제잔재 청산의 대표적 사례라 할 신사참배문제가 제대로 청산되지 않은 것은 우리 사회 전체의 일제잔재 청산의 실패와 직결되었다. 신사참배를 제대로 회개하지 않은 한국교회는 해방 정국에서 더 이상 예언자적인 목소리를 내지 못했다. 신사참배를 회개한다는 것은 부수된 교회 안의 일제잔재를 청산하는 상징성을 갖고 있었다. 때문에 한국교회는 자기의 친일문제를 회개함으로 친일문제 해결에 둔감한 한국사회를 향해 예언자적인 소리를 발했어야 했다. 그러나 자기의 친일문제를 해결하지 못한 한국교회는 한국사회의 친일문제의 덫에 바로 걸려버리고 말았다. 남조선과도정부입법의원이 1947년 11월 친일파 청산을 위한 법규를 마련했으나, 한국 기독교세력과 밀접하게 교류하고 있던 미군정은 여기에 동의하지 않아 그 법안은 폐기되었다. 그 뒤 제헌국회에서 반민법을 제정하고 반민특위를 구성했으나 기독신자인 이승만에 의해 무력화되고 말았다. 이승만 정권은 공산주의와의 대결을 명분으로, 과거 친일했던 자들에게 반공활동자라는 은신처를 제공함으로 오히려 그들이 적극적으로 친일혐의를 벗고 활보하는 계기를 만들어주었다. 이승만 정권이 붕괴된 후 장면 정권이나 군사정권 하에서는 오히려 친일파가 준동하는 사회 분위기로 변해갔다. 이렇게 해방 초기 민족사의 중요한 과제였던 친일잔재 청산은 기독교 안에서뿐만 아니라 교회 밖에서도 실패하게 되었다. 그 결과 해방 후 민족사는 친일 전통을 청산하지 못한 채 오늘날까지 왜곡된 한국사를 양성釀成하고 있다.

국토 통일의 과제

해방 후 우리 민족사가 당면했던 중요한 과제는 국토 분단의 해소였다. 비록 외세에 의해 이뤄진 국토 분단이었지만, 분단을 해소하는 일은 우리 민족의 과제였다. 소련군의 급박한 남하를 저지하기 위해 그어진 38도선은, 비록 잠정적인 군사분계선으로 시작되었지만, 그것이 이념적 분단선으로 변화된 데는 우리의 민족적 역량이 미숙했다는 점도 한몫을 했다. 모스크바 삼상회의와 신탁통치문제 그리고 미소공동위원회에 대한 우리의 대처가 그 뒤 얼마나 엄청난 비극을 불러왔는가.

당시 기독교인들은 분단문제에 대해 어떤 입장을 견지했는가. 해방 후 북한에는 2,000개가 넘는 교회 및 교역자와 35만 명에 달하는 교인이 있어서 가장 세력 있는 집단이었지만, 지주·자본가를 추방하는 과정에서 가장 처절한 핍박을 당하게 되었다. 기독교인들은 초기에 기독교사회민주당과 조선민주당을 조직하기도 했지만, 그들은 소련군의 뒷받침을 받고 있던 공산주의자들과의 대결에서 적수가 되지 못했다. 그들의 많은 수는 남하하여 반공의 보루를 형성하는 데에 앞장서게 되었다. 서북청년단은 그 산물이기도 했다.

해방 정국에서 남한의 기독교계는 세 가지 노선이 있었다. 이는 해방 정국에서 기독교 지도자인 3거두(이승만·김구·김규식)의 일치되지 않은 노선과도 연관된다. 신탁통치문제만 하더라도 이승만의 우파, 좌우합작 및 남북협상 노선을 이끄는 김구·김규식 중심의 중도파, 그리고 신탁통치를 지지하는 기독교민주동맹 중심의 좌파가 있었다. 그 뒤 기독교계는 점차 이승만을 지지하게 되어 중도적 노선이 힘을 잃게 되었고, 초기에 다소 혼재했던 신탁통치문제도 신탁통치 반대로 거의 귀일되었다.

주목되는 것은 최근 점차 드러나고 있는, 해방 직후 기독교계 인사들이 민족갈등문제에 편승하여 극우적 행태를 보인 점이다. 특히 서북청년단이나 해방 후 사상검사로서 활동한 오제도 등이 기독교적 배경을 갖고 있었다는 것이나, 보도연맹사건도 기독교 인사들과 무관하지 않았다는 지적은 해방 후 민족 갈등에 기독교가 얼마나 깊이 관련되고 있는가를 보여주는 것이다. 더 언급할 겨를이 없거니와, 여기서는 기독교가 해방 정국에서 민족의 최대 과제인 민족화해나 분단해소문제에 적극 기여한 것은 아니라는 점만 확인하고자 한다.

민주국가 건설의 과제

해방 후의 또 하나의 과제는 한국 민주주의의 토대를 정착시키는 문제였다. 기독교 수용이 인간해방과 인간평등의 실현을 어느 정도 도왔다는 것은 부정하지 않는다. 그러나 해방 이후 민주주의제도를 정착시킴에 기독교가 어느 정도 기여했는가는 고민하지 않을 수 없다. "대한민국은 민주공화제로 함"이라는, 대한민국임시정부 약법 및 제헌헌법에서도 명시한 대한민국의 국시가 민주주의의 꽃이라 할 선거에서 기독교회 및 기독교도에 의해 얼마나 실현되었는가는 심도 깊은 검토가 필요하다고 본다.

해방 정국에서 기독교인 세 거두는 기독교적 이념을 실천하는 데에 중요한 역할을 했다. 그들은 기독교적 국가 재건의 구상을 나름대로 갖고 있었다. 1945년 11월 서울 정동교회에서 열린 조선기독교남부대회에서 그들은 모두 기독교적 정신에 토대를 둔 기독교적 강국을 역설했다. 김구는 경찰서 열 곳보다 교회 하나가 중요하다고 했고 김규식과 이승만은 만세반석이신 그리스도 위에 나라의 터를 닦아야 한다고 주장했다.

세 거두 중 정치적 권력을 확보한 이승만이 '장로대통령'으로서 민주주의 실천의 기초인 선거제도를 공정하게 정착시키는 여부가 기독교회와 관련이 있다는 것을 지적하는 것은 괴롭다. 초대 대통령 이승만은 대한민국의 선거제도를 정착시킴에 기독교적 이상과 신실성을 보여주지 못했다. 무투표 당선을 목표로 했던 그는 초대 국회의원 선거 후보 때부터 선거의 공정성을 훼손했다. 1952년 대통령선거를 앞두고 그가 발췌개헌을 강행했고, 영구집권을 위해 사사오입개헌의 불명예를 안게 되었다. 1952년 대통령선거와 그 뒤의 선거에서 그의 정부가 얼마나 부정을 저질렀으며 기독교회 또한 장로대통령을 선출해야 한다는 강박관념에 사로잡혀 얼마나 부정에 동참했는가는 여기서 굳이 언급할 필요가 없다.

이렇게 보면 해방 정국에서 기독교는 당시의 가장 중요했던 몇 가지 민족사적 과제에서 제 사명을 완수했다고는 할 수 없다. 이러한 실패가 뒷날 우리 민족사에 얼마나 큰 시련과 아픔을 남겨주었는가는 여기서 굳이 언급하지 않겠다.

2. 인권·민주화 및 통일 운동과 기독교

1961년 5월, 군사쿠데타가 일어나 종래의 '민주정부'를 뒤엎어버리자 기독교계는 새로운 시련과 과제를 안게 되었다. 미군정 이래 이승만 정권에 이르기까지 정권과 유착관계를 맺고 있던 기독교는 자성하면 서 군사정권에 대한 관계를 새롭게 모색하지 않을 수 없었다. 화폐개 혁이 주일날에 단행되자 기독교회는 극단적인 보수교회까지도 거기에 순응했다. 1946년 11월, 북한의 5도연합노회가 성수주일을 근거로 주 일선거를 반대하여 큰 핍박을 받은 것과는 좋은 대조가 된다.

한일국교문제와 삼선개헌문제

1961년부터 1980년대 말까지 약 30년간 군사정권 하에서 기독교는 그 존재감을 점차 드러내기 시작했다. 그것은 먼저 1960년대의 '한일 국교정상화' 문제와 박정희의 3선개헌 때였다. 1965년 6월, 한일기본 조약 체결을 전후한 시기에 기독교회는 정부의 대일굴욕외교에 항거 하여 집단적인 움직임을 드러냈다. 일제강점기, 신사참배 강요 등 많 은 고난을 당했던 기독교회가 국교 타결 이전에 일제의 식민지배와 신 앙탄압에 대한 사과를 요구한 것은 당연했다. 김재준·강원룡·강신명 은 물론이고 비교적 온건했던 한경직 같은 지도자까지 이 항거에 참여 한 것을 보면 당시 대부분의 기독교계가 뜻을 모았다는 것으로, 이는 정부의 대일외교 자세가 이들을 설득시키지 못했을 정도로 문제가 있었던 것이다.

여기서 주목할 것은 그 뒤에 일어난 삼선개헌문제가 기독교계를 진보와 보수로 나누는 중요한 분기점을 제공했다는 점이다. 1969년 박정희가 삼선개헌을 통해 장기집권 의도를 드러내자 기독교회의 대응 자세가 나눠지기 시작했다. 함석헌·김재준·박형규 등이 삼선개헌에 반대하면서 삼선개헌반대범국민투쟁위원회를 조직, 개헌 반대운동에 나서게 되자, 김준곤·김장환·김윤찬 등은 처음에는 개헌 반대활동을 '성직의 권위를 도용'하는 일이라고 비판했다. 그러나 곧 대한기독교연합회라는 기관의 이름으로 개헌에 찬성함으로써 그들은 스스로 주장해 온 정교분리의 입장을 파기했다. 삼선개헌에 대한 입장을 두고 한국교회는 개헌에 반대하는 진보와, 개헌에 찬성하는 보수로 확연히 나눠지게 되었다. 한국교회의 보수는 출발할 때부터 시류와 권력의 향배에 그들의 풍향계를 맞추었다는 비판을 면키 어렵게 되었다. 오늘날까지 새로운 쟁점들이 제기될 때마다 이런 안타까운 행태는 보수의 몫이었다.

이때 정부와 보수교회는 정교분리를 강조하는 한편 "각 사람은 위에 있는 권세에게 복종하라"(롬 13:1)는 말씀을 들어 기독교인의 사회참여와 저항을 비판하고 나섰다. 그러나 이런 주장을 폈던 보수는 자신들의 정부 지지가 그들이 주장하는 정교분리의 원리에 어긋난다는 사실 자체를 호도했다. 정부와 보수가 한통속이 되어 진보를 비판·비난하는 상황에서, 한국교회의 진보는 일정하게 예언자적 목소리를 지속하면서 광야의 소리로서 기능했다. 박정희의 삼선개헌을 계기로 나눠졌던 한국교회 진보·보수가 그래도 손을 잡게 되는 계기는 1990년대 들어서 북한이 식량난 등 어려운 곤경에 처하게 되었을 때, 그들을 돕기 위한 남북나눔운동 등에서였다.

유신체제와 인권·민주화운동

1960년대부터 일기 시작한 한국교회의 사회비판이 더욱 강화된 것은 1970년대 박정희 정권이 유신독재의 길로 들어서고 신군부가 파쇼적인 정권을 강화하던 때였다. 이때 한국교회는 1970년대에는 인권·민주화운동으로, 1980년대에는 통일운동으로 응답했다. 1972년 박정희는 통일을 위해서는 국력을 집중해야 한다고 주장하면서 10월유신을 단행했다. 1972년 〈7·4남북공동성명〉이 발표되고 유신이 선포되었을 때 한국교회협의회NCCK는 남북 정권이 〈7·4남북공동성명〉을 자신들의 정권을 강화하기 위한 수단임을 간파했다. 그해 12월 27일 박정희가 유신대통령에 취임하고 유신헌법을 선포할 때, 북에서는 김일성을 초국가적인 주석직에 앉히는 사회주의헌법을 선포했다. 이렇게 남북의 정권은 서로 짜고 통일문제와 민족문제를 자신들의 권력강화를 위한 방편으로 이용했다.

1972년 말 유신체제가 선포되자 대부분의 한국교회는 적극적 혹은 묵시적으로 지지했다. 그런 엄혹한 유신정권 하에서도 기독교의 진보적 소수는 인권과 민주화를 위한 투쟁에 나섰다. 1973년 4월에 〈남산부활절연합예배〉와 11월의 〈인권선언〉 채택을 통해 인권·민주화운동에 전기를 마련했다. 특히 〈인권선언〉은 당시 민주화운동 세력에게 큰 격려가 되었고, 기독교가 비기독교 세력과 제휴할 수 있는 접점으로 활용할 수 있었다. 1974년 초 기독학생들이 대통령직선제를 요구하면서 통일문제를 언급하는 등 저항에 나서자 당황한 정부는 대통령 긴급조치 1, 2호를 발하고 유신헌법에 대한 의견표명을 전혀 용납하지 않았다. 유신헌법 개폐에 대한 언급 자체가 재판 없이 구속되는 결과를 가져오게 되었다. 이에 NCCK는 긴급조치와 유신체제에 대응하여 시국기도회를 시작했다. 교회의 움직임이 긴급조치의 제재 대상이 될 수밖에 없었음에도 기독교회는 유신의 엄혹한 상황을 돌파하려는 계기를 만들려고 했다. 1974년 3~4월의 전국민주청년학생총연맹(민청학련)사건은 이런 상황에서 터졌다.

민청학련사건으로 구속자가 늘어나자 NCCK는 1974년 5월, "인간의 존엄성에 관한 성서적 신앙"에 의거, 인권위원회를 창설하고 기독교계의 인권운동을 본격화했으며 긴급조치 위반혐의 기소자들을 위한 기도회를 시작, 목요기도회로 발전하게 되었다. 이어서 한국기독교장로회와 기독교대한감리회 등에서는 시국선언문을 발표했고, 이해 11월에는 신학자 66명이 "한국 그리스도인의 신학적 성명"을 발표, "한국교회의 인권·민주화운동을 신학적으로 정리하고 뒷받침해"주었다.

기독교회의 이 같은 인권·민주화운동은 그 뒤 1976년 3월 1일, 천주교와 개신교 지도자들의 명동성당사건으로 연결되었다. 그들은 3·1절 기념미사에서 〈민주구국선언〉을 발표, 긴급조치와 유신헌법의 철폐와 박정희 정권의 퇴진 등을 외쳤다. 정부는 이 사건을 정부 전복을 선동한 사건으로 보고 윤보선·함석헌·김대중·정일형 등 지도자들과 함세

웅·문정현·김승훈 등 천주교 사제들, 그리고 문익환·안병무·이우정 등 개신교 지도자들을 긴급조치9호 위반혐의로 입건했다. 천주교회와 개신교회 지도자들이 관여한 이런 사건들은 국제적인 반향을 일으키기에 충분했고, 따라서 WCC를 비롯한 세계교회가 한국의 민주화운동에 관심을 갖고 지원하게 되었다. 1979년 10월에 유신정권이 끝나게 된 것은 이런 진보적 기독교인들이 전개한 인권·민주화운동과 무관하지 않다. 유신정권 하에서 자기를 희생한 많은 인권·민주화 인사들이 없었던들 오늘날 우리가 이만큼의 자유를 누릴 수 있게 되었을까.

군부독재 하의 인권·민주화운동은 정당성을 갖고 있었다. 그러나 군부세력은 국가안보라는 카드로 여기에 맞섰다. 휴전선 북쪽에서 공산주의자들이 호시탐탐 노리고 있는 상황에서 안보를 위해서는 인권·민주화를 유보할 수밖에 없다는 논리였다. 그 논리는 일정하게 일반 국민과 기독교인에게도 설득력을 지니고 있었다. 여기서 기독교 지도자들은 인권·민주화를 유보하려는 이런 안보논리를 넘어서기 위해 노력했다. 그들은 한국의 안보가 휴전선 북으로부터의 것이며, 이런 안보논리의 배경이 바로 분단에 있음을 직시하게 되었다. 말하자면 안보논리의 배경은 분단이며 분단을 극복하지 않으면 인권·민주화운동도 제약을 받을 수밖에 없었던 것이다. 다시 말하면 분단을 해소하지 않고서는 인권·민주화운동도 불가능하다는 것이다. 여기서 분단을 해소하는 바로 그 일이 바로 통일의 길이었던 것이다. 이런 사실을 직시하게 된 기독교 민주화운동 지도자들은 분단을 극복하는 방안으로서의 통일운동에 나서게 되었다. 따라서 1980년대의 기독교 통일운동은

1970년대까지의 인권·민주화운동의 연장선에서 이뤄졌던 것이다. 이 것 또한 기독교가 치열하게 사회문제와 민족문제에 다가갔던 결과요 그 산물이었던 것이다.

이때 기독교에서는 진보진영의 인권·민주화운동만 있었던 것이 아 니다. 정권과 야합하여 그들의 반인권·반민주에 면죄부를 주는 행태 또한 기독교회의 이름으로 이뤄졌다. 국가조찬기도회라는 이름으로 독재세력을 두둔하고 축복해주는 사건이 벌어지고 있었다. 보수교회 가 정부를 비판하는 일에는 정교분리를 그렇게도 내세우면서도 정부 를 향해 박수치고 축복하는 일에는 시치미떼면서 그들 스스로 주장해 왔던 정교분리를 묵살했던 것이다. 1980년대 신군부시절에 들어서면 노골적으로 그들 불의한 세력을 축복하는 단계에까지 이르는 철면피 한 모습을 보이게 되었다. 단순히 한국교회의 부끄러운 장면이라는 말 로 면책될 수 없는 광경이었다.

통일운동

민주화운동이 통일과 불가분의 관계에 있다고 인식한 한국교회 진 보세력은 1980년대에 이르러 통일운동에 더 박차를 가하게 되었다. 1980년대는 한국교회가 통일운동에 선구적이고 치열한 투쟁을 전개 한 시기라고 해야 할 것이다. 기독교 통일운동은 한국의 민간통일운동 의 효시를 이루었고, 그동안 남북의 지배자만이 다룰 수 있다는 통일 문제를, 그 통일을 앞으로 누리게 될 민중에게 귀속시키려 했던 것이 다. 그런 점에서 기독교 통일운동의 의의는 매우 크다고 할 것이다.

통일운동은 몇 가지 단계와 도움을 통해 이뤄졌다. 먼저 해외거주 기독교인들과 북과의 접촉이 시작되었다. 1979년 전 숭실대 학장이었던 김성락이 북한을 방문하여 김일성과 대화를 나누게 되었다. 이것은 비록 해외동포 사회에서 이뤄진 것이지만 민간인이 북한과의 대화의 가능성을 열어준 것이다. 이어서 홍동근 등에 의해 북과 해외동포 간의 대화가 이뤄졌다. 1981년 비엔나에서 시작하여 프랑크푸르트에까지 11차례의 회합에 이르게 된 "북과 해외동포 기독자 간의 통일대화"도, 한국에는 잘 알려져 있지 않았지만, 통일운동의 좋은 밑거름이 되었다.

그 무렵 독일 EKD와 미국 NCC의 조언을 받고 있던 NCCK는 통일문제 해결을 위해 1982년 통일문제연구원 운영위원회를 상설기구로 설치하여 통일문제에 본격적으로 접근하려고 했다. 이어서 1984년 11월에는 일본 토잔소東山莊에서 WCC국제위원회 주최로 토잔소협의회를 열고 한반도의 통일은 남북한 기독교인의 사명이라는 요지의 선언을 발표했다. 이어서 NCCK는 1985년 2월 〈한국교회 평화통일 선언〉을 채택하게 되었고 그것을 전후하여 기독교장로회와 예장통합에서도 〈신앙고백서〉를 통해 민족의 화해와 평화를 주장하게 되었다.

이 무렵 WCC의 주선으로 1986년부터 1988년, 1990년 세 차례에 걸쳐 스위스 글리온에서 남북한 교회가 통일대화를 갖게 되었다. 남과 북의 기독교인들은 이렇게 민족통일문제를 진지하게 대화의 테이블에 올려놓았던 것이다. 그들은 만나 먼저 성찬예식을 거행, 그리스도 안에서 한 형제됨을 확인했고, 광복 50년이 되는 1995년을 '민족의 평화와 통일을 위한 희년'으로 정하기까지 했다. 그러나 1989년부터 시작된 노태우 정권의 공안정국으로 이 약속은 원만하게 이행되지 못했다.

1988년 2월 29일 〈민족의 통일과 평화에 대한 한국기독교회 선언〉(NCCK통일선언)이 발표되었다. 이는 한국 기독교인들이 한반도의 통일과 평화를 위해 얼마나 노력하고 있는가를 구체적으로 보여준 선언이었다. 죄책고백으로 시작된 이 선언은 먼저 〈7·4공동성명〉이 규정한 자주·평화·민족대단결의 통일원칙에 인도주의와 민주적 참여의 두 가지 원칙을 부가하여 다섯 가지 통일원칙을 확인했다. 그리고 통일을 위해 휴전선 상의 무장의 감축과 한반도 내의 핵무기 제거 등 남북한 정부가 수행할 정책과, 한국교회가 수행할 내용 등을 규정했다. 이 선언은 분단 이래 한국교회가 주장한 통일의 기본원칙을 집약한 것이었다.

NCCK통일선언은 민간에 의해 작성된 최초의 본격적인 통일선언으로 교회 안팎에 큰 반향을 불러 일으켰다. 교회 내적으로는 한국교회 진보와 보수가 통일대화를 할 수 있는 계기를 만들어주었다. 이 선언은 또 정부에 큰 영향을 미쳐 그해 〈7·7선언〉을 유도하게 되었다. 1991년 12월 13일의 〈남북 사이의 화해와 불가침 및 교류협력에 관한 협의서〉와 그해 12월 31일의 〈한반도의 비핵화에 관한 공동선언〉에는 이 선언의 내용이 상당히 담겨지게 되었다. 또 이 선언은 남북한 정부뿐만 아니라 세계 기독교운동에도 영향을 미쳤다.

기독교계의 통일운동은 1990년대에 이르러 북한돕기운동으로 발전했다. 북한을 돕는 과정에서 한국교회 진보와 보수가 손을 잡는 계기도 마련되었다. 1969년 박정희의 삼선개헌이라는 정치적 견해 차이로 나눠진 진보와 보수가 북한동포를 돕는 민족문제 해결을 위해 손을 잡게 되었다는 것은 한국교회사에서 대단히 중요한 의미를 갖는다. 그러나 이 북한돕기운동마저도 '장로대통령'과 기독교 극단주의자들에 의해 중단되고 말았다.

이렇게 1960년대부터 1980년대 말에 이르는 기간 동안 한국교회 진보진영을 중심으로 진행된 인권·민주화 및 통일운동은 한국사에도 큰 영향을 미쳤다. 그러나 이 운동과정에서 한국교회가 자신의 기독교적 정체성을 그대로 유지하고 있었는가 하는 문제는 하나의 의문으로 제기될 수 있다. 가령 청년학생운동의 경우, 1970년대까지만 해도 그들은 기독교적 정체성을 놓지 않으려고 노력했다. 그러나 1980년대에 이르러서는 기독교운동권의 영향력이 점차 퇴조되고 운동의 주도권이 비기독교운동권으로 넘어가게 되었다. 이는 기독교운동권이 자신들의 기독교적 정체성을 상실하는 과정과도 무관하지 않다고 생각한다.

3. 교회의 양적 성장에 따른 그늘 – 왜곡된 복 사상과 이분법적 삶

한국교회는 1960년대부터 1980년대에 이르는 기간에 유례없는 양적 성장을 이루었다. 그 결과 1950년에 3,114개의 교회가 1960년에는 5,011, 1970년에는 1만 2,866개, 1980년에는 2만 1,234개, 1990년에는 3만 5,819개로 늘어나게 되었다. 이렇게 성장하던 교회는 1990년대 중반에 이르러 그 성장이 둔화하게 되었다.

한국교회의 성장과 그 원인에 대해서는 여러 관점들이 있다. 그것을 여기서 나열하지는 않겠다. 문제는 그런 성장 뒤에 후유증으로 나타난 왜곡된 복 사상과 이원적 삶에 대해서만 간단히 언급하고자 한다. 이로 말미암아 한국교회는 성경의 복과는 무관한 복을 구하는 기복종교로 화했고, 많은 신학자들과 교회 지도자들의 노력에도 불구하고 성속聖俗의 이원적 삶은 아직도 우리의 신앙을 지배하고 있다.

전통적으로 한국사회는 수壽·부富·귀貴·다남多男·건치健齒 등을 5복이라고 했다. 유교에서는 이 5복을 수·부·강령康寧·유호덕攸好德·고종명考終命이라고 했다. 오래 살고 부하게 되는 데다 몸이 건강하고 마음이 편안하며, 덕을 닦고, 제 명대로 살다가 편안하게 죽는 것이다. 다른 복을 누리지 못했다 하더라도 '고종명'만 잘 해도 다른 복을 누린 것처럼 칭송을 받았다. 그러나 이런 복이 신·구약성경이 가르치는 복이며 우리 기독교인들이 추구해야 할 복인가 하는 것이다.

왜곡된 복 사상

여기서 한국 기독교인들의 복 사상이 잘못되지 않았나, 왜곡된 복 사상 때문에 우리 사회에 기독교적 가치관을 확립하는 데 실패하지 않았나 하는 생각을 갖게 된다. 한국에 수많은 그리스도인이 있고 지도계층에 올라갈수록 그 비율이 높다. 그럼에도 불구하고 이 사회에 기독교적인 가치관이나 기독교적인 영향력이 발휘되지 못한 것은 잘못된 복 사상과 이분법적 신앙행태 등이 아닐까 생각해본다.

잘못된 복 사상의 하나로 땀 흘리지 않는 소득이나, 공짜사상을 들 수 있다. 그러나 공짜는 인간의 나태를 조장하는 독약이다. 성경은 분명히 "일하기 싫거든 먹지도 말라"(데살후 3:10)고 했다. 이 말은 근로

사상을 강조한 하나님의 명령이면서, 공짜사상을 배격하는 교회의 중요한 선언이다. 땀 흘려 얻은 소득이 복이요, 게으름 피우다가 얻은 요행은 결코 성경적인 복이라고 할 수 없다.

한국교회에 복 바람이 세차게 불기 시작한 것은 1960년대부터다. 당시 새마을운동이 시작되면서 '잘 살아보세' 운동을 할 때, 한국 기독교회 일각에서도 요한 3서 2절을 인용, 복 바람을 일으켜 3박자 축복, 3박자 구원이라고 했다. 이 운동은 한국교회를 양적으로 성장시키는 데에는 공헌했을지는 모르겠으나, 성경의 복 사상을 한국의 다른 종교의 것과 다를 바가 없도록 만들어버렸고, 그 결과 기독교는 한국에서 또 하나의 기복종교가 되어버렸다. 기복종교는 사회변혁적인 힘이 없다. 기독교가 다른 기복종교처럼 사회를 개혁하는 힘을 거의 상실하게 된 것은 이 때문이다. 한국교회가 머리털 깎인 삼손이 되어버린 것은 이 때문이다.

한국교회는 예수님이 강론한 마태복음(5:3~11) 및 누가복음(6:20~23)의 복과 사도행전(20:35)에 언급된 복은 강조하지 않는다. 특히 "의를 위하여 박해를 받은 자는 복이 있다"는 말씀은 거의 강조하지 않는다. 그러나 맨 마지막에 강조한 이 복이 기독교와 다른 종교를 구분하는 기준점이 될 수 있다. 세상 사람들은 의를 행하면 귀하게 되고 명예를 얻게 된다고 가르치지만, 그러나 예수님은 의를 행하다가 박해를 당하는 것, 바로 그것이 복이라고 했다. 의를 위해 고난을 받으면 큰 보상을 받을 것이기 때문에 복되다고 가르치지 않는다. 의를 위해 핍박을 받는 것 자체가 복이라고 했다. 오늘날까지 남겨진 선한 역사와 전통은 보상받지 않고 죽어간 많은 의로운 자들의 희생의 결과라고 할 수 있다. 얼마나 많은 독립운동가들이 이름 없이 죽음을 당했는가. 우리가 오늘날 이만큼 사는 것은 그들 이름 없이 죽어간, 의를 위해 핍박을 당하며 사라진 거룩한 이들의 희생의 은덕 결과이다. 그러기에 성경은 우리에게 보상 없이, 의를 위해 박해를 받는 것 자체가 복되다고 언명하고 그렇게 살도록 요구하고 있다.

예수님께서 가르치신 복에는 복음서에서 언급하지 않은 복이 하나 더 있다. 사도행전 20장 35절의 "주는 것이 받는 것보다 복이 있다"는 그 복이다. 이것은 나눔의 복이요, 주는 복이다. 세상 사람들은 소유하고 더 얻는 것을 복되다고 한다. 거기에 비해 이 말씀은 소유와 탐욕 중심의 복의 정의를 달리할 것을 요구하고 있다. 받는 것과 주는 것, 그 사이에서 더 복된 것은 받는 것이 아니라 주는 것이라고 강조하고, 얻는 것보다 주는 것, 베풂을 당하는 것보다 베푸는 것이 더 복되다고 한다. 주님의 이 말씀은 소유 중심의 일상적인 복 관념을 뒤집어버린다[顚倒]. 이렇게 함으로, 하나님의 나라에서는, 남에게 주고 가난을 실천하는 자가, 많이 가진 자보다 복되며, 많이 가지려고 탐욕을 부리는 자보다 훨씬 복된 삶이 가능하게 된다. 하나님의 나라에서는 가난한 자가 오히려 부자보다 더 부자가 될 수 있는 기막힌 반전[反轉]이 가능하게 된다.

이분법적 삶

복 사상 못지않게 한국 기독교가 비난받게 된 것은 이분법적인 삶을 극복하지 못하기 때문이다. 성속을 구분하여 삶을 달리하는 것이다. 예수 믿는 일은 예배드리고 성경 읽고 기도하며 전도하는 일이며, 일상적인 의식주의 삶과는 관련시키지 않는다는 것이다. 그리스도인의 삶이란 교회 안에서 일어나는 기독교의 이름으로 행해지는 일에 국한되는 것이지, 내 가정과 직업과는 관련 없다는 것이다. 세속적인 일이란 하나님의 일과는 무관한 것이며, 거기에 하나님의 명령이 적용되지 않는다고 본다. 때문에 그리스도인은 자신이 봉사하는 세속적인 일터에서 하나님의 뜻을 실현하려는 것을 주저한다. 그리스도인이 관여하는 정치·경제·사회의 전 영역에서도 하나님의 명령을 순종하지 않는다면, 세속에서 하나님의 뜻을 순종하는 것이 불가능하게 된다. 이 이분법적 사고는, 이 땅에 아무리 많은 그리스도인이 있어도 '세속적인 삶'에서 그리스도의 뜻을 실현하는 데는 아무런 소용이 없게 되는 것이다. 그 예를 지난 기독교 대통령 정권에서 찾아보자.

대통령이 기독교인이면 그런 정권 하에서 기독교적 가치관을 실천하기 쉽다. 그러나 이분법적인 신앙 하에서는 그것이 불가능하다는 것을 MB 정권 하에서 여실히 보아왔다. 그 정권은 정권 출범 초기에 내각의 57%, 청와대 수석의 50%, 청와대 비서관의 39%가 기독신자여서 기독교인 비율은 역대 정권에서 가장 높았다. 그럼에도 불구하고 그 정권 하에서 4년간 공직비리가 61%나 급증했다는 것은 기독교인이라는 것과 기독교적인 삶 사이에는 상관관계가 거의 없다는 것을 입증한 것이다. 한국의 부패인식지수도 점점 낮아져서 2010년보다 4단계 떨어졌다. 이게 꼭 MB 정권 탓이라고만은 할 수 없다고 강변할 수 있을

지 모르지만 그래도 장로가 국정책임자로 있는 나라에서 이런 경향과 수치는 기독교와 관련시켜 생각하지 않을 수 없다. 그 이유가 뭘까? 한국 기독교가 갖고 있는 잘못된 복 사상과 이분법적 행태 때문이 아닐까.

4. 자기 신학화의 반성

한국교회가 성장하는 만큼 한국사회에 영향력을 미치지 못하는 이유의 하나는 자기 신학을 갖지 않았다는 점과 무관하지 않다고 본다. 물론 한국에 자기 신학이 없다는 이런 전제는 좀 더 검증을 받아야 할 것으로 생각되고 또 한국에 나름대로 자기 신학이 있다는 것으로도 이해할 수 있다. 그러나 여기서 말하는 자기 신학은 한국 그리스도인이 자기 상황을 통해 고민하면서 스스로 체계화한 신학을 의미한다. 그런 의미에서 '조선적 기독교'를 주장한 무교회주의자들의 사상이나 '토착화신학'이나 '민중신학'을 제외하고는 자기 신학에 대한 고민조차 없다고 해야 할 것이다.

한국의 프로테스탄트는 세계교회에 내놓을 신학은 물론이고, 신학자조차 아직도 갖고 있지 않다. 이것은 한국교회가 자기 현실을 신학화한 뚜렷한 결과도 잘 보이지 않지만, 이를 위해 문제의식을 가지고 별로 노력하지도 않았다는 것을 의미한다. 다만 한국의 풍토를 기반으로 이론적 틀을 갖추어 신학화한 작업으로, 민중신학이 한때 세계에까지 소개되었으나 그 뒤 그 후속작업이 제대로 되지 않아 최근에는 제대로 거론되지 않는 실정이다.

한국의 여러 문제 해결에 한국교회가 거의 영향력을 미치지 못하는 이유의 하나는 자기 신학이 없기 때문이라고 생각한다. 그만큼 자기 상황을 두고 기독교적인 관점에서 고민도 성찰도 하지 않았다는 뜻이다. 깊은 고민과 성찰은 어떤 형태로든 신학화의 작업을 가능케 했을 것이다. 그런 의미에서 나는 민중신학의 역사적 위치를 인정한다.

한국의 신학을 두고 더러 '수입신학' 혹은 '번역신학'이라고 한다. 이는 우리의 상황과 고민을 통해 성립된 신학이 없다는 것을 의미한다. 천주교가 첫 세례자를 낸(1784년) 지 230년이 넘었고 프로테스탄트도 첫 세례자가 나온 것이 130년이 넘었는데도 '한국의 신학'이 없다는 것은 부끄러운 일이다. 그것은 신학화의 전제가 되는 상황이 없었기 때문이 아니고, 그 상황을 문제의식으로 승화시켜 신학화의 고민을 쌓지 않았기 때문이다. 이는 한국이 자기 신학으로 승화시킬 수많은 상황들을 경험했지만, 그걸 신학화의 작업으로 진전시키지 못했다는 것을 말한다. 그만큼 한국의 그리스도인들이 문제의식에 투철하지 못했거나, 신학화를 위한 영성이 부족했다는 것으로 생각된다. 그리스도교는 그 이전의 한국의 다른 종교의 상황과 비춰 보더라도, 학적 체계를 갖춘 학자들의 출현이 늦다는 점을 눈여겨보지 않을 수 없다. 신라에서 불교가 공식적으로 인정된 해(527년)로부터 원효[元曉, 617~686년]가 나타난 것은 100여 년이 된 시기이며, 그의 〈금강삼매경론金剛三昧經論〉이나 〈대승기신론소大乘起信論疏〉 등의 100여 종의 저술로 동양 불교계에 큰 영향을 미치게 된 것은 불교가 공인된 지 140년이 되기 전이다. 소통의 능력이 지금보다 훨씬 뒤졌던 그 시기에 원효 같은 이가 그렇게 빨리 나왔다는 것은 한국 그리스도교를 부끄럽게 하고 있다. 성리학의 경우도 마찬가지가 아닐까.

한국 개신교의 경우, 일찍부터 신학화의 시도가 없었던 것은 아니다. 1920~30년대 미국에 의해 소개된 신앙을 '천박한 것'으로 보고 '조선적 기독교'를 강조한, 김교신金敎臣을 중심으로 한 일련의 그리스도인들이 있었다. 해방 후에는 한국인의 풍토에 전래된 그리스도교가 이 땅에 뿌리내리는 문제를 두고 소위 토착화를 위한 신학적 시도가 있었다. 토착화신학이 1960년대에 이뤄졌다면 1970년대에는 민중신학이 대두했다. 민중신학은 군사정권과 유신의 엄혹한 상황 속에서 그리스도인들이 "민중의 현실에 눈을 뜨고 민중과 연대하여 투쟁을 전개하는 과정에서 자신들이 경험을 신학적으로 성찰하여 내놓은 것"이다. 민중을 신학의 주제로 삼자고 주장하면서 안병무安炳茂는 '무리' 혹은 '민중'으로 번역된 마가복음의 오클로스를 예수 사역의 중심부에 갖다놓는 등 민중신학을 심화시켰다. 안병무는 서구 신학자들로부터 전혀 주목받지 못했던 오클로스를 예수사건 이해의 중심부에 갖다놓음으로써 성경 이해의 폭을 넓히고 이해의 방식을 전환시켰다. 이것은 그 학자들이 민중과 함께 고난 받는 경험과 의식을 신학적으로 승화시킨 데서 가능했다.

조선적 기독교나 토착화신학, 민중신학이 그래도 가능했던 것은 그런 연구자들이 소속했던 공동체나 교단이 비교적 학문의 자유가 보장된 곳이었기 때문이다. 학문의 자유가 없는 곳에 이런 신학화의 가능성이 나타날 수 없다. 오늘날 소위 보수 복음주의 계통에서 자기 문제를 신학화하려는 고민이 보이지 않는 것은, 학자의 창의성 못지않게 용기의 문제이기도 한데, 이는 학자가 자기가 소속되어 있는 공동체의 신학적 제약을 벗어나야 한다는 과제를 얼마나 과감하게 수행할 수 있느냐의 문제와도 직결되어 있다. 한국의 신학계가 창의적이지도 않고, 자기 색깔과 다른 신학을 용납할 만큼 관용적이지도 않기 때문에 신학화를 창의적으로 해나가려면 소속 공동체로부터 퇴출당할 수도 있다는 용기가 필요하다. 교단 설립자에 대한 학문적인 비판마저 용납되지 않는 풍토에서 신학화의 문제에 창의적으로 접근하는 것은 그만큼 어렵다는 뜻이다. 학문의 자유가 없는 곳에는 비판의 가능성이 허용되지 않는다. 신학자들의 학문 자유와 비판이 용납되지 않는 상황은 교회의 이상한 신앙행태만 자라게 한다. 신학적으로 제대로 비판을 받지 못하고 검증도 되지 않는, 어쩌면 신학적 고민이 없는 교회들의 '신학 없는' 신앙이 역으로 교회의 비기독교적인 신앙을 여과 없이 번성하게 하고, 나아가 신학 교육을 폐쇄적인 상태로 몰아가 '자기 신학화'의 가능성마저 잘라버리게 되었다. 이것이 수용 130년이 넘는 한국 프로테스탄트 교회의 현실이다.

과거 '토착화'를 고민할 때에는 타 종교와의 유사성과 상이점을 천착하여 그리스도교적인 주체성을 확립하려고 노력했지만, 그런 노력이 없는 지금은 '복음의 샤머니즘화'가 광신적으로 진전되고 있어도 이를 분간할 영성과 지성을 다 잃어버렸다. 군사독재체제가 기승을 부리던 시절, 산고를 겪은 민중신학은 연약한 '민중'을 자각시켜 하나님의 정의, 사랑, 생명, 평화를 확인하고 실천, 투쟁토록 했지만, 장로대

통령이 이끄는 한국사회에 교회가 아편중독에 걸린 것처럼 만신창이
가 되어가고 있어도 이제는 자각조차 하지 못하고 있다. 교계가 부패
를 향해 속도를 내는데도 신학자는 말이 없다. 남의 문제의식을 가지
고 자기 문제를 해결하는 데에 한계가 있듯이, 수입신학·번역신학 가
지고는 한국사회와 교회의 제반 문제를 기독교적 영성으로 풀어가는
데는 한계가 있을 수밖에 없다. 수많은 교회와 신학교, 무수한 신자들
이 있음에도 한국교회가 세계에 내놓을 수 있는 자기 신학을 갖고 있
지 못하다는 것은 부끄러운 일이요, 우리의 문제를 신학적으로 풀어가
는 데에도 별로 도움이 되지 못한다. 번역신학, 수입신학에 머물면서
자기 문제를 스스로의 고민과 영성으로 극복해가지 않고 있는 한국 신
학계, 특히 한국교회의 90% 이상을 차지하고 있는 보수·복음주의 신
학계는 여기에 답해야 한다.

'한국에서 신학화의 작업이 가능한가' 하는 질문은, 이미 여러 곳에
서 언급한 바 있듯이, 신학도 하나의 학문이라는 평범한 명제에서 출
발한다. 그러면 학문은 어디에서 출발하는가. 문제의식에서다. 문제의
식은 무엇을 통해 나타나는가 하는 상황을 통해서다. 결국 신학이라는
학문도 주변의 상황을 문제의식으로 끌어올리고 그 문제의식을 풀어
가는 과정에서 생성되는 것이다. 신학화의 작업은 상황을 문제의식으
로 끌어올리고 그 문제의식을 논리적으로 분석, 종합하여 풀어내는 작
업이다. 신학이 상황의식과는 무관하다고 우기는 이도 있지만, 칼 바
르트나 라인홀드 니버에게서 보이듯이 상황과 신학은 밀접한 관련성
을 맺고 있다. 신학의 학문하는 방법이 다른 학문과 다를 바가 없지만,

문제의식으로 승화된 상황을 성경과 영성에 의해 풀어가는 데에 그 독특성이 있다고 할 것이다. 한국에서의 신학화의 작업은 한국의 개성적이고 특수한 상황에서 도출된 것인 만큼 그것을 어떻게 보편적인 것으로 승화시키는가 하는 고민은 반드시 필요하다. 한 시대 한 지역의 특수한 상황에서 나타난 문제의식이 학문적으로 성숙하려면 반드시 보편화의 과정을 밟아야 하기 때문이다.

지금까지 '분단 70년, 한국 기독교의 성찰과 반성'이라는 제목으로 '분단 70년'이라는 의미보다는 '광복 70년'에 방점을 두고 몇 가지 문제를 언급했다. 글을 마감하면서 끝내 남는 의문은 주최 측에서 굳이 '분단 70년'이라는 용어를 제시한 의도에 대해서다. 이것은 한국교회의 미래를 향한 과제라고 생각한다. 특히 민족통일을 향한 미래의 과제를 의미하는 것이라고 본다.

해방 직후 한국 기독교회는 공산주의자들의 핍박을 받아 이념적 대결의 첨병 노릇을 했다. 오늘날도 여전히 이념 대결의 최전방에서 북에 대한 증오를 부추기는 것은 아닌가. 이제 한국 기독교는 지금까지 북의 동족을 향해 겨누었던 총구를 거둬야 한다. 대결의 남북관계를 화해와 평화로 이끌어야 한다. 이제 더 이상 적대적 공생관계 속에서 북에 대한 증오를 부추김으로 자신의 존재감을 드러내려는 어리석은 의도는 지양해야 한다. 70년 동안 이룩하지 못한 남북 대결의 험로에 용서와 화해, 평화와 통일의 통로를 깔아가야 한다. 수백만이 피를 흘린 동족상잔의 비극의 역사도 용서와 화해로써 풀 수는 있어도 증오와 보복을 부추기는 것으로는 불가능하다. 십자가의 사랑은 자기를 못 박은 원수까지 용서함으로 완성되는 것이지, 그들을 향한 증오와 저주로 써는 결코 승리할 수 없다(2015년 12월 5일).

애가를 불러야 했던 예레미야를 생각한다

초하루를 맞는 8월, 무엇보다 광복의 기쁨을 노래하고 70여 년간의 성장과 번영을 구가하며 이를 토대로 미래를 전망하는 것이 도리다. 그러나 국내외의 상황은 유다 나라의 앞날을 걱정했던 예언자 예레미야처럼 기쁨의 노래 대신 애가哀歌를, 희망 대신 절망을 감추지 못한다. 이 비운의 예언자를 불러내는 것은 그 시대만큼 오늘날 국내외의 상황이 엄중하기 때문이다.

"너희는 예루살렘 거리로 빨리 다니며 그 넓은 거리에서 찾아보고 알라. 너희가 만일 정의를 행하며 진리를 구하는 자를 한 사람이라도 찾으면 내가 이 성읍을 용서하리라." 이것은 성경 중에서도 가장 강렬하게 경고하는 구절이다. 예언자의 이 말은 서남쪽의 이집트와 동북쪽의 바빌로니아 틈바구니에서 양국의 눈치를 보아오던 자기 조국 유다가 신흥대국 바빌로니아의 침략으로 그 멸망이 목전에 다다랐을 때 경고한 예언이다.

이 비극적인 예언이 있은 지 얼마 안 되어 예루살렘의 그 화려했던 거리는 폐허로 변했다. 바빌로니아는 세 차례나 침략하여 유다를 초토화시켰다. 나는 이 예언자의 소리가 나라의 절박한 위기를 맞아 무엇보다 안보의 방안을 앞서 도모해야 할 시기에 나타났음에 주목한다. 국가안보를 위해서는 무엇보다 먼저 무기를 비축하고 국방력을 튼튼히 해야 한다고 논해야 할 판국이었다. 그러나 예언자는 국방의 요체가 무기와 병력에 있기보다는 그 사회의 '정의와 진리'에 있음을 천명했다. 예언자는 허약해지고 있던 유다 나라의 멸망 원인이 사회적 불의와 부패, 사이비를 정론인양 외치며 정의와 약자를 무시해버리는 언론의 몰지각함에 있다고 보았던 것이다.

나라를 어지럽히는 부패사건들이 터지고 있다. 전직 대통령이었던 분에게까지도 법의 잣대를 추상같이 들이대면서 그를 자살로 몰아넣었던 검사 출신의 변호사는, 전세난으로 나라가 온통 난리를 치고 있을 때 백수십 채를 보유하고 그것을 치부 수단으로 삼았다. 그가 권력 앞에서 취했던 사회정의의 당당함을 자신에게도 내면화했다면 그렇게 추한 모습은 보이지 않았을 것이다. 초임 시절 몇천 원의 사익私益도 사회정의에 반한다는 소신으로 이를 용납하지 않고 법의 심판을 받게 했던 그 부장검사는 직위를 이용하여 그 몇만 배를 취하고도 들통나기까지는 부끄러움이 없었다. 그들을 감독해야 할 정부는 이를 개인적 일탈로 치부하면서 그들을 보호하기에 급급했고, 지금도 부패혐의가 있는 고위 공직자는 권력들의 비호를 받고 있다. '유전무죄 무전유죄'라는 말은 이런 분위기에서 생산되었다. 그런 속에서도 김영란법이 그 시행을 앞두고 있는 것은 일말의 희망이다.

국방의 요체가 정의와 진리에 있다고 외친 예레미야는 나라가 위급하게 된 원인을 사회구성 요인을 통해 더 진단했다. 그는 자기시대를 잘못 이끌고 있는 지도자들과 거기에 편승하여 비판 없이 따르는 민중을 함께 질타했다. 당시 유다사회의 부패는 정론의 추상같음을 내팽개친 언론과 거기에 부화뇌동하는 민중들, 뇌물 앞에 눈먼 공직사회가 그 텃밭이 되었다. "이 땅에 무섭고 놀라운 일이 있도다. 선지자들은 거짓을 예언하며 제사장들은 자기 권력으로 다스리며 내 백성은 그것을 좋게 여기니 마지막에는 너희가 어찌 하려느냐?" 예레미야는 유다 사회를 예언자들로 상징되는 지성인들, 거짓진리를 말하고 권력으로 다스리는 종교지도자들, 거짓에 물들어서 그들 거짓지도자들을 콘크리트 같이 지지하던 민중들의 구성체로 인식했고, 거기에 유다 멸망의 원인이 있다고 꿰뚫어보았던 것이다.

핵무기에 대처하는 사드문제로 여론은 분열되고 있다. 예레미야는 안보의 요체가 무력보다는 인간에게 있다고 직시했다. 정의와 진리로 이끄는 지도자와 거기에 소통하는 민중들이 있을 때 그것이 안보의 관건이다. 그러나 아무리 방대·정교한 무기체계를 갖춘다 하더라도 그 사회가 정의와 진리로 소통하지 않는다면 국가안보는 담보될 수 없다 (2016년 8월 1일).

송구영신에 그 나라와 그 의를 먼저 구하자

연말연시를 맞으면, 으레 영국의 계관시인桂冠詩人 알프레드 테니슨 (1809~1892년)의 "종소리 울려 퍼지라Ring out"로 시작되는 그의 장시

長詩를 떠올린다. 시의 내용은 요약되어 교회 찬송가로도 운율에 맞춰 졌다. "종소리 크게 울려라 저 묵은해가 가는데, 옛것은 울려 보내고 새것을 맞아들이자"로 시작되는 이 찬송은 시기와 분쟁, 옛 생각을 울려 보내고 순결한 삶과 새 맘을 맞아들이며, 흉한 질병과 고통, 탐욕과 전쟁은 울려 보내고 평화를 맞아들이며, 기쁨과 넓은 사랑과 참자유 행복 누리게 이 땅의 어둠을 보내자고 축복한다. 그 가사의 절절함이 부르는 이의 마음을 애잔하게 하고 송구영신의 의미를 깊게 해준다. 묵은해를 보내고 새해를 맞으면서 테니슨의 그 '종소리'에 담긴 염원이 이뤄지기를 먼저 기원한다.

무엇을 먹을까 무엇을 입을까 염려하지 말라

때가 때인 만큼 새해를 맞아 좌우명처럼 떠올린 것이 성서의 한 구절이다. "너희는 먼저 그의 나라와 그의 의를 구하라"(마태복음 6:33)는 복음서 산상수훈山上垂訓의 일절이다. 이 구절은 사람의 의식주문제와 관련된 교훈이다.

이 강론은 먼저 "목숨을 위하여 무엇을 먹을까 무엇을 마실까 염려하지 말라"는 당부로 시작한다. 의식주를 걱정하지 말라는 이 권고는 공중의 새와 들판의 꽃을 사례로 들어 풀어간다. 공중의 새를 보라, 심지도 거두지도 않지만 너의 하늘 아버지가 기르지 않느냐, 너희는 새들보다 귀하지 않느냐, 들의 백합화를 보라, 수고도 길쌈도 아니 하지만 솔로몬의 옷보다 더 아름답지 않느냐, 오늘 있다가 내일 아궁이에 던져지는 들풀도 하나님이 이렇게 입히시거든 하물며 너희일까 보냐,

"그러므로 무엇을 먹을까, 무엇을 마실까, 무엇을 입을까 염려하지 말라, 너희 아버지께서 이 모든 것이 너희에게 필요한 줄을 아신다."

의식주문제에 대한 강론을 끝내면서, 경제문제도 '그의 나라와 그의 의'를 추구하지 않고는 해결점이 없다고 강조라도 하듯이, "너희는 먼저 그의 나라와 그의 의를 구하라"고 가르쳤다. 당시 헤롯왕조와 로마제국 그리고 성전聖殿체제 등 삼중의 조세수탈로 심각한 사회경제적 위협에 처했던 민중을 향해 예수는 먼저 '그 나라와 그 의'를 추구하라고 강조했던 것이다. 의식주와 관련, '그 나라와 그 의'를 강조함으로써 경제문제에까지 가장 비현실적인 접근을 시도하고 있다는 인상이다.

성서가 말하는 '그의 나라와 그의 의'는 하나님의 나라와 그 의를 말한다. 의식주의 경제문제까지도 하나님의 '그 나라와 그 의'를 구하는 방법으로 접근해야만 해결된다는 가르침이다. 경제적인 문제라 해서 주판알을 먼저 튀기지 말고 그전에 '그 나라의 질서와 정의'를 강구하고 그 원리에서 풀지 않으면 안 된다는 교훈이다.

문제는 예수가 오늘 이 땅에 온다면 2,000년 전에 고난 받는 유대민중을 향해 강조했던 그 강론을 그대로 외칠 수 있을까 하는 점이다. "한국인들이여, 무엇을 먹을까 무엇을 마실까 무엇을 입을까 염려하지 말라, 그보다 먼저 강구해야 할 것이 있다. 그것은 먼저 '그 나라와 그 의'를 구하는 것이다." 나는 그가 한국의 상황을 접하더라도 그렇게 외칠 것으로 믿는다. 그리고 경제적인 문제의 해결도 '비경제적' 방법처럼 보이는 이 원리에 해답이 있다고 본다. 특히 새누리 정권의 무능·무책임·부정·부패와 '박근혜–최순실 게이트'로 진통을 겪고 있는 한국사회의 제반 문제를 해결하는 더 근원적인 접근도 수십 조를 더 풀어서 경기를 부양하는 것에 의해서가 아니라 우선순위를 '그 나라와 그 의'를 찾는 데에 두는 것이라고 믿는다. '그 나라와 그 의'의 원리에 따르지 않으면 그 막대한 국부國富와 자원도 부정과 부패의 온상이 될 수밖에 없다.

'그 나라와 그 의'는 어떻게 현실에 적용될 수 있을까. '그 나라'는 어떤 나라를 이룩할 것인가에 대한 목표를 의미하고, '그 의'는 이를 이룩하는 방법이요 원리라고 본다. '그 나라와 그 의'는 비단 경제문제에만 적용될 것이 아니다. 그것은 나라를 나라 되게 하는 목표요 원리이며, 사회를 사회 되게 하는 정의로운 가치관이다. '그 나라'는 하나님이 인간과 더불어 만들어가는 나라이며 정의가 하수같이 흐르는 나라다. 민중들이 그 나라의 진정한 주인이며 그들의 민주적인 합의가 우선적으로 이뤄지는 나라다. '그 나라'는 백성의 위임을 받은 권력이 군림하지 않고 종복從僕의 역할을 충실히 수행하는 나라다. '그 나라'는 노동의 가치가 어떤 재화보다 더 인정되고, 약자의 생존권이 보장되며 '과부와 고아와 나그네'가 제대로 대접받는 나라다. 한반도의 특수한 상황을 고려한다면 '그 나라'는 남북이 화해·평화·통일을 이룩하는 나라다.

'그 의'는 '그 나라'를 이룩하는 가장 중요한 가치요 방법이다. 바빌로니아의 침략을 받아 나라가 풍전등화의 위기에 처했을 때 "너희는 예루살렘 거리로 빨리 다니며 그 넓은 거리에서 찾아보고 알라. 너희가 만일 정의를 행하며 진리를 구하는 자를 한 사람이라도 찾으면 내가 이 성읍을 용서하리라"(예레미야 5:1)고 예언자 예레미야가 외친, '정의와 진리'가 바로 '그 의'라고 본다. 그 '정의와 진리'는 바로 국방의 요체이기도 했다.

국부와 자원도 부정부패의 온상이 된 까닭은

백범 김구는 《나의 소원》에서 〈내가 원하는 우리나라〉를 이렇게 말했다. "나는 우리나라가 세계에 가장 아름다운 나라가 되기를 원한다. 가장 부강한 나라가 되기를 원하는 것은 아니다. 내가 남의 침략에 가슴이 아팠으니 내 나라가 남을 침략하는 것을 원치 아니한다. 우리의 부력富力은 우리의 생활을 풍족히 할 만하고 우리의 강력强力은 남의 침략을 막을 만하면 족하다. 오직 한없이 가지고 싶은 것은 높은 문화의 힘이다. 문화의 힘은 우리 자신을 행복되게 하고 나아가서 남에게 행복을 주기 때문이다. …… 인류가 현재에 불행한 근본 이유는 인의가 부족하고 자비가 부족하고 사랑이 부족한 때문이다. …… 그래서 진정한 세계의 평화가 우리나라에서, 우리나라로 말미암아서 세계에 실현되기를 원한다." 백범이 이룩하려는 나라는 바로 '그 나라와 그 의'를 추구하려는 이념에서 가능했다고 본다.

오늘날 한국이 처한 혼란한 상황은 지도자와 국민이 '그 나라와 그 의'를 제대로 추구하도록 요구한다. 오늘의 곤궁함은 '그 나라'에 대한 원대한 목표가 없고, '그 나라'를 이룩하려는 가치관으로서의 정의가 사라졌기 때문이다. 나라를 바로 세워야 한다는 소리가 사방에서 함성으로 들린다. 번영을 구가하기 위해서가 아니라 나라다운 나라를 꾸려보자는 존재론적인 몸부림이다. 가라앉고 있는 경제를 부흥시키자는 데에 한정된 것이 아니다. 국가 시스템 자체를 어떻게 개혁 재건할 것인가의 문제다. 그럴 때 우리는 '그 나라와 그 의'를 먼저 구하라는 지혜의 말에 귀기울여야 한다. 지혜자는 다시 말한다. "공의는 나라를 영화롭게 하고 죄는 백성을 욕되게 하느니라(잠언 14:34)"(2017년 1월 4일).

때를 아는 지혜

> 외식하는 자여, 너희가 천지의 기상은 분간할 줄 알면서 어찌 이 시대는 분간하지 못하느냐, 또 어찌하여 옳은 것을 스스로 판단하지 아니하느냐(눅 12:56~57).

종교개혁 500주년을 맞았다지만 한국 기독교계에서는 개혁과는 동떨어진 일들이 벌어지고 있다. 얼마 전에는 조용기 목사에 대한 법원의 판결이 소개되더니 이번에는 새 정부의 국정기획자문위원회의 위원장 김진표 의원이 종교인 과세문제와 관련해서 평지풍파를 일으키고 있다. 김 의원은 2018년 1월 시행하기로 한 종교인 과세를 2년 더 유예, 2020년으로 늦추는 소득세법 개정안을 준비 중이라고 밝혔다. 그는 교회의 장로로서 기독교에 호의적인 제스처를 쓰기 위해 준비하는 것 같지만, 이제 종교인도 납세해야 한다는 것이 국민적 공감대를 형성한 마당이다. 그걸 종교계를 위한답시고 다시 유예하자고 내놓았으니 이는 상식에도 맞지 않고 새 정부 기조에도 부합되지 않는다.

기독교윤리운동에서도 성명을 발표한 바 있듯이, 대다수 국민과 개신교인들은 종교인 과세에 찬성하고 있다는 것이 이미 드러났다. 국민 1,000명을 대상으로 '2013년 한국교회의 사회적 신뢰도 여론조사'에서 응답자의 85.9%가 종교인 과세에 찬성한다고 대답했고, 개신교인들도 같은 조사에서 71.8%가 찬성한 것으로 나타났다. 종교인 과세를 끄집어내는 것은 그리스도인도 때를 아는 지혜가 필요하다는 것이다. 기상을 분간할 줄 알아야 한다는 누가복음의 말씀은 마태복음(16:2~4)에서는 "시대의 표적을 읽는" 지혜로 동일시되고 있다. 한 그리스도인 정치인이 취하고 있는 자세가 기상을 분별하지 못하듯이 시대의 표적까지 읽지 못하는 것으로 보인다는 것이다.

시대의 표적을 읽지 못하는 것이 어찌 종교인 과세문제에 그치겠는가. 박근혜 탄핵사건과 관련해서 태극기와 성조기 심지어는 이스라엘기를 흔들며 거리의 물결을 이루었던 저들의 다수가 교회에 다니는 무리들이라는 것이 알려졌다. 설교 강단을 이용하여 그 무리들을 거리로 내몬 이들도 양의 탈을 쓴 종교권력자들이다. 덩달아 십자가를 끌고 나와 마치 박근혜가 십자가의 희생제물인 것처럼 기독교를 가장한 퍼포먼스를 행했던 주역들도 뻔한 사람들이다. 이름만 들어도 잘 아는 모모 목사들이 그 뒤를 조종한다는 소문까지 있었다. 그들이 한때는 진보개혁 진영에서 활동했고 또 어떤 이는 복음주의권에서 명성을 얻었던 목회자였다.

핵이다, 미사일이다 하면서 한반도 상황은 불안한 정도가 아니다. 여차직 하면 전쟁이라도 터질 형국을 맞았던 적도 있다. 전쟁이 터지면 최소 200만의 희생이 나올 것이라는 예상은 이미 〈페리보고서〉에서 언급된 바가 있다. 그런 형국임에도 불구하고 목회자들 중에는, 마치 아합왕 때의 시드기야처럼, 전쟁을 부추기면서, 민족공동체에 용서와 화해, 희생과 평화를 선포하기를 외면한다. 화해와 평화를 설득해야 할 시기에 대결과 전쟁을 외치는 것이 어찌 때를 아는 자의 소위라고 할 수 있으며, 목회자의 길이라고 할 수 있을까. 한국의 그리스도인들, 특히 목회자들은 때를 아는 지혜와 평화를 외칠 용기가 필요하다. 그렇지 않다면 차라리 "사드 가고 평화 오라"는 성주 농민들의 소리에 귀 기울이기라도 하라.

역사를 공부하는 학도들일수록 예언자적 지성을 가지고 시대의식에 투철해야 한다. 크리스천 역사학도들에게는 시대를 꿰뚫는 냉철한 지성으로 이 시대 사이비 언론과 대결해야 할 책임이 있다. 진리와 정의 대신 물신숭배를 강조하는 종교인들을 향해 역사의 길은 그것이 아님을 외쳐야 한다. 자살로 몰아가는 구조악에 대해서는 일언반구도 언급하지 않으면서 생명외경에 대한 개인적 책임만 강조하는 언론을 향해 그 사이비성을 예리하게 해부해야 한다. 아울러 거짓종교인들과 권력자에게 환호하며 지지를 보내는 민중들을 향해서도 그 기만적 행태를 폭로해야 할 것이다(렘 5:31). 그것이 시대와 역사를 알고 행동하는 지성인이다(2017년 5월 31일).

한반도 화해와 평화를 위한 임진각 통일기도회

어제(2017년 6월 2일) 토요일 오후, 2년 전 임진각 통일기도회에 이어 올해도 임진각에서 〈분단선에서 피는 평화〉라는 이름으로 통일기도회가 열렸다. 기도회가 열린 곳은 판문점과 개성으로 이어지는 임진강 하류 지역으로 6·25 때에 이 지역을 두고 치열한 전투를 벌여 수많은 젊은 이가 희생된 곳이다. 휴전 후 이곳에 임진각과 망향단을 세워놓고 북에 고향을 둔 실향민들이 명절이나 조상의 기일에 합동제례를 갖기도 하는 곳이며 최근에는 6·25 때 장단에서 폭격을 맞아 고장난 철마를 수리하여 이곳에 전시해놓기도 했다. 말하자면 이곳은 남북 분단의 상징적인 지역이면서 통일을 가장 염원하는 의미 깊은 곳으로 여기서 '한반도 화해와 평화를 위한 임진각 기도회'를 두 번째로 가졌던 것이다.

이날 오후 6시경부터 시작된 이 모임에는 여러 교회와 가족 단위로 참석(주최측 1,000명)하여 통일을 염원하는 뜻 깊은 시간을 가졌다. 1, 2부로 나뉜 행사에서, 1부는 평화콘서트로서 홍순관·이길승·박순아·송정미가 출연하여 찬양을 이끌었고, 뉴코리아네트워크의 강성우·김명희·조경일 등 새터민 젊은이들이 홍순관의 사회로 이야기를 나누었으며, 이어서 부흥한국의 연주가 있었다. 2부 순서는 통일기도회였는데, 가향교회 목사 김회권의 강론에 이어 윤환철의 사회로 기도회가 시작되었다. 사회자의 여는 기도에 이어 각 세대를 대표한 기도가 있었다. 김예향(10대), 이승주(30대와 새터민), 강선규(50대) 그리고 이만열(70대)이 기도한 후 〈2017, 한반도 화해와 평화를 위한 임진각 선언〉을

역사의 길, 현실의 길

채택하는 것으로 마무리되었다.

숭실대 교수이기도 한 김회권은 '분단의 철책선 임진강에서 부르는 평화노래'라는 제목의 강론에서 "오늘날 한반도는 빛과 어둠의 각축장입니다. 한반도 비핵화와 평화는 빛이요 한반도 적대적 분단은 어둠입니다. 한반도가 비핵평화지대로 변화되어 동북아 평화는 물론이요 미·중·러·일의 각축을 진정시키는 평화의 조타수가 되는 것은 빛이요 한반도를 핵전쟁 가능 지역으로, 미·중·러·일의 영구적 각축의 볼모로 잡으려는 것은 어둠입니다. 북한과 남한, 미·중·러·일의 세계적 단위의 적대적 공생세력의 카르텔은 어둠입니다. 반면에 한반도 비핵화를 통해 그리고 미·중·러·일의 갈등을 완화시켜 한반도는 물론 동북아 일대를 평화롭게 재구성하는 우리 겨레의 사명은 빛입니다"라고 말문을 열었다.

이날 다른 세 분의 기도도 있었지만 여기에는 내가 대표 기도한 내용만 소개한다. 나는 맨 나중에 기도하면서 "70여 년 동안 간절하게 기도해 온 한반도의 평화와 통일이 조속히 이뤄져 후손들이 더 이상 분단의 고통을 겪지 않게 해주옵소서"라는 대목에서 울먹이게 되어 기도를 잘 이어갈 수가 없었다. 평소에도 그랬지만, 분단의 멍에를 후손에게 물려준다는 것이 내가 겪은 6·25의 참변 못지않게 고통스러웠기 때문이다. 분단은 어린 나이에 맞았기에 나의 책임이라고 생각지는 않고 또 내가 철들고 난 뒤에는 통일을 위한 기도를 쉰 적이 없지만, 그래도 나의 세대가 그 문제를 해결하지 못하고 후손들에게 그 멍에를 물려준다는 것이 너무 죄스러웠다. 그래서 북받쳐오르는 감정을 억누르지 못하고 울음을 터뜨리고 말았다. 아래는 이날 행한 나의 기도문이다.

역사와 시대를 주관하시는 하나님, 한반도가 분단된 지 72년이 되었고 7천만 민족은 오늘도 분단의 시대를 살아가고 있습니다. 분단의 고통을 짊어지고 있는 이 땅의 자녀들이 오늘 주님의 자비의 손길을 구하고자 이 자리에 모였습니다.

저희들이 모인 이곳 임진 동산은 과거 동족상잔의 피를 무수히 흘렸던 장소였고, 그러기에 치유되지 못한 상처를 망향의 한으로 품고 있는 곳입니다. 철조망 저 편에 가족을 두고 온 이산가족들은 생사를 알지 못하는 부모·형제·자매들의 이름을 목놓아 부르는 곳입니다. 때로는 먼저 돌아간 가족들이 하늘나라에서 분단의 고통을 잊으라고 소원하는 곳이며, 어떤 이는 상봉할 날을 고대하는 장소이기도 합니다. 주님, 저희들이 오늘 이런 뜻 깊은 곳에서, 70여 년간 우리 민족에게 주어진 고통의 날들을 되씹으면서, 그것이 끝나게 해달라고 주님의 도우심을 간절히 구합니다.

사랑과 자비가 풍성하신 하나님, 과거 이 땅에서 희생당한 젊은이들이 피로 절규하는 소리를 들어주시고, 분단으로 인해 말할 수 없는 고통 속에서 살아온 민중들의 한을 굽어 살피시고 이 땅의 상처를 치유해주옵소서. 아직도 남과 북을 향해 서로를 적대시하고 원수시하며 상대방을 망하게 해야만 내가 살 수 있다는 그런 오만한 생각을 버리게 해주옵시고, 용서와 화해와 평화의 영을 허락하여 주옵소서.

역사의 길, 현실의 길

핵과 미사일을 능사로 삼거나 자본과 기술을 뽐내면서, 동족을 무시하는 북과 남의 자세를 녹여주시옵소서. 분단된 이스라엘 민족이 물고 찢으면서 결국 멸망했듯이, 남과 북도 적대의식을 갖고 서로를 포용하지 않으면, 삼천리 금수강산 이 강토를 외세에 빼앗길 수 있음을 깨닫게 하옵소서.

긍휼과 자비의 하나님, 이 땅에 전쟁도발을 합리화하거나 영구분단을 획책하려는 음모를 분쇄시켜주시옵소서. 아직도 이 땅에는 상대방을 향해 적대의식을 고취하지 않으면 자기 존재를 확인하지 못하는 정치인들과 이념적 포로가 된 소위 지도자들이 많습니다. 남과 북을 향해 증오를 충동함으로써 자신의 존재를 정당화하는 세력이나 선동꾼들을 하나님, 불쌍히 여기시고 그들의 회개가 민족의 소망으로 이어질 수 있도록 이끌어주옵소서. 특별히 동족을 원수시하면서 보복에 앞장서는 선동적 그리스도인들을 회개시켜주시옵소서. 한국 그리스도인들이 사랑과 용서 대신, 갈등과 분열을 선동하는 유혹에서 벗어나게 하시고 '평화를 만드는 자가 하나님의 자녀'라고 하신 주님의 음성에 귀기울이고 이를 실천할 수 있게 해주옵소서. 한국교회가 화해의 사도로서 원수 된 것을 하나로 묶는 데에 앞장서는 노력을 기울일 수 있게 해주옵소서.

역사를 주관하시는 하나님, 72년간이나 분단의 고통을 경험하면서 우리는 하나님만이 이 땅을 치유하고 화해시키며 평화와 통일을 이룩하실 분임을 고백합니다. 남쪽에 들어선 새 정권이 한반도에 평화와 통일의 분위기를 조성하도록 이끌어주시고, 북쪽의 지도자들도 거기에 화답할 수 있도록 성령께서 감동시켜주시옵소서. 우리 인간으로서는 어쩔 수 없는 북핵과 사드문제를 해결해주시고 평화협정이 이뤄지도록 남북을 움직여주옵소서. 주변 국가들도 한반도의 평화와 통일에 적극 협조할 수 있게 분위기를 조성해주옵소서. 조상들과 기성세대가 지은 죄악으로 인해 후손들이 고통 받는 일이 없게 해주옵소서. 용서와 화해, 사랑과 평화가 핵무기나 미사일 그리고 어떤 군사무기보다도 강력하다는 확신을 남북과 주변 나라에도 촉구해주옵시고, 70여 년 동안 간절하게 기도해 온 한반도의 평화와 통일이 조속히 이뤄져 후손들이 더 이상 분단의 고통을 겪지 않게 해주옵소서. 한반도의 평화와 통일이 세계의 화해와 평화를 이루는 더 큰 계기가 되게 하옵소서. 이 모든 간구와 소원을 우리 주 예수 그리스도의 이름으로 기도합니다. 아멘(2017년 6월 3일).

마르틴 루터, 종교개혁 500년

올해(2017년)는 마르틴 루터[Martin Luther, 1483~1546년]의 종교개혁 500주년이 되는 해다. 종교개혁은 1517년 만성절(萬聖節, 11월 1일) 전날, 비텐베르크대학 교수 루터가 면벌부(免罰符, 면죄부) 문제를 지적하는 95개조 논제를 라틴어로 제시한 데서 시작되었다. 그는 이날 면벌부의 개선을 요구하는 서신을 마인츠 대주교 알브레히트에게 보냈다. 루터가 제시한 95개조 논제는 이 무렵 발전하던 인쇄술에 의해 독일

전 지역에 확산되었다. 라틴어판 인쇄물은 라이프치히·뉘른베르크 등지에서 더 확산, "논제가 불과 2주 만에 독일 전역에 퍼졌다." 독일어 번역본도 독일어 성경과 함께 독일 전역으로 확대되었다.

루터의 서신을 받은 마인츠 대주교는 12월에 가서야 교황 레오 10세에게 보고했다. 교황은 그 이듬해 루터에게 60일 이내에 로마에 출두하여 이단 심문을 받으라는 소환장을 발부했다. 1519년 6~7월의 라이프치히 논쟁을 거쳐 1520년 6월 15일, 교황은 다시 루터에게 60일 이내에 '이단적인 주장'을 철회하지 않으면 이단자로 파문하겠다고 경고했다. 그러나 루터는 그해 12월 비텐베르크의 교수·학생·시민들이 보는 앞에서 파문 교서를 불살라버렸다.

루터는 1520년, 세 개의 논문 〈독일 그리스도교 귀족에게〉, 〈그리스도인의 자유〉, 〈교회의 바벨론 포로〉를 집필하여 개혁의 신학적 이론을 심화 발전시켰다. 1521년 4월 보름스제국의회가 루터를 신성로마제국(독일)의 법의 보호에서 제외시키자, 작센주 선제후 프리드리히가 루터를 보호, 바르트부르크성에서 성경의 독일어 번역에 전념토록 했다(박흥식, 《미완의 개혁가, 마르틴 루터》). 성경이 독일어로 번역, 보급되자 종교개혁 및 독일 민족주의 형성에 막대한 영향을 미쳤다.

루터의 개혁과 관련, 먼저 지적할 것이 있다. 종래 루터가 95개조를 비텐베르크 성문 교회 출입문에 게시했다는 것은 확인되지 않는다고 한다. 또 보름스제국의회 앞에서 루터가 자신의 주장을 철회할 수 없다고 강변하긴 했으나, 그 말에 이어 "내가 여기 서 있습니다. 하나님이여 나를 도우소서"라고 말했다는 것은 확인되지 않는다고 한다.

루터의 종교개혁은 교회적인 관점 외에 역사적 상황이 중요시된다. '오직 성경', '오직 믿음', '오직 은총', '오직 그리스도', '오직 하나님께 영광' 등 '다섯 가지 오직Sola'과 칭의론稱義論을 내세워 프로테스탄트 교회가 형성되었지만, 종교개혁은 교회 밖의 역사에 끼친 영향을 무시할 수 없다. 교회사적인 영향 못지않게 세계사에 끼친 영향이 크다는 뜻이다.

먼저 종교개혁이 끼친 사회경제적 영향과 관련, 북유럽과 독일, 덴마크 등 루터교회가 발전한 곳에서는 "우리가 부러워하는 정치인들의 청렴도·보편 교육체계·토론문화·사회복지 시스템·사회의 협력 관례 같은 것들의 기반"이 발달했는데 이는 루터의 종교개혁 정신이 잘 녹아 있기 때문이라고 진단한다(최주훈, 《루터의 재발견》). 이와 관련 루터와 칼빈(John Calvin, 1509~1564년)을 비교하여, 루터주의가 발전한 곳에서 사회민주주의와 사회보장제도가 발전한 데 비해, 칼빈주의가 발전한 곳에서는 자본주의가 발전했다[막스 베버]는 지적이 있는데 흥미로운 관찰이다.

루터가 1520년에 쓴 3대 논문 중 〈독일 그리스도교 귀족에게〉는 만인사제설萬人司祭說을 주장하여 그 파장이 교회 안팎에 크게 울렸다. 요지는, 크리스천은 누구나 그리스도를 통하여 하나님께 직접 교통할 수 있는 제사장이기 때문에 종래 하나님과 인간 사이의 중보자격인 성직자계급을 거부한다는 것이다. 7성사聖事는 세례 성찬으로 바뀌었고, 성찬식 때 성도들이 떡과 포도주에 참여할 수 있게 되었으며, 종래 사제만 부르던 찬송도 성도들이 함께 부를 수 있게 되었다. 종교개혁은 예배와 성례전에서 이렇게 변화를 가져왔다.

만인사제설이 주는 더 중요한 메시지는 성속이원론聖俗二元論을 극복하게 되었다는 것이다. 이제 한 주간의 일상적인 삶이 주일의 거룩한 삶과 동등한 것으로 간주되었다. 직업에서도 거룩한 것과 속된 것의 구분이 없게 되었고, 모든 직업Beruf은 곧 하나님의 거룩한 소명[召命, Berufung]으로 되었다. 종래 소명은 영적 직무에 국한되어 있었는데, 루터는 이를 세속 영역에까지 확장시켰다. 자기에게 주어진 직업으로 이웃을 섬기고 사랑을 실천한다면 그것이 곧 성직聖職이라고 했다. 루터는 자기 직업을 통해 이웃을 섬기면 그것이 곧 세상을 예배로 가득 채우는 길이라고 했다. 루터에게 직업이란 이웃을 섬기기 위해 부름 받은 모든 자리를 의미했다(최주훈, 286쪽). 직업의 소명화는 근대 사회 발전에 큰 동력이 되었다. 이 밖에도 종교개혁의 성속이원론의 타파는 음악·미술 심지어는 근대과학의 발전에까지 크게 영향을 미쳤다.

루터의 활동에는 부정적인 것도 있었다. 농민운동 및 유대인에 대한 자세에는 그의 한계 또한 분명하다. 루터는 자신의 개혁에 적극 호응, 농민운동을 이끈 뮌처[Thoms Münzer, ?~1525년]와 농민군들을 향해 '기독교도가 아닌 자들'이라고 규탄하는 한편 영주들에게 이들 농민군을 학살토록 했다. 루터의 반유대인적 자세도 당대 유럽인의 유대인 인식을 넘어서지 못했다. 하여튼 "루터는 …… 유대인들 삶의 기반을 박탈하고 추방하려 했고, 봉건적 착취와 사회적 모순의 개선을 기대했던 농민들을 폭도로 간주해 때려죽이라고 촉구했다"(박흥식, 236쪽). 루터의 종교개혁에는 이런 한계가 있었다. 그럼에도 불구하고 종교개혁은 지리상의 발견 및 인문주의운동과 함께 중세사회를 근대사회로 이끈 역동적인 힘이었다고 역사는 평가하고 있다(2017년 11월 15일).

보스턴-포츠머스-거버너스아카데미 방문

지난(2017년 11월) 20일부터 미국 동부를 여행 중이다. 20일 케네디공항에서 본 미국은 옛날처럼 활기가 넘쳐 보이지는 않았다. 9·11 이후 미국이 이렇게 변해버린 것일까. 뉴욕에서는 옛날 군사정권 시절 이곳에서 민주화운동에 힘썼고 8년 전에 돌아간 박성모 박사의 유족을 찾아 위로하고, 롱아일랜드에 위치한 그의 묘소를 찾아 헌화했다. 이어서 뉴저지를 방문, 두 차례에 걸쳐 방문교수로 1년씩 머물렀던 프린스턴과 그때의 숙소도 둘러보았다. 옛날 그 깨끗했던 프린스턴대 앞 거리는 이젠 환상으로 변하고 있는 것 같았다.

22일 저녁에 보스턴에 도착, 그 이튿날부터 시작되는 대학청년집회 '리뉴ReNew'에서 25일까지 5회에 걸쳐 강연과 세미나를 진행했고, 26일 주일에는 성요한교회에서 주일예배 설교를, 오후의 캠브리지한인교회 청년부 집회에서는 300여 명이 넘는 학생들이 모인 가운데 1시간 넘게 열강을 할 수 있었다. 올해 8회째를 맞는 리뉴는 대학(원)생들이 아이들까지 데려와 약 530명이 모였고 인근의 목회자들도 함께했다. 매사추세츠주에만 300여 개의 대학이 있다는 미국 북동부 뉴잉글랜드에서 보스턴은 단연 젊은 청년 학생들의 도시랄 수 있었고, 리뉴는 젊은 크리스천들의 영적 각성을 불러일으키는 데 도움이 되었다.

식사시간에 조별로 모여 교제를 나누었다. 10여 명씩 대화하는 시간이 좋았다. 자연히 현재 공부하고 있는 이야기가 빠질 수 없었다. 자신을 소개할 때 매사추세츠 공대, 보스턴대, 하버드대, 매사추세츠대, 노스이스턴대, 웨슬리대 등이 귀에 익었고, 전공과목 소개에 이르면 한국에서는 잘 들어보지 못한 것이 많았다. 어떤 이는 7년 만에 박사학위를 받고 5년간 포닥으로 있다는 이도 있었다. 대학원 혹은 박사학위를 마치고 1년씩 임시 일자리를 알아보는 이들도 많았다. 옛날 같으면 이곳에서 박사학위를 마치면 고국에 돌아가 봉사할 곳이 있었을 것 같은데 지금은 몇 년씩 기다려도 제대로 된 일자리를 찾지 못한단다.

어제는 최진용 목사의 안내로 이진희 목사와 우리 내외가 러일전쟁 강화회담을 한 곳으로 알려진 인근의 포츠머스Portsmouth를 찾았다. 보스턴 인근의 뉴햄프셔주에 자리하고 있다. 20여 년 전에 방문했을 때는 강화회담이 진행된 호텔(Wentworth Hotel)이 수리 중이어서 들어가보지 못했는데 그 뒤 매리어트호텔과 제휴하여 2003년에 다시 개장했다고 한다. 2005년 8~9월에는 러일평화회담 100주년 기념행사도 가졌다. 우리는 호텔 측의 양해를 구해, 회담이 진행되었던 그 방에 들어가 봤다. 마침 어떤 모임에서 이 방을 이용하고 있는데도 멀리서 온 우리 일행을 위해 잠시 양보해주었다. 가운데 테이블을 두고 덩치가 큰 서양인들 14~5명이 들어서면 꽉 찰 정도의 이 방에서 러일전쟁 종식을 위한 평화회담이 열렸다. 들어가는 문 입구에서 보면 정면에 당시 회담에 참가한 사람들이 찍은 사진이 걸려 있었다. 이 방에서 20세기 제국주의 약육강식의 세계사를 주무른 회담이 열렸다고 하니 감회가 새롭다. 영어로 'Portsmouth Peace Treaty'라고 하지만, 우리 민족에게는 '평화'와는 관련 없는, 외교권과 국권을 강탈당하는 결정적인 사건을 재래한 회담이었다.

이 회담을 주선한 이는 미국 대통령 시어도어 루스벨트였다. 그는 러일전쟁을 두고 "일본이 미국을 위해 러시아와 싸우고 있다"고 할 정도로 친일적이었다. 포츠머스회담이 진행되고 있을 1905년 7월에는 미국과 일본은 가쓰라-태프트밀약을 맺어 일본의 한국에서의 이익을 보장받았고, 8월에는 영일동맹이 갱신되어 역시 한국에서의 일본의 이익을 보장받았다. 그런 상황에서 9월 러일 사이에 '포츠머스조약'이 맺어져 일본은 러시아로부터도 한반도와 만주의 이익을 확고하게 보장받았다. 미국·영국·러시아의 보장을 받아 거리낌 없게 된 일본은 그해 11월 이토를 파견, 한국의 외교권을 강탈하는 을사늑약(17일)을 강행했던 것이다.

우리 일행은 러일조약이 서명된 시베이 아일랜드Seavey Island의 포츠머스 해군 선착장으로 갔으나 출입금지. 다시 매사추세츠주로 돌아와 유길준兪吉濬이 한때 공부했다는 거버너스아카데미The Governor's Academy로 갔다. 원래 이름은 'The Governor Dummer Academy'였으나 최근에 설립자인 두머William Dummer의 이름을 뺐다고 한다. 두머는 영국 통치시대의 주지사Governor로 1763년에 그가 토지와 재산을 희사, 이 학교를 세웠는데 명문 사립고등학교가 되었다. 456에이커의 넓

역사의 길, 현실의 길

은 캠퍼스는 원래 농장과 목장을 겸한 곳이었다. 유길준은 1883년 민영익閔泳翊을 단장으로 한 보빙사報聘使의 일원으로 미국으로 갔다가 이곳에서 잠시 공부하게 되었다. 뒷날 유럽을 돌아보며 견문한 것을 《서유견문西遊見聞》이라는 책자에 실었다(2017년 11월 28일).

기독교계의 시국선언, 자기 개혁부터

최근 조국 법무부 장관 청문회를 계기로 대학가에서 학생들의 촛불시위와 교수들의 시국선언이 있었다. 그 무렵 기독교계에서도 7월 말부터 몇 차례에 걸쳐 '반문 시국선언'이 계속되었다. 이번 기독교계의 시국선언은 서울보다 영호남에서 먼저 시작되었다는 점에서 특이하다. 기독교계 시국선언 내용 중에는 우리 모두가 같이 고민해야 할 부분이 있기에 논의의 장을 넓혀보고자 한다.

지난 7월 25일 부산·울산·경남 지역 '기독교 지도자' 656명이 문재인 정권의 퇴진을 촉구하는 시국선언에 나섰다. 이어 8월 11일에는 대구 기독교 지도자들이, 8월 23일에는 호남 지역의 목회자 341명도 문재인 정권을 규탄하는 목소리를 냈다. 그 뒤 조국 전 청와대 민정수석이 법무부 장관 후보자로 지명되고 9월 9일 장관에 임명되자, 11일 호남 지역 기독교 지도자 758명과 대구·경북·부산·울산·경남 기독교 지도자들은 일제히 긴급 시국선언을 발표하고 문재인 정권을 강도 높게 비판했다. 지방에서 시작된 이런 시국선언은 흔치 않았다.

한 언론이 요약한 바에 의하면 이들의 주장은, 문재인 정권이 헌법 개정을 통해 대한민국의 정체성인 자유민주주의·시장경제체제를 무너뜨리고, 친북·종북을 넘어 김정은 정권을 대변하는 대북정책을 시행하고 있으며, 대통령의 지휘 아래 육해공에 걸쳐 스스로 무장해제하고 있다는 것이다. 또 현 정권이 동성애와 소수자에 대한 차별금지법을 제정하고 낙태금지법을 폐지하기 위해 각 지자체에 인권조례 등의 제·개정을 끊임없이 시도하여 헌법에 보장된 종교자유권을 심각하게 침해하고 있다는 주장이다. 기독교계의 전례 없는 이 시국선언에 문재인 정부는 사실 여부를 떠나서 먼저 귀를 기울여야 한다고 본다. 그러나 모처럼의 집단 시국선언이 실사구시에 바탕한 애정 어린 권고였다면 더 좋았겠다는 기대 또한 없지 않다.

이번 시국선언은 우선 그동안 기독교계의 난제였던 '정교분리' 주장이 정리되지 않은 상황에서 발표되어 큰 반향을 일으켰다. 기독교계는 그간 정교분리 이론 때문에 표면적으로는 정치에 관여하는 데에 부정적이었다. 그런데도 국가조찬기도회나 기독교정당운동 등의 정치행위는 공공연했다. 돌이켜보면 한국사에서 종교와 정치는 끈끈한 유대관계를 맺어왔다. 삼국·고려시대에 불교는 왕실과 긴밀했고, 조선조에도 유교(종교라고 한다면)와의 관계는 심화·확대되어 백성들의 일상생활을 지배했다. 한말 기독교가 수용되었을 때 선교사들은 교회의 '비정치화'를 강조했다. 하지만 기독교인들은 3·1운동 등에서처럼 항일운동이라는 정치적 행위에 앞장섰다. 심지어 기독교인들의 신사참배 반대라는 종교행위도 국체를 부정하는 반정부적인 정치행동으로

역사의 길, 현실의 길

해석되었다.

이승만 정권 때 그를 대통령에 당선시키기 위해 교회는 부정선거 음모에 가담했다. 선거 때 어느 후보를 지지하라고 은근히 권유하면서도 표면적으로는 '교회의 비정치화'를 외쳤다. 유신정권과 신군부에 저항하면서 시국선언과 기도회에 나서면, 그것이 정치행위라고 싸잡아 비판하고 고립시켰다. 청와대를 출입하며 권력과 유착관계를 갖는 지도자일수록 사회정의와 부패척결을 외치는 젊은이들에게 정치참여의 딱지를 붙여 교회에서 내쫓았다. "하루살이는 걸러내고 낙타는 삼키는" 격이었다. 그러던 기독교회가 최근 정권을 노골적으로 비판하는 경지에까지 이르렀다. 그러면서도 우리 사회의 자유민주주의가 소멸되었다고 언성을 높인다. 이율배반적이다. 아무리 정권을 비판해도 박해가 없다. 이런 걸 두고 민주화에 편승한 '무임승차'로 보는 시각도 있다. 영호남 지도자들의 외침은 정권을 비판한다는 의미에서 구약성경 왕상 22장[대하 18장]에 보이는 400명 종교인들에 대비되어서는 안 된다.

이번 시국선언은 그동안 정교분리나 교회의 비정치화 같은 기독교계의 해묵은 주장들을 뒤엎는 계기가 되었다. 가장 보수적이라고 알려진 영남권에서조차 정권 비판을 통해 정치행위에 나서게 되었으니 정교분리문제는 확실히 정리된 셈이다. 그것만 해도 성과다. 또 기독교 지도자들이 사회과학적인 안목을 넓혀 정치·경제는 물론 안보도 목회의 영역으로 끌어들였으니 그 또한 의미는 크다. 이제 성속聖俗 이분법적 신앙행태는 더 이상 발붙이지 못하게 되었다.

선언을 다시 보자. 선언은 문재인 정권이 자유민주주의와 자본주의 시장경제체제를 파괴하고 사회주의를 지향하고 있으며, 대북정책에서 김정은에게 장단 맞추며, 한·미·일 삼각공조에 심각한 균열을 꾀하고 있다고 했고, 동성애와 소수자 차별금지법, 낙태금지법의 제·개정을 시도한다고 보았다. 그러면서 헌법에 보장된 종교와 신앙의 자유를 보장하라고 요구했다. 이 선언은 문 정권의 자본주의 파괴와 사회주의 지향을 우려하면서 기독교는 자본주의를 선호하고 사회주의를 배척하는 것처럼 언급했다. 그러나 구약의 희년법이나 예루살렘교회공동체는 자본주의로는 설명할 수 없다. 대한민국 건국강령과 제헌헌법은 사회주의적 요소를 갖고 있다. 기독교 전통을 가진 서구는 사민주의를 통해 사회주의를 포용했다. 시국선언의 내용이 쾌도난마식으로 정리될 수 없음은 당연하다.

9월 11일 영남 기독교 지도자들의 선언 중 다음 주장은 당혹스럽다. "어쩌자고 청와대의 국가경영 컨트롤타워 그리고 국정의 요직을 무자격자, 무능력자, 무경험자, 비전문가, 무법자, 범법자, 탈법자, 위법자, 법을 악용하는 자, 내로남불자, 몰염치자, 편가르는 자, 사기꾼, 파렴치, 종북자, 사노맹주사파, 계급혁명론자, 사회주의자 등의 소굴로 만들고 있습니까? 그래서 이 나라 자유대한민국을 정녕 사회주의·공산주의 국가로 전복시켜 북한의 김정은에게 바치려고 하십니까?" 이 말에 상식 있는 기독교인들과 일반 국민이 얼마나 동의할까. 주장의 과장성이 효과를 극대화할 수는 있다. 그러나 언어는 인격의 얼굴이요, 존재의 품격이다. 이 주장에 십자군적 결기는 보여도 십자가의 사랑은 보이지 않는다.

시국선언은 부메랑이 되어 교회로 돌아온다. 사회를 향한 이 선언은 오히려 교회 안의 심각한 부패들에 대한 청산의 시급성을 일깨워준다. '학력도 경력도 모호한 목회자'는 물론이고 지금도 진통을 겪고 있는 대형교회 세습과 금전 비리, 교회 지도자들의 윤리문제 등에 대한 참회가 시국선언에 앞서야 했다는 자성과 비아냥거림이 엇갈린다. 지도자들은 이 시대의 오염원인 '~카더라' 방송과 '카톡교'(카카오톡 종교) 및 '가짜뉴스'에 현혹되어서도 안 되지만, 거기에 중독된 교인들을 영성과 지성을 통해 선도해야 할 책임도 감당해야 한다. 정치권을 향한 시국선언은 이렇게 교회의 자기 정화를 위한 중요한 계기가 되었으면 한다(2019년 9월 26일).

박형규 목사님과 김찬국 교수님

이번 주간은 한국의 민주화와 관련하여 기억할 분들이 많다. 특히 어제와 오늘은 한국현대사에서 민주화운동에 헌신한 분들의 기일이 계속되면서 새삼 이런 분들의 행적을 생각하게 된다. 어제는 김대중 대통령의 8주기여서 언론의 주목을 받았다. 현충원에서 대통령과 정당 대표들이 참석한 가운데 '김대중 대통령 서거 8주기 추도식'이 거행되었고, 오후에는 김대중도서관에서 이를 기념하는 〈한국민주주의와 평화〉라는 제목의 학술회의도 있었다.

어제(2017년 8월 18일)는 또 박형규(1923~2016년) 목사의 1주기 추도식이 있었다. 그는 일본(도쿄신학대학)과 미국(유니언신학교)에서 공부하고 귀국한 후 한국기독학생회총연맹KSCF의 총무와 《기독교사상》 주간을 거쳐 서울제일교회 담임목사로 목회 일선에 나섰다. 유신정권 하에서 1973년 4월 남산부활절사건에 깊이 관여, 내란예비음모로 구속되었고, 그 이듬해에는 민청학련사건에 연루, 15년형을 선고받았다. 1983년부터는 그가 목회하던 서울제일교회에 '예배방해사건'이 일어나 중부경찰서 앞에서 몇 년간 노상예배를 드리기도 했다. 민주화운동기념사업회가 설립되자(2002년) 초대 이사장에 취임, 한국민주화운동 기념사업의 기틀을 닦았다.

박형규 목사는 한국기독교장로회(기장) 소속으로 그 교단의 총회장까지 역임했다. 기장은 김재준 목사를 정점으로 안병무·김관석·서남동·문익환 등 쟁쟁한 인물들을 배출했다. 그들은 한국의 인권·민주화·통일운동에 진력하는 한편 한국교회의 예언자적인 역할도 강조했다. 박목사가 인권과 사회정의에 눈뜨게 된 것은 4·19혁명이 계기가 되었는데, 이는 뜻있는 기독교인들이 1960년대를 계기로 하여 사회의식에 눈뜨게 된 것과 거의 궤를 같이했다. 이승만 정권 하에서는 한국교회가 정권과 결탁하여 분단문제와 식민잔재 청산에 둔감했고, 심지어는 장로대통령을 선출한다는 명분으로 부정선거에도 가담했다. 기장이 진보적인 교단으로 주목받게 된 것은 이 부끄러운 역사에 자기비판을 가하고 자기 신학을 수립하여 상황 속의 교회로 탈바꿈하려고 노력했기 때문이다. 그 결과는 때로는 감옥행을 의미했고 박형규 목사도 예외는 아니었다. 그가 민주화운동의 대부처럼 인식되고 추앙받는 것은 감옥조차 불사하는 예언자적 자기희생에 주저하지 않았기 때문이다.

오늘 저녁에는 김찬국(1927~2009년) 교수의 8주기 추모예배가 연세대 동문회관에서 있었다. 약 30여 명의 제자들과 지인들이 모여 생전의 그의 모습을 추모했다. 김 교수의 제자이며 대한성공회 전 대주교 관구장이었던 정철범 신부는 "영원한 사표이신 스승님"이라는 강론을 통해 김 교수는 연세신학의 초석을 놓은 한 분으로 군사정권을 비판했던 예언자였으며, 항상 온화한 미소를 띤 따뜻한 목회자였으며 한국인의 민족정신과 연세인의 얼을 강조했다고 지적했다. 특히 연세대학의 정신적 맥락을 이어온 정인보·최현배·김윤경 선생의 민족사랑의 전통을 잇는 데도 노력했다고 했다. 최민화 동문은 스승으로서의 김 교수의 인간미를 소개하여 듣는 이들의 눈시울을 뜨겁게 했다.

김 교수는 학자로서뿐만 아니라 인간미 넘치는 매우 자상한 분이었다. 유머가 넘치며 제자들의 학문과 진로에까지 깊은 관심을 가졌던 스승이었다. '김찬국'이라는 자기 이름을 스스로 "김도 있고 찬도 있고 국도 있다"고 희화화한 데서 보여주듯이, 격의 없이 좌중에 활력을 불어넣어주는 스승이었다. 너무 부드럽다고 할 정도로 나약하게 보였던 그가 유신정권과 신군부 하에서 민주화운동의 선봉에 서게 된 것은 아마도 그가 구약을 전공했기 때문일 것이다. 자기시대의 불의에 추상같이 임했던 구약의 예언자들의 삶이 그를 그런 용장으로 만들었을 것이다. 그는 유신정권 때 긴급조치로 구속, 1차로 해직되었고 신군부가 들어서자 다시 2차로 해직되어 전후 9년간 무직자로서 생활했다. 그러나 오히려 고난 받는 사람들을 위로하고 격려하는 의연한 지성인의 모습을 보였다. 유약하게 보이는 그에게서 어떻게 저런 용기가 나왔을까, 신앙과 지성의 힘이 아니면 이해할 수 없는 대목이다.

나는 연배로 봐서 부형과도 같은 두 분을 생존시에 비교적 자주 뵐 수 있었다. 중요한 행사나 모임에는 두 분이 나타났다. 기억력이 거의 상실되고 거동이 불편한 때에도 노구를 끌고 참석, 후배들을 격려했다. 그들이 염원했던 것은 무엇이었을까. 한국의 민주화요 한반도의 평화였다. 두 분을 생각하면서, 그들이 심고 애써 가꾼 민주화와 평화의 씨앗이 더 활짝 피고 더 튼실하게 열매 맺기를 기원한다. 두 분을 추모하면서 후학으로서 빚진 것이 너무 많다는 생각이다. 한국이 이만큼 민주화된 것은, 촛불혁명에 앞서 저 유신·군사독재의 암울함 속에서도, 불굴의 의지로 싸운 두 분 같은 선배들 덕분이다. 그걸 생각하면서 우리는 그 선배들에 값하는 어떤 헌신과 희생을 하고 있는가 자책하지 않을 수 없다. 우리가 누리는 현재는 바로 이런 선배들과 이름 없이 사라져간 분들의 희생 덕분이다. 그들의 희생과 헌신으로 이룩해 놓은 '오늘'을 누리면서 그 열매만 따먹는 '무임승차'는 하지 않아야겠다고 다짐해본다(2017년 8월 19일).

한철하 박사 서거

한국기독교 '신학계의 거목'으로 알려진 한철하[韓哲河, 1924~2018년] 박사가 지난 주일(2018년 3월 18일) 아침 6시에 돌아갔다. 오늘 아침 8시, 그를 영결하는 예배가 현대아산병원 영안실에서 있었다. 이 예배 참석자는 유족과 과천교회 성도들이 대부분이었다. 이 영결예배에 학계와 교계의 낯익은 얼굴들이 보이지 않아 의외로 생각되었다. 심지어는 그가 총장을 역임한 아세아연합신학대학ACTS의 낯익은 얼굴들조차 보이지 않았다.

나는 고인과 수년간 〈한국사의 기독교적 해석방법 연구모임〉을 같이하면서 그와는 1년에 7~8회 만난 적이 있다. 그 모임은 1980년대 후반 내가 한 박사가 설립한 아세아연합신학대학에서 사흘 저녁에 걸쳐 〈한국사의 기독교적 해석〉이라는 제목으로 길균강좌를 행한 것과 관련이 있다. '길균'은 이때 이 강좌의 재정적 뒷받침을 맡은 분의 어머님으로 알고 있다. 길균강좌가 정례화되면서 뒷날 길균세미나로 발전하여 한국사의 기독교적 방법론을 연구하는 모임으로 발전하게 되었다. 한 박사는 신학도이면서 한국사에 깊은 관심을 갖고 있어서 이런 연구를 시도한 것이다. 나의 강연 때에는 외국인 학생들을 위해 손봉호 박사가 통역을 했는데, 나는 강연보다 그 통역이 더 좋았다고 평했다. 그 강연은 그 뒤 여러 글과 함께 책으로 묶여졌다.

길균세미나는 '한국사의 기독교적 해석방법'을 토론하기 위해 2000년대에 들어서서 정례화되어갔다. 처음에는 충정로에 있는 아세아연합신학대학 캠퍼스에서 한 달에 거의 한 번씩 모였고, 한 박사와 참석자들이 토론거리를 미리 준비해와서 발표, 토론했다. 주제도 각각이어서 시간이 흐르면서 토론 내용을 좀 더 체계화하자는 의견이 나오게 되었다. 이 모임의 목적에 따라 발표를 체계화하자면 한국사의 기독교적 해석에 초점을 맞춰야 하고 그러자면 기독교와 역사의 관계를 살피지 않으면 안 되었다. 역사학을 기독교와 관련 지으려면 일반은 총론에 대한 깊은 이해를 필요로 했다. 일반 은총을 탐구하자면 그 신학적 기초는 칼빈주의와 연관시키는 것이 좋겠다고 보았다. 칼빈의 사상을 이해하려면 무엇보다 《기독교강요》를 읽는 것이 좋겠다는 합의에 이르게 되었다. 《기독교강요》를 읽게 되면 토론의 주제가 집중될 수 있고, 그 대신 역사의 해석에도 상상력을 갖게 될 뿐 아니라 주제와 토론을 심화시킬 수 있을 것이라고 기대했다. 무엇보다 한 박사는 칼빈 연구자로 알려져 있었고, 주제를 거기로 집중하는 것이 길균세미나의 모임을 위해서도 좋겠다고 의견을 모았다. 《기독교강요》는 그전에 한 박

역사의 길, 현실의 길

사와 몇 분이 공동 번역으로 출판한 적이 있기 때문에 한 박사에게도 큰 부담은 아닐 것이며, 오랜 연속적 주제로서는 이만한 것이 없겠다고 생각했다. 충정로 캠퍼스의 모임에는 한 박사의 후임 총장이었던 임택권, 고세진도 참석해서 토론과 교제가 확대되었다. 또 이 모임 후에는 점심 대접을 받았는데, 나이 드신 두 분의 서양요리 솜씨는 지금도 그 맛을 잊을 수가 없을 정도다. 충정로에서 몇 년간 진행된 길균세미나는 고세진에 의해 충정로의 ACTS 건물이 분쟁에 휩싸이게 되자 회집할 장소를 찾을 수 없어 중단하게 되었다.

그 뒤 우리는 한 박사와 함께 길균세미나를 계속하는 것이 좋겠다고 생각을 모았다. 《기독교강요》를 체계적으로 공부하는 것이 필요하다는 것과 또 한 박사의 강의를 통해 그의 학문적 보고를 그가 더 쇠하기 전에 후대를 위해 쏟아놓도록 하는 것이 좋겠다는 이유에서였다. 그러기 위해서는 그의 학문 보따리를 풀어놓을 장을 마련하는 것이 필요했다. 손봉호 박사와 나는 한 박사를 찾아가 의논하면서 아예 과천의 한 박사님댁에서 모이자고 제의, 길균세미나를 부활하게 되었다. 한 박사가 돌아가실 때까지 한두 달 간격으로 모였고, 한 박사는 매번 《기독교강요》를 축약하여 자료를 만들어 같이 읽으며 토론했다. 그럴 때마다 보여준 그의 기억력은 놀라웠다. 최근까지 그 연세에도 불구하고 영어·독일어는 물론이고 라틴어 문장을 그냥 술술 외우는 것을 보면서 놀라지 않을 수 없었다.

한 박사는 최근에 하나님의 창조의 신비를 풀기 위해 양자역학을 공부한다면서 제네바와 하버드를 다녀왔고, 서울대 대학원 물리학과에 가서 청강하기도 했다. 토론은 예정한 토요일 10시에 모여 두어 시간 동안 계속했고 그다음 오찬으로 마무리했다. 마칠 때에는 우리가 빈손으로 가지 않도록 빵과 양과자류를 챙겨주었다. 토론은 신학적인 주제뿐만 아니라 가끔 정치적 상황—예를 들면 노무현·박근혜—도 있었는데 때로는 너무 격렬하여 마음을 상하는 경우도 있었다. 우리가 마지막 모이기로 한 날은 2월 10일이었다. 그날 한 박사가 입원했다는 통지를 받았고, 곧 퇴원할 것이라고 했다. 그러나 우리는 한 박사를 다시 뵙지 못하고 그를 하늘나라로 먼저 보냈다. 격렬한 토론에는 아직 씻어야 할 앙금이 없지 않는데, 그는 거기에 아랑곳하지 않고 그가 늘 그리워하던 사모님과 아들이 기다리는 '하늘나라 내 아버지의 집'으로 떠났다. 이날까지 길균세미나를 유지해 온 김남중·김영욱·손봉호·이만열·정규남은 한철하 박사가 남기고 간 신앙과 학문의 부채를 무겁게 지고 있다(2018년 3월 20일).

《성서조선》 영인본 간행

김교신선생기념사업회는 새해(2019년) 들어 《성서조선》 영인본을 다시 간행한다. 일찍부터 《성서조선》에 대한 수요가 있었고, 최근에는 한국신학의 정립이라는 새로운 요구에 직면하여 그 영인본 요청이 증가하고 있다. 《성서조선》 전권이 영인, 복간된 것은 1982년 노평구 님에 의해서였다. 해방 후 글다운 글이 없는 상황에서 《성서조선》에 게

재된 글이 교과서에 등장하여 학생지도에 활용되기도 했지만, 그 전권을 구하기가 매우 힘들었다. 영인본 간행을 맡았던 노평구 님과 동역자들은 고서점과 창고를 뒤지는 등의 노력을 통해 그 전질을 구해 재간행했다.

《성서조선》은 1927년 7월 동인지 형태로 제1호를 간행한 후, 17호 (1930년 6월)부터 김교신이 발행인이 되어 전담하다가 158호(1942년 3월)를 마지막으로 폐간된 성서 연구 잡지다. 일본의 무교회주의자 우치무라 간조 선생의 감화를 받은 김교신·송두용宋斗用·유석동柳錫東·양인성梁仁性·정상훈鄭相勳·함석헌咸錫憲 등 한국인 여섯 신앙 동지들이 1925년부터 도쿄 시외 스기나미촌杉並村에 처음으로 회합하여 조선성서연구회를 시작했는데, 매주 조선을 생각하고 성서를 강론하면서 지내온 지 반여 년 만에 연구의 일단을 세상에 공개하려 하여 《성서조선》이라는 이름으로 간행하게 되었다. 그들은 조국 조선에 줄 수 있는 최고의 선물을 성서로 보고, '조선을 성서 위에' 세우기 위해 성서 연구의 결과물을 발표하는 동인지 《성서조선》을 갖게 되었다.

김교신은 《성서조선》 창간사에서 그 지향점을 이렇게 밝혔다.

다만 우리 염두의 전폭을 차지하는 것은 조선 두 자이고, 애인에게 보낼 최진最珍의 선물은 성서 한 권뿐이니 둘 중의 하나를 버리지 못하여 된 것이 그 이름이었다. 기원은 이를 통하여 열애의 순정을 전하려 하고 지성의 선물을 그녀에게 드려야 함이로다. 성서조선아, 너는 우선 이스라엘 집집으로 가라. 소위 기성신자의 손을 거치지 말라. 그리스도보다 외인을 예배하고, 성서보다 회당을 중요시하는 자의 집에는 그 발의 먼지를 털지어다. 성서조선아, 너는 소위 기독신자보다도 조선혼을 소지한 조선 사람에게 가라. 시골로 가라, 산촌으로 가라, 거기에 나무꾼 한 사람을 위로함으로 너의 사명으로 삼으라. 성서조선아, 네가 만일 그처럼 인내력을 가졌거든 너의 창간일자 이후에 출생하는 조선 사람을 기다려 면담하라. 상론하라. 동지를 한 세기 후에 기期한들 무엇을 탓할손가.

동인지로 출발한 《성서조선》은 그 뒤 김교신이 단독으로 발행하는 잡지로 바뀌게 되었다. 이때 김교신이 밝힌 《성서조선》의 간행 취지(1935년 10월)는 다음 두 가지다. 하나는 "유물주의자의 반종교운동에 항변"하기 위함이고 또 하나는 "순수한 조선산 기독교를 해설"하려는 것이라고 했다. "신앙이라고 하면 과학적 교양도 없고 근대사조 특히 유물론적 사상을 호흡치 못한 우부愚夫 우부愚婦들이나 운위할 것인 줄로 아나 이는 대단히 천박한 인사들의 소행이다. 그러므로 소위 인텔리층의 경박과 유물주의자의 반종교운동에 대하여 신앙의 입장을 프로테스트(항변)하고자 함이 본지 발간의 일대 취지이었다"고 했다. 이어서 그는 "조선의 기독교가 전래한 지 약 반세기에 이르렀으나 아직까지는 선진 구미 선교사 등의 유풍을 모방하는 역域을 불탈不脫하였음을 유감으로 알아, 순수한 조선산 기독교를 해설하고자 하여 《성서조선》을 발간한 것이다"고 했다. 이어서 그는 "조선에다 기독교의 능력적 교훈을 전달하고 성서적인 진리의 기반 위에 영구 불멸할 조선을 건립하고자 하는 소원"이 《성서조선》 창간의 목적임을 다시 강조했다.

《성서조선》 17호(1930년 6월)부터 그 간행을 전담한 김교신은 함남 함흥 출신으로 1919년 3월 일본으로 건너가 도쿄 세이소쿠영어학교와 도쿄고등사범학교에 진학했고, 1921년부터 7년간 우치무라 문하에서 성경 강의를 들었다. 그는 1927년 4월 귀국, 함흥 영생여자고보와 양정고보, 제일고보(경기중학)와 송도고보에서 교편을 잡았으나 1942년 3월 소위 성서조선사건으로 구속, 15년간의 교사생활을 끝냈다. 그는 원고 집필과 편집, 인쇄, 발송, 수금 등 독자관리까지 혼자 맡았다. 불철주야 《성서조선》에 매달렸지만 매호 적자를 면치 못했다. 그런 상황에서도 《성서조선》 간행 10주년을 맞아 그는 오로지 주 예수의 무한한 은총으로 된 일임을 새롭게 감격했다. 또 14주년을 맞은 제 150호(1941년 7월호) 때에는 그동안 우리의 눈이 하늘을 향하여 주 예수 그리스도의 헤아릴 수 없는 기이한 섭리를 우러러보며 찬송과 감사가 넘친다고 하면서 '모든 영광은 주 예수께로, 욕된 것은 나에게로'라고 다짐했다. 그는 "외국인 선교사들의 식양式樣으로 된 조선기독교회의 다대한 배척과 비방을 감수하면서 아무 단체의 배경도 찬조도 없이, 주필 된 자의 굳은 의지나 뛰어난 필재에 의함도 없이, 적립된 자금으로 시작한 것도 아닌 잡지가, 창간호로부터 150호에 이르기까지 인쇄 실비에도 결손되는 잡지가 속간된 것은 아무리 보아도 인력으로 된 일은 아니다"고 하면서, 이날까지 《성서조선》이 버티어 온 것은 인력에 의해서가 아니라 하나님의 은총에 의한 것이라고 고백했다.

김교신에게 가장 괴로웠던 것은 일제 당국의 검열이었다. 검열을 위해 며칠씩 대기하다가 출판기일을 넘겨야 하는 경우도 있었고, 검열에 걸려 원고를 삭제해야 할 경우도 있어서 더욱 난감했다. 그런 상황에서 종간호가 되는 줄 안 것이 한두 번이 아니었고, 그럴 때마다 의외로 원조를 주께서 예비해주시사 오늘에 이르기까지 한 번 휴간도 없이 발간하게 되었다고 술회했다. 그런 수난을 통해 "내가 약함을 통탄할 때에 도리어 강한 것을 발견케" 되었으니 그는 모든 영광과 찬송을 주께 돌린다고 했다(1937년 5월). 전시체제가 강화되면서 신문·잡지는 일본의 전승을 기원하는 글이나 시국에 관한 표어를 실어야만 했다. 검열에 통과하기 위해서는 〈황국신민의 서사〉를 잡지 앞머리에 넣지 않으면 안 되었다. 경무국으로부터 이런 전화를 받으면서 폐간을 결심한 적도 한두 번이 아니지만, 자신의 생각을 꺾고 일제의 지령대로 서사를 게재하면서 잡지를 간행했다. 이따금 게재하던 〈황국신민의 서사〉는 137호(1940년 6월)부터 아예 표지 바로 뒷면에 고정적으로 배치되어야 했고 〈총후銃後국민생활〉 같은 어용적인 칼럼들도 135호(1940년 4월)부터는 표지 바로 윗면에 자리 잡게 되었다.

《성서조선》은 검열을 의식해서 시국 소감 등을 직설하지 않고 비유나 묵시적으로 쓰기도 했다. 〈본지 독자에 대한 요망〉(1939년 9월)은 그래서 썼을 것이다. "본지 독자는 문자를 문자 그대로 읽는 외에 자간과 행간을 능히 읽는 도량이 있기를 요구하는 때가 종종 있다. 이는 학식의 문제가 아니요, 지혜의 문제이다. …… 정도의 차는 있으나 본지도 일종의 묵시록이라 할 수 있다. 지금 세대는 비유나 상징이나 은어가 아니고는 진실한 말을 표현할 수 없는 세대이다. 지혜의 자子만 지혜를 이해한다." 뒷날 《성서조선》을 폐간시킨 조와사건은 일제 당국이 김교신이 사용한 바로 그 상징어나 은어의 본질을 알아차리고 겁박한 경우라고 할 것이다.

일제는 중국 침략에 이어 1941년에는 미국에 대한 도발을 감행하면서 전시체제를 강행했다. 한국의 언어와 문자, 역사를 통제하고 창씨개명과 신사참배를 강요, 신사참배에 불복하는 기독신자들은 감옥으로 끌려갔다. 수양동우회사건(1937년)과 흥업구락부사건(1938년)을 터뜨렸다. 1940년 10월에는 국민총력연맹을 조직하고 황국신민화운동을 본격화시켰다. 1942년에 조와사건을 일으켜 《성서조선》을 폐간하고 조선어학회사건으로 한국어 말살을 획책, 국민총동원체제 하에서의 문화·사상 통제를 뚜렷이 했다. 《성서조선》을 폐간으로 몰아간 조와사건은 1942년 3월 30일 자로 간행한 《성서조선》 제158호 권두언 〈조와〉를 문제 삼아 일으킨 것이다. 사건의 발단이 된 〈조와〉에는 이 글을 쓰게 된 경위가 나타나 있다. 김교신은 '자신의 영혼과 민족의 죄를 위해' 또 '소리쳐 울고 싶은 대로 울 만한 장소'를 구하기 위해 새벽기도처를 찾았다. 서울에서는 북한산록에서, 송도로 옮긴 후에는 만월대 뒤편 송악산 깊은 골짜기 안에 폭포가 떨어지는 물웅덩이 가운데 작은 바위를 기도처로 정하고, 여름에는 새벽 4시, 겨울에는 새벽 5시에 가서 냉수마찰을 하고 큰소리로 기도하고 찬송을 불렀다. 이렇게 기도할 때에는 웅덩이의 개구리들이 헤엄쳐 다니면서 모여들기도 했다. 〈조와〉는 새벽기도의 산물이었다. 유난히 추웠던 그해 겨울, 대부분의 개구리가 얼어 죽어서 물 위에 떠오른 것을 보고 슬퍼하면서도 요행히 살아남은 두세 마리를 보고 위로를 받았다. 〈조와〉의 전문이다.

작년 늦은 가을 이래로 새로운 기도터가 생겼었다. 층암이 병풍처럼 둘러싸고 가느다란 폭포 밑에 작은 담潭을 형성한 곳에 평탄한 반석 하나 담 속에 솟아나서 한 사람이 꿇어앉아서 기도하기에는 천성의 성전이다./ 이 반상磐上에서 혹은 가늘게 혹은 크게 기구하며 또한 찬 송하고 보면 전후좌우로 엉금엉금 기어오는 것은 담 속에서 암색岩色 에 적응하여 보호색을 이룬 개구리들이다. 산중에 대변사나 생겼다는 표정으로 신래新來의 객에 접근하는 친구 와군蛙君들, 때로운 5, 6마 리 때로는 7, 8마리./ 늦은 가을도 지나서 담상潭上에 엷은 얼음이 붙 기 시작함에 따라서 와군들의 기동이 일부일日復日 완만하여지다가 나중에 두꺼운 얼음이 투명을 가리운 후로는 기도와 찬송의 음파가 저들의 이막耳膜에 닿는지 안 닿는지 알 길이 없었다. 이렇게 격조하 기 무릇 수개월여!/ 봄비 쏟아지던 날 새벽, 이 바위틈의 빙괴氷塊도 드디어 풀리는 날이 왔다. 오래간만에 친구 와군들의 안부를 살피고 자 담 속을 구부려 찾았더니 오호라, 개구리의 시체 두세 마리 담 꼬 리에 부유하고 있지 않은가!/ 짐작건대 지난 겨울의 비상한 혹한에 작 은 담수의 밑바닥까지 얼어서 이 참사가 생긴 모양이다. 예년에는 얼 지 않았던 데까지 얼어붙은 까닭인 듯. 동사한 개구리 시체를 모아 매 장하여주고 보니, 담저潭低에 아직 두어 마리 기어다닌다. 아, 전멸은 면했나보다!(《김교신전집》 1권, 38).

〈조와〉는 《성서조선》 제158호에 '부활의 봄'이라는 제목으로 "드디어 봄은 돌아왔다. …… 우리의 소망은 오직 부활의 봄에 있고 부활은 봄과 같이 확실히 임한다"라는 글과 함께 실려 있다. 김교신은 〈조와〉와 〈부활의 봄〉이라는 글에서 다 같이 조선 민족의 봄을 고대하고 있었으며 은유를 통해 표현하고 있었다. 산전수전 다 겪은 일본 고등경찰이 이를 간파하지 못할 리가 없다. "무서운 혹한에도 살아남은 개구리의 생명력을 보고 조선민족의 생명력에 비유했다" 하여 꼬투리를 잡은 것은 정확히 본 것이다. 《성서조선》 158호가 간행되던 날(1942년 3월 30일) 김교신은 일제 경찰에 의해 서울로 압송되었고, 전국의 독자 300여 명이 일제히 검거됐다. 김교신·함석헌·송두용·류달영 등 13명은 서대문형무소에서 만 1년간 옥고를 치르고 1943년 3월 29일 밤 출옥했다. 취조에 나선 일본 경찰들이 이들에게 했다는 다음 말은 《성서조선》이 추구했던 목표가 어디에 있었는가, 그 정곡을 찌른다.

너희 놈들은 우리가 지금까지 잡은 조선 놈들 가운데 가장 악질적인 부류들이다. 결사니 조국이니 해가면서 파득파득 뛰어다니는 것들은 오히려 좋다. 그러나 너희들은 종교의 허울을 쓰고 조선민족의 정신을 깊이 심어서 100년 후에라도, 아니 500년 후에라도 독립이 될 수 있게 할 터전을 마련해두려는 고약한 놈들이다(《김교신전집》 1권, 11).

《성서조선》에 연재된 글 중에는 함석헌의 〈성서적 입장에서 본 조선 역사〉가 있다. 이 글은 1934년 2월부터 1935년 12월까지 《성서조선》

에 연재되었는데, 최초로 일정한 사관을 가지고 조선역사를 관통한 책이라는 찬사(천관우)를 받았을 정도로 큰 반향을 일으켰다. 함석헌은 이어서 그 자매편인 〈성서적 입장에서 본 세계역사〉도 《성서조선》 1936년 9월호부터 1938년 3월호까지 연재하여 호평을 받았다. 함석헌이 《성서조선》에 우리 역사를 연재하고 있을 때 김교신은 자신의 민족지리관 관점에서 〈조선지리 소고〉라는 논문(제62호, 1934년 3월)을 게재했다. 이 논문은 함석헌이 〈성서적 입장에서 본 조선역사〉에서 나타낸 섭리적 민족사관과 궤를 같이하는 것으로 섭리적 민족지리관을 나타냈다는 평가를 받고 있다. 지리박물학 교사인 김교신이 신앙의 눈으로 차원 높은 민족지리관을 펴보였던 것이다.

끝으로 《성서조선》을 영인하는 것이 무슨 의미를 갖는가. 한국기독교사 연구와 관련, 김교신 선생을 비롯한 소위 무교회주의자들이 당시 어떤 생각을 하고 있었는지를 탐구할 필요가 있다. 성서 원어(히브리어와 희랍어)와 영어·독일어·일본어 성경을 대조해가며 성경 연구에 매진했던 이들이 한국교회에 대해서 어떤 태도를 취했으며, 기성 한국교회는 이들에 대해서 어떤 생각을 갖고 있었는가를 살펴볼 필요가 있다. 오늘날 한국교회에서 불거지고 있는 문제들은 이미 당시에도 일어나 자성과 비판의 대상이 되었다. 《성서조선》을 읽노라면 그때 한국교회의 상황들이 오늘날의 상황들과 그렇게 멀리 떨어져 있지 않다는 것을 알 수 있다. 《성서조선》은 한국교회의 온고이지신溫故而知新의 의미를 되새기게 할 것이다.

《성서조선》 복간의 가장 중요한 이유는 현재 한국교회 앞에 놓여진,

한국신학 수립의 당위적인 과제 때문이다. 한국신학을 수립해야 한다는 과제는 어제 오늘의 문제가 아니다. 이런 필요성은 해외에 가서 신학을 공부하는 이들이라면 더욱 뼈저리게 느껴왔던 것이다. 한국교회는 세계교회로부터 끊임없이 한국교회를 성장시킨 한국신학에 대한 질문과 도전을 받아왔다. 이제 한국교회는 세계교회의 그 같은 질문에 답하지 않을 수 없게 되었다. 이 같은 과제는 《성서조선》 간행을 처음 시작했던 조선성서연구회 구성원들뿐만 아니라 오늘날에도 의식 있는 크리스천들에게 던져지는 요구다.

　"외국인 선교사들의 식양式樣으로 된 조선기독교회의 다대한 배척과 비방을 감수하면서 아무 단체의 배경도 찬조도 없이" 간행했던 《성서조선》이 그 당시 지향했던 바는 '조선산 기독교'였다. 조선산 기독교는 하나님의 말씀이 '조선의 토양과 기후' 위에서 새롭게 열매 맺는 그런 것이 아니었을까. 성서의 터 위에서 조선인의 땀과 피와 삶이 영적으로 응고되고 열매 맺는 그런 기독교가 아닐까. 그것은 수입신학, 번역신학일 수 없고 그런 차원을 넘어서는 것이다. 조선인의 삶과 환경, 조선인의 고민과 사상, 그런 문제의식 위에서 하나님의 말씀인 성서를 기초로 한 신학과 교회가 이 땅에서 세워지는 것, 이것이 《성서조선》이 말하는 조선산 기독교가 아니었을까. 조선산 기독교는 서구의 관념화된 신학이나, 미국의 '천박한 기독교'일 수 없다. 《성서조선》이 조선이라는 특수한 상황 속에서 세계적 보편성을 지향해간 조선산 기독교를 지향하며 간행된 것이라면, 《성서조선》의 복간은 그런 지향부터 다시 복원하고, 그 지향에 다가서는 것이어야 한다. 《성서조선》이

간행될 당시에 요청되었던 조선산 기독교는 《성서조선》을 복간하는 이 시점에도 같은 공감대에 서 있다. 한국신학에 바탕한 한국교회가 세워져야 한다는 바로 그 공감대다. 이것이 《성서조선》을 이 시점에 복간하는 진정한 이유다. 《성서조선》이 외쳤던 그 외침을 오늘날 다시 들려주면서, 조선의 토양과 땀, 고난과 사고를 담은 한국신학을 수립해야 한다는 것, 바로 그런 조선산 기독교를 지향·착근하고 성장시켜가는 것이 《성서조선》 복간, 영인의 중요한 이유일 것이다[이 글은 '《성서조선》 영인본 간행에 앞서'라는 글을 축약한 것이다](2019년 1월 13일).

군북교회 110주년 기념식 축사

군북교회는 경남 함안군 군북면 덕대리에 소재한 고신파 장로교회다. 교회 연혁에는 호주 선교사 손안로[Anerew Adamson, 1860~1915년]가 1909년 5월 22일에 설립한 것으로 나타나 있다. 군북교회는 올해 110주년을 맞아 출향出鄕 교우들에게 연락, 화보집에 필요한 자료를 수집했고, (2019년) 5월 18일에는 교회 설립 110주년 기념식을 가졌다. 이날 출향한 교우들이 경향 각지에서 방문하여 성황을 이루었고 그립던 면면들도 만나게 되어 잠시나마 어린 시절로 돌아갈 수 있었다.

나는 1945년 해방 직후 부모님의 권유에 따라 유년주일학교에 출석하기 시작했다. 우리 가정은 선교사로부터 예수교를 받아들인 할머니 덕분에 슬하의 7남매가 당시로서는 이례적으로 예수를 믿게 되었다. 9

순을 바라보는 사촌누나의 증언에 의하면, 할머니는 예수신앙 때문에 살던 동네에서 핍박을 받아 자식들을 거느리고 거처를 옮기게 되었다. 할머니 때에 옮겼던 마을 텃골坉岩은 교회에서 약 3km 남짓 떨어져 있다. 6·25 때까지 모습을 자랑했던 돌집 예배당은 할머니와 그 자녀들의 헌신이 깃든 곳이었다. 우리 동네에서 교회까지는 크게 두 갈래의 길이 있는데, 우리가 종종 이용한 좀 험한 길에는 진주행 기차가 다니는 철길과 작은 공동묘지가 있다. 공동묘지를 지날 때는 간혹 여우들이 관棺 없이 묻은 아이(애)무덤을 파헤쳐 옷가지들이 나와 딩구는 광경도 목격했다.

5월 18일, 교회에서 푸짐하게 대접한 점심식사를 마친 후 오후 2시부터 기념예배와 축하식이 시작되었다. 기념예배는 김성국 담임목사의 사회로 시작, 13대 교역자였던 9순을 넘긴 정순행 목사의 설교가 있었다. 예배 후에 곧 축하순서가 이어졌는데 출향 식구인 나와 조정래 목사가 차례로 축사를 맡았다. 나는 10년 전 100주년 기념식에서도 축사했듯이, 먼저 이날까지 고향 교회를 지켜온 고향 교우들에게 존경과 감사를 드리면서 시작했다. 다음은 내 축사의 요지다.

군북교회가 설립된 1909년은 나라가 망하기 1년 전이요, 교회사적으로는 대부흥운동(1907년)에 이어 '백만명구령운동'이 일어났던 해로서 경남 지역에 선교를 시작한 호주 장로회 선교부가 한국 선교를 시작한 지 20년이 되었다. 이 교회의 설립과 교회당 건축에는 내 할머니와 삼촌들의 조력이 있었다. 할머니는 그 무렵 아침마다 가족을 모아 놓고 예배를 드렸다고 한다. 큰삼촌(李弘植)은 이 교회의 영수·장로를 역임했고 1920년대에는 평양신학교를 나와 이 지역에서 목회를 했으며, 약방과 이발소를 경영하던 넷째 삼촌(李圭植)도 영수로서 돌집 예배당 건축에 크게 공헌했다.

올해가 3·1운동 및 대한민국임시정부 100주년임을 감안하여 내 축사는 군북의 3·1운동을 간단하게 소개했다. 1919년 3월 20일에 터진 군북 독립만세운동은 약 5,000여 명의 군중들이 일어났고 주재소에 돌을 던질 정도로 격렬하여 사망자 22명에 부상자 18명이었으며, 일본인 사망자 1명에 군경부상자 12명이 나와 우리나라 어느 곳 못지 않게 독립만세운동이 치열했던 곳이다. 이곳에는 유생들이 많았지만 1897년과 1909년에 사촌교회와 군북교회가 각각 설립되어 예수교인들이 독립만세운동에 큰 역할을 맡기도 했다. 일제 측 자료에 군북독립만세운동의 주역에 '야耶' 자로도 표시한 것은 야소(기독)교도들의 역할이 컸음을 말하는 것이다.

군북교회를 거쳐간 목회자들 중에는 고신교단의 지도자들이 많았다. 오늘 설교를 맡은 정순행 목사도 그렇거니와 황철도·윤봉기·박손혁·최성봉·남영희·송명규 목사 등이 그런 분들이었다. 내가 인상 깊게 기억하는 분은 유봉춘 목사인데, 그는 《성구사전》을 한국에서 처음 간행한 분이다. 학자풍의 그가 그 작업을 하면서도 매우 신중한 모습을 보였고 사모님은 피아노와 오르간으로 교회를 도왔다. 배삼술 전도사는 6·25 후에 부산에서 양로원으로 크게 봉사했던 분이었다. 이 교회는 주일학교 교육에도 힘써서 많은 목회자를 양성하기도 했다. 내 나이 또래의 선후배로서 이삼열·이진열·김성택·김종삼·조정래·이명열·이경열 목사가 있다.

축사를 하면서 몇 번이나 울먹였다. 특히 내 주일학교 은사 문성주 장로를 말하면서 그랬다. 해방되던 해 '국민학교' 1학년이었던 나는 해방이 얼마나 큰 사건인지 그 의미를 몰랐다. 해방 며칠 뒤 면민들이 신사神社 마당에 모여 만세를 부르며 신사를 불태울 때도 왜 그러는지 몰랐다. 그러나 주일학교에 가서 비로소 그 의미를 알게 되었다. 문성주 선생님이 이집트(애굽)에서 해방된 히브리 민족의 예를 들어 설명했다. 종살이에서 해방된 히브리 민족은 우리 조선 사람과 같았고, 히브리 민족을 노예로 삼았던 이집트는 바로 일본과 같았다는 것이다. 또 성경의 위인 삼손과 다윗의 이야기를 들려주면서 이스라엘 민족을 탄압한 불레셋을 일본에, 불레셋 때문에 고난 받던 이스라엘을 조선에 비유해 말해주었을 때, 나는 8·15해방의 의미를 확실하게 이해하게 되었다. 그때 깨달았던 역사의식이 나를 역사공부로 이끌었다고 믿는다. 자신을 되돌아볼 때마다 어릴 때의 교육이 얼마나 중요한가, 시골 교회 주일학교 교사의 가르침이 얼마나 큰 영향력을 미쳤는가를 생각하며 늘 감사한다. 이렇게 내 삶의 요람이었던 군북교회는 문성주 선생님과 함께 지금도 내 삶 속에 살아있다(2019년 5월 20일).

한국교회 성장과 성경기독교

(2019년) 10월 20일 오후 1시부터 약 1시간 동안, 집 근처에 자리한 산

성교회에서 '초대교회 흥왕과 하나님의 말씀'이라는 제목으로 약 1시간 동안 강론했다. 시국문제로 들끓는 시점이어서 이런 제목이 흥미를 끌 수는 없지만, 한국교회의 쇠락을 걱정하는 많은 분들과 함께 나누고 싶은 내용이기도 해서 이런 제목으로 강의를 한 셈이다.

신약성경 중 사도행전은 초대교회의 시작과 성장 발전을 기술한 일종의 역사책이다. 사도행전의 저자 누가는 그 책 속에 초대교회의 성장 발전을 설명하는 세 구절을 숨겨놓았다. 예루살렘 교회의 성장을 두고 "하나님의 말씀이 점점 왕성하여 예루살렘에 있는 제자의 수가 더 심히 많아지고 허다한 제사장의 무리도 이 도에 복종하니라"고 했다(6:7). 예루살렘 교회가 핍박을 받아 흩어지게 되자 복음은 예루살렘과 유대의 한계를 넘어 이방인에게도 전해져 안디옥교회가 세워졌는데, 이때 누가는 "하나님의 말씀은 흥왕하여 더하더라"고 썼다(12:24). 소아시아와 마케도니아 및 그리스 등지의 선교의 성과도 그는 주의 말씀의 흥왕이라고 했는데, "이와 같이 주의 말씀이 힘이 있어 흥왕하여 세력을 얻느니라"고 한 말씀이다(19:20). 그는 교회의 성장과 발전을 '하나님 말씀의 흥왕'이라고 보았던 것이다.

사도행전에 나타난 초대교회의 성장 발전을 '하나님 말씀의 흥왕'이라고 했다면, 세계 선교사상 유례없는 성장과 발전을 이룩한 한국교회도 그런 관점에서 볼 수 있지 않을까. 1872년에 만주에 도착한 스코틀랜드 선교사 로스는 한국어를 익히고 성경 번역을 시작했다. 그 과정에서 1879년에 한국인 네 사람이 만주에서 세례를 받았다. 1882년 3월에 누가복음이, 그해 5월에 요한복음이 한글로 출판되었다. 한글역 성경은 압록강 북쪽의 만주 지역에 배포되어 1885년까지 100여 명이 세례를 받았고 600여 명이 세례 대기 중에 있었다. 서울로 와서 성경을 배포하고 약 2년간의 사역을 마치고 심양에 돌아온 서상륜은 서울에 70명을 포함하여 한국에 100명이 넘는 개종자가 있다고 보고했다. 로스는 서상륜의 구두보고를 1885년 3월 8일 자 편지로 영국성서공회에 알렸다. 이는 한국 개신교의 첫 선교사 아펜젤러와 언더우드가 도착하기 한 달 전이었다. 로스 역 하나님의 말씀이 이룩해낸 성과였다.

로스 역 신약성경 《예수셩교젼셔》가 만주 심양에서 출판된 것이 1887년이었지만, 한국에 온 선교사들은 독자적으로 성경을 번역했다. 대영성서공회BFBS 한국지부는 1896년경부터 한국 성서사업을 본격화했다. 1900년에 새로 신약성경을 번역·출판한 후 1911년에는 구약성경을 출판했고, 《개역판 신구약 성경전서》는 1938년에 출판되었다. 한글맞춤법에 따라 성경이 출판된 것은 1952년 한국전쟁 중이었고, 그 뒤 1956년에 다시 부분개정이 이뤄졌다. 1977년에는 천주교와 공동으로 신구약 성경과 외경外經을 번역하여 《공동번역성경》을 간행했는데 북한에서는 이 《공동번역성경》을 저본으로 하여 성경을 출판한 적이 있다. 대한성서공회는 그 뒤 현대어로 번역된 성경 《표준새번역》을 1993년에 완성, 출판했다. 그러나 각 교단에서 《표준새번역》 성경의 문제점을 지적하고 사용을 꺼리게 되자, 대한성서공회는 오랜 작업 끝에 2000년에 《개역개정판》을 내놓았고 한국교회는 이를 공식적으로 사용하고 있다.

초기에 출판된 성경은 권서勸書들에 의해 각 지역에 보급되었다. 권서는 성서공회 혹은 선교사들에 소속되어 성경의 보급에 매우 힘썼다. 어떤 이들은 자기가 맡은 구역을 거의 몇 주 동안에 돌아다니면서 성경을 보급했다. 그들 중에는 성경에 박식하여 초신자들의 질의에 응대하기도 하고, 밤에 유숙하는 곳에서는 성경을 가르치기도 했다. 이렇게 성경을 공부하는 작은 모임들이 뒷날 교회로 발전하였으니, 이들 권서들이야말로 이사야서 52장 7절에 이른바, "좋은 소식을 전하며 평화를 공포하며 복된 좋은 소식을 가져오며 구원을 공포하며 시온을 향하여 이르기를 네 하나님이 통치하신다 하는 자의 산을 넘는 발이 어찌 그리 아름다운가"의 말씀 선포자들이었으며, 한국교회 설립의 초석이 된 이들이다. 한국의 초대교인들은 대부분 권서들로부터 복음을 들었다.

성경 반포사업에 종사했던 베시 목사는 성경 반포를 두고 1912년, "오늘날 한국에는 성경이 뚫고 들어가지 않는 곳이 없다. 성경은 교도소와 병원, 나환자수용소, 매춘굴, 도박판, 아편소굴 그리고 궁궐과 가게를 통과했다. 성경은 추악한 거지소굴과 산중의 절간, 가난한 초가집, 어부의 거룻배와 뱃사공의 나룻배 그리고 학교와 대학에까지 들어갔다. 그리하여 성경을 읽음으로써 이러한 모든 곳에서부터 거듭난 사람twice-born men이 나타나고 있다"고 했다. 권서사업은 가장 값비싼 사업이었지만 복음화에는 가장 효율적인 것으로 이해되었다. 그 결과 한국 신자들은 '성경을 사랑하는 그리스도인Bible-loving Christian' 혹은 '성경을 사랑하는 자들Bible lovers'이라고 불렸고, 한국의 기독교는 '성경기독교Bible Christianity'라고 불렸다.

성경이 보급되자 성경을 읽기 위해 한글공부운동이 일어났고, 성경을 공부하기 위한 사경회査經會가 시작되었다. 1902년 미북장로회 선교부는 800여 회의 사경회에 5만여 명이 참석했고, 이 무렵에는 신자의 60%가 해마다 사경회에 참석했다. 사경회는 주로 농한기인 겨울에 열렸는데, 1901년 평양에서 개최된 여자사경회에는 압록강변의 삭주·창성 지방의 자매들이 300리의 눈길을 헤치고 머리와 등에 짐을 이고 지고 참석했다. 1902년 평양의 '사나이'사경회에는 400여 명이 참석했고 이 중에는 전라도의 목포·무안에서 참석한 형제들도 있었다. 1909년 10일간의 성경공부를 위해, 머리에 쌀자루를 이고 300마일을 걸어온 이들이 있었는가 하면, 어떤 이는 거기에다 아이까지 업고 왔는데 그들의 손에는 손때 묻고 닳은 성경책이 쥐어 있었다.

이렇게 한말, 일제 치하 신앙의 자유가 제약당하던 상황에서도 줄기차게 계속된 성경공부는, 사도행전 기자가 언급한 '말씀의 흥왕'(행 6:7, 12:24, 19:20)을 가져왔고 그것이 한국교회의 성장을 주도하고 있었다. 때문에 이를 지켜본 선교사들은 세계선교사상 유례없는 한국교회의 성장을 성경기독교적인 성격에 있다고 한결같이 입을 모았다. 선교사들의 말이다. "한국의 성경은 좀 독특한 위치를 차지해 온 것이 분명하다. …… 성경공부와 성경공부반은 한국교회의 발전에서 가장 독특하고 가장 중요한 요소이다"(1916년). "성경공부반은 겨울에 열흘에서 2주일 동안 중심지에서 열린다. 겨울마다 족히 12만 5,000명의 사람들이 성경공부에 참여하기 하기 위해 모이는 것으로 추정된다"(1917년). "한국교회의 주목할 만한 성장과 발전은 성경을 체계적으로

가르친 때문이라는 것이 충분히 관찰한 사람들의 확신이다"(1930년)
(2019년 10월 20일).

일산은혜교회 강경민 목사 은퇴식 축사

은퇴하시는 분을 위해 축사를 한다는 것은 따지고 보면 약간 좀 멋쩍
어 보입니다. 봉직하는 목회 업무를 떠나, 시쳇말로 백수가 되니 섭섭
하시겠다는 말을 해야 할 계제에 축하한다는 말을 해야 한다는 것은,
아마도 사도 바울이 디모데후서 4장 7절에서 언급한, "나는 선한 싸움
을 싸우고 나의 달려갈 길을 마치고 믿음을 지켰으니 이제 후로는 나
를 위하여 의의 면류관이 예비되었다"고 한 그런 당당한 경우를 제외
하고는 축하한다는 말을 할 수도, 들을 수도 없는 것이 아닌가 생각합
니다. 그러나 한편 40여 년간의 목회생활을 대과 없이 마치고 은퇴를
하게 되었으니 그 또한 축하받을 일이라고 생각되기도 합니다. 축사에
는 칭찬이 있기 마련, 과찬이 아니면 마음속으로 같이 칭송해주시기
바랍니다.

절더러 축사를 부탁한 것은, 학생시절부터 목회사역을 마치는 시간
까지 오랫동안 목사님을 가까이에서 접해본 사람이 많지 않기 때문일
것입니다. 그렇습니다. 제가 강 목사님을 처음 뵙게 된 것은 그의 20대
젊은 시절, 아마도 동향 모임으로 조직된 겨자씨모임에서가 아닌가 합
니다. 초청을 받아 그 모임에 강의하러 갔을 때, 목사님의 선배격인 박

철수 목사와 함께 처음 뵌 것 같습니다. 그 뒤 제가 총신대학에서 국사를 강의한 적이 있는데 그때도 뵈었다고 합니다. 학창시절 본격적으로 뵙게 된 것은 저 자신 학생이기도 했고 가르치기도 했던 합동신학교에서입니다. 1980년 지금의 남서울교회에서 합동신학교가 시작되었고 그 뒤에 강 목사님과 이문식 목사님을 함께 뵙게 되었습니다. 그 뒤 40여 년간 평생의 지기로 지내온 셈입니다.

그 뒤 홍정길 목사님이 담임하시던 남서울교회 청년부를 섬기고 있을 때에 강 목사님을 비교적 자주 뵙게 되었습니다. 제 집도 반포아파트에 있어서 자주 출석했고, 우리 아이들도 남서울교회에서 교육을 받았습니다. 이 시기 남서울교회를 중심으로 기독청년들이 자신들의 무기력을 반성하는 자각과, 사회참여에 대한 의식이 강렬하게 일어났는데 그 중심에 강경민 목사님이 있었습니다. 소위 복음주의학생청년운동이라고 할 수 있습니다. 1980년대까지는 한국의 보수진영이, 좋게 말하면 전도와 선교를 통한 교회 성장에만 관심을 갖고 있었습니다. 유신체제와 신군부체제 하에서 수많은 젊은이들과 민주인사들이 희생되고 있었지만, 보수진영에서는 청년들조차 이렇다 할 관심을 갖고 있지 않았습니다. 이 무렵, 1974년에 스위스 로잔회의에서 채택한 로잔언약과 그를 주도했던 존 스토트 등이 한국의 보수주의 청년학생들에게 자극을 주었습니다. 복음주의 운동권에서 하나님나라운동은 이 무렵에 시작되었습니다. '하나님나라'는 죽음 후에 가는 저세상일 뿐만 아니라, 우리가 사는 이 세상도 하나님의 통치가 이뤄지는 한 하나님의 나라라는 개념이 정립되어갔습니다. 따라서 그리스도인들은 죽어서 하나님나라인 저 천국에 들어가는 것뿐만 아니고 이 땅에서도 하나님의 통치가 이뤄지는, 하나님의 나라를 이룩해야 할 책임이 있다는 신앙이 정립되어갔습니다. 1987년 6월 민주화운동을 전후하여 복음주의권의 젊은이들이 공명선거운동에 힘을 보태게 된 것은 이런 신학 사상적인 변화가 있었기 때문입니다. 그 중심 교회가 바로 남서울교회였고, 이를 추동한 젊은 인사들로서는 박철수·강경민·이문식·김회권 등이 있었습니다. 제가 이렇게 1980년대 복음주의운동을 간단히 언급하는 것은 이것을 설명하지 않고는 오늘의 강경민 목사와 그의 동료들을 언급할 수 없기 때문입니다.

이 무렵 강경민 목사와 동료들은 복음주의 청년학생운동을 이끌며 경실련운동과 공명선거운동 등 기독교적 사회정의 실현에 힘쓰는 한편 이 같은 복음주의 이념의 확산과 복음주의운동의 활성화를 위해, 1991년에는 김진홍 목사와 저를 발행인으로 하는 《복음과상황》이라는 월간지를 간행했습니다. 그 잡지는 이날까지 28년간 계속되고 있는데 기독교 잡지로서 이렇게 오래 발간되는 것은 많지 않습니다. 강경민 목사님을 비롯한 젊은 복음주의자들은 이 잡지의 편집위원으로 활동하면서 글을 쓰고 교회변혁과 사회참여에 열심을 내는 한편 복음주의권의 후세대들을 양성하는 데에도 혼신의 힘을 기울였습니다. 아직도 한국의 보수교단들이 젊은이들과 사회로부터 꼰대 소리를 들으며, 보수라 하면서도 보수가 지녀야 할 가치도 품위도 갖고 있지 못하지만, 그래도 복음주의자들이 과거 한국교회의 진보세력 못지 않게 교회개혁과 사회참여에 앞장서고 있는 것은 강 목사님과 동지들이 일궈놓은《복음과상황》의 힘이 크다고 생각합니다. 그 중심에는 이제 은퇴의 나이를 맞게 된 강경민 목사와 그 그룹들이 있다는 것을 말하지 않을 수 없습니다.

그 뒤 1995년부터 강 목사님은 일산에 와서 교회를 개척하면서 그간 쌓아왔던 개혁주의적인 동력을 남북화해와 통일운동이라는 데에 경주하게 되었습니다. 모르긴 하지만 그가 개척교회를 일산에서 시작하게 된 것은 아마도 남북화해와 통일을 준비하려는 의도가 있지 않았는가 생각합니다. 1993년 홍정길 목사님을 사무총장으로 하여 남북나눔운동을 시작하게 되었을 때 이를 뒷받침한 분들이 이문식·강경민 목사와 진보진영의 권호경·김영주 목사입니다. 남북나눔운동은, 1990년대 고난의 행군을 겪고 있던 북한을 염두에 두고 시작했는데, 거기에는 저희 같은 학자 10여 명도 기독교적 관점에서 통일문제를 연구하도록 했습니다. 남북나눔운동연구위원회는 그 뒤 한반도평화연구원으로 발전하여 지금도 통일 연구기관으로 손꼽히고 있으며 기독교적 정체성을 가지고 독보적인 활동을 펴고 있습니다. 바로 이 연구활동을 꾸준히 뒷받침하고 있는 분들로 홍정길·김지철 목사를 비롯한 강경민·이문식 목사를 들 수 있습니다. 이와 관련, 이런 운동들의 신학적 접근에는 박철수·김회권 목사가 있고, 신학이론을 정책화하고 조직화한 중심에는 강경민·이문식 목사가 있으며, 이런 이론들을 직접적인 교회개혁으로 이끌며 행동화하는 데는 방인성·박득훈 목사가 대표적이라고 할 수 있습니다.

강경민 목사님의 은퇴를 맞으면서, 지금까지 언급한 복음주의신학과 그 운동에 대한 역사적 배경을 근거로 하여 내가 직접 보고 느낀 강 목사님을 소개함으로써 축사를 마무리하겠습니다. 우선 강 목사님은 그의 존함에서 플러스적인 혹은 마이너스적인 효과를 갖고 있습니다. 강 씨 성에다 이름이 또 'ㄱ' 자로 시작하기 때문에 가나다순으로 이름이 맨 먼저 나열됩니다. 좋은 일에는 이름이 먼저 나오는 것이 명예스럽습니다만 그렇지 않을 때는 약간 꺼림칙합니다. 거기에다 강경민이라는 이름은 '강경하다'는 인상을 이름에서부터 줍니다. 그래서 목사님은 자기 이름의 '강경'을 완화시키기 위하여 평소에 매우 많은 노력을 하고 있는 것으로 압니다. 그런 이름이 아니었더라면 이론적으로나 조직 면에서 굉장한 파워를 행사했을 것으로 이해합니다. 부모님께서 그런 이름을 지어주심으로 강 목사님이 이름보다는 상당히 부드럽고 겸손하게 되지 않았나 생각합니다. 농담입니다.

말씀을 선포하는 목회자로서의 강 목사님은 말씀을 항상 시대와 상황 속에서 해석하고 외친다는 것입니다. '복음과 상황'을 의식하고 조화를 이룬다는 뜻입니다. 이것은 바로 구약의 예언자들이 외쳤던 그 방식입니다. 칼 바르트 같은 신학자는 한손에는 성경, 또 한손에는 신문을 가져야 한다는 말을 했습니다만, 강 목사님은 말씀 선포에서 언제나 오늘의 상황을 외면하지 않습니다. 그 복음의 말씀이 오늘 이 현장에서 역동하도록 합니다. 그래서 강 목사님의 이런 말씀 선포를 부담스러워하는 이들이 있다는 말을 들은 적이 있습니다. 과거 한국교회는 정교분리를 잘못 가르치거나 인용하여 말씀을 시대상황과 연결하는 것을 금기시했습니다. 구약의 예언자들과 같이, 하나님의 말씀으로 시대와 상황을 비판하는 것을 두고 정교분리라는 이유를 들어 금기시했습니다. 그 대신 목회자들이 국가조찬기도회에 가는 것이나 국가정책에 박수치는 것은 아무렇지도 않게 생각했습니다. 지금은 어떻습니까. 떼거리로 광화문을 점거하고 청와대 앞에서 고성방가를 하는, 예전 기준으로 보면 벌써 감옥에 갔어야 할 기독교인들에 대해서도 정교분리문제와 관련, 아무도 시비하지 않습니다. 마틴 루터나 칼빈 이후 하나님의 말씀에 입각하여 정치·경제 등 사회문제를 다루는 것은 개신교 전통이었는데 우리는 그동안 잘못 가르쳤습니다. 상황을 외면한 복음은 죽었다고 할 수 있습니다. 강 목사님이 구약의 역사서를 해석하면서 남긴 설교들 가운데는 매우 탁월한 것이 있다는 것을 상기하고자 합니다. 혹시라도 그동안 복음과 상황을 일치시키려는 강 목사님의 말씀 증거에 대해서 불편해 했던 이들이 있었다면, 강 목사님의 길이 오히려 진정한 말씀 선포자의 길이었다는 제 축사에 동참해주시기를 바랍니다.

강 목사님은 어떤 사물을 대할 때에 상당한 이론과 그 이론을 뒷받침하는 조직력을 갖고 있다는 것을 눈여겨볼 수 있습니다. 이것은 타고난 큰 은사이면서 그동안 쌓은 훈련의 결과라고 생각합니다. 이론이라는 것은 그냥 많이 읽고 알고 있다는 뜻의 학식이 아닙니다. 조직화된 학식이라고 할 수 있습니다. 어떤 문제가 강 목사님의 관심의 영역에 들어가기만 하면, 그 해결책은 조직화된 이론으로 정리되어 나옵니다. 이 점은 신학을 하는 관점이나 세계관에서도 마찬가지입니다. 사물을 이론화·체계화하는 강 목사님의 정리의 힘은 타의 추종을 불허합니다.

그래서 조직적인 이론가요 체계가입니다. 때를 만났으면 큰일을 하실 수 있었을 것입니다. 이것은 단순히 교회나 종교계의 일을 취급할 때뿐만이 아닙니다. 우리나라 정치와 사회를 보는 데도 강 목사님은 웬만한 정치평론가를 뛰어넘고 있습니다. 촛불혁명으로 새 정권이 들어섰을 때, 강 목사님은 이제 한국의 정치계는 민주당과 여타 정당이 하나의 보수그룹을 이루고 정의당이 진보를 대신하는 양당구조로 개편되어야 한다고 전망했습니다. 이것은 한국의 정치계를 향하는 이론적인 배경과 조직력을 갖지 않고서는 도저히 할 수 없는 전망입니다.

이런 이론의 배경에는, 제가 강 목사님을 대하면서 늘 부러워하는 것으로, 직관적이면서도 종합적인 통찰력이 있다는 것입니다. 저는 제 주변에서 강 목사만큼 직관력과 통합적인 사고를 하는 분을 만나보지 못했습니다. 직관력은 통찰력이라고도 하겠지요. 이런 통찰력을 갖고 있기 때문에 강 목사님은 교회일 뿐만 아니라 사회적인 관심사에도 남달리 탁월한 견해를 나타낼 수 있었다고 생각합니다. 그가 복음주의권의 여러 단체들을 조직하고 뒷받침하는 것은 이런 직관적이고 통합적인 폭넓은 인식체계를 갖고 있기 때문입니다. 성서한국과 통일한국을 비롯하여 평통연대, 고양평화누리, 고양종교인평화회의 등 여러 단체들을 조직, 관여하는 것이나, 느헤미야 구원을 통해 한국교회에 새 바람을 불어넣으려고 하는 것은 우리가 익히 알고 있습니다. 강 목사님은 이런 운동에서 앞서 끌어가기도 하지만 뒤에서 밀어 후원하는 일을 스스럼없이 하고 있습니다.

강 목사님은 최근 우리 시대를 향한 광야의 소리로 다시 나섰습니다. 자신의 SNS를 통해 이 시대를 향해 질책, 포효하고 있습니다. 구약의 예언자들이 그 같은 역할을 감당하지 않았나 생각합니다. 촛불혁명 이후 한국사회와 교회는 민주주의, 공정과 균등, 적폐청산 등이 다 이뤄진 것으로 알고 방심하고 있었는데, 정치권에서는 개혁은커녕 여야 할 것 없이 국민에게 실증과 혐오만 부추기고 있으며, 시대적 개혁화두인 선거법 개정과 검찰개혁은 자칫 물거품이 될 듯 한데도 한국교회와 지성계는 예언자적인 사명은커녕 전 모의 바짓가랑이 밑에 기어들어가 아부하고 명성교회의 세습에 박수 치고 사랑의교회 불법에 침묵하는, 영적으로 비참한 상황에 이르렀습니다. 이런 상황에서 한국교회와 사회의 이런 침묵을 도저히 묵과하지 못하겠다고 인식하신 듯, 강 목사님은 최근 그의 SNS를 통해 광야의 소리를 고고하게 외치고 있습니다. 부디 그 외침이 광야의 소리로서 한국의 종교·정치·사회 개혁에 큰 울림이 있기를 기대합니다.

제 축사를 끝맺겠습니다. 강 목사님의 목회는 성경에 기반하여 젊은 그리스도인들과 함께 교회를 개혁하고 사회개혁에도 힘을 쏟았습니다. 분단현실을 감안하여 민족의 화해와 통일을 지향하는 민족목회에게까지 나섰습니다. 앞으로 남은 생도, 지역공동체와 더불어, 예언자적 사명을 완수하도록 하나님께서 은퇴하시는 강 목사님께 건강과 통찰력, 그리고 은퇴 이후의 삶의 안정도 허락해주시기를 기원하면서 제 축사를 마치겠습니다(2019년 12월 15일).

왕시루봉 선교사 유적과 문화유산 보전

지리산 선교사 유적-노고단과 왕시루봉

지리산 노고단과 왕시루봉에는 선교사 관련 유적이 남아있다. 노고단에는 허물어진 석조 예배당 유적 일부가 남아있고, 왕시루봉에도 선교사들이 사용하던 건물들이 남아있다. 노고단 유적은 일제강점기에 세워진 것이고 왕시루봉의 것은 해방 후 일정 기간 활동하던 선교사들이 남긴 유적이다.

잘 알려진 바와 같이 여순사건(여수·순천 10·19사건)과 한국전쟁을 거치면서 '좌익' 빨치산의 근거지가 된 지리산은 10여 년간 그 소탕전으로 일반인의 출입이 통제되었고 그때 노고단 수양관 건물들은 철저히 파괴되었다. 왕시루봉 유적은 해방 후 특히 6·25를 전후한 시기에 노고단 유적이 훼파되자 새로 세운 건물들이다.

왕시루봉 유적이 세워진 경위

해방 전에 본국으로 돌아갔던 일부 선교사들이 해방 후 한국으로 돌아왔다. 그중 전쟁 직후 귀환한 린튼[Hugh Linton, 인휴]과 하퍼[Joseph Baron Hopper, 조요셉] 선교사는 해방 전에 선교사들이 사용했던 노고단 수양관이 복구가 어렵다는 것을 알고 다른 장소에 수양관 재건을 모색하게 되었다. 그들은 1961년 봄부터 구례군청과 토지면장, 경찰서장 등 지역 관리들의 도움을 받으며 지리산 일대를 탐색, 새로운 수양관 후보지를 찾아 나섰다. 그 결과 구례군 토지면 구산리 산106번지에 위치한 왕시루봉을 점지하게 되었다. 린튼과 하퍼는 왕시루봉 일대가 국유지인 줄 알았지만 1961년 여름부터 부지를 조성했다. 1962년 봄 왕시루봉 일대가 서울대학교 농과대학 연습림(39호)으로 되어 있음을 인지한 린튼과 하퍼는 서울대학교 농과대학과 교섭하여 임대계약을 체결하기로 하고 1962년 7월 11일 서울대학교 농과대학장 김호식을 상대로 계약을 체결하였다. 이 계약으로 서울대학교와 미국 남장로회 선교부는 공동소유, 공동관리하는 형태로 왕시루봉 수양관이 '합법'성을 갖게 되었다. 이로써 노고단에서 사라진 지리산수양관은 왕시루봉으로 옮겨 '부활'되었다. 그러나 노고단수양관에 비하면 규모나 시설이 현격하게 줄어들었다.

왕시루봉수양관은 그 뒤 10년 넘게 선교사 휴양기관으로 활용되었다. 1970년대에 이르러 변화가 일어났다. 이때 지리산이 국립공원으로 지정되면서 수양관에 대한 정부의 간섭이 늘어나게 되었고 그 무렵부터 주한선교사 수가 격감하게 되어 수양관 이용자도 급격히 줄어들게 되었다. 게다가 수양관 관리 책임을 지고 있던 인돈이 1984년 교통사고로 별세하게 되자 선교부는 물론 한국 교계의 무관심 속에 수양관이 쇠락하게 되었다.

2003년 3월 서울대학교 농업생명과학대학은 왕시루봉 수양관 건물이 "사용 목적(난치병 환자 치료 및 요양)에 위배되었다는 감사원의 지적에 따라 사용허가 기간이 만료되는 2004년 2월 29일 이후 국유재산 유상사용 수익허가를 하지 않을 예정임을" 통보하면서 왕시루봉에 있는 12채 거물 중 8채를 철거할 계획도 밝혔다. 여기에다 노고단에 남아있는 옛 강당 건물 잔해를 철거하라는 지역 시민단체의 요구까지 겹쳐 두 곳의 지리산수양관 유적은 모두 철거 위기에 놓이게 되었다. 이런 상황에서 한국기독교 측에서는 2004년 2월 지리산기독교유적지보존위원회를 조직하고 노고단과 왕시루봉수양관 유적지 보존과 복구를 위한 대책을 모색하게 되었다.

왕시루봉과 인연을 맺은 선교사들

왕시루봉에는 12채의 건물이 있다. 교회당 건물을 비롯하여 인돈 부인 Charlott Bell Linton 주택, 조요셉 주택, 한성진James Hazeldine 주택, 배도선Peter R. M. Pattison 주택, 모요한John Venable Moore 주택, 변조은John Brown 주택, 도성래Stanley Craig Topple 주택, 하도례Theodore Hard 주택, 로빈슨Robert Kitchen Robinson 주택, 인휴·인애자Hugh Macintyre & Lois F. Linton 주택 등 10채의 개인 주택과, 창고까지 합쳐 총 12채가 있다.

이곳에 개인 주택 등을 남긴 이들은 모두 선교사로서 해방 전후에 한국에서 활동한 이들이다. 인돈 부인은 남장로회의 초기 한국선교사 배유지Eugene Bell 선교사의 딸이며, 뒷날 대전대학(현 한남대학)을 설립, 초대 학장을 역임한 인돈의 부인이다. 그의 남편 인돈이 1960년에 돌아간 후에 아들 휴 린튼[Hugh M. Linton, 인휴]과 함께 이곳에 휴양소를 정했던 것 같다. 인휴는 노르웨이 기금을 한국에 들여와 결핵요양원을 설립하기도 했고, 여름철에는 왕시루봉 오두막집에서 어린 6남매를 키웠는데 그가 거주하던 오두막집은 일본의 갓쇼즈쿠리合掌造 건축양식으로 건축학계의 관심을 끌었다.

도성래는 한센병 환자를 위해 평생을 몸 바친 선교사로 여수 애양원 원장을 역임했다. 변조은은 호주 선교사로 한국의 가축 개량과 농촌 지원을 위해 노력했으며, 1966년에는 호주로부터 대형 흰 돼지와 염소들을 들여와 번식과 분배를 지도했다.

배도선은 영국의 명문 의과대학 출신으로 부유한 부모의 만류에도 불구하고 의료선교사로 마산에서 결핵 치료활동을 하면서 한국의 누가회를 탄생시켰다. 그의 부인은 한국의 불우한 여성을 위해 '은혜의 집'과 여성 구제에 헌신 봉사했다.

하도례는 고신대학교 교수와 도서관장을 역임하며 신학교육과 사회 발전을 위해 크게 기여한 분이다. 그는 양서 보급에 앞장선 공로자로 알려져 있다. 이 밖에 모요한 선교사와 로빈슨 선교사가 있는데 이들 또한 6·25를 전후한 시기에 한국에 와서 선교와 한국사회 발전에 크게 공헌한 분들이다.

이들 선교사들의 국적은 대부분 미국이었으나 영국과 호주 국적을 가진 이도 있었고 가족 중에는 노르웨이인도 있었다. 이들은 선교사역 중 풍토병을 극복하고 휴식을 취하기 위해 지리산 왕시루봉에 일종의 수양관을 만들게 되었다. 그렇다고 이곳이 단순한 휴식처는 아니었다. 과거 노고단이 성경 번역의 장소로 활용되었듯이 왕시루봉은 선교사들의 헌신과 봉사를 위한 재충전 공간이자 에큐메니칼Ecumenical 활동을 위한 공간으로서의 의미를 갖고 있었다.

현재 한국에서는 대부분의 선교사 유적들이 서울을 비롯한 도심에 자리 잡고 있다. 거기에 비해 왕시루봉 유적은 도심을 떠나 산속에 자리하고 있는 것이 특이하다. 왕시루봉 유적은 선교사들이 직접 지었다는 점에서도 의미가 크거니와 비록 12채 밖에 되지 않는 이 공간들이 미국을 비롯하여 영국·호주·노르웨이 등 여러 나라들의 독특한 양식을 재현함으로써 건축학적인 의미도 갖고 있다.

왕시루봉 건축·문화재적 가치

왕시루봉 유적에 대해서는 일찍부터 그 건축, 문화재적 가치를 평가해 왔다. 순천대의 남호현 교수(문화재청 문화위원)는 왕시루봉 유적은 인간과 자연이 교섭하여 생태적 통섭 환경을 이룬 문화경관으로서의 가치가 크다고 평가했다. 전남대 건축학부의 천득염 교수(전남 지역 문화재위원)도 서양 선교사들의 주거건축일지라도 한국의 전통적 공간 배치와 건축구조를 채용했다는 점을 지적했다. 천 교수는 또한 영국과 일본의 농촌주택 양식 및 노르웨이식 건축양식 그리고 북미식 오두막양식을 도입한 점도 지적했다. 이는 12채밖에 되지 않는 이 건물 집단에 세계성의 조화를 볼 수 있음을 내비친 셈이다. 여기서 우리는 왕시루봉 유적에서 역사·문화·종교적 가치뿐만 아니라 건축적인 세계성과 그 조화도 엿볼 수 있다.

근대건축물 전문조사기관인 (사)도코모모코리아는 지리산 선교유적지와 왕시루봉수양관을 조사하고 난 뒤 발행한 620여 쪽 분량의 보고서에서 "종교사와 현대사, 관광사적 의미를 고루 갖춘 지리산 선교유적지는 근대 문화유산으로서 보존가치가 있다"고 밝혔는데, 그 연구 결과를 요약하면 다음과 같다(사단법인 지리산기독교선교유적지보존연합,

《일어나라! 지리산 선교유적지》, 2019년, 50쪽)

1. 지리산 노고단의 미남장로회 수양관 건축의 유적은 한국근대사와 근대선교사의 기념적 건축유적으로 조속한 보존조치가 필요하다.

2. 왕시루봉 선교사 휴양관 마을은 다음과 같은 대표적인 건축물에서 그 역사적, 문화적, 종교적, 건축적 가치를 가지고 있으므로 문화재적 보존조치를 취해야 한다고 판단된다.

   1) 배도선 가옥은 영국인 선교사에 의해 도입된 건축물로 영국의 띠집 농가주택Thatcher House의 양식과 기술을 지니고 있다.

   2) 인휴 가옥은 일본 농가의 갓쇼즈쿠리 가야부키 기술과 양식이 도입된 건축물이다.

   3) 도성래 가옥은 노르웨이인 그의 부인과 자녀를 위하여 노르웨이 산악 건축형식을 도입하여 지은 건축물로 그 희귀성과 건축적 가치가 매우 크다.

   4) 에이텐트A-Tent라고 불리는 인돈 부인 가옥은 영국의 중세 목조 주택이 발전한 북미 뉴잉글랜드 지방의 오두막이 현대적으로 진화한 1950~60년대의 에이프레임A-Frame을 도입한 건축물로 그 건축양식적 가치가 크다.

   5) 왕시루봉 선교사 휴양관의 다른 건축물도 이 마을을 이루는 구성요소로 저마다의 가치를 지니고 있으며, 마을 구성을 저해하는 어떤 훼손도 그 가치를 파괴하는 결과를 초래하므로 현재의 마을 구성은 현재의 그대로 보존되어야 함이 타당하다.

3. 이 밖에도 지리산 왕시루봉 선교사유적은 그 마을 구성과 조성에서 인간과 자연이 교섭하여 생태적 통섭환경을 이룬 문화경관 Cultural Landscape으로서 가치가 크다고 판단된다.

한국 개신교 선교역사에서 선교사 휴양지는 현재 남은 것이 거의 없다. 해방 전에는 황해도 소래와 함경남도 원산 및 지리산 노고단에 선교사 휴양지가 있었으나, 분단 이후에는 소래 및 원산의 것이 없어졌고, 다만 1960년대 이후 지리산 노고단을 이어 왕시루봉이 휴양지로서 새롭게 형성되었다. 과거 선교거점Mission Station이었던 곳에는 아직도 선교유적과 선교사들의 무덤 등이 있으나 선교거점 외에는 지리산 왕시루봉을 제외하고는 거의 찾아볼 수 없다. 그런 점에서도 왕시루봉 유적은 중요한 의미를 지니고 있다. 더구나 과거 선교거점에 남아있던 도시의 선교유적들이 어느 특정 교단이나 단체들에 소속된 데비해서 왕시루봉의 것은 특정 국가나 특정 선교단체를 넘어서서 왕시루봉을 중심으로 새로운 선교공동체를 만들었다는 점에서도 중요한 의미를 갖고 있다.

문화재 등록제도와 기독교 문화유산

왕시루봉 선교사 유적 보존문제는 단순히 기독교인뿐만 아니라 문화한국을 지향하는 대한민국에도 중요한 과제가 아닐 수 없다. 대한민국의 문화재 보존정책은 과거 전근대문화유산 보존에 주력해왔지만 최근에 이르러 근대문화유산 보존에도 관심을 기울였다. 종래 전근대문화재 보존을 위해 문화재 지정제도를 고수해오던 정부는 근대문화유산을 보존하기 위해서 문화재 등록제도를 새로 도입하여 적극 권장하고 있다.

정부의 문화재 보존정책과 관련, 전근대문화재에 대해서는 문화재로 '지정'하여 보존하는 정책과 최근에는 근대문화재에 대해서는 문화재로 '등록'하는 제도 등 두 가지 정책을 병행하고 있다. 지정문화재제도와 등록문화재제도다. 지정문화재는 국가지정문화재(국보·보물 등)와 시도지정문화재 및 문화재자료 등 국가가 문화재로 지정하여 보존하는 제도다. 문화재로 지정되면 개인의 재산권 등에 제약이 가해지고, 지정문화재 때문에 그 주변에도 일정하게 영향을 미치게 된다.

거기에 비해 등록문화재란, 현재 문화재로 '지정'되지 않았지만 문화재로 보존할 가치가 있어서 그것을 문화재로 '등록'해두는 것이다. 이 경우에는 문화재로 등록한 분이나 그 주변이 재산권 행사에 지장이 없다. 등록문화재로는 주로 근대문화재가 여기에 속한다. 그러니까 등록문화재제도는 근대문화유산 중 문화재로 보존하려는 것으로, 문화재로 지정하기에는 이르고 그렇다고 방치하면 없어질 수도 있는 그런 문화재를 보호하기 위해 만든 제도라 할 수 있다. 등록문화재에 속하는 것들은 주로 1860년대 한국의 근대시기부터 1950~1960년대에 이르는 시기에 형성된 문화재들을 말한다. 이들 문화재는 토목·건축물과 영화필름, 간이역사簡易驛舍, 등대, 염전, 돌담, 특수한 거주지 등과 앞으로는 공동묘지도 여기에 포함시킬 것으로 예상된다.

이렇게 근대문화재를 등록문화재로 하여 보존하려고 노력한 결과 몇 년 사이에 수백 건이 넘는 근대문화유산이 등록문화재로 신청, 보존 대상이 되었다. 등록제도에서 강제성이 없는데도 이렇게 몇 년 사이에 보존할 문화유산 대상에 오르게 된 것은 등록 대상이 주로 공공기관의 소유이기 때문이기도 하지만 한국민의 문화의식이 상승해가고 있기 때문이라고 생각된다. 최근 개인 소유의 것도 자진하여 문화재로 등록, 보존하려는 열의를 보이려는 것은 바로 국민들의 문화의식의 향상과 깊은 관련이 있다고 생각된다.

왕시루봉 선교사 유적은, 다른 개신교 문화유산과 마찬가지로 시기적으로 봐서 근대에 형성된 문화재에 속한다. 천주교의 경우, 1860년대 이전의 문화유산도 있으나 개신교의 경우는 모두 그 이후의 것이다. 때문에 보존가치가 있는 개신교 문화유적은 대부분 근대문화재로 '등록'되었다. 간혹 시골교회 건물 등이 문화유산으로 등록된 경우도 있으나, 대부분 선교거점에 설립된 교회·학교·병원 및 무덤을 포함한 선교사 유적들이다. 그렇더라도 개신교의 등록문화재는 수적인 면에서도 초라한 편이다.

개신교 문화재가 많지 않은 것은 단순히 일천한 역사 때문이라고만 할 수 없다. 오히려 한국 개신교인들의 역사와 문화에 대한 의식이 희박하기 때문이라고 생각된다. 교회당을 새로 짓는 과정에서 개신교인들은 문화재 보존에 대한 의식이 거의 없는 듯하다. 최근 보존가치가 있는 예배당을 헐고 새로 짓는 것을 보면 그렇게 생각된다. 교인 증가를 감당하기 힘들다든가 건물이 현대적이지 않다는 이유로 옛 건물을 허물어버릴 때, 우리는 그 옛 건물과 함께 선대들이 갖고 있던 신앙의 전통마저 헐어버리는 것이 아닌가 하는 느낌을 지울 수가 없다. 이는 이해가 되면서도 한편 안타까움 또한 금할 수 없다. 이게 한국 개신교인의 역사의식과 무관하지 않다.

또 하나, 한국 개신교인들은 전통과 우상을 구분하지 못하거나 동일시하는 태도를 갖고 있는 경우를 본다. 전통을 우상시하는 경향은 옛것을 배척하는 성향을 갖게 된다. 신앙인은 하나님이 각 민족에게 개성적인 문화를 주셨다는 것을 인식하고 우리 전통문화 속에도 하나님의 뜻이 나타나고 있음을 찾으려고 노력해야 한다. 여기서 전통적인 문화유산이 하나님의 은총으로 나타났다는 것을 이해할 수 있게 된다. 기독교 신앙인은 전통 속에 나타난 하나님의 뜻을 발견하고 전통을 문화유산으로 보존해야 한다. 왕시루봉의 건축물들도 여러 나라의 형식으로 되어 있고 선교사들이 건축·보존해왔다는 점에서 한국의 개신교인들은 부채의식을 가지고 문화재로 보존해야 한다.

왕시루봉 선교유적은 근대문화재로 등록·보존되어야 한다

대한민국 정부에서는, 앞서 언급한 바와 같이, 문화재 보존을 위한 다각적인 정책을 펴왔다. 문화재로 '지정'하여 보존하는 정책과 문화재로 '등록'하여 보존하는 제도를 들 수 있다. 개신교에서 남긴 문화재는 대부분 근대문화재로서 등록문화재의 대상이 되어 있다.

지리산의 선교사 유적들은, 해방 전에는 노고단을 중심으로 휴양과 성경 번역 및 에큐메니컬 활동에 활용되었지만, 해방 후에는 왕시루봉을 중심으로 휴양과 에큐메니컬 활동을 위해 활용되었다. 특히 풍토병

극복과 휴양을 위해 지리산 왕시루봉 휴양지는 그 독특한 사명을 감당해왔다. 현재 남아있는 왕시루봉의 유적은 60여 년 남짓한 역사에도 불구하고 그 문화적, 건축학적, 종교적 가치가 높다. 문화한국을 위해서는 문화재 복원도 중요하지만 소멸되어가고 있는 문화재를 '등록'하여 보존하는 것도 중요하다.

왕시루봉 선교유적지는 해방 후 한국을 찾은 선교사들이 선교와 교육, 일반 의료와 의료교육, 농업과 목축의 근대화, 고아와 과부·전쟁에서 희생된 여성의 재활사업, 서양의 근대 양서 보급 그리고 한센병 치료 등 여러 가지 방면에 종사하면서, 일제 식민지의 고통과 한국전쟁의 후유증을 극복·재건하는 일에 앞장서다 피로해진 심신을 재충전하는 곳이었다. 그곳에 휴식의 공간을 마련한 선교사들은 세계 여러 곳에서 모여들어 왕시루봉이라는 불과 300여 미터 거리의 공간에 12채의 건물을 조성, 당시 전쟁으로 피폐해진 산간에서 작은 평화의 지구촌을 형성했다는 점에서도 중요한 의미를 지니고 있다.

왕시루봉 휴양지는 '화해'라는 중요한 의미를 부여할 수 있다. 한국전쟁 전후의 피비린내 나는 전투는 휴전선을 중심으로 한 지역에서만 이뤄진 것이 아니다. 지리산을 중심으로 해서도 이념적 갈등과 투쟁은 10여 년 이상 계속되었다. 갈등과 투쟁의 상징처럼 되어 있던 그 현장에 화해와 용서를 실천하려고 온 선교사의 집단 휴양지가 세워졌다는 것은 그것만으로도 중요한 가치를 발견할 수 있다. 더구나 70년 이상 분단과 투쟁의 역사를 극복하지 못하고 있는 현장에 세계 여러 지역에서 사랑과 평화를 전하기 위해 옮아온 선교사들의 집단 휴양지가 조성

역사의 길, 현실의 길

되었다면, 그것만으로도 문화재로 등록하여 보존할 가치와 책무가 있지 않을까. 문화재 당국이 심사숙고할 문제라고 생각한다.

근대문화재 등록에는 건축물은 물론이고 유지遺址 및 건물 잔해도 문화재로 등록한 예가 있다. 왕시루봉에는 서양 여러 나라의 건축양식을 본받아 지은 12채 목조건물이 있는데 이들 건축물들이 더 이상 훼손되기 전에 문화재로 등록될 수 있도록 해야 할 것이다. 왕시루봉 선교사 유적이 공원자연보존지구에 자리 잡고 있는 것을 문제 삼을 수 있지만, 학술 연구·자연보호 또는 문화재의 보존·관리를 위하여 필요하다고 인정되는 최소한의 행위는 그 존속이 인정되고 있다(자연공원법, 제18조 ②항 1의 가). 설사 문화재가 아니더라도, 〈자연공원법〉 제18조 ②항 1의 마항에는 "종교단체의 시설물 중, 자연공원으로 지정되기 전의 기존 건축물에 대한 개축 및 재축"은 인정되고 있다.

자연공원법, 제18조 ②항 1의 마: 문화체육관광부장관이 종교법인으로 허가한 종교단체의 시설물 중 자연공원으로 지정되기 전의 기존 건축물에 대한 개축·재축(재축), 대통령령으로 정하는 고증 절차를 거친 시설물의 복원 및 대통령령으로 정하는 규모 이하의 부대시설의 설치.

주지하다시피 왕시루봉 선교사수양관은 자연공원법상 국립공원으로 지정되기 이전인 1962년경의 건축물로서 이미 법에 의해 보호를 받을 수 있다고 생각된다.

끝으로 중요한 것은 문화재 보존을 위해서는 문화재를 적극 보존하기 위한 주체가 있어야 하고 문화재를 보전하기 위한 의지와 구상이 있어야 한다. 다행히 왕시루봉 선교사 유적지에 대해서는 일찍부터 깊은 관심을 가지고 문화재의 보존과 등록을 위해 기독교계가 범교단적이고 초교파적인 노력을 경주해왔다. 그들은 이를 위해 몇 차례 학술회의를 개최해왔는가 하면, 왕시루봉 건축물의 건축학적·종교적 의미를 조사하는 일에도 노력해왔다. 그들은 지리산의 기독교 유적을 기독교 문화라고 하는 한정된 틀에서 이해하지 않고 선교사를 통해 수용된 '서양문화'의 중요한 유적지요 그 좁은 공간에서 세계와 접합하는 중요한 문화공간으로 이해해왔던 것이다. 그 뒤 한국 그리스도인들은 자발적으로 범교단적인 '사단법인 지리산기독교선교유적지보존연합'이라는 단체를 초교파적으로 설립(2007년)하여 이 세계사적 문화유산을 보존·선양하기 위해 노력하고 있다. 이는 앞으로 지리산 왕시루봉 선교사 유적을 문화유산으로 보존하는 데에 밝은 전망을 보여주는 것이다(2020년 1월 6일).

고영근 목사

고영근[高永根, 1933~2009년] 목사님은, 한국전쟁기 그의 청년시절을 북한군과 남한군에서 보냈고, 제대 후에는 신학을 공부하여 전남 강진에서 목회를 시작, 전국을 자신의 목장으로 하는 목민목회에 나섰으며, 그 사이에 불의하고 폭악한 정권에 맞서 싸우며 그의 예언자적 외침·투쟁으로 두 차례의 옥고와 10여 차례의 구류를 치른, 해방 후 한국교회사에서 예언자적 목회활동으로 수난을 겪은 가장 기억할 만한 분이다.

내가 고영근 목사님을 알게 된 것은 1980년대 초 나의 해직시절에 고영근 목사님의 초청으로 목민선교회에 가서 강연 차 나눈 교제가 기연이 되었다. 그 뒤 고 목사님이 주최한 여러 강연과 모임에서 뵙게 되었다. 특히 내가 강연을 하는 곳에 고 목사님이 오시면, 강연장 맨 앞자리에 앉으셔서 나의 강연에 동의할 부분이 있을 때에는 "아멘" "아멘" 하면서 강연에 추임새를 넣어주시던 일이 자주 떠오른다. 아마 이게 계기가 되어 목사님을 소개하는 《다시, 목민》도 미리 보게 된 것이라 생각한다.

연보에 의하면, 고영근 목사님은 1933년에 평안북도 의주군에서 출생, 청소년 시절에 이미 '성령의 불세례'를 체험했을 정도로 깊은 신앙의 경지에 들었다. 6·25전쟁이 일어나자 그는 '월남할 목적'으로 1951년 18세의 나이로 인민군대에 입대, 4개월여 후에 전투 지역에서 국군에 귀순했다. 1953년 반공포로로 석방되어 국군에 자진 입대하여 8개월간의 군종하사관 복무를 끝으로 1956년 제대했다. 야간신학교 수료 후 임실 갈담리 강진교회에서 첫 목회를 시작했고, 대전 백운성결교회를 시무하면서 서울신학대학을 졸업했으며, 1966년 5월 성결교단에서 목사 안수를 받은 후 서울 북아현교회 목회자로 부임했다. 이 무렵 그는 성결교회에서 장로교회로 교단을 옮겼다. 1971년 예장 전도부 목사, 1972년에는 한국부흥사협회 총무를 맡게 되면서 전국 단위의 목회를 시작했고, 《한국교회의 나아갈 길》 등 여러 권의 책을 출판했다.

1972년 유신정권이 성립되자 그는 한국교회의 영적 부흥의 시급성을 절감한 듯하다. 그는 1974년 〈엑스풀로 74〉 등 민족복음화운동에 뛰어들어 부흥사수련회 등 전국 단위의 부흥회를 인도하게 되었는데, 1975년 한 해만 해도 전국 단위 부흥회 45회에 교역자수련회 29회를 인도했다. 이 무렵 유신정권의 반민주·독재적 권력 하에서 그는 교계 개혁 못지않게 사회정화를 절감하게 되어 정권에 대한 비판을 숨기지 않았다. 1976년 3월 중순 충북 단양 장로교회에서 행한 그의 설교가 긴급조치9호를 위반했다 하여 구속되었고, 그 이듬해 7월 1년 4개월 만에 병보석으로 석방되었다. 이어서 그는 1977년 11월 27일 전남 강진군 강진교회 부흥회 기간에 긴급조치9호 위반혐의로 2차 구속되어 2년 넘게 수감생활을 했다. 유신정권 하에서 말씀을 증거하다가 두 번이나 현장 투옥된 경우는 흔치 않았다.

1979년 12월 석방된 그는 그 이듬해 3월 1일 목민선교회를 창립했고 〈나라를 위한 기도회〉를 시작하는 등 그 뒤의 활동은 목민선교회를 발판으로 전국적인 교회·사회 개혁에 나서게 되었다. 신군부에 대한 그의 냉철한 비판과 예언자적 선포는 수십 차례 연행과 구류로 이어졌고, 그의 외침은 신군부 정권뿐만 아니라 신군부를 뒷받침하고 있는 미국 정부에 대한 비판으로도 이어졌다. 이 무렵 그는 고난 받는 양심수를 위한 영치금·도서보내기운동(1981년)과 문부식 구명기도회(1983

년), 고난 받는 이들을 위한 기도회(1985년), 양심수·구속자·시국사범 후원운동(1990년)과 비전향장기수 돕기운동(1990년)에까지 목회 영역을 확장시켰다. 이 같은 그의 선교활동은 그 스스로 수감생활을 통해 고난을 체휼했기 때문에 가능했던 것이다. 따라서 1998년 10월 한국인권문제연구소가 그에게 제1회 인권상을 시상施賞한 것은 결코 놀라운 일이 아니다.

그는 기독교 복음을 사회적 영역으로 확산하는 데에 누구보다 앞장섰다. 당시 한국 기독교회와 목회자들은 정교분리라는 주장을 내세워 복음의 활동 영역에 미리 방어막을 치고 스스로를 게토화시키며 자신들의 비겁함을 정당화했다. 이는 불의한 정치를 비판하지 못하는 자신들의 무능과 무용無勇 때문이었지 복음의 속성 때문에 그렇게 된 것은 아니었다. 당시의 이 같은 정황에 비춰보면, 그의 목민목회는 복음의 확실한 기반 위에서 성속의 구분을 넘어서서 하나님나라의 무한한 확장성을 염두에 둔 것이었다. 그의 목민목회는 목장牧場을 '기독교적'이라 간주되는 영역에 한정시키지 않고 전 세계와 정치·사회 각 영역으로 확장시킨 것이었다. 정권적 차원의 모든 영역과 경제·사회·교육의 제반 영역, 도시와 농촌의 구별이 있을 수 없었다. 그렇게 함으로 기독교 복음의 광활한 영역을 개척해갔던 것이다.

그 무렵 한국신학계에서는 이론적으로 하나님나라의 우주적임을 주장하기도 했지만 실천적인 측면에서는 고영근 목사님이 가장 선두그룹에 서서, 치고 나갔다. 그 무렵 그는 정권교체를 호소하는 유인물을 배포하는가 하면 박정희기념관 건립을 중단하라는 운동을 벌이기도

했다. 당시 선각적인 그의 활동은 기독교계는 물론 한국의 지성계도 제대로 감당하지 못한 것이었다. 그러나 이런 엄청난 활동은 그의 건강을 소진시켜 2007년부터 당뇨병과 뇌졸중으로 투병을 시작하게 되었고 2009년 9월 6일 하나님의 부르심을 받았다.

고영근 목사님은 화려한 학문적 배경을 가지진 않았지만 말씀과 실천을 겸수兼修하고 지행知行을 합일合一시켰기 때문에 실천적인 경험을 토대로 《한국교회 혁신과 사회정화방안》(1968년), 《한국교회의 나아갈 길》(1972년), 《기독교인의 나아갈 길》(1981년), 《우리 민족의 나아갈 길》4권(1982~1985년) 등 수십 권의 저술과 팸플릿, 성명서 등을 남겼다. 이런 저술들은 현장을 떠나 연구실의 사유만으로 이뤄진 탁상의 공론空論이 아니라, 그가 살았던 시대와 목회의 현장에서 보고 느낀 실제적인 경험들을 토대로 하나님의 말씀의 적용을 풀어갔기 때문에 그가 경험한 시대와 사회, 교회가 고스란히 거기에 녹아 있다.

고영근 목사님은 그가 직면했던 유신정권과 신군부의 권력 하에서 당시 박정희·전두환·노태우를 그의 강론대에 올려놓고 하나님의 말씀으로 해부하고 채찍질을 가한 거의 유일한 목회자가 아닌가 한다. 이런 모습은 구약의 예언자들이 보여줬던 모습 그대로였다. 그를 연구하려는 자들은 그가 넓혀놓은 목민목회의 그 광활한 목장을 먼저 살피고 그 안에 담겨있는 개별적인 사실을 점검해가는 순서를 밟는 것이 온당하다고 생각한다. 그의 일언일구一言一句나 일거수일투족一擧手一投足은 그가 넓혀간 목민목회에 대한 이해를 전제로 할 때 제대로 해명된다는 뜻이다. 그럴 때 그가 고민하고 구상했던 한국 민족과 한국교회의 미래가 제대로 보여질 것이고, 아직도 분단을 극복하지 못한 이 민족을 향해 그 민족적 고민을 어깨에 짊어지고 용기 있게 돌파해간 고영근 목사의 목민목회와 통일한국의 미래를 이해하고 살아가게 될 것이다.

《다시, 목민》은 고영근 목사님의 생애를 몇 개의 시대구분을 통해 천착해보려고 시도한, 아마도 최초의 연구서라고 생각된다. 학자적 시각에 따라 몇 개의 시기구분을 통해 고영근 목사님을 조망하고 있다. 시대적 구분이나 그 특징이 어떤 형태로 나타나더라도 고영근 목사님에게서 나오는 가장 강력한 힘은 복음의 힘이요, 자기시대를 향한 예언자적 소리였다. 이 책의 연구자들은 그 시대마다의 고영근 목사님의 주장과 실천을 찾아내어 그의 진면목을 살피려고 했다. 연구자들의 노력에 감사하면서 이 책이 하나의 기반이 되어 앞으로 더욱 고영근 목사님의 예언자적인 모습이 더욱 천착되어지기를 기대한다(2020년 2월 27일).

기억을 남기기 위하여

부활절 전야, 손아들과 함께 드린 예배

토요일 저녁이면 두 아들 내외와 슬하의 손아들은 거의 예외 없이 할머니댁을 방문한다. 종로구 필운동에 있을 때에도 그랬지만, 마포구 아현동 아파트로 옮긴 뒤에도 거르지 않는다. 늙은 부모를 찾아뵙고 저녁식사를 같이 하려는 것이다. 필운동에서는 할머니가 저녁식사를 마련한 때가 많았지만, 이사한 후에는 외식하거나 주문하여 애찬을 나눈다. 할머니가 저녁식사 준비하는 것이 너무 힘들 것이라는 판단에서다. 우리 내외는 토요일이 되면 아이들 만나는 시간이 그렇게 즐거울 수가 없다. 토요일 오후, 바깥에서 시간을 보낼 때가 많지만 손아들 핑계를 대고 귀가를 서두른다.

최근에는 한두 번 전 가족이 윷놀이를 하면서 화기애애한 시간을 보낸 적도 있다. 손아팀과 장년팀으로 짜기도 하고, 남녀팀으로 나누기도 했다. 다 이긴 듯하다가도 마지막 말馬이 꼭 떨어지는 윷패가 나오지 않으면 순조롭게 나가지 못하도록 한 규정 때문에 다 이겨놓고도 상대방에게 잡혀 승패가 뒤바뀌는 경우가 한두 번이 아니어서 윷놀이는 팀원은 물론 참가자 전원을 흥분의 도가니로 몰아넣곤 했다. 꼭 명절이 아니라도 전 가족이 함께 하는 이런 유희는 가족공동체의 유대를 끈끈하게 하는 것을 확인할 수 있었다.

토요일 저녁에 모이면, 보통 아들 며느리들은 할머니와 함께 시간을

역사의 길, 현실의 길

보내고 손아들은 저희들끼리 놀기 전에 할아버지 방으로 와서 함께 예배를 드린다. 예배 사회는 돌아가면서 맡는다. 예배는 먼저 찬송을 부르고 다음에 성경을 보고 연보를 하고 전원이 돌아가면서 기도하는 순서를 갖고, 영어 주기도문송으로 예배를 마친다. 주기도문송 다음에 꼭 웨스트민스터 소요리문답 제1문을 같이 외운다. "사람의 제일 되는 목적은 하나님을 영화롭게 하는 것과 영원토록 그를 즐거워하는 것입니다."

처음에 예배 사회 보는 것과 기도하는 것을 다소 쑥스럽게 생각하기도 했다. 그러나 두 집의 막내가 모두 올해 중학교 학생이 된 지금에 와서는 예배 사회와 기도하는 것을 스스럼없이 잘 맡아 한다. 어제는 찬송을 두 번 불렀다. 처음에는 예수님의 고난에 관련된 찬송을, 나중에는 부활에 관련된 찬송을 불렀다. 성경은 그동안 읽어오던 순서를 그대로 따랐는데 마침 누가복음 24장이었다. 성경 봉독은 늘 먼저 한글성경을 읽고 같은 내용을 영어 NIV(새국제성경, The International Version)로도 돌아가면서 읽는다. 아이들이 제 부모를 따라 모두 영국과 미국에 1, 2년씩 다녀왔기 때문에 영어성경을 읽는 데에 지장이 없다.

예배시간에는 헌금하는 순서가 있다. 사회자가 헌금을 위해 기도한다. 지금까지 헌금한 것을 모아서 일 년에 한두 번씩 필요한 곳에 보냈다. 주로 내가 관계하고 있는 희년선교회를 통해 네팔 고아들을 도왔다. 기도하면서 자연스럽게 네팔에 있는 고아들을 위한 기도가 나온다. 어제 기도에서는 손아 다섯 중 막내가 세브란스에 입원해 있는 외할머니를 위해서 간절히 기도했다. 할머니, 할아버지, 큰 집과 작은 집의 엄마 아빠, 그리고 형제자매들을 위해서 기도하고, 어떤 애는 나라와 세계의 평화를 위해서도 기도한다. 언젠가는 이 기도의 힘이 자신들의 삶 속에서 구체화되는 것을 볼 때가 올 것이라고 믿는다.

어제 예배 후에는 손아들에게 고난주간과 부활절에 대해 간단히 설명했다. 부활절 앞 40일간을 사순절이라 하여 예부터 경건한 성도들은 사순절 기간을 거룩하게 보냈다는 이야기도 해주었다. 성도들에 따라서는 이때 여러 가지 형태의 금식을 하는 이도 있다고 했다. 할아버지가 잘 아는 분은 이 기간 동안에 점심식사를 하지 않는 분도 있다고 했다. 그러나 할아버지는 예수님이 십자가에 달리신 그날(聖金曜日)만 점심을 먹지 않는다고 했다. 아이들이 어떻게 받아들였든, 언젠가는 자신들의 신앙생활에 도움이 될 것이라고 믿는다(2016년 3월 27일).

이동욱 교장 선생님

오늘 몇 년 만에 조국을 찾은 이동욱 교장 선생님을 인천에 가서 뵙고 환담을 나누었다. 한때 그 학교에서 동역했던 홍성현 목사와 김창락 교수가 동행, 경인선 전철을 타고 가서 교장 선생님을 맞았다. 인천에서는 이 교장 선생님과 신의주상업학교 시절부터 벗이었던 김덕용 교장 선생님과 조성훈 교장 선생님 그리고 졸업생 몇 분도 차 모임과 대화에 참여했다.

이동욱 선생님을 뵙게 된 것은 1963년 내가 대학을 졸업했을 때다.

서울 소재 박물관에 응시하려고 준비하던 내게 홍성현 목사(당시 신학생)가 와서 무조건 인천으로 가자고 했다. 당시 홍 목사와 나는 재학시절 신앙운동을 같이했는데 그가 1년 먼저 졸업하고 교장 선생님과 동역하고 있었다. 이 무렵 같은 대학의 몇몇 선배가, 기독교적 설립목적을 분명히 하면서 새로 시작한 인천의 이 학교를 돕자고 의기투합하여 앞서거니 뒤서거니 나서던 때였다. 이때 내 앞서 참여한 분들이 홍성현·김창락 두 분 외에 손봉호·이명섭·최관식도 있었다. 그 무렵 그 학교에서 봉사했던 교사들 대부분은 얼마 안 가 유학하거나 대학에서 가르치게 되었다.

그 무렵 내가 뵈었던 교장 선생님은 40세가 채 되지 않았다. 면접하면서 나눈 대화에서도 시원시원했고 트인 분이라는 인상을 받았다. 대화에서는 유머가 넘쳤고 교사들과는 상하관계 같은 것이 보이지 않았다. 교사들의 자발성을 최대한 보장하면서 그런 교육방침이 교육 현장에도 스며들도록 했다. 첫 직장이었던 그 학교는 교무실은 물론 학교 전체가 가족 같은 분위기였고, 개교된 지 얼마 안 되어서 그런지, 교사들 간의 관계나 학생과의 관계에서도 존경과 사랑이 넘쳐났다. 그러나 오늘 와서 당시 동역했던 여러 선생님들의 안부를 물으니 대부분이 불귀의 객이 되었다. 50여 년의 세월이 다정했던 친구들과의 건너지 못할 강이 되었던 것이다. 그러나 이 시절의 학교를 생각할 때마다 내 생애에서 가장 축복된 시간이었다고 자부한다.

당시 나는 그 학교 교사로 가기 전에 대학원에 진학했다. 교장 선생님을 처음 뵈었을 때 이 점을 숨기지 않았다. 그때 그의 대답이 참으로 의외였다. 학교생활에 지장이 없는 한 개인의 발전을 얼마든지 돕고 싶다는 것이었다. 이런 그의 자세는 2년 후 내가 그 학교를 사임하려 할 때도 꼭 같았다. "나는 우리 학교가 중요하다고 해서 이 선생 개인의 성장과 발전을 가로막아서는 안 된다고 생각합니다. 이 선생 같은 분의 개인적 성장은 우리 학교뿐만 아니라 우리 사회 전체에 큰 도움이 될 것입니다"고 기꺼이 내 사임을 허락했다. 한 기관의 장으로서 이런 철학을 갖는다는 것이 지도자의 길이라고 생각한다. 뒷날 내가 기관장이 되었을 때에 이 교장 선생님의 이런 철학은 인사를 처리함에 큰 귀감이 되었다.

오늘 인천에서는 김덕용 선생님의 안내로 경인면옥에 가서 점심을 들었다. 경인냉면을 먹자는 제의는 김창락 교수가 했는데, 이는 나도 바라던 바였다. 김 교수가 그 시절의 경인냉면을 잊지 못하듯이 나 또한 그랬다. 그때 인천에 와서 처음으로 냉면이란 걸 먹어봤고 그 상큼한 맛을 잊지 못한다. 신포동과 내동의 현대화된 거리에서 50여 년 전의 추억을 떠올리는 것은 쉽지 않았지만, 냉면 한 그릇이 나와 김 교수를 50년 전으로 되돌려놓았다. 오후에 하버호텔에서 이 교장 선생님을 뵙고 추억 어린 이야기를 많이 나누었다. 여러 이야기 끝에, 나는 교장 선생님이 섣달그믐 같은 날에 교사들을 당신의 집에 초대하여 식사를 대접하고 판돈 일부를 나눠주시면서 몇 시간 동안 '섯다'라는 화투놀이를 하도록 했던 이야기를 해서 좌중이 웃었다. 나로서는 화투패를 그때 처음 대했기 때문에 퍽 인상 깊은 추억이다.

이동욱 교장 선생님은 인천에서 서울의 정신여학교로 옮겨 봉직했다. 그 시절 이야기를 하시면서 정신 출신의 현직 김 모 대법관 이야기를 간단히 언급했다. 그 대법관은 내 고교동기의 딸이기도 하다. 또 하나 그가 정신여고 교장으로 계실 때 한국에 선교사로 왔던 요시다 목사를 도운 이야기도 곁들이면서, 요시다 목사의 딸 노리코가 정신여고를 마친 뒤, 대학 진학을 위해서 나와 상의한 적이 있다는 말씀도 했다. 노리코는 외국인 특례형식으로 내가 봉직했던 대학에 입학하게 되었고, 대학을 제대로 마치기 위해서는 자상한 지도가 필요할 것 같아 역사를 공부하고 싶다는 본인의 의사를 고려하여 내가 소속한 학과의 학생으로 입학, 4년을 잘 마쳤다. 교장 선생님은 그 이야기를 하시면서 노리코가 한국에서 대학을 마치게 된 것은 이 선생 덕분이라면서 늘 내게 빚진 자 같은 심정이었다고 했고, 오늘 만나 그 감사하다는 말을 전하게 되어 시원하다고 했다.

정신여학교를 끝으로 그는 따님이 머무는 미국으로 이주, 3년 전에 헌신적인 사모님을 여의고 현재는 따님의 도움을 받고 있다. 14일 고국을 떠나면 언제 다시 재회할 수 있을지 알 수 없다. 인자하고 고운 풍모를 지니신 그는 올해 92세, 나는 아직도 그와 같은 깨끗한 인품과 포용적인 지도력을 가진 교육자를 뵌 적이 없다. 그러기에 오늘 만남을 참으로 기쁘게 생각하며 이날의 인연을 몇 자 글로 남기지 않을 수 없다. 이 교장 선생님의 남은 생애가 더 축복받는 삶이기를 기원한다 (2016년 5월 12일).

국제민간교류협회 책임을 내려놓다

25년간 책임을 맡았던 국제민간교류협회(희년선교회)의 대표직에서 물러났다. 외국인 근로자들에게 봉사하기 위한 이 모임에 1993년부터 봉사하기 시작, 올해 25주년을 맞아 그 일을 내려놓았다. 처음 시작할 때, TV를 통해 1988년 서울올림픽 광경을 관람한 동남아의 젊은이들이, '코리언드림'을 안고 한국으로 와 '불법'노동을 하게 되었다는 것을 알게 되었다. 그 무렵 우리가 조사한 바로는, 그런 젊은이의 65% 정도가 본국에서 대학 교육을 받았거나 대학에 재학 중인, 그 나라에서는 엘리트들이었음을 알게 되었다. 그럼에도 한국에 와서 그들은 한국의 3D업종에 종사하는 동안 인권과 의료의 사각지대에서 생활했다. 희년선교회는 이 같은 외국인 근로자들의 인권과 의료 등을 도우면서 선교활동을 했던 기관이다. 오늘 저녁 오후 6시부터 서울영동교회에서 이·취임식이 있었는데 그 자리에서 행한 이임사의 일부분을 여기에 옮긴다.

"······ 제가 그들의 거처를 방문했을 때 그들은 차마 사람이 살 수 없는 곳에서 생활하는 경우도 있었습니다. 3D업종이고 보니 근로조건이 대단히 위험하고 어렵고 추했으며, 거처 또한 여름과 겨울을 지내기에는 매우 힘든 조건이어서 깊은 인상을 주었습니다. 그런 삶의 조건에 연민하는 한편 내가 외국인 근로자문제에 관심을 갖게 된 또 하나의 이유가 있습니다. 그것은 저의 역사의식이라고 할 수 있습니다. 일제 때, 한국인은 일본인으로부터 멸시와 천대를 받았고 심지어는 인권을 누리지도 못했습니다. 성품이 열악하거나 학식과 능력이 부족해서가 아닙니다. 따지고 들어가보면, 일본 민족이 아니라는 것이었습니다. 결국 민족이 다르다는 것이 그 이유였습니다. 이렇게 일제 하에서 민족이 다르다는 이유로 인간 취급을 제대로 받지 못했으면 우리는 거기에서 교훈을 얻었어야 했습니다. 그러나 그렇지 못했습니다. 좀 살만하게 된 우리가 외국인 근로자들을 대하는 것이 마치 일본이 식민지 조선인을 대하는 것과 별로 다르지 않았다는 것입니다. 일본으로부터 민족이 다르다는 이유로 그런 설움을 받았으면 이제 다른 민족을 향해서는, 민족이 다르다는 이유로 그런 설움을 주지 않았어야 했습니다. 이게 역사를 배운 사람의 도리가 아니겠습니까. 그러나 우리는 그렇지 못했습니다. 제가 희년선교회를 붙들고 떠나지 못한 이유의 하나도 바로 여기에 있습니다."

"…… 희년선교회는 그동안 법인화과정을 밟으면서 국제민간교류협회라는 이름으로도 알려졌습니다. 그 밑에는 의료공제회라는 민간 의료보험이 발족되어 불법체류자로서 의료혜택을 받지 못한 외국인들에게 도움을 주려고 했습니다. 주일 오후마다 무료진료소를 운영했는데, 이는 40여 명이나 되는 크리스천 의료인들이 번갈아가며 봉사해준 덕분에 잘 운영되어왔습니다. 희년공동체가 형성되어 필리핀·네팔·방글라데시·베트남·쿠르드족 등에게도 복음을 전하는 기회를 넓혀왔습니다. 네팔에는 이곳을 다녀간 한 젊은이에 의해서 〈평화의 집〉이라는 고아원을 유지하고 있으며, 가우리바스라는 힌두교 지역에는 교회가 세워지고 간이학교도 시도되고 있습니다. 우리는 그곳에

병원도 세우기를 기도하고 있습니다. 한국의 연세대·이화여대 등이 19세기 말 고아원에서 시작하여 한국의 가장 유수한 대학으로 성장하고 또 근대병원까지 설립한 것을 보면 희년이 앞으로 해야 할 일은 많습니다."

"…… 희년이 이런 사역을 하면서 늘 유념해 온 것은 예수님이 말씀하신, 주는 것이 받는 것보다 복이 있다는 그 말씀과, 오른손이 하는 것을 왼손이 모르게 하라는 그 말씀이었습니다. 희년이 늘 경계해 온 것은 우리가 이런 사역을 함으로 우리 자신도 모르게 빠지기 쉬운, 우리 자신을 나타내 보이려고 하는 것입니다. 그것은 우리를 유혹하는 함정이기도 했습니다. 얼마나 많은 자선단체들이 처음의 시작과는 달리 자기 자신을 나타내려는 유혹에서 자유롭지 못했던가를 기억합니다. 얼마나 많은 단체들이 자기 자신을 내세우려는 것으로 인해, 높여야 할 예수님은 보이지 않고 인간과 그 단체가 영광을 받아왔습니까. 자기 대신 예수님만 내세워야 한다는 이런 자세는 이 기관이 존재하는 한, 늘 경계해야 할 것이라 생각합니다. 우리에게도 우리 자신을 선전하여 많은 지원금을 끌어들여야 한다는 유혹이 없지 않았습니다. 그러나 우리는 능력이 없어 이 기관이 문을 닫을지언정 예수님의 그 말씀을 넘어서서 이 기관을 존속시켜야 한다고는 생각하지 않았습니다. 그러면서 자신을 드러내지 않고 이런 사역을 감당하는 것이 얼마나 어렵다는 것도 알게 되었습니다. 세상의 속성 때문입니다. 그래도 지탱해 온 것은 곧 이 사역에 종사하는 이들의 희생적인 헌신 때문이었습니다. 지금도 이 사역에 종사하는 사역자들은 최저임금 수준을 넘어서지 못하고 있습니다. 그래도 그들이 헌신하는 것은 예수님의 정신을 실천하려고 하기 때문입니다"(2018년 1월 29일).

고향을 다녀와서

넷째 누님이 돌아가셔서 엊그제 그 장례식장을 찾았다. 90세에 슬하에 2녀 3남, 손아 12명에 증손까지 두었고 눈귀가 어두웠지만 돌아가실 때까지 당신의 집에서 거처하며 자녀 신세 크게 안 지고 갔으니 복된 삶이었다고 생각된다. 남편을 여읜 지 1년 2개월 만에 돌아간 걸 두고도 다행스럽다고 생각했다. 만약 남편을 둔 채 먼저 돌아가셨다면 자녀들에게까지 미쳤을 난감함 때문에 어떻게 차마 눈을 감을 수 있었을까.

누님의 거처는 내 고향에서 조금 떨어져 있는 같은 함안군이어서 문상하러 간 김에 조상들의 묘소도 돌아보기로 했다. 평소에도 가끔 들렀지만 이번에는 우리 내외와 아들 및 당질堂姪이 동행한 것이어서 의미가 한층 깊었다. 법수면 소재 문중 산판에 외따로 모셔진 할아버지 묘소는 오래전부터 고향 땅의 할머니 묘소 곁으로 이장하려고 했으나 누님 내외분의 허락을 받지 못해 이뤄지지 않았다. 후손들에게 조상들 성묘에 대한 짐을 덜어주기 위해서라도 이제 속히 이장을 결단해야겠다고 다짐한다.

할머니 묘소를 찾았을 때 동행한 당질은 은진 송 씨 할머니의 신앙을 칭송했다. 19세기 말 호주 선교사의 복음을 받아 믿음의 가문을 일으킨, 위대한 할머니라는 것이다. 딸 하나에 아들 여섯을 둔 할머니는 예수 믿는다는 것 때문에 인천 이 씨 집성촌에 어울리지 못하고 다른 곳에서 생활해야 했다. 아들 한 분 평양신학교를 나와 1920년대에 목회의 길로 가게 했고 손아들 중 십여 명의 권사·여전도사·장로·목사가 출현했으니 그의 신앙과 기도의 열매일 것임에 틀림없다.

동네 앞 야산에 모신 부모님 산소를 찾았다. 양지바른 곳에 무덤을 정한 것은 생존시에 추위를 많이 타신 아버님이었다. 누님이 전하는 바에 의하면, 그 무덤은 당시 이름 있는 지관의 도움을 받아 정했다고도 했으나 확인된 것은 아니다. 6·25 직후, 간디스토마 약을 적시에 구하지 못해 돌아가신 아버님은 4남매의 뒷바라지를 어머님께 맡겼고, 30여 년 후에 자기 무덤 곁으로 어머님을 불러들였다. 자녀들의 이름으로 세운 묘석에는 요한복음 11장 25절의 말씀—나는 부활이요 생명이니 나를 믿는 자는 죽어도 살겠고—이 적혀 있어 부활 때 다시 뵐 소망을 담았다. 부모님은 슬하에 6녀 3남과 23명의 내외손을 두었다.

고향에 간 김에 인천 이 씨 집성촌이었던 백이산 밑 평광마을을 다시 찾았다. 마을 입구에 자리한 선대의 무덤들을 둘러보고 이어서 20세기 초 몽골에 가서 독립운동 겸 의료봉사로 활동, 신의神醫로 칭송받았던 세브란스 출신의 이태준李泰俊 할아버지의 생가터를 찾았다. 이어서 일제강점기에 독립운동과 사회주의운동으로 7년간 옥고를 치른 이순근李舜根 아저씨의 기념비도 찾았다. 한 북한학자는 그가 해방 후 북한의 토지개혁에 크게 공헌했다고 했지만 역시 확인할 수는 없었다. 다시 이곳 인천 이 씨의 정신적 지주로 자리 잡고 있는 도천사道川祠로

향했으나, 관리인을 찾을 수 없어 입실하지 못했다.

고향 땅을 밟는 것이 점차 쉽지 않게 되어간다. 이번에 돌아보면서 나도 머지않아 그들이 가신 길을 감사하는 마음으로 갈 수 있기를 기대했다. 그전에 인생길에서 신세를 진 사람들에게 감사와 치하를 제대로 전했으면 좋겠고, 이리 저리 알게 모르게 저지른 과오에 대해서도 제대로 용서받고 갔으면 하는 마음 간절하다. 이제는 제대로 연락도 닿지 않으니 감사를 표하고 용서를 구하기도 쉽지 않아 마음속에서만 끙끙댈 뿐이다. 내 삶이 깨끗하거나 고상하지는 못했더라도, 자괴감만이라도 씻고 갔으면 하는 마음이 자주 일고 있다(2018년 4월 12일).

서울중앙고등공민학교 제자들

며칠 전, 이제는 손아들을 둔 나이의 제자들과 함께 회식하는 모임이 있었다. 경기도 구리시 근처의 도농의 어느 음식점에서다. 20여 명이 모인 조촐한 모임이었지만 매우 뜻 깊은 자리였다. 40여 년 전 종로구 인의동 종묘 동쪽 담에 붙어있는 서울중앙교회에 출석하고 있을 때, 그 교회의 허락과 지원을 받아 1970년대 중반부터 고등공민학교를 운영하게 되었다. 그때 학생이었던 제자들이 모처럼 회포를 풀 수 있는 자리를 마련하고 초청해주었던 것이다.

교회의 이름을 따서 만든 서울중앙고등공민학교에는 고등부와 중등부를 두었다. 중등부를 잠시 두기는 했으나 고등부 진학을 위해 둔 것이었다. 고등부 3년은 대학입시를 위한 검정고시를 준비하는 기간이었고, 검정고시를 통해 대학에 진학할 자격을 얻도록 하는 기회였다. 졸업생이 4회까지 나왔으니 학교는 약 7년 동안 계속된 셈이다. 제1회 12명 졸업생을 비롯하여 2회 9명, 3회 29명, 4회 19명이 적을 두었거나 졸업을 했다. 그동안 동기들끼리는 서로 소통이 있었고 1년에 몇 차례씩 모여 과거 어려울 때를 회생하면서 서로 위로하고 격려했다고 한다. 그러나 오늘같이 연합으로 모인 것은 많지 않았다고 한다.

당시 고등공민학교를 찾은 젊은이들은 낮에는 일하고 저녁에 배우려는 이들로 적령기를 훨씬 넘긴 젊은이들도 있었다. 근처에는 동대문과 청계천이 있어서 그곳 시장에서 일하는 젊은이들도 있었다. 1970년 11월 말에 분신자살한 전태일이 일했던 평화시장이 교회에서 멀지 않았다. 저녁에 와서 졸고 있는 것을 보면 그들이 낮에 얼마나 힘든 노동을 하고 왔는가를 보는 듯해 애처로웠다. 힘든 시간에도 불구하고 찾아오는 학생들에게 교사들은 정성을 다해 가르치면서 때로는 위로해주고 많은 경우는 희망적인 미래를 격려했다.

당시 고등공민학교의 교사로 활동한 이들은 서울중앙교회의 대학부 학생들이었고, 개중에는 대학을 졸업하고 직장생활을 하던 이들도 있었다. 과목에 따라서는 그 교회에 출석하지 않았지만 친구의 권유로 봉사하는 이들도 있었다. 이날 저녁 회식에 참석한 교사로는 나와 유재열 선생 내외뿐이었지만, '학생'들이 기억하는 선생님들은 많았다. 그날 저녁 학생들은 손봉호 교수를 비롯하여 김유신·우창록·백종국·박영태·김선봉, 그 밖에 내가 놓친 이름들도 거론했다. 이들 중 대부분은 지금도 우리 사회에서 기억되는 분들이다. 그들이 기억하는 선생님들은 대부분 서울중앙교회 대학부에서 자란 제자들이었다. 손봉호 교수와 나는 책임자의 위치에 있었기 때문에 특정한 과목을 맡지는 않았으나, 주로 채플을 통해 전체 앞에서 훈화하는 시간을 가졌다.

모인 김에 그동안 어떻게 지냈는가를 들어보자고 했다. 고등공민학교를 마친 후 대부분은 대입검정고시를 거쳐 대학에 진학했고, 어떤 학생은 생활전선에 바로 뛰어들었다. 지금 하고 있는 일들도 매우 다양했다. 외국인 회사의 자문역, 조경사업이나 제조업에 종사하는가 하면, 바둑 5단의 실력으로 기원을 경영하기도 했단다. 생활전선에 곧 나섰던 학생은 "안 해본 장사가 없을 정도"로 열심히 뛰어 지금은 여러 사업체를 두게 되었고 그 뒤 대학에서 사회복지를 공부하여 앞으로 사회복지에 헌신하겠다고 했다. 모두들 자신들이 중고등학교 시절 배움의 기회를 제대로 갖지 못했다고 생각해서인지, 자녀들의 교육에는 많은 노력을 기울였다. 자기 아이들을 어떻게 교육시켰는가를 들을 때 나는 이들이 중고등학교 시절의 그 염원을 자녀들을 통해 해결해가고 있구나 하는 느낌을 가졌다. 미국에 이민한 '여학생'은 아들을 유명대학에 입학시키는 데 힘을 쏟았고, 공직생활로 자녀 셋을 키워낸 엄마는 선생 앞에서 그걸 자랑하고 싶었을 것이다. 내가 주례를 서서 결혼했다는 목사는 아들·딸이 의료계와 법조계로 진출하였고, 자신이 담임하고 있는 교회는 제3세계에 선교사를 파견, 40여 개의 교회를 세웠다고 했다.

그날 저녁 내가 가장 감동을 받았던 것은 대부분의 졸업생들이 신앙생활을 잘 하고 있다는 것이었다. 청소년 시절 어렵게 살면서 옆으로 새지 않고 이렇게 살게 된 것은 서울중앙교회 고등공민학교 선생님의 가르침 덕분이었다고 말했다. 아마도 이날 모인 '학생들'이 대부분 신앙생활을 잘 하게 된 것도, 그들의 간증에 의하면, 고등공민학교 덕분이었다고 한 것은 과장이 아닐 것이라고 믿는다. 삐뚤어진 길로 갈 수 있는 그런 환경에서도 선생님들께서 들려주신 말씀을 기억하면서 믿음으로 올바르게 생활하려고 노력해왔다는 말을 할 때, 눈물이 핑 돌았다. 그날 저녁에 모인 이들 중에는 청주와 병점, 파주와 고양에서 오기도 했다. 졸업생들 중에는 앞으로 나눔의 삶을 살겠다고도 했고 또 과거 자기들이 다녔던 공민학교와 같은 기관들을 돕겠다고도 했다. 그런 말을 들을 때 40년 전의 그 교육이 정말 보람 있었다는 자부심을 갖게 되었고, 이들의 경험담을 통해 한국사회에는 아직도 희망이 있다는 용기도 갖게 되었다(2018년 11월 6일).

강원도 나들이

지난(2018년) 11월 중순, 아내와 함께 내가 군대생활을 했던 강원도 화천군 지역을 비롯하여 몇 군데를 다녀왔다. 군에서 제대한 후 오랫동안 벼르던 기회였다. 나는 군생활을 6사단 공병대대장실에서 했다. 1960년에 제대했으니까 벌써 58년이 지났다. 전부터 죽기 전에 그곳을 한번 다녀왔으면 하는 생각을 해왔다. 마침 그 며칠 전에 읽은 성경이 시편 90편이었다. 그 10절에 "우리의 연수가 칠십이요 강건하면 팔십이라도 그 연수의 자랑은 수고와 슬픔뿐이요 신속히 가니 우리가 날아가나이다"라는 구절이 있는데, 이 구절이 나들이를 결단하는 데 도움이 되었다.

대학 2학년을 마친 후 입대영장이 나오자 앞뒤 생각하지 않고 입대했다. 1959년 3월 중순이다. 논산훈련소에서 이승만 대통령의 생신을 맞아 소고기국을 먹었던 기억이 난다. 논산훈련소 전·후반기를 거치고 횡성의 어느 공병부대에서 공병물품 입출관리 교육을 받은 후 춘천의 제3보충대를 거쳐 보병 6사단이 주둔하는 화천군 사내면 사창리 소재의 공병대대로 발령받았다. 그해 8월이다. 마침 대대 1과의 서무병이 제대를 앞두고 있어서 1과에 배치받았다가 곧 공병대대장실로 차출되어 그곳에서 근무하게 되었다. 당시 대대장은 김일기 중령, 강릉사범 출신, 당시로서는 인텔리 장교였다. 뒷날 주월사령부 채명신 사령관의 감찰참모로도 활동했다.

아침 8시, 비가 보슬보슬 내렸지만 이미 세운 계획을 강행키로 했다. 그 전날 네비도 업그레이드시켜놓았고 출발하면서 휘발유도 그득 채웠다. 강변도로를 따라 구리 쪽으로 갔는데 그 지점에서부터 나의 예상을 깨고 네비는 구리포천고속도로를 가리켰다. 포천을 넘어서는 내가 한 번도 가보지 못한 계곡들을 거치며 화천군으로 들어섰고 얼마 안 되어 목적지로 인도했다. 사창리에 가보니, '산천은 의구하되 인걸은 간 데 없네'라는 옛시조와는 달리, 옛 산천조차 간 데가 없었다. 도무지 종잡을 수가 없었다. 물어물어 옛 공병대대 입구를 찾았다. 내가 근무했을 당시 트랙터 등 공병장비를 비치했던 곳에 위병소를 두었고 그 안의 모습 또한 내가 있었을 당시와는 판이하게 달랐다. 이곳이 내가 군대생활을 했던 곳인가 의심할 정도로 지형이 변해 있었다. 제대 후 58년 동안 늘 그려왔던 그곳은 아니었다. 위병들의 말을 빌리면 지금 주둔하고 있는 부대도 어느 사단 공병대대란다. 내가 옛날 근무했던 대대장실을 찾아볼까도 생각했지만, 그만 포기하고 부대 반대편 모습을 배경으로 사진 한 장 찍고 돌아섰다. 50여 년간 그리워했던 내 군대생활의 '낭만적'인 향수는 여기서 끝났다.

출발에 앞서 오늘 둘러보기로 점쳐둔 곳이 두 곳 더 있었다. 두 곳을 더 돌다가 늦게 되면 강원도에서 하룻밤을 묵기로 했다. 다음에 들린 곳은 청평사淸平寺다. 인주(인천) 이 씨 먼 선대 한 분이 이 사찰과 관련이 깊다. 그는 고려 전기 이자연李子淵의 손자요, 이의李顗의 맏아들로서, 인주 이 씨가 외척으로 날릴 때에 벼슬을 그만두고 이곳에 들어와 조용히 수련을 쌓았던 이자현[李資玄, 1061~1125년]이다. 이 사찰 창건에 관여한 그는 학자요 거사로서 자는 진정眞靖, 호는 식암息庵·청평거사淸平居士이며, 시호는 진락眞樂이다. 그는 이곳에 청평산의 문수원文殊院을 중건하였으며, 베옷과 나물·밥 등으로 생활하며 수도하였다. 우리 집안은 이자연의 동생 이자상李子祥의 후손이기 때문에 이들과는 직접 세계가 닿지는 않는다.

화천 쪽에서 춘천으로 가다가 우회전하여 오봉산五峰山 쪽으로 한참 들어가니 주차장이 나온다. 그곳에서 30분 정도를 오르내리는 동안 어제까지 비가 와서 그런지 개울물이 세차게 흐르고 구송폭포에 이르러는 장관을 이루었다. 청평사 본찰에는 '진락공중수청평산문수원기眞樂公重修淸平山文殊院記'가 서 있다. 이는 진락공 이자현이 청평산 문수원을 중수한 뒤에 그 내용을 기록으로 남겨놓은 것이다. 얼마 전 고서에가 박영돈 선생이 이 탁본을 내게 보내준 적이 있다. 이자현의 후대이니까 소장하는 좋겠다는 당부도 있었다. 이 비석 앞에서 아내와 함께 사진을 찍었다. 이 비문은 우리나라 4대 명필에 속한다는 고려 탄연坦然 스님이 쓰신 것이다.

청평사에서 내려와 감자부침과 막국수를 시켜 먹었다. 그곳에서 네비가 지시하는 대로 양양군 강현면 소재 진전사陳田寺지를 찾았다. 오후 4시가 넘어 그곳에 도착했다. 신라 하대 9산 중 다른 사찰들은 복원된 곳도 있지만 진전사는 아직도 복원되지 않았다. 진전사는 통일신라 시대 8세기 말경에 창건된 선종禪宗 대찰로, 구산선문九山禪門의 하나인 가지산문迦智山門의 창시자인 도의선사道義禪師가 40여 년간 수도, 입적했던 곳이다. 그 뒤 보조선사普照禪師 체징體澄과 일연一然이 이곳에서 수도했다. 폐허로 방치되어 있는 진전사지를 보면서 이곳을 다녀 갔을 수많은 도인들을 생각했다.

나는 학생들을 데리고 이곳을 답사할 때마다 언젠가는 동해가 아스라이 보이는 이곳 근처로 와서, 수도는 아니더라도, 학문과 명상의 터전을 잡고 싶었다. 오늘 이곳을 찾은 것도 어쩌면 젊을 때의 그 소원 때문일 것이다. 그러나 이미 늦었다. 오후 5시가 채 못 되어 귀갓길에 올랐다. 양양에서 서울로 향하는 이 고속도로는 터널들이 셀 수 없이 많았다. 아마도 40개는 넘는 듯했다. 집에 도착하니 오후 8시 30분. 12

시간 동안 471km를 달린 여행이었다. 피곤했지만 50여 년간 품어왔던 군에 대한 향수를 정리했고, 동해안으로 옮겨가 먼 바다를 바라보는 것으로 생을 맡겨보자는 마음도 정리할 수 있었다(2018년 11월 28일).

할아버지 묘소 이장

나는 가문의 혈통이나 족보 및 전통에 대해 비교적 관심을 갖지 않고 자랐다. 어릴 때부터 기독교인 가정에서 자랐기 때문이어서 제사나 시사時祀에 참례하지 않았고 조상들을 추상할 기회도 적어 혈족 관념도 희박했다. 문중의 대소사에도 거의 무관심했고 조상들의 무덤도 제대로 찾지 않았다. 어릴 때 시골에서 가까운 친인척에게 세배하고 애경사에 심부름도 다녔지만, 도시화된 후에는 그럴 기회조차 없었다. 그 때문인지 나는 내 연배의 다른 사람들에 비해서 조상들에 대한 관심이나 문중의식이 대단히 박약한 편이다. 가끔 기독교인이라는 이름으로 이를 변명하려고도 하지만 그것이 온당한 것은 아니다.

사회가 도시화되면서 고향을 떠난 이들이 향수를 달래는 모임들이 생겼다. 친목모임으로 향우회와 동창회가 있고, 관향貫鄕을 같이하는 혈족의 모임인 화수회花樹會도 나타났다. ○○ 김 씨, ○○ 박 씨 화수회와 그 파족派族들의 화수회가 그런 것들이다. 나는 이런 모임에도 거의 관심이 없었다. 젊어서 그러기도 했지만, 기독교인이라는 것이 그런 모임에도 일정하게 거리를 두게 했다. 서울에 와서 인천 이 씨 공도

공恭度公파의 어르신들로부터 문중 일에 관심을 가지라는 채근을 당하기까지는 종중宗中에 대한 의식은 거의 없었다. 누가 물으면 겨우 관향이나 그 시조 정도를 숙지하고 대답할 정도였다.

아버지께서 1952년 2월에 돌아가셨으니 중학교 2학년 때다. 그때는 가장家長을 이어받는다는 것이 어떤 의미인지 몰랐다. 방학 때 시골에 내려가면 아버님 산소를 돌아보는 것이 고작 자식된 도리라고 생각했다. 아버님 사후 30여 년이 지난 후 어머님이 돌아가시자 고향 선산의 아버님 곁에 모시고 묘석을 세웠다. 아버님 묘소는 당신께서 생존해 계실 때 양지바른 곳에 친히 점지해두셨는데, 추위를 유난히 타시던 아버님다운 유택幽宅이라는 말이 전해진다. 아버님은 생전에 당신 소유의 산판을 돌아보며 지관地官의 도움을 받아 당신의 유택을 정했다고 넷째 누님은 돌아가실 때까지 말했다. 시골의 묘소에 관심 가질 때마다 누님께서는 이런 말을 자주 들려주셨다.

나는 하향하여 성묘할 때마다 불편했던 심정이 있었다. 할아버지 할머니 묘소가 멀리 외롭게 떨어져 있어서 후손의 도리가 아니라고 생각했다. 할머니보다 앞서 돌아가신 할아버지는 같은 군내 다른 면의 문중 선산에 모셨지만, 내가 네 살 때 돌아가신 할머니는 우리 동네 근처에 모셨다. 돌아가실 때까지 나는 할머니의 사랑을 많이 받았다. 할머니는 맏아들 가정에서 딸 여섯을 본 후에 아들을 낳았다 하여 나를 지극히 사랑하셨다. 어렸을 때 기억이지만 그때 나를 어르던 소리가 지금도 들리는 듯하다. 할머니께서 돌아가셨을 때에 그 관이 우리 집의 바람이 잘 드는 방에 안치되어 있었다. 그것을 보고 '할머니 춥겠다'

고 응석을 부렸던 내 모습을 가끔 떠올린다. 그 때문인지 할머니께서 돌아가셨을 때 아버님은 내 이름으로 땅을 마련하고 그곳에 산소를 정하셨다.

두 분이 떨어져 있다는 것이 도리가 아니라고 생각, 오래전부터 할아버지 할머니 묘소를 합장할 계획을 갖고 있었다. 그런 중에서도 '예수쟁이는 조상도 모른다'는 그런 흔한 욕을 먹지 않으려고 40여 년 전에 두 분의 묘소에 묘석을 각각 마련했다. 어머님이 생존해 계실 때 할머니 할아버지의 묘소를 합장하겠다는 뜻을 비쳤지만, 어머님은 허락하지 않으셨다. 어머님이 돌아가신 후 합장을 단행하려고 했으나 이제는 넷째 누님과 자형이 요지부동이었다. 지금까지 후손들 잘 살고 있는데 괜히 묘소를 건드렸다가 액운厄運이라도 깃들까봐 하는 소박한 우려를 하시는 것 같았다. 시골의 속설처럼 조상들의 무덤을 괜히 건들지 말라는 것이다. 어머님이나 누님의 뜻을 거슬려가면서 합장하겠다고 고집할 수가 없었다.

작년(2017년)에 자형과 누님이 돌아가시자 할아버지의 유해를 할머니의 묘소에 합장하는 것이 좋겠다고 생각하고, 지난 11월 흩어져 있던 50줄의 세 증손曾孫과 함께 할아버지의 면례緬禮를 의논했다. 더 춥기 전에 이장移葬하고 내년 봄 대소 가족이 모여 의식을 갖자고 합의하고, 고향을 지키고 있는 종질 학규學圭가 그 일을 맡아 완수했다. 무덤은 봉분 대신 돋아진 평장형태로 하되 두 분을 소개하는 간단한 비문을 다음과 같이 남기기로 했다. 묘비에는 두 분의 생몰연도와 행적을 쓰고 그 자녀들과 비를 세운 증손들의 이름도 밝혔다.

역사의 길, 현실의 길

李泰善·宋平于의 墓: 여기 할아버지 李泰善(1865. 8. 7~1917. 9. 28)과 할머니 宋平于(1869. 6. 28~1941. 10. 7)님이 잠들어 계시다. 할아버지는 학인이었으나 가계 빈한하여 여러 곳을 떠다니며 배우고 가르쳤고, 할머니는 호주 선교사가 전하는 예수교를 받아들여 후손들에게 믿음의 길을 열었다. 두 분의 슬하에 1녀(喜) 6남(仁植·弘植·正植·圭植·敏植·亨植)과 40여 명의 손아, 그 아래 수많은 증손·현손을 두었다. 원래 할아버지 묘소는 함안군 법수면 문중 선산에 있었으나, 이곳 할머니의 묘소와 합장하면서 이 비를 세운다. 2018년 11월 일, 孫 萬烈이 짓고, 曾孫 聖九·學圭·圻洪이 세운다(2018년 12월 8일).

제 청춘의 성장 도정에서 만난 선생님, 이만열

김회권(숭실대)

제가 이만열 교수님을 알게 되고 교수님으로부터 사랑과 배움을 받게 된 때는 군부독재세력이 민주주의에 발악적으로 저항하던 1986년이 었습니다. 당시의 한국교회 대부분은 정교분리라는 이상한 원칙을 고수하며 민주주의를 위해 희생하고 분투하던 모든 민주주의세력을 매도했고, 사회참여적 기독청년들도 매도하였습니다. 그들의 정교분리는 군부독재정권을 비호하고 돌보는 지극히 편향된 정치참여였습니다. 이런 주류 한국교회의 행태를 보며 탄식하던 소수의 기독청년들이 1974년 로잔 복음주의자 대회에서 선포되었던 로잔언약에서 사회참여의 근거를 찾고 모이기 시작했습니다. 박철수, 강경민, 이문식이 예언자적 사회참여영성을 기르던 겨자씨모임, IVF에서 사회참여적인 신앙노선을 취하던 고직한과 한종호, ESF에서 사회참여적인 신앙노선을 취하던 김호열, 김회권 등이 의기투합해 1986년에 복음주의청년연합(복청)을 결성했는데 그것은 복음주의교회에서 처음으로 태동된 사회선교단체였습니다. 복청에 가담한 청년기독운동가들의 공통점은 모두 이만열 교수님을 따르고 존경하고 사숙私淑하였다는 점이었습니다.

1986년의 저는 대학생 선교단체인 ESF한국기독대학인회에서 이승장 목사와 김만성 목사가 가르쳐준 사회참여적 신앙전통에 막 입문하고 있었습니다. 이승장 목사는 영국의 격조 높은 사회참여적 복음주의 영성을 소개했고, 김만성 목사는 본회퍼의 신학과 신앙을 가르쳐주었습니다. 제가 군생활 중이던 1985년(1월 14~18일)에 이승장 목사가 주도해서 이만열 교수님을 모시고 전국 ESF 회원들을 대상으로 한국교회사 연속특강을 열었습니다. 이만열 교수님은 〈한국기독교 100년사〉 연속특강을 하셨고 그것은 엄청난 호응을 불러일으켰으며 마침내 단행본이 되어 널리 읽히는 스테디셀러가 되었습니다. 그 책이 이만열 교수의 신앙과 삶을 먼발치에서 제게 소개해준 최초의 책이었습니다. 1985년 10월 군에서 제대한 후 ESF관악지구의 간사가 된 저는 이 책을 필두로 이만열 교수님의 다른 저서들과 논문, 칼럼들을 접하게 되었습니다. 〈한국기독교 100년사〉는 우리 겨레의 영적 갈증 및 주체적 각성과 선교사들의 신앙자극이 줄탁동시啐啄同時를 이루어 한국교회사를 출범시켰다는 사실을 깨닫게 해주었습니다. 교수님의 다른 책과 글들은 '보수적인 신앙과 사회참여적인 영성이 조화될 수 있다'는 사실을 깨우쳐줌으로 저를 크게 안도하게 했습니다. 그때부터 교수님의 책, 글, 강연을 다채롭게 섭렵하고 교수님의 신앙을 배우고 익혔습니다, '우리 겨레의 역사, 우리 교회의 역사가 남겨준 미완의 과업'에 대한 거룩한 부담감을 안겨주는 교수님의 책, 글, 강연은 아직 서른이 덜된 청년 김회권에게 복된 자극이었고 좌표였습니다.

그런 상황에서 저는 1986년에 일단의 서울대학교 복음주의 기독대학인들이 시대문제에 대한 목소리를 담아내고자 창간했던 《대학기독신문》에 정기적으로 글을 투고하기 시작했습니다. 그 신문은 16면이 채 안 되는 타블로이드판이었으나 성경강해, 시사칼럼, 긴 시국논평을 담아 발행되었으며, 내용이 제법 알차서 순식간에 사회참여적 관심을 가진 서울대 안팎의 기독청년들에게 알려지기 시작했습니다. 이문식, 박문재, 박영범, 김회권, 유욱, 최은석, 이종철, 김근주 등이 초창기에 이 신문에 글을 자주 실었으며 사회문제에 눈을 떠가는 복음주의 청년들끼리 신선한 통찰과 자극을 교환하고 있었습니다. 저는 매호마다 시국분석 칼럼, 사회문제에 대한 신학적 성찰을 담은 글들을 투고했습니다. 그 글들이 오늘날까지 이어지는 《복음과상황》 동역자들과의 만남과 동지적 유대감을 창조하는 데 이바지했습니다. 1986년 초가을 어느 날 합신대원을 다니던 강경민 전도사님이 제가 쓴 〈캠퍼스 복음화의 전망〉에 관한 긴 투고문을 읽고 큰 감동을 받았다고 말하며 다짜고짜 복음주의 사회참여단체를 결성해보자고 전격 제의했습니다. 몇 차례 만남을 가진 후에 저는 강경민 전도사님의 동지들인 박철수 집사님, 이문식 전도사님을 아울러 만나게 되었습니다. 그들은 이미 1985년 이전부터 겨자씨모임이라는 사회선교모임을 결성해 아모스스쿨이라는 성경강좌를 열고 있었습니다. 알고 보니 그들은 이만열 교수님을 따르고 사숙하는 교수님의 제자들이었습니다. 이만열 교수님은 해직교수 시절 합동신학원에서 신대원 수업도 듣고 한국교회사 강의도 하셨는데, 그들은 그 시절에 이만열 교수님에 매료되어 저보다 먼저 교수님의 열렬 제자들이 되어 있었습니다.

제가 〈한국기독교 100년사〉 특강을 통해 간접적으로 알게 된 이만열 교수님을 처음으로 직접 대면하여 인사를 드린 것은 복청 주최 강연장에서였습니다. 교수님께서는 《대학기독신문》에 실린 제 글들을 읽고 김회권이라는 청년사역자를 처음으로 알게 되었다고 말씀하시며, 저의 글들에 대해 격려와 칭찬을 아끼지 않으셨습니다. 그때부터는 여러 가지 계기를 통해 교수님의 강의를 대면하여 자주 듣게 되었습니다.

이만열 교수님은 항상 카랑카랑한 음성으로 한국교회사를 열정적으로 가르치셨습니다. 교수님의 한국교회사 강의는 백낙준과 김양선의 두 노선을 질적으로 격상시켜 종합하는 강의였습니다. 한국교회사를 선교사들로부터 시작하려는 백낙준 노선과 조선 민중의 주체적 각성과 기독교 수용을 주목하며 한국교회사를 해석하려는 김양선 노선을 종합했습니다. 지금은 이런 종합적 관점이 상당히 퍼져 있지만 1980년대 초반에는 매우 신선하고 낯설었습니다. 선교사들을 누구보다 더 존중하며 연구하면서도 조선 민중이 주체적으로 수용한 기독교 신앙의 발자취도 아울러 자세하게 추적하는 교수님의 연구는, 후학들에게 의미심장한 이정표가 되었습니다. 이처럼 교수님의 한국교회사 강의는 복음주의 청년들 사이에 한국교회사 공부 열기를 진작시켰습니다.

돌이켜보면 교수님이 한국교회사 연구의 대표적 학자로 등장하게 된 것은 해직교수 경험 때문이었습니다. 박정희 군부독재와 전두환 독재체제의 과도기에 교수님은 해직돼 미국으로 건너가 엄청난 양의 한국교회사 관련 자료들을 취득해 한국으로 가져왔습니다. 그 자료들이 한국기독교역사연구소를 태동시키고 많은 후학들을 한국교회사 연구에 뛰어들게 만드는 계기를 제공했습니다. 교수님이 주도하여 만든 한국기독교역사연구소는 교수님의 업적이 가장 튼실하게 결실한 연구 동아리일 것입니다. 한국기독교역사연구소는 한국기독교회사를 시리즈로 발간하여 한국교회사의 모든 순간마다 함께하신 하나님의 발자취를 실감있게 느끼도록 해준 고전이 되었습니다. 더 나아가 2007년에 출간된 한국기독교역사연구소 인물총서 8권《역사에 살아있는 그리스도인》은, 11명의 근현대 그리스도인들의 약전을 통해 하나님이 우리 겨레를 얼마나 사랑해주셨는가를 잘 보여줍니다. 존경과 성찰을 동시에 불러일으키는 신앙인물들의 열전은 하나님 사랑과 겨레 사랑이 얼마든지 잘 조화될 수 있음을 잘 증시證示하고 있습니다.

단재 신채호 연구로 이미 학문적 명망을 얻은 교수님이 해직교수(1980~1984년)를 거쳐 한국교회사가로 발돋움하는 데서 학문적 편력이 끝났다면, 교수님은 책에 파묻힌 학자로만 남게 되었을 것입니다. 그러나 역사에 대한 교수님의 연구는 그를 역사의 대의, 즉 하나님나라와 그 의를 추구하는 실천적인 지식인으로 살도록 압박했습니다. 한국교회사 연구에 연륜이 쌓일수록 교수님의 말과 글의 필치는 예언자적 지식인의 기상을 뚜렷하게 드러내었습니다. 교수님은 단지 옛 사료 발굴에만 주력한 것이 아니라, 우리 시대의 가장 중요한 아젠다를 역사학자의 이름으로 그리고 예언자적 지식인의 이름으로 짚어냈고 청년들의 관심을 이 중심아젠다에 집중시켰습니다. 아마도 해직교수로서의 고난경험이 교수님을 예언자적 파토스가 확고부동한 지식인으로 거듭나게 했을 것입니다. 그래서 저 같은 후학들은 교수님이 강의를 하실 때마다 한국교회사의 자랑스러운 순간들을 보고 감격하곤 했을

뿐만 아니라, 우리가 당면한 시대의 중심문제들을 기독교신앙으로 해석하고 그것들에 응답하는 법도 배웠습니다.

이러한 배움은 1991년에 《복음과상황》이라는 잡지를 만드는 모태가 되었습니다. 박철수를 비롯한 복청 활동가들은 이만열 교수님을 최초의 발행인으로 모셨습니다. 그런데 이만열 교수님은 공동발행인 체제를 원하셨고, 당신이 신뢰하던 손봉호 교수, 김진홍 목사, 홍정길 목사를 기어코 발행인으로 섭외하셔서 4인 공동발행인 체제로 《복음과상황》이 출범했습니다. 1991년 1월에 창간된 《복음과상황》은 이만열 교수님 세대의 발행인들과 바로 아래 세대인 복청활동가들로 구성된 편집위원회 이원체제로 출범했습니다. 이제 창간 30년을 맞이한 《복음과상황》은 그동안 주기적으로 존폐여부의 위기를 겪었습니다. 시대상황의 변화, 필진의 소진, 사회선교에 대한 한국교회의 무관심 증대 등으로 《복음과상황》은 폐간될 위기가 몇 차례 있었습니다. 그때마다 우여곡절 끝에 교수님은 《복음과상황》을 살려보자는 젊은 세대의 간청에 호응하여 당신의 인맥을 총동원해 살려냈습니다. 재정적자로 폐간이 불가피했을 때에도, 교수님은 박은조 목사를 발행인으로 초청하여 위기를 넘겼으며, 아예 《복음과상황》이 자체 호흡이 불가하여 뇌사선고를 받았던 상황에서는 교수님께서 서울중앙교회 청년부 때 가르쳤던 법무법인 율촌의 우창록 변호사의 재정헌신을 촉발시켜 끝내 《복음과상황》을 살려냈습니다. 지금은 재정적자를 넘어 안정궤도에 오른 《복음과상황》은 사실상 죽었다가 살아난 잡지인 셈입니다.

이런 가운데 이만열 교수님이 투신한 또 다른 중요한 영역은 남북화해와 통일운동이었습니다. 남북한 역사학자들의 만남에도 적극적으로 참여했던 교수님은 남북화해운동에 의미심장한 기여를 했습니다. 교수님은 KNCC가 주최하는 남북한 기독자화해모임에 참여하여 북한 기독교 지도자들을 만나는 남측 대표자 중의 일인으로 참여했습니다. 이 화해운동은 박종순, 홍정길 목사가 섬겼던 남북나눔운동에 교수님이 자연스럽게 참여하는 계기로 작용했습니다. 이만열 교수님은 여기서 남북나눔운동연구위원회를 이끌며 다양한 전공의 젊은 크리스천 학자들을 한데 모아 교제권을 만들어주셨습니다. 윤영관, 이장로, 허문영, 백종국, 전우택, 윤덕룡, 오준근, 김회권 등을 한데 모아 남북화해문제를 연구하여 발표하는 동아리를 산파하셨습니다. 저는 2001년 유학을 마친 후 이만열 교수님이 이미 한데 모아놓은 좋은 선배·동료·학자들의 동아리에 초청받아 많은 배움을 얻었고 좋은 친구들을 만났습니다. 이만열 교수님은 이 남북나눔운동연구위원회를 독립적인 사단법인 한반도평화연구원KPI으로 산파하고 다시 그 모임의 정신적 구심점이 되어주셨습니다. 거기에 모인 모든 학자들은 모두 이만열 교수님과의 돈독한 우정과 동지애로 뭉쳐진 사람들이었으나 서서히 하나의 유기적이고 응집력이 있는 싱크탱크로 발돋움하기에 이르렀습니다.

교수님은 가정을 열어 젊은 후배·동학·제자들을 초청해 담소를 나누고 시국 장탄식을 나누시는 것을 즐거워하십니다. 아무리 짧은 시간 만난 사이라도 교제의 악수를 터놓은 사람들과는 우정을 오랫동안 갈무리하시고 즐기시는 우정의 사람입니다. 교수님은 당신이 의미깊게 만난 사람들과의 만남을 짧은 비망록으로 일기에 기록하시는 습관을 갖고 계십니다. 이 기록습관은 여행기행문집에도 잘 드러납니다. 여행을 한 번 다녀와도 의미심장한 경우 책으로 기억과 소감을 남기십니다. 여느 논문집이나 단행본 못지 않게 교수님의 여행기행문학이 교수님의 또 다른 면모를 드러내줍니다. 《이만열 교수의 민족·통일 여행일기》(2005년), 《이만열 교수의 기독교유적 일기》(2005년)에서는, 학술적 논문체 글에는 담기지 않는 교수님의 내면풍경을 고스란히 엿볼 수 있습니다. 2010년의 예언자적 사회평론집 《감히 말하는 자가 없었다》는 젊은 후배들에게 죽비 같은 글들을 담았습니다. 이 짧은 교우기를 쓰는 동안 제 마음을 무겁게 하는 것 중 하나가 저희 세대 중 누구도 교수님의 이 예언자적 지식인의 결기와 기상을 100% 계승하고 상속한 후학이 없다는 점입니다.

교수님은 아무도 모르게 후학과 제자들을 돕고 격려를 잘 하시는 타고난 선생님입니다. 제 아내는 학부 때 교수님의 한국사 교양과목을 들었다가 교수님 방으로 따로 불려가는 일이 있었습니다. 독문과 학생이었던 아내는 평소에 다소 엄한 표정으로 강의하시던 교수님이 자신의 이름을 호명하여 연구실로 부르자 걱정이 앞섰습니다. 그런데 정작 연구실로 들어서자, 아내가 쓴 리포트를 칭찬해주시기 위해 불렀다는 것을 알았습니다. 교수님은 그때까지 기독교신앙을 받아들이지 못하던 아내에게 복음을 전했습니다. 아내는 20대 초반에 교수님으로부터 들었던 복음, 그리고 자신의 소박한 글에 대한 칭찬과 격려를 잊지 못합니다.

1994년에 미국으로 공부하려고 나갈 즈음에 출국인사차 교수님을 방문했을 때 200불을 주시면서 아이들을 위해 써달라고 부탁하셨습니다. 그리고 공부 마칠 때까지 저를 위해 중보기도해주시겠다고 격려해 주셨습니다. 저는 진심으로 기도하고 계심을 느꼈습니다. 1995년에 유학생활 중 학교아파트를 구하지 못하고 학교에서 7km 떨어진 주거지에서 6개월 정도 살지 않으면 안 되는 상황이 발생했습니다. 그 당시 제가 한국의 한 교회로부터 700불의 장학금을 받고 있었습니다. 그 금액으로 도저히 메워지지 않는 5,000불 정도의 재정필요가 긴급 발생했습니다. 절체절명의 위기를 맞아 늘 새벽기도 하는 자리에서 며칠째 기도를 애타게 드렸습니다. 그런데 어느 날 한국에서 이만열 교수님의 전화가 왔습니다. 안부를 간단하게 물어보신 후 이렇게 말씀하시는 것이었습니다. "제가 연구기금을 받아 연구를 다 마친 후 600만 원의 연구기금이 남았습니다. 기도 중에 김회권 목사 생각이 나서 전화를 하게 되었습니다." 당시의 환율이 1달러 1,200원이었습니다. 정확하게 5,000불이었습니다. 6개월 동안 교외아파트 주거비가 해결되는 순간이었습니다. 저를 향한 교수님의 중보기도가 하나님께 응답되어 이런 놀라운 일이 일어났다고 믿습니다. 저도 제자들에게 교수님 같은 중보기도자가 되고자 분투하고 있습니다. 존경은 모방을 낳았습니다. 저 또한 유학 가는 제자들에게 200불을 쥐여 주는 교수가 되었습니다.

이런 감미로운 추억이 많음에도 불구하고, 아쉬운 점도 있습니다. 젊은 날의 교수님과 테니스를 한번 쳐보았더라면 얼마나 흥겨웠을까 하는 것입니다. 또 교수님과 더불어 중국과 독립운동 사적지를 샅샅이

다녀보면 얼마나 좋을까 생각도 해봅니다.

코로나가 기승을 부리기 전에는 두 달에 한 번 정도 식사와 가벼운 공부모임도 가졌었는데 지금은 이마저도 못하고 있습니다. 부디 이 팬데믹이 지나 교수님과 더 살갑게 교제하면서 교수님이 만난 100인의 인물들에 대한 평가를 한번 들어보고 싶습니다. 제 청춘의 성장도정에서 만난 큰 선생님의 연부역강을 기대하며 교우기를 마무리합니다.

역사의 길, 현실의 길

—이만열 교수의 세상 읽기

2021년 7월 22일 1판 1쇄 인쇄
2021년 7월 29일 1판 1쇄 발행

지은이   이만열
펴낸이   박혜숙
디자인   이보용
펴낸곳   도서출판 푸른역사
               우) 03044 서울시 종로구 자하문로8길 13
               전화: 02)720-8921(편집부) 02)720-8920(영업부)
               팩스: 02)720-9887
               전자우편: 2013history@naver.com
               등록: 1997년 2월 14일 제13-483호

ⓒ 이만열, 2021
ISBN   979-11-5612-200-5   03900